영 계 일 기
[3]

E. 스베덴보리 지음
안곡 · 박예숙 옮김

예 수 인

영계일기
(the Spiritual Diary)

예 수 인

THE
SPIRITUAL DIARY

Records and Notes made by

EMANUEL SWEDENBORG

between 1746 and 1765

from his experiences in the spiritual world

PUBLISHED POSTHUMOUSLY

SWEDENBORG SOCIETY (INCORPORATED)
20-21 Bloomsbury Way
London, W.C.I
1962

옮긴이의 서문(序文)

이 책의 제목 《영계 일기》(the Spiritual Diary)에서 알 수 있듯이, 그리고 저자가 타계한 후에 다른 사람들에 의하여 편집, 발간되었다는 사실에서 알 수 있듯이, 이 책의 내용은 저자가 그 내용들을 널리 공표하기 위하여 집필한 것이 아니고, 단지 저자가 그의 저서들을 집필할 때 그 저서의 자료들로 사용하려는데, 목적이 있었음을 독자들은 먼저 이해하여 주시기 바랍니다. 특히 이 책의 내용 중에는, 성경에 등장하는, 모든 역사상의 저명한 인물에 관한 것들이 있기 때문에, 어떤 면에서는 흥미도 있지만, 어떤 경우는 이해하기 난해한 것들도 있다는 것을 밝혀둡니다. 옮긴이들의 소박한 소견은, 저자가, 독자들을 위한 것이 아니고, 저자 자신을 위한 자료였기 때문에 그렇게 표현, 기술하였을 것이라는 것과, 그리고 저자는 그 인물과 그 인물의 역할—성서 안에서든, 사람들의 생각에서든—이 우리 독자들과는 다른 견해를 가지고 있다는 것입니다. 다른 말로 하면, 극 중의 배우의 역할이 곧 그의 실제적인 성품이 아닐 수 있다는 것입니다. 아마도 이런 오해는 그분의 많은 저서들을 탐독할 때 해결될 수 있는 사안들이라고 생각합니다.

이 책의 내용을 이해하는데 다소 도움이 되게 하기 위하여 먼저 간략하게 아래의 내용을 기술하겠습니다. 즉 이 일기가 언제 쓰여졌는가? 이 일기가 어떻게 해서 현재 형태로 보전되어 왔는가? 이 일기의 내용은 무엇인가? 라는 내용이 되겠습니다.

1. 저자는 언제 이 일기를 썼는가?

저자는 이 일기를 1746년부터 1765년에 걸쳐 기록하였습니다. 우리가 알 수 있듯이, 그분의 생애를 세 부분으로 나누는 것이 보통인데, 1688년부터 1710년(22세)까지를 유년 시대와 학업 시절이라 할 수 있고, 1710년부터 1742년(22세부터 54세까지)까지를 과학 탐구 기간이라 할 수 있고, 1742년부터 1772년(54세부터 작고하기)까지를 영적 진리의 탐구 기간이라 할 수 있겠습니다.*

그러니까, 스베덴보리 선생께서는 제 3 기의 생애에 들어간 뒤에 이 일기를 쓰기 시작했다고 말할 수 있겠습니다. 그리고 그분은 계속해서 그분이 작고하기 7년 전까지 그의 연세로 말한다면 57세부터 77세까지 20년간에 걸쳐 기록한 것입니다.

그렇다면 독자들이 기억해야 할 것은, 이 일기는 젊은 사람이 쓰지 않고 노숙한 사람이 썼다는 것입니다. 그것도 18세기의 유럽에서 과학지식이 절정에 도달한 사람이 그의 말년에 썼다는 사실입니다.

2. 어떻게 해서 이 일기가 현재의 형태로 보전되어 왔는가?

스베덴보리 선생께서는 이 일기를 라틴어로 기록하였습니다. 그 당시 유럽 학자들의 관례가 라틴어 사용이 보편적이었기 때문입니다. 그는 이 일기를 공중 독자들을 위하여 출판할 목적으로 쓰지 않았을 것이라는 것이 연구가들의 공통된 의견입니다. 그 이유로 스베덴보리 선생께서 출판될 저서들을 쓸 때 그의 일기로부터 인용한 것들이 허다하다는 사실, 또 그분이 일기를 쓸 때 단어들을 많이 생략하고 자기가 알 수 있는 정도이면 자기 개인적인 문장 스타일을 택하였다는 사실들을 들 수 있겠습니다.

이 일기의 맨 처음 부분(# 1-148)을 연구가들은 "페이지에 깊이 밀어 넣어 쓴 문단들"(indented paragraphs)이라고들 합니다. 스베덴보리 선생께서 영적 진리 탐구 기간으로 들어가면서 성서를 연구하고, 그 연구 결과들을 집필하였는데, 그것이 The Word of the Old Testament Explained (간단히 The Word of Explained)입니다. 이 저서에서부터 그는 이 처음 부분의 일기를 페이지에 "깊이 밀어 넣어 시작

---

* 더 자세한 내용을 알기 원하는 독자는 스베덴보리의 신학총서 개요, 하권 뒤에 실린 "E. 스베덴보리 약전"을 참조하면 좋을 것이다.

된 문단"이라는 명칭을 얻게 된 것입니다.

스베덴보리 선생께서는 자기의 원고에 책명을 붙이지 않았습니다. Dr. Immanuel Tafel이 원고를 모아 라틴어 판 4권으로 1843년에서 1846년까지 출판하였는데, 그가 라틴어 판에 Darium Spirituale라는 명칭을 부여하였습니다. 이것이 나중에 영어로 The Spiritual Diary (영계 일기)로 번역되었고, 스베덴보리 협회 위원회(The Council of the Swedenborg Society)는 그 이름을 계속 사용하기로 결정하였습니다.*

3. 이 일기는 어떠한 내용인가?

이 일기는 스베덴보리 선생께서 영계에서 듣고, 보고, 경험한 것들을 즉시, 즉시 써 놓은 기록들을 모은 것입니다. 다른 말로 표현한다면, 스베덴보리 선생께서 경험을 통하여 발견한 영적 사실, 현상, 원리 등등의 기록을 모아 놓은 저장고(貯藏庫), 또는 보고(寶庫)라고 말할 수 있겠습니다. 스베덴보리 선생의 저서와 친밀한 독자들은 이 일기를 그리 큰 문제없이 읽을 수 있을 것입니다. 단어들을 생략하고 쓴 스타일이 곳곳에서 좀 어려움을 줄지는 모르겠으나, 대체로 이들 독자들은 스베덴보리 선생의 특이한 사명을 다시 한 번 이해할 수 있는 기회를 가지게 될 것입니다. 스베덴보리 선생께서 모든 사람들이 자연계와 영계 사이의 대응(對應)의 원칙에 따라 성서의 영의(靈意)를 이해할 수 있는 길을 열었고, 그러므로 해서 그들이 기독교의 순수한 가르침을 다시 찾을 수 있는 기회를 마련했다는 것을 독자들은 이 일기를 통하여 새삼스럽게 깨달을 것입니다.

---

* 미국의 General Church of the New Jerusalem에서 1998년에 출판한 번역은 "Emanuel Swedenborg's Diary, recounting Spiritual Experiences"라는 명칭을 보이고 있다. 그러니까 "영적(혹은 영계의) 경험(혹은 체험)을 진술하는 일기"라는 뜻으로 "경험" 혹은 "체험"을 강조하려는 의도를 나타내고 있다.

스베덴보리 선생의 저서에 아직 익숙지 못한 독자들이라도 성서와 접하고, 그 성서가 가르치는 인간 영혼의 불멸, 사후의 삶, 등등에 관한 지식을 갖추고 있다면, 큰 부담 없이 이 일기를 읽을 수 있을 것입니다. 이러한 성서 원칙들을 우리들의 지각과 정서(感情)의 차원에서 더욱 더 밝히 깨닫고 체험할 수 있다면 이보다 더 이로운 도움이 있겠습니까? 스베덴보리 선생의 영적 경험을 기록한 이 일기가 바로 그러한 도움을 줄 수 있으리라 믿습니다.

이 책이 출판되기까지 번역에 참여하신 박 예숙 권사님, 자료를 보내주시고, 많은 격려를 주신 미국에 계신 진 용진 목사님, 그리고 스베덴보리 선생을 흠모하고, 존경하는 동역자 여러분들과, 특히 〈예수인〉 동지들에게 재삼 감사의 말씀을 드립니다. 그리고 표지 장정에 수고하신 민 경석 님에게도 감사의 말씀을 드립니다.

2003년 3·1절 아침
안곡 드림

어느 성인(聖人)에 관하여

1300. 많은 사람들로부터 성자로 존경받고, 그리고 사후(死後)에는 성인(聖人·saint)으로 추앙(推仰)되고, 그리고 따라서 천국을 상급으로 받기를 소망하면서 일생을 경건(敬虔)하게 산 어떤 사람이 있었습니다. 그러므로 그는, 비록 자기 자신을 위할 뿐, 인애에 속한 선행(善行)들이나, 또는 인류의 복지(福祉)를 위해서는 아무것도 성취하지는 못했지만, 오직 자기 자신을 위해서는 기도의 삶 가운데 일생을 보내었습니다. 그는 자기 자신의 안녕(安寧)이나 후생(厚生)을 위해서는 깊이 생각하였지만, 다른 사람의 그런 것들에 관해서는 아무것도 생각하지 않았습니다. 그 이유는, 사람은 누구나 영생(永生)의 복을 받기 위하여 자기 자신을 살핀다는 것은 값있는 일이라고 생각하기 때문입니다. 그 사람도 역시, 그가 다른 이웃에게 어떤 선행을 행하였는지, 그리고 인애에 속한 선행들이 어떤 것인지 조차 알지 못하였지만, 다만 그는, 자신은 일생을 경건하게 살았고, 그리고 그와 같은 삶은 매우 값있는 것이다고 주장하였습니다.

1301. 그것은 보이지 않았지만, 허리부분까지 실오라기 하나 걸치지 않은 모습이기는 하지만, 그는 아주 멋진 사람의 형체(a human form)로 나에게 나타났습니다. 나는 그의 얼굴을 우연히 본 것은 아닙니다. 그는 자신의 망상(妄想)으로 말미암아 알몸으로 전혀 옷을 입지 않았는데, 그 이유는, 그가 그와 같이 매우 깨끗하게 살았기 때문에 자신은 경건한 사람이라고 상상하고 있기 때문입니다.

1302. 그러나 그 뒤, 이 영(靈)은 검은 청색(a dusky blue)으로 바뀌었고, 종국에는 검정색으로 변하였습니다. 사실 그가 시인한 것은, 그는 죄인이다는 것, 그리고 그 사람이 말하는 것과 같이, 그는 그것을 기독교인의 인애라고 하였는데, 자신은 다른 사람들이 발로 짓밟는 고통까지도 감수(甘受)하였다는 것 등입니다. 따라서 그는, 자신이 주님나라에서 위대한 자가 되기 위하여 자신은 지극히 작은 자라는 것을 시인하였습니다. 따라서 그는, 자기 자신의 위대함이나

우월감 따위를 가지고 있으면서, 자기 자신과 비교하여 다른 사람들을 경멸(輕蔑)하는 자신의 삶을 위해 일생을 살았습니다. 이런 이유 때문에, 그는 다른 사람에 비하여 더 추하고, 비난받아야 할 인물이었습니다.

1303. 어떤 검은 영(black spirit)이 가까이 오자, 다른 영들은 그에게서 모두 도망하였습니다. 그러나 그의 추함이나 불결 따위는 다른 영들에 의하여 조심스럽게 분별되는 다양한 원인들로 말미암아 생겨났습니다. 1748년 3월 11일

성경에 관한 애매한 표현들에 관하여

1304. 어떤 자들은 관습(慣習)에서, 또 어떤 자들은 경멸(輕蔑)로부터, 그들이 그렇게 하는 것에 의하여 자신들은 좋은 취미나 멋으로 농(弄)한다고 생각하면서, 비웃음(嘲笑)의 표현들이나, 또는 농담(弄談)으로서의 친숙한 대화(對話) 가운데 성경(聖經·the Holy Scripture)의 여러 것들을 사용하는 관습을 터득하고 있습니다. 그러나 이러한 표현들은 그런 짓을 통하여 그들의 관능적인 관념들(官能的 觀念·corporeal ideas)에 결합되고, 그리고 저 세상에서 그런 것들은 그들 자신들에게 매우 해로운 것들입니다. 왜냐하면 이와 같은 관습에 의하여 자신들의 현세적인 관념들이나, 또는 관능적인 관념들에 도입(導入)된 이와 같은 것들은, 더욱이 그런 것들이 수적(數的)으로 많다고 해도, 저 세상에서는 모두 분리(分離)되어야 하기 때문입니다. 그리고 내가 경험을 통해서 안 사실인데, 이러한 일은 일일이 열거할 수 없는 다종다양(多種多樣)한 방법에 의하여 일상적으로 일어나기 때문입니다. 그러므로 이런 부류의 작자들은, 그들이 거룩한 것들과 불결한 것들을 뒤섞지 않도록, 그리고 거룩한 것들을 모독(冒瀆)하지 않도록 매우 조심하여야 합니다. 왜냐하면 말이 씨가 되어 되돌아오기 때문입니다. 다시 말하면 세상적인 생각들이 일어나면, 거룩한 것들도 역시 그것들과 어울리기 때문이고, 그리고 거룩한 생각들이

일어나면, 불경스러운 것들 또한 그것들에 밀착(密着)되기 때문입니다. 이것이 바로 그것들이 반드시 분리되어야만 하는 그 이유입니다. 이러한 사실은, 어떤 사람들에게는 특히 어떻게 해서 생각들이 이와 같이 결합, 어울리는지가 납득되지 않는 사람들에게는, 매우 경이(驚異)로운 일입니다. 그러나 이와 같은 일은, 심한 고통이 없이 그들이 치유(治癒)될 수 없기 때문에, 이런 짓들을 범하지 않도록 이들에게 경고하기 위해서는 아주 바람직한 것입니다. 1748년 3월 11일

1305. 영들이 가지고 있는 생각들(=관념들)은 우리 사람들의 개념과는 다릅니다. 이러한 사실은, 영들의 생각들은, 만약에 그것이 허락만 된다면, 어떠한 언어의 낱말들에도 들어올 수 있고, 그리고 어느 영들의 생각들이나, 언어 역시 서로 상이한 언어를 사용하는 다양한 사람들에게 들어올 수 있다는 사실들에서 얻을 수 있는 결론입니다. 이와 같은 경우, 비록 영이 하나의 방법으로 말을 해도 각각은, 그가 자기 자신의 언어니, 이법(語法)으로 말하는 것으로, 지각할 것입니다. 그러므로 이와 같은 불경스러운 생각들은 영들 사이에서 입장을 달리합니다. 왜냐하면 그들이 거룩한 것들과 뒤섞인 불경스러운 것을 한번 알게 되면, 즉시 그것은 그들의 마음을 뒤흔들고, 그리고 그들은 그 불경(不敬)이나 불결(不潔·profanation)을 지각하는데, 이러한 것은 사람이 지각하는 것과는 전혀 다르기 때문입니다. 1748년 3월 11일

의로운 사람(義人)에 관하여

1306. 자신의 일생 동안 경건과 고결함을 보이고, 감동되어 산 영들은, 앞에서 언급한 것과 같이(1301항 참조), 얼굴이나 허리 부위 같이 보이는 것은 아니지만, 목부터 허리 부위까지의 그들의 몸은 전부 흰색의 사람의 형체로 나타납니다. 그러나 일생 동안 자기 자신들의 의로움에 의하여 다른 사람들보다 탁월하기를 원했던 영들은 흰색의 사람의 형체로 나타나지 않고, 오히려 이와 같은 의로움을

나타내는 아주 멋진 눈같이 흰색의 옷을 입고 나타납니다. 그러나 뒤에 가서 이 색깔은 종전의 경우와 꼭 같이 검은 색으로 변하였지만, 그럼에도 불구하고 그 색은 색이 바랜 피 색깔의 갈색(褐色)으로 변색되었습니다. 그리고 다른 영들은 그들의 이 색을 보자 멀리 도망갔습니다. 나는 아주 멋진 모시로 만든 옷을 입은 영 하나를 보았는데, 그러나 그 색은 희미한 환상에 의하여 나타나고, 언급된 그런 색으로 변색되었습니다. 1748년 3월 12일

악령들은 자신들의 생각들이 사람의 지각에 거의 들어가지 않는다고 생각하는 것에 관하여

1307. 사람은, 그가 그의 생각들을 지각하는 것 이상의 다른 방법으로 생각할 수는 없습니다. 왜냐하면 사람의 내면적인 조직들은 외면적인 것들과 단단히 결합되어 있고, 그리고 이와 같은 결합은 연속으로, 그리고 상호적으로 연계(連繫)해서 이루어지고 있기 때문입니다. 그러나 사람이 다른 방법으로 지각하는 매우 정교한 생각이 존재하기 때문에, 그리고 그것은 내면적인 것이기 때문에 사람은 그것이 내면적인 어떤 것이다는 것은 알지만, 그 이상은 알지 못하는 그런 방법으로 그것을 지각합니다. 그럼에도 불구하고 거기에는 천사들이 이해하는 수많은 것들이 내재해 있습니다. 그러나 이와 같은 생각은 쉽게 기술될 수 있는 것은 아닙니다. 그리고 나는 주님께서 인도하는 사람 이외의 사람에게는 그것이 거의 주어지지 않는다고 생각합니다. 그리고 그것으로부터 그들은 자신들이 행하여야 하는 것이 무엇인지, 그리고 그 때 그들이 받은 다종다양(多種多樣)한 수많은 것들의 이와 같은 지각이 무엇인지도 알고, 깨달으며, 그리고 이 일을 하시는 분은 주님이시다는 것도 알고 있다고 생각합니다.

1308. 더욱이 악령들은 역시 자신들 안에서 이런 식으로 생각한다는 것을 알고 있어서, 그러므로 그들은 그들이 생각한 것이 단순한 관능적인 생각으로 옮겨지는 것을 허락하지 않습니다. 이와 같은 생

각들은, 그들이 사악하기 때문에, 내 앞에 나타나지는 않았습니다. 그러므로 어떤 영은, 이와 같이 그는 천사들과 이야기할 수 있고, 그리고 영들의 생각들 속에 들어갈 수 있고, 그리고 영들의 영기를 그와 같이 다스린다고 생각하기 때문에, 나는 그가 생각한 것을 지각하지 못하지만, 이런 식으로 그는 생각할 수 있다고 자랑하였습니다. 그러나 이와 같은 그의 주장은 거짓이었습니다. 왜냐하면 그들이 자신들 안에서 생각한다는 것은 사람이 하는 것에 비하여 영(靈)이 하는 것이 더 쉽기 때문인데, 이유는 그 관계는 그와 같이 영속적이지 못하기 때문입니다.

1309. 내면적인 생각이나, 또는 천사적인 생각은 다릅니다. 그것은 영들에 의하여 이해되지 않는 내면적인 연속에 속한 것이고, 그리고 그들이 소위 낮은 영적인 것들을 벗어버리지 않는다면, 영들은 그 상태에 들어갈 수 없기 때문입니다. 그것은, 생생한 꿈을 꾸고 있을 때, 사람의 생생한 생각에 비교될 수 있겠습니다. 관능적인 것들에 가장 가까이 있고, 그리고 내면적인 것처럼 나타나 보이는 관능적인 것들은 그 때 분리됩니다. 1748년 3월 12일.

유전(遺傳)적인 악과 실제(實際)적인 악에 관하여

1310. 부모의 유전적인 악들이 자녀들이나 손주 손녀들에게 유전된다는 것은, 우리가 악하게 태어났으며, 따라서 악한 본성에서 유래(由來)된 우리의 종자(種子·seed)에서 태어났다는 사실과, 그리고 수많은 사실들에서, 예를 들면 그들이 자기사랑(自我愛)·세상사랑(世間愛)·세속적인 것들의 호색(好色)에서 아주 명확한 부모의 "기질"(=마음·氣質·animus)이 그들의 후손들 가운데 명료하게 보인다는 사실에서 아주 잘 알려져 있습니다. 따라서 그들이 개혁(改革·바로잡음·reformed)되지 않는다면 부모들에 의하여 실제적인 것들을 통하여 터득한 온갖 악들은, 심지어 처음의 것(the first)에서부터, 이어져 내려옵니다.

1311. 그러나 유전적인 악들(遺傳的 惡·hereditary evils)은 매우 다종다기(多種多岐)합니다. 유아나 어린 아이들 안에 있는 다종다기한 유전적인 악들은, 마치 빛과 같이, 온갖 선(善)들에 의하여 조절될 수 있는 검정색·초록색·푸른색으로 바뀌는 다른 것들로는 결코 나타날 수 없는 그런 성질을 지니고 있습니다. 그러므로 말하자면, 무지개에서 비롯되는 그와 같은 색깔들이 존재하는 것과 같습니다. 그러나 만약에 유전적인 악들 위에 실제적인 악이 다시 더해진다면 사정은 매우 다릅니다. 그와 같은 부모로부터 태어난 유아 안에는, 이른바 흑색(黑色)적인 자기사랑(自我愛)이나, 소위 황색적인 세상사랑(世間愛)이 있고, 그리고 또한 녹색적인 이 세상적인 것들에 속한 사랑 등등이 있습니다. 이런 부류의 색깔들은, 천계에 있는 어린 것들과 같이, 선들에 의하여 조절된 아주 멋진 모습을 야기(惹起)합니다. 1748년 3월 12일

이런 색깔들은 나에게는 분명하지 않은 희미한 것으로 보였는데, 그리고 그것들은 연속적인 것들로, 조절될 수 있는 것 같이 보였습니다. 그것들은 일종의 물(水)이나 대기의 안개 같았습니다.

만약에 명제(命題·thesis)나 원칙(原則·principle)이 진실된 것들로 받아들여진다면, 그 때 무수한 진실들이 까발려지고, 모든 사물들은 확증될 것이다

1312. 사람이 원칙이나 명제(命題)의 진리로 정립된 논제나 사상은 진리들과 유사한 것들을 확증하는 수많은 것들이 부가되었다는 것은 주지의 사실입니다. 그리고 수많은 거짓들이나 오류들도 종국에는 이런 식으로 동일한 하나에서 생성되었다는 것도 주지의 사실입니다. 그러나 만약에 진실이 하나의 결론된 명제로 채택되었다면, 그 때 거기에는 확증하지 않은 것은 아무것도 없습니다. 내가 영들에게 하나의 예로서 제시한 것인데, 같이 생각해 보십시다. 영(靈)은 사람이 가지고 있는 기억 따위를 좋아하지 않고, 따라서 그 영은 과

거에 일어났던 사건들을 알지 못한다는 것을 진실로서 가정(假定)한 다면, 그리고 그 때 이것이 신령스럽게 규정된 질서이기 때문에, 그것으로 말미암아 수많은 확증적인 진리들이 부연(敷衍)될 것입니다. 예를 들면, 이런 방법에서 영은 자신의 최대의 행복을 얻을 것이고, 그렇지 않다면 거기에는 어떤 행복도, 그리고 그 어떤 천국도 없을 것입니다. 왜냐하면 그 때, 사람들과 꼭 같이, 과거로 말미암아 모두는 미래에 대해서 근심, 걱정할 것이고, 그리고 온갖 욕망으로 가득할 것이고, 매일 매일의 근심들로 인하여 걱정할 것이기 때문입니다. 그러므로 그는 자기 자신을 신뢰할 것이고, 그리고 주님께서 다스린다는 것도 스스로 좋아하지 않을 것입니다. 그 밖에 행복의 상태에 정반대되는 수많은 것들도 생겨날 것입니다. 그러므로 주님께서 엄명한 것은, 사람은 내일에 대해서 생각하는 염려나 걱정 따위는 하지 말라(마태 5 : 34)는 것입니다. 1748년 3월 12일

주 하나님(the Lord God)만이 살아 계신 존재이다

1313. 내가, 주 하나님(the Lord God)만이 홀로 살아 계시고, 그리고 모든 사람·영·천사는 자기 자신으로 인해서는 결코 살 수 없고, 또한 자신으로부터는 생명을 가질 수 없고, 다만 사람은 생명의 그릇(器官·origin)이다는 것을 역설(力說)하였을 때, 영들은 정말로 분노(忿怒)하였습니다. 그 이유는 내가 여러 가지 방법으로 이 사실을 증명한 이 명제(命題)를 영들은 이해할 수 없었기 때문입니다. 여러 가지 방법으로 증명한 사실은 이렇습니다.

(1) 육체의 감관이나 육체는 그 영으로 말미암지 않고서 그 육체 자신으로는 살지 못하고, 그리고 그 영도 그의 영혼(its soul)으로 말미암아 살 수 없으며, 그러므로 그 영혼도 주님으로 말미암지 않고서는 자기 자신으로는 살 수 없다는 것입니다.

(2) 더욱이 사람은 자신의 육체가 산다는 것 이외의 다른 것은 생각하지 않지만, 그럼에도 불구하고 죽음 뒤의 영혼들, 또는 영들은 그

들의 육신을 필요치 않은 상태이지만, 여전히 살아 있어서, 나는 그들과 대화를 하였는데, 그들은 이 사실을 그들의 이 세상에서의 생애에서는 믿지 않았습니다. 그들은 또한 한 영혼은 그가 오직 생명을 두고 있는 오직 관능적인 것들로 말미암아 산다고 생각하고 있지만, 그럼에도 불구하고 그 때 영혼들은 영혼에 속한 관능적인 삶은 멀리 옮겨질 수 있다는 것과, 그리고 이런 식으로 내면적인 삶 안에 여전히 살 수 있다는 것을 잘 알고 있습니다. 이런 사실은 그들의 안전(眼前)에서 보여지고 있기 때문에, 그 사실을 부정할 수는 없겠습니다.

(3) 그들은, 사람 또는 영의 생명에 관해서, 어떤 방법으로든 알기를 원하였을까? 그리고 하나의 형체나 그릇(器官)과 같은 존재 이외의 다른 존재로 알기를 원하였을까? 생명을 안에서 활활 타오르는 불꽃이나, 태우는 불꽃으로 알려고 하였을까? 어느 누구도 영적인 시각에서는 이런 사실들을 생각할 수 없기 때문에, 그들은 동의(同意)할 수밖에 없었습니다. 사람들이 이와 같은 사실에 어긋나게 말하는 것, 예컨대, 생명은 생명으로 말미암아 존재하고, 따라서 어떤 것에서 분리된다고 말하는 것은 모두가 빈말(空言)이다는 것입니다.

(4) 그러므로 역시 보다 선한 영들(the better spirits)은 근자에 도착한 영들 보다는 보다 더 내면적인 삶을 살고 있고, 그들의 종전의 삶보다 더 좋은 상태에 있고, 보다 더 내면적인 천계의 천사들은 보다 더 내면적인 삶의 상태에 있지만, 낮은 천계의 천사들은 보다 더 내면적인 삶에 관해서는 아무런 생각을 가질 수 없습니다. 그러나 모든 보다 높은 천계의 천사들은 그런 사실을 잘 알고 있습니다. 1748년 3월 12일

그들 중 어느 누구도 한마디 말도 할 수 없었고, 다만 그들은 침묵을 지켰습니다.

1313[A]. 보다 더 내면적인 천계의 천사들에게 뒤이어지는 내면적인 천계의 천사들이나, 가장 극내적인 천계의 천사들은 이것이 매우

참된 것이다는 것을 긍정(肯定)하였습니다. 영들에 의한 천계로부터 온 음성이 이것을 긍정하는 계속적인 질서 가운데 나에게 들려왔습니다.

1314. 그러나 중간 종류의 영들은 그것은 그렇지가 않다고 말하였습니다. 그러나 그들은 그 사실을 이해하지 못한 것이다는 것을 제외하면 천계는 그들을 용납하지 않는다고 일러졌습니다. 왜냐하면, 만약에 그들이 영으로서 가지고 있는 생명을 잃게 된다면, 그들은 생명이 어떠한 것인지 알지 못하기 때문입니다. 내가 말하는 이와 같은 이유는, 외면적인 것은 결코 내면적인 것을 지각할 수 없지만, 그러나 내면적인 것은 외면적인 것을 지각할 수 있기 때문입니다. 내면적인 천계의 천사들은 주님으로 말미암아 믿음을 통하여 이 사실을 지각합니다. 따라서 사람들이 이것을 깨닫지 못한다는 것은 크게 놀랄 일은 아닙니다. 왜냐하면 이러한 영들은 이해의 기능(機能)에서 사람들보다 훨씬 뛰어나기 때문입니다. 내가 그들에게 그들이 천사들이 되기를 원하지 않느냐고 물었을 때, 그들은 그렇다고 대답하였지만, 그러나 그들은 자신들의 삶에 속한 것을 아무것도 잃기를 원하지 않는다고 하였습니다. 그러나 내가 그 때 그들이 보다 선한 생명을 받을 것이라고 말을 하였을 때 그들은 이 말을 깨달을 수 없었습니다.

천사들은 가끔 가장 깊은 지옥에 있는 자들과 함께 이야기한다

1315. 나는 영들을 통해서 천사들이 가장 낮은 지옥(the lowest hell)에 있는 자들과 말하는 것을 들었습니다. 비록 거기에 있는 자들도 가끔씩 어떤 이유들 때문에 그들의 감옥(監獄)에서 풀려나온다는 것인데, 그럼에도 불구하고 지옥과 천계 사이에는 그들이 그것을 통과할 수 없는 깊은 심연(深淵·gulf)이 있습니다. 왜냐하면 그 심연이 뜻하는 것은 지옥적인 존재가 천계적인 사회(a heavenly society)

에 결코 들어올 수 없다는 것이기 때문입니다. 그 이유는 그들은 서로서로 전적으로 양립(兩立)할 수 없는 관계이기 때문입니다. 1748년 3월 12일

진리들에 관해서 온갖 의견들의 다툼으로 말미암아 영들의 천계에 있는 큰 소동(騷動)에 관하여

1316. 동일한 종류의 소동은 앞서의 경우 때문에 가끔씩 일어나고는 합니다. 그 때 나는, 그것이 모든 것들에 속한 혼돈(混沌·confusion)이다는 것 이외의 다른 것은 알지 못하였습니다. 그리고 따라서 최후심판(最後審判·the Last Judgment)도 그 혼돈에서 왔다고 알고 있습니다. 왜냐하면 거기에는 이른바 최후심판에 관한 어떤 개념이 있기 때문입니다. 그것은 마치 창조 전의 혼돈(chaos)과 같이 보였는데, 그 이유는 거기에는 분명치 않은 불평불만의 잡음(a confused murmur)이 들렸고, 또한 그 때 서로에게 혼란스러운 것들이 있다는 것 이상 달리 알 수 없는 수많은 영들이 지껄이는 잡음이 들렸기 때문입니다. 왜냐하면 그 사회들은 모두 해체, 소멸되었고, 그리고 자기 자신만을 생각하였기 때문입니다. 따라서 각자는 하나의 영에서 비롯된 것이 아니고 수많은 다종다양의 영들에서 비롯된 연합체나 사회공동체 안에 존재하지 않기 때문입니다. 그들의 백가쟁명(百家爭鳴)적인 의견들은 너무나도 다양하기 때문에, 이런 부류의 소동이나, 불평의 소음은 그들의 묵시(默示)적인 온갖 생각들이나 사상들에게서 들려온 것이고, 동시에 그들의 불평불만의 말에서 일어난 것입니다. 그것은 마치 최후심판에 속한 하나의 형상 같았습니다. 영들 역시 이런 것을 그리고 있는데, 그 이유는 그들은 그들이 더 이상 뭉쳐서 있을 수 없고, 따라서 조화의 상태에 있을 수 없고, 그리고 안식의 상태에 있을 수 없다는 사실 외에는 무지(無知)할 수밖에 없기 때문입니다. 나는 종전에 이와 같은 큰 소란이나 소동이 있었다는 것도 알지 못하였고, 그리고 그 때 모든 것들은

혼란 속에 빠져 있을 것이다고 상상하는 영들이 있다는 것도 알지 못하였습니다. 왜냐하면 그것은 언어들의 혼돈과 같았기 때문입니다. 그리고 그것은 그들의 사상들에 속한 특별한 대상들을 가리키는 어떤 진리들에 관한 소견들의 혼돈과 같았기 때문입니다. 따라서 창조 전의 영적인 혼돈은 존재한다고 생각되었습니다.

1317. 이와 같은 소란이나 혼돈스러운 불평불만의 잡음은 세 겹(三重)의 것이었습니다. 그 하나는 모든 방향에서, 좀 떨어진 주위에 있는 내 머리 주위에서 생겨난 불평불만에 속한 혼돈이었습니다. 내게 일러진 것은, 이것은 다만 생각들이나 사상들에 속한, 그리고 소리들에 속한 변화나 차이에 불과하다는 것, 그리고 또한 그것에서 폭발하는 온갖 불평불만의 잡음들이다는 것이었습니다. 그리고 이런 부류의 혼돈은, 누구나 다른 사람이 생각하는 것이 무엇인지, 또는 다른 사람이 알고 있는 것이 무엇인지 알 수 없는 혼돈이나 혼란입니다. 그와 같은 것은 서로 다르게, 그리고 동시에 말하는 매우 큰 무리들에게 일상 있는 것이고, 따라서 그 소리는 거의 물소리와 같습니다. 나는 성경에 비유된 것과 꼭 같다고 생각하였습니다.

1318. 뒤이어지는 둘째 종류의 소란은 내 아래의 위쪽 좌측 관자놀이에서 나는 들었습니다. 그것은 군대의 우마차의 소리나, 말들의 소리를 들을 때와 같이, 또는 거리에서 그것들의 수많은 것의 소리와 같이, 아주 많은 우마차들이나 말들의 소리와 같았습니다. 내게 일러진 것은 그들이 믿으려고 하지 않는 진리들에 관한 추론의 혼돈이나 다툼이다는 것입니다. 왜냐하면 추론은 다툼을 일으키기 때문입니다.

1319. 뒤이어지는 셋째 종류의 소란은 오른쪽 내 위에 있었는데, 그것은 마치 매우 거친 잡음이었지만, 그러나 매우 혼잡스럽지는 않았습니다. 이와 같은 거친 소리는 앞뒤로, 여기저기로, 퍼져나갔습니다. 나에게 일러진 것은, 이것은 믿음에 속한 진리들이 추론 따위와 어울리지 않는 모양이라는 것입니다. 왜냐하면 거친 소리는, 추론들

에서 일어나는, 여기저기에, 앞뒤로, 방향을 바꾸는 진리들에 관한 것이기 때문입니다.

1320. 이와 같은 세 종류의 소리가 거기에서 계속되고 있는 동안, 그럼에도 불구하고 나와 함께 대화를 한 영들은 이런 것들이 뜻하는 것이 무엇인지 말하였습니다. 그들은 서로 다르게 말하기도 하였고, 그리고 함께 무리로 말하기도 하였습니다. 그들의 말은 이런 소리들 가운데서 나온 것이기 때문에 그것들이 뜻하는 것이 무엇인지 나는 알 수 있었습니다.

1321. 그들의 추론들의 주제는 차례로 계속 이어지는 것으로 주로 셋이었습니다. 그 첫째는, 사도들은 열두 보좌에 앉을 것이며, 그리고 이스라엘의 열두 지파를 심판할 것이다(마태 19 : 28)는 문자에 따라서 이해되느냐의 여부(與否)였습니다. 문자에 따라서 이해되어야 한다는 해석은 수많은 사람들에 의하여 지지를 받고 있는데, 이 해석을 지지하는 사람들은, 이와 같은 뜻에 사로잡혀 있어서, 그것에서 기인된 혼란 가운데 있고, 동시에 그들이 말하고 있는 것과 같이, 천계가 파멸될 것이다는 두려움에서 비롯된 사도들이 그들의 재판석(裁判席)에서 쫓겨나지 말아야 한다는 근심 걱정 따위에 빠져 있는 자들입니다. 이와 같은 문자적인 뜻에 사로잡혀 있고, 그것을 옹호하는 자들의 동조자들(同調者 · subjects · 피술자)인 대부분의 사도들 역시 거기에 있었고, 몇몇은 거기에 있지 않았습니다. 왜냐하면 이와 같은 일은 그들이 천사들의 천계에서 영들의 천계에 되돌려졌을 때 일어나는 것이지만, 그들이 자신들의 육체적인 삶의 상태에 되돌려졌을 때 그들은 그들이 이와 같은 문자적인 개념들을 옹호하는 그런 부류의 사람들이 되기 때문입니다. 왜냐하면 육신을 입은 삶을 사는 동안 그들은, 그들이 이스라엘의 열두 지파를 심판할 것이다는 그 이외의 것을 결코 믿지 않았기 때문입니다. 그 이유는 그것은 그들을 분노케 하는 이 구절의 내면적인 뜻과 정반대가 되기 때문이고, 그리고 그들이 심판할 것이라고 강력하게 요구하고 있기 때문입

니다. 그들은, 이와 같은 소란들을 좋아하고, 그리고 교회와 성언의 내면적인 뜻에, 특히 성언의 심오한 뜻에 사도들이 반항(反抗)하도록 충동질하기를 원하는 수많은 영들에 의하여 자극(刺戲)을 받고, 흥분(興奮)합니다.

1322. 그럼에도 불구하고 음성이나 영적인 개념이나 생각(spiritual idea)에 의하여 그들의 성품이 명확하게 드러나는데, 이것은, 신장이나 요관의 영역을 다스리는 자들과 같이, 사악하고, 정도를 벗어난 것을 제외하면, 단 하나의 영도 심판할 수 없는 그들의 추론이나, 그것에서 빚어진 거짓이기 때문입니다. 그들이 누구를 심판한다는 것은 있을 수 없는 불가능 그 자체라는 사실이 그들에게 밝히 보여 졌기 때문에, 그들은 몹시 분노하였고, 그리고 그들은 자신들의 소견들에 큰 과오가 있었다는 것을 자인(自認), 고백하였습니다.

1323. 더욱이 온 천계(全 天界), 즉 영들의 천계(the heaven of spirits)나 천사들의 천계(the heaven of angels)가 심판을 주관, 실행하는 것 같이 그들에게 보였습니다. 몇몇은 그것의 영역에 따라서 그들의 임무를 수행하였습니다. 또 다른 몇몇은 그들의 무리에 영들이 허입(許入)하는 것을 허락하든가, 허락하지 않든가에 따라서 그 임무를 수행하였습니다. 따라서 그들이 자신들의 사회를 좋아하고, 또는 좋아하지 않는 것과 같이 하듯이, 각자 각자는 그 사회의 허입과 거절에 의하여 그 사회에 관하여 심판하였습니다. 천사들의 천계도 믿음에 속한 것들에 관해서 이런 식으로 심판하였는데, 그 믿음에 속한 것들은 열두 지파, 열두 보좌, 열두 사도들이 뜻하는 것입니다. 왜냐하면 삼층(三層)의 천계들의 천사들은 믿음에 속한 자들을 자신들의 사회에 허입하는 것을 원하기 때문입니다. 다시 말하면 그들은 그들의 허입을 허락하는 것이 아니고, 그러므로 그들은 심판하는 것이 아니기 때문입니다. 그럼에도 불구하고 심판을 실행하는 것은, 천사들이 아니고, 오히려 주님 홀로 실행하시는데, 주님께서는 모든 것들을 보편적으로 처리하시고, 그리고 또한 가장 미세한 개별적인 것

하나하나에 대해서 그것의 사실 여부를 처리하시기 때문입니다. 천사들은, 그들이 동의하는 자들은 허입한다는 것 이외에는 아무것도 알지 못하는데, 그 이유는 그들의 서로서로의 일치(一致·同意)에 의하여 그와 같은 일이 행해지기 때문입니다. 그 때 이것은 바로 열두 보좌들, 열두 지파들, 열두 사도들이 뜻하는 것을 가리킵니다. 그리고 그들이 심판할 것이다는 것은 결코 사실이 아니고, 큰 오류입니다.

1324. 그 때 그들에게 주님께서 홀로 모두를 심판하신다는 일반적인 영적인 개념에 의하여 분명하게 밝혀졌습니다. 그들은, 그 때 이 사실을 지각하였다고, 이구동성(異口同聲)으로 고백, 시인하였습니다.

1325. 그들의 추론에 관한 두 번째 주제는 이 세상에 있을 때 온갖 박해를 받은 자나, 비참한 삶을 산 사람 외에는 천계에 허입되는지 여부에 관한 것이었습니다. 사도들은, 그들이 그들의 종전의 삶의 상태에 있을 때, 이 사실을 열렬하게 주장하였습니다. 그리고 그것과 일치하여, 그들이 심판하기를 원하기도 하였습니다. 그리고 그들이 주장하는 것은, 단순한 심판 때문은 아니라고 해도, 온갖 박해들을 받고, 따라서 비참한 삶을 산 사람들이, 또는 순교자(殉敎者)가 아니면 천계에 들어가는 것을 허락하지 않는다는 심판을 하도록 그들에게 허락되었다는 것입니다. 그러므로 그들이 주님의 말씀, 즉 이와 같은 일들을 당하면 너희에게 복이 있다(마태 5 : 11)는 말씀을 이해하는 문자적인 뜻에 그것은 일치합니다. 그러므로 그들은, 천국에 맞는 공로를 갈망하고, 그리고 자신의 공로로 말미암아 주님나라를 상속받기를 원하고, 따라서 다른 자들은 배척되고, 그리고 그들이 제일 먼저 형벌을 받아야 한다는 심판하기를 그들은 원합니다. 이러한 내용이 그들의 심판의 본성(本性)인데, 이것은 앞에서 그들이 주장한 것입니다. 이런 식으로 그들은, 그들이 다른 사람들에 비하여 더 많은 고통과 핍박을 받았기 때문에, 자신들은 다른 사람에 비하여 훌륭한 존재이다고 생각하고, 그리고 자신들은 온 세상에 두루

복음(福音)을 전파하였다고 생각하고 있습니다. 이런 사람들에 관해서는 앞에서 격론(激論)을 가진 바 있습니다.

1326. 그러나 그들에게 밝히 알려진 사실은, 이것은 주님말씀의 진정한 뜻이 결코 아니다는 것입니다. 왜냐하면 지금은 이 세상에 그와 같은 온갖 박해들도 없고, 따라서 온갖 순교(殉敎) 따위도 없고, 그리고 수많은 교회들이 설시되고 있기 때문에, 오늘날은 주님 나라에 들어가는 것이 누구에게도 허락되지 않는다고 할 수 없기 때문입니다. 그리고 더욱이 밝히 알려진 사실은, 만약에 믿음의 내용이나, 진리나 마음의 본질에 관계없이, 오직 박해(迫害)들이나 순교들만이 사람들을 구원한다면, 그리고 이런 것들을 사람들이 선호하여 찾아 헤매고, 또 갈급하는 원천인 심령상태에 관계없이 박해나 순교가 사람들을 구원한다면, 그 때 자신들의 소견 때문에, 그리고 이단사설(異端邪說) 때문에, 심지어 퀘이커 교도들(the Quakers)까지도 선호하는 이 시대의 사람들까지도 지기 자신을 위해서, 특히 천계를 요구할 것입니다. 아니 그뿐입니까? 이 세상적인 온갖 이유들이나, 그 밖의 수많은 원인들이나 이유들로 말미암아 박해나 고통을 선호한 작자들까지도 주님나라를 요구할 것입니다.

1327. 그러나 그들이 주장한 것은 자신들은 오직 믿음과 복음을 목적으로 온갖 박해들을 받았다는 것입니다. 그 때 그들은, 그들이 육신을 입었을 때의 삶을 산, 그와 같은 상태에 있었기 때문에, 그들이 받은 질문은, 믿음의 목적 때문에, 또는 주님 때문에 그들이 그와 같은 것들을 받았는지의 여부였습니다. 그리고 그것이 자신들이 열두 보좌에 앉기 위해서, 그리고 열두 지파들을 심판하기 위한 자신들의 목적 때문이 아닌지도 질문되었습니다. 그리고 그들에게 질문된 것은, 그것이 주님의 나라 때문인지, 아니면 그들 자신의 나라 때문인지, 그리고 주님을 믿는 믿음 때문인지, 그러므로 믿음에 속한 진리들 때문인지도 질문을 받았습니다. 만약에 그들이 자기 자신들의 광영의 목적으로, 그리고 자신들의 공로에 의하여 구원받기

위하여, 그와 같은 박해들을 받았다면, 그것은 진리에 크게 모순(矛盾)되는 것이라는 것도 질문되었습니다. 그들은 이 사실을 부인할 수 없었는데, 그 이유는 그와 같은 사실들은 바로 그들이 믿는 것이기 때문입니다. 그리고 또한 그들에게 밝히 알려진 사실은, 모든 것이 자기 자신들의 광영 때문일 뿐, 따라서 진리가 목적이 아니었기 때문이라는 것과, 그들은 온갖 이단사설 때문에, 또는 그와 유사한 원인들 때문에, 그와 같은 일들을 받은 다른 사람과 아무런 차이가 없다는 것 등입니다. 그들이 믿는 것의 측면에서, 다시 말하면, 비록 그들의 믿음이 참된 것이 아니고, 그러나 그럼에도 불구하고 그들이 올바른 것을 배웠다면, 이러한 일은 너무나 흔한 일이기는 하지만, 잘 알려진 사실은, 사람들이 진리들을 말할 수 있지만, 그러나 그 진리들에게 어긋나게 산다는 것입니다. 그들은 또한 자신들의 삶에 관해서 언급하려고 했습니다. 다시 말하면 그들이 어떻게 정죄(定罪)하였는지, 그리고 파문(破門)하고, 해방시키는 힘을 자신들에게 어떻게 부당하게 적용하였는지, 다시 말하면 천계의 문을 닫고, 열었는지에 관하여 언급하려고 하였습니다. 그러나 자신들의 삶에 관한 그 어떤 것에 속한 지극히 개별적인 것에 대해서 언급하는 것도 허락되지 않았습니다. 그들이 주장한 것에 관해서, 즉 그들은 오직 참된 믿음을 목적해서, 따라서 주님만을 위하는 것 이외에는 결코 아무것도 믿지 않았다고 한 것에 대해서 되돌아온 그 답은 누구나 그가 믿는 것으로 말미암아 살고, 따라서 한 사람의 믿음의 성질은 그의 삶에서 결정된다는 것이었습니다. 또 언급된 것은, 수많은 사람들이 생각하는 것은 그들은 믿고 있고, 또한 믿음을 가지고 있다는 것이지만, 그럼에도 불구하고 그들은 결코 아무것도 믿지 않고, 또한 아무것도 가지고 있지 않다는 것입니다. 왜냐하면 그들의 삶은 그들이 가지고 있는 믿음이 어떤 것인지를 잘 보여 주고, 입증(立證)하기 때문입니다. 만약에 그들이 이와 같은 사안(事案)들에 관해서 매우 신중하게 숙고(熟考)한다면, 그들은 그것들에 대하여 결코 아무것도 대답하지 못할 것입니다. 역시 일러진 사실은, 주님께서는, 그들은 비록 믿지 않고 있지만, 그들이 믿는다고 생각하는 사람들을 위하여 약간의 선을 비축하신다는 것입니다.

1327[A]. 박해를 받고, 온갖 곤경을 겪은 사람은 하늘나라(the Heavenly kingdom)에 들어갈 것이다는 주님의 말씀의 진정한 속뜻에 관해서 그들은 가르침을 받았습니다. 다시 말하면 그 말씀은 참된 믿음을 목적할 때 박해를 받은 사람을 뜻하고, 그리고 그들이 참된 믿음 안에 있을 때, 관능적인 것들이나 세상적인 것들에 대해서는 아무런 근심이나, 염려가 없다는 것을 뜻합니다. "비참한 자"(the miserable)나 "가난한 자"(the poor)는 영적으로 비참하고 가난한 사람을 뜻합니다. 그리고 이것은 세상에 있을 때 그들이 부자(富者)이든, 가난한 사람이든, 고위직에 있든, 왕이든, 걸인(乞人)이든 관계없이, 영적으로 비참하고, 가난한 사람을 뜻하기 때문입니다. 이들은 역시 거짓이나 악한 것들에서 비롯된 온갖 박해들을 받고, 그리고 시험들에 처해 있을 때와 같이, 그것들을 참아내는 사람들을 뜻합니다. 따라서 악의 떼거지들에 대항하여 싸우는 자들을 뜻합니다. 이런 내용들이 그 말씀의 영적인 뜻으로 이해되어야 할 것들입니다.

1328. 만약에 비참한 사람, 가난한 사람, 고아, 과부라는 이유 때문에 주님나라를 상속받는다면, 그 때 나머지 사람들은 모두 추방될 것입니다. 그와 반대로, 육체적인 궁핍의 측면에서 걸인들이나 가난한 자들에 관해서 살펴볼 때, 사실 육체적인 삶에 대해서는 비참하지만, 그들이 영적으로는 비참하지 않다면, 그렇지 않은 다른 사람들에 비하여 더 적게 주님나라에 들어갈 것이다는 그것이 차라리 진리일 것입니다. 수많은 선원(船員)들, 군인들, 낮은 계층의 사람의 삶이 얼마나 비참합니까! 그럼에도 불구하고 그들은 영생(永生)이나 하늘나라에 관해서 전혀 생각하지 않으며, 그리고 앞에서 언급한 것과 같이, 깊이 생각하고, 자세하게 설명을 필요로 하는 것들도 마찬가지입니다. 아라비아의 여왕(the Queen of Arabia)이 그들보다 먼저

천국에 들어갈 것이다고 언급되었는데, 나는 그녀가 천국에 있을 것이라고 추측합니다.

1329. 그 때 세 번째 주제가 토의되었습니다. 이것은 불평의 소란이 야기된 그와 같은 추론들에 속한 것은 아니었습니다. 그 문제는, 주님의 말씀에 언급된 자들이, 또는 그렇게 잘 알려지지 않은 자들이 사도들이 있는 그 곳에 왜 있으며, 그리고 왜 그들의 추론에 속한 동조자(=피술자)가 되어 있으며, 그리고 그들은 매우 유명하지 않은 그런 자들이 아니다는 것 등입니다. 그 사실에서부터 알 수 있는 것은, 천계에는 잘 알려져 있는 자들이 현존해 있고, 그리고 그것은 또한 그들의 생애에서 내가 알고 있는 자들이 현존해 있는 것과 같은데, 그 이유는, 수많은 천계의 비의(秘義)가 거기에서부터 추론될 수 있다는 것이 사실이기 때문입니다. 그것은, 비록 어느 누구도 주님의 허락이 없이는 시야에 드러날 수 없고, 그리고 이러한 일은 주님의 허락으로 말미암아 일어나는 것이지만, 수많은 사회들의 질서나 교류들은 그것을 요구하고 있기 때문입니다.

1330. 더욱이 언급된 사실은 천계에는, 비록 그들이 이와 같은 박해들이나, 그와 비슷한 고통들을 받지는 않았지만, 사도들보다 더 값진 수억의 사람들이 있다는 것입니다. 그들은 이것을 부인하지 않습니다. 왜냐하면 전 천계는 천사들로 가득 채워졌지만, 이에 반하여 사도들은 오직 내면적인 천계(the interior heaven)에만 존재하기 때문입니다.

1331. 더욱이 그들의 육신적인 삶의 상태에 돌아온 천사들이나 영들이 된 자들은, 그들이 천계에서 행한 일들을 전혀 알지 못하고, 그리고 그것들을 기억도 하지 못합니다. 그러므로 그들은 그들이 천계에 지금 있다는 것이나, 그리고 또한 천계적인 삶이나 기쁨을 누리고 있다는 것까지도 의심하고 있습니다. 그러므로 그들이 천계에 있다는 것을 사도들이 알게 하기 위해서 그들이 천계적인 삶의 상태에 회복될 때까지 한 천사는 나를 통해서 그들과 대화를 하여야 했습니

다. 이와 같이 해서 그들은, 영들로서, 이 사실을 알게 되었고, 동시에 그것으로 인하여 그들이 천계에 있다는 것뿐만 아니라, 천사적인 삶이 영의 삶이나, 육신의 삶에 비하여 얼마나 더 행복한 것인지도 알 수 있었습니다. 천사가 그들과 이야기하는 동안, 그리고 그들이 천계적인 기쁨으로 감동을 받고 있는 동안, 이것은 그들이 표현할 수 있는 것보다 매우 매우 큰 행복이었다고 그들은 고백하였습니다. 그러므로 그 어떤 것과 비교할 수도 없는 것이라고 말하였습니다. 이와 같은 사실은 내가 그들에게서 지금 지각하였습니다. 왜냐하면, 그것은 너무나 불가능하기 때문에, 그 어떤 것과의 대조(對照)나 비교 따위를 만든다는 것을 그들이 원하지 않았기 때문입니다. 이와 같은 일은 거의 있을 수 없는 일이지만, 이런 식으로 그들의 기억을 되살렸는데, 회복된 기억은 그들이 천계에 있다는 것이고, 그리고 그들이 육신을 입고 살았을 때 그들이 무척 애지중지 했던 육신의 삶의 기쁨 따위는 영들이 되어서 산 그것과는 비교가 될 수 없다는 것 등입니다. 왜냐하면 그 때 그들은 여기에 기록된 모든 것들을 알고자 하였고, 그리고 이 세상에서의 그들의 삶 동안에 터득된 하나의 습관에서 이런 것이 비롯되었기 때문입니다. 1748년 3월 13일

1332. 아주 놀라운 일은, 어떤 영이 중간 상태(a middle state)에 있었는데, 그것은 마치 각각의 상태 사이에 있는 아주 짧은 사이의 교차(交叉)적인 일 같았습니다. 다시 말하면 하나의 천사로서는 천계에 있고, 하나의 영으로서는 천계 밖에 있는 것과 같은 교차적인 중간 상태에 있었다는 것입니다. 그가 천계의 상태에 있을 때 그는 그가 하나의 영이다는 사실을 알고자 하지 않았고, 그리고 그가 영으로 있을 때는 그가 천계에 있기를 원하지 않았다고 말하였습니다. 그 이유는 어느 한 상태에 있을 경우 다른 상태는 즉시 잊혀지기 때문입니다. 이상에서 잘 알 수 있는 것은, 천계에 있는 어떤 자들의 상태가 어떤 것인지 알 수 있다는 것입니다. 다시 말하면 언제나 관능적인 것들은 천계적인 것들에 대항하여 싸우고, 따라서 그들은 전자

도 후자도 사랑하지 않는다는 사실입니다. 이러한 상태로부터, 또는 천계적인 것들과 관능적인 것들 사이에 있는 평형상태(平衡狀態·an equilibration)에서부터 근심과 염려가 생기고, 그리고 그것에서부터 이른바 소란이나 소동(騷動·fermentation) 따위가 생기기 때문에 그 영은, 그가 그것에 의하여 혐오감이나 욕지기를 느낄 때까지, 자신의 종전의 상태에 되돌려집니다. 그런 일이 있은 뒤에 그는 다시 천계에 들어가게 됩니다. 관능적인 것들이 그를 지배하지 않는 한, 그는 이미 주님에 의하여 천계적인 것들 가운데 있을 수 있는 능력을 부여받은 것입니다. 왜냐하면 그와 같은 능력들은, 천계적인 능력들이 지배하는 한, 균형 상태에 있을 것이고, 그 영은 주님에 의하여 천계를 부여받기 때문입니다. 주님에 의하여 주어진 이 능력은 다시 소멸되지 않는 그의 종전의 삶에 더 부가될 것입니다. 1748년 3월 13일

흰옷(白衣·white garments)을 사랑하는 자들에 관하여

1333. 영들 중에는 흰옷(白衣)을 사랑하는 많은 자들이 있습니다. 그리고 사실 온갖 열의를 가지고 이와 같은 옷을 사려는 영들이 나를 부추기었습니다. 그것도 여러 주일 동안 그렇게 하였습니다. 이러한 사실이 뜻하는 것은, 이런 영들은 자신들이 자신의 의(義)에 의하여 천국에 들어갈 자격이 있다고 특별히 생각한다는 것을 뜻하고, 그리고 그들은 이런 욕망이나 바람에 의하여 자극받고 있다는 것을 뜻합니다.

1334. 그러나 여기에는 이와 같은 많은 차이가 있습니다. 즉, 그들 중에는, 옷이 아름답지는 않지만, 오히려 질긴 것들을 원하는 자들이 있습니다. 이런 영들은 비록 동일한 바람을 가지고 있지만, 영원한 삶(永生)을 기대합니다.

피(血)를 부패(腐敗)시키는 영들에 관하여

1335. 이리저리 돌아다니기를 좋아하고, 그리고 자신들이 알지 못하는 것을 계속해서 조소(嘲笑)하기를 좋아하는 영들이 있습니다. 이런 영들은 내면적인 것들이나, 보다 내면적인 것들을 조소하였습니다. 사실 그들 중에 어떤 영은 그것이 그렇지 않다고 주장하였습니다. 다시 말하면 주님의 성언(the Word of the Lord)은 다른 식으로 이해하여야 하지 이런 식으로 이해하면 안 된다고 주장하였습니다. 따라서 그는 주님께서 언급하신 모든 것들이나, 성경에 언급된 모든 것들을 다시 설명할 수밖에 없었습니다. 그 이유는, 열두 보좌들과, 박해들이나 비참함에 관해서, 앞에서 언급한 것과. 같이(1321항 참조), 문자적인 뜻은 아무런 것이 아니다는 것을 그가 들었기 때문입니다. 그러므로 이런 부류의 영들은 문자의 소리에 따라서 이해되는 것을 전혀 원하지 않았습니다. 따라서 그들은 이런 식의 이해를 비웃었으며, 그리고 그것은 사실이 아니라고 재삼, 재사, 거듭 주장하였습니다. 그들은 좌측을 향해 좀 떨어져 있있으며, 따라서 다른 자들을 설득하였습니다. 그들에 관해서 일러진 것은, 그는 피를 부패(腐敗)시키는 인체에 있는 그런 것들과 관계를 가지고 있는 영이라는 것입니다. 왜냐하면 부패하였거나, 유해한 어떤 것이 혈액 속에 유입되면, 그 때 그것은 정맥(靜脈)이나 동맥(動脈)에 침투하여, 혈액 전체를 부패시키기 때문입니다. 이와 같은 현상은 주님의 성언을 마치 경멸(輕蔑)이나 모욕(侮辱)을 가지고 다루는 작자들의 경우와 동일합니다. 그 이유는 그들은 성언의 내면적인 것은 지각하지 못하고, 오직 관능적이고 물질적인 그런 것들만을 애지중지(愛之重之)하기 때문입니다.

자살자(自殺者)에 관하여

1336. 어떤 사람이 육신을 입은 삶에서 자기 스스로 칼로 찔러서, 죽는 자살(自殺)을 범하였는데, 그는 악마들에 의하여 우울증에 걸려서, 자포자기(自暴自棄)의 상태에 떨어졌었습니다. 그가 나에게 와서

불평을 늘어놓았는데, 그는 악령들에 의하여 비참하게 당하고 있다는 것이고, 그리고 계속해서 그를 흥분시키는 원귀(怨鬼)들 사이에 놓여있다고 하였습니다. 그가 지금 처해 있는 장소는 약간 왼쪽에 있는 낮은 땅(the lower earth)에 있습니다. 그는 역시 손에 칼을 쥐고 있으며, 그것으로 자신의 가슴을 찌르려는 것이 내게는 생각되었습니다. 그는, 자기 자신에게서 그 칼을 버리려고 무척 애를 쓰고 있었지만, 허사였습니다.

1337. 왜냐하면, 앞에서 언급한 것과 같이, 죽음의 임종(臨終) 때에 일어난 것은 그것이 소멸되기 전까지 오랜 동안 남아 있기 때문입니다. 1748년 3월 14일

나와 대화한 수많은 지인(知人)들에 관하여

1338. 나는 30명 이상의 사람들과 대화를 하였는데, 그들은, 이미 죽은 자들로, 그들의 생애에서 내가 잘 알고 있는 자들입니다. 그리고 또한 주님의 성언으로 말미암아 알게 된 사람들도 30명 정도 있었습니다.

어떤 것이 완전한 것이 되기 위해서는 일종의 몸(body)을 입어야 한다는 것에 관하여

1339. 나는, 인애에 속한 선행이 믿음을 가리키는 영혼의 몸과의 관계를 가지는 결과에 대한 믿음의 열매 또는 인애의 선행들(the works of charity)에 관해서 많은 영혼들과 대화를 하였고, 그리고 우주 안에는, 만약에 일종의 몸통(體·body)에 관계되는 것이 없다면, 완전하게 존재하는 것은 전무(全無)하다는 결과에 대해서, 그리고 사람의 생명(the life of man) 안에는 사람과 같이 하지 않는 것은 전무(全無)하다는 것에 관해서 대화를 가졌습니다. 이런 사실은 영들의 천계가 있는 전 천계도 마찬가지이고, 그리고 이와 마찬가지로, 모든 영들은 그 몸에 관계되는 것을 가지고 있습니다. 다른 수많은 경

우들도 마찬가지입니다. 1748년 3월 14일

더욱이 본질적으로 영혼과 관계되는 몸(body)이 그 어떤 복종적이고, 예속(隸屬)적인 것이 아니라면, 그것은 아무런 존재가치가 없습니다. 그리고 따라서 복종적이고 예속적인 몸은 선재적인 것들(先在的・the prior things), 다시 말하면 영혼을 가리키는 선재적인 것들을 담고 있다는 것입니다.

1340. 그러므로 전 천계는, 앞에서 설명한 것과 같이(488・499항 참조), 최대인간(最大人間・Man・the Grand Man)과 관계를 가지고 있기 때문에, 따라서 그들의 계도(階度) 안에 있는 천계들(heavens)은 생명들, 즉 영혼들과 관계를 가지고 있습니다. 그러나 영들의 천계는 사람의 몸과 꼭 같은 처지에 있어야만 하는 하나의 몸에 관계를 가질 뿐입니다. 다시 말하면 반드시 예속되어야만 하는 몸에 관계를 가져야만 합니다. 따라서 영들의 천계에 있는 자들은 오직 생명 자체이신 주님으로부터 천계들을 통하여 온갖 선들을 받습니다. 그리고 영들의 천계가 이와 같은 몸의 역할을 하는 존재로 있을 때 그 천계는 천계들의 선들을 향유(享有)합니다. 그 때 또한 천계들은 영들이 자신들의 몸 이외의 다른 어떤 것도 아니라는 것을 믿습니다. 이러한 것은 마치 영들이, 인간들의 육체가 자신들의 것이다고, 생각하는 것과 꼭 같습니다. 이러한 내용은 천계로부터 천사들이나 영들에게 일러졌습니다. 1748년 3월 14일

그러나 수많은 영들이 있었는데, 특히 그 많은 영들은 자기 자신들의 주인들이다는 것 이외의 종들이다는 것을 원하지도 않았으며, 그리고 그들은 이러한 것들을 이해하려고도 하지 않고, 또 이해할 수도 없었습니다.

1341. 이와 같은 경우는, 모든 천계들이 하나의 존재가 될 때이고, 그리고 만약에 영들의 천계가 이런 부류의 것이 되면, 그 때 역시 그것들도 하나의 존재가 될 것입니다. 그러나 이 말은 그가 발꿈치를 물 것이다고 뱀에 관해서 예언한 것(창세기 3 : 15)만큼은 아닙니

다.

무지(無知)한 영들은 자신들은 그들의 입술을 가지고 나와 말한다고 생각한다는 것에 관하여

1342. 그의 생애에서 내가 알고 있었던 어떤 영이 나와 대화하고 있을 때, 내가 보기에는 그는 그의 입술을 움직여서, 따라서 그 입술들에 의하여 말하는 것 같았습니다. 내가 이 사실을 그에게 말하자, 그는 사실 자신의 입술을 가지고 나와 말하고 있다고 하였습니다. 그러나 영은 입술을 가지고 있지 않으며, 따라서 영은 입술들에 의하여 말할 수 없다고 내가 대답하자, 그것은 그렇지 않다고 하는 산 실증에 의하여 가르침을 받기까지, 그는 계속해서 입술을 가지고 말하였다고 우겨댔습니다. 그럼에도 불구하고 거기에는 입술의 표징 (a representation of lips)이 있으며, 따라서 그것은 영들의 표징과 일치하여 그와 같이 보인 것뿐입니다. 1748년 3월 14일

그러므로 성경에서 낱말 "입술"(lip)은 개념들이나 따라서 생각들 (思想·thought)을 뜻합니다.

저 세상에서의 감관(感官·sensation)과 표징들(表徵·representations)에 관하여

1343. 축복받은 사람의 주거(住居·habitation)는 매우 다양다종(多樣多種)합니다. 그것들은 자신들의 생애에서의 됨됨이와 꼭 같이 자신들에게 드러내 보여집니다. 그러므로 거기에는 아무런 차이가 없습니다. 시실인즉슨, 모든 감각을 가지고 이 사실은 지각됩니다. 이러한 내용은 거의 믿을 수 없는 것 같이 생각되지만, 그러나 앞에서 설명하였고, 그리고 계속해서 설명하려고 하는 사실들에서 아주 명백합니다. 예컨대, 시각·청각·촉각·미각·후각 같은 감각이 무엇입니까? 그것은 어디에서 파생된 것입니까? 그것은 육체에서 비롯되었습니까? 영혼에서 비롯되었습니까? 그것은 영혼에서 비롯된 것

이 아닐까요? 왜냐하면 영혼이 육체에서 분리되었을 때 인체의 조직체나 기관 따위는 결코 감관을 가지지 못하기 때문입니다. 이와 같은 예들은 수도 없이 많습니다. 사실 이와 같은 것은 이 세상에 있지 않기 때문에, 그것은 실제적(real)이지 않다는 것이 언급되었습니다. 사실 충족스러운 것은, 영혼(=사람)·영·천사는 모든 감관에 대하여 그러하다는 것 이외에는 아무것도 알지 못합니다. 따라서 만약에 한 영이 어떤 것을 접촉하게 되면, 그는 촉각을 가질 것입니다. 더욱이 이와 같은 사실은 다른 사람에 비하여 나에게 아주 명확합니다. 왜냐하면 비록 내가 육체에게서 분리된 영이지만, 정신이 맑은 상태에서 가지고 있는 것과 전혀 다르지 않은 촉각을 가지고 있었기 때문입니다. 이러한 사실들은 보다 명확한 증명들이나, 실증들을 가지고 반복할 수 있겠습니다. 만약에 이것이 사실이 아니라면, 사후(死後)의 생명은 무엇입니까? 정교한 감관이 없다면 영혼의 삶은 무엇입니까? 그것은 아마도 생명도, 삶도 아닐 것입니다. 사실 사람의 총명(man's intellectual)은 매우 정교한 감관적인 것이어야만 합니다. 왜냐하면, 같은 계도의 정교한 감관이 없다면, 거기에는 총명적인 개념에 속한 지극히 작은 영역도 존재하지 않기 때문입니다. 이런 이유 때문에 감관의 예리함은 계도들에 일치하여 상승(上昇)하기 때문입니다. 그럼에도 불구하고, 천계에 있는 자들은 감관에 속한 것들에 대하여 전혀 고려하지 않고, 따라서 그것들을 높이 평가할 것이라고 전혀 생각하지 않습니다. 그들은 이런 것들에 대하여 주의를 기울이지 않고, 오히려 그들이 그런 것들에 대하여 주의를 기울인다면, 그들은 그것들을 즉시 취할 것입니다.

저 세상에 있는 자들의 주거(住居)에 관하여

1344. 저 세상에는, 이 세상에 있는 어느 설계자나 건축가가 도저히 설계도 기획할 수 없을 매우 멋지고, 장려(壯麗)한 주거가 있습니다. 그러므로 그들은 우주 안에 있는 어떤 예술보다도 매우 탁월합

니다. 이 세상에 있는 가장 멋지고, 아름답게 지은 왕궁(王宮)이라고 해도, 그 외관(外觀)이나 장식(裝飾)의 측면에서 그것과 비교가 될 수 없습니다. 한마디로 그것들은 모든 상상을 초월합니다. 사실 그것 하나하나는 보다 더한 아름다움과 멋짐과, 장엄함의 측면에서 매우 다양하게 계속해서 이어지고 있습니다.

1345. 나는 어제 두 왕궁을 보았습니다. 그 중 한 왕궁은, 그 곳으로 통하는 아주 긴 아취 형의 현관이 있는 아주 큰 회의실(會議室·chamber)이 있었습니다. 아주 멋진 그 회의실이 열렸을 때, 내가 들어가려는 것을 막으려고, 한 영이 즉시 나타났습니다.

1346. 그 뒤, 장대한 벽과 더불어 위로 뻗어 있는 아주 아름다운 계단들이 보였습니다. 헤아릴 수 없이 많은 그것의 변형물들을 지닌 그것의 장엄함이나 화려함은 일찍이 그와 같은 것을 내가 본적이 없는 것이었습니다. 왜냐하면 이 세상의 예술이나 화려함은 여기의 것과 비교하면 아무것도 아니기 때문입니다. 1748년 3월 15일

광폭(狂暴)한 무리들, 또는 원귀(怨鬼)들에 관하여

1347. 사후에 원귀(怨鬼)들과 같은 존재가 된 자들이 있었습니다. 그들은 이 세상에서 살 때, 가장 저질의 계층에 속한 수많은 자들로서, 계속해서 언쟁(言爭)과 도적질에 빠져 있었고, 영원한 삶(永生)에 관해서는 전혀 생각하지 않았고, 결과적으로 신앙 따위는 가지고 있지 않는 삶을 살았습니다. 그러나 그들은 변함없이 온갖 싸움과 증오심(憎惡心)과 다른 사람들을 화나게 하는 짓과 온갖 방법으로 다른 사람들을 모욕(侮辱)하는 짓과 자신들이 기뻐하는 짓들에 의하여 다른 사람들에게 해를 입히는 짓과 기회가 생기기만 하면 도적질하는 짓으로 살았습니다. 이런 작자들은, 비록 그들이 달리 교육을 받았기 때문에, 그리고 법률의 온갖 형벌의 두려움 때문에 선한 행동을 했다고 해도 내면적으로는 앞에서의 작자들과 꼭 같은 원귀들이 됩니다. 그들은, 여자든 남자든, 모두 벌거벗은 몸으로 나타나는

데, 그리고 등판까지는 내려오지 않게 머리카락을 잘라서, 마치 말뚝에 머리카락을 붙들어 맨 것과 같은, 말 그대로 봉두난발(蓬頭亂髮)을 하고 나타났습니다.

1348. 남자들과 여자들인 그들 중 몇몇은, 작은 검은 구름이 아니었다면 그 아래 부분은 보이지 않았겠지만, 배꼽을 드러낼 정도로 벌거벗었습니다. 그 이유는, 그들은 허리의 영역이 뜻하는 것들 밖에 있었기 때문입니다. 그들 중 남녀들 몇몇은 벌거벗은 몸(裸體)으로 나타났으나, 다만 적나라하지는 않았습니다. 이들은 다른 자들에 비하여 좋은 행동을 한 자들입니다. 왜냐하면 그들은 상호간에 인사도 하였고, 따라서 그들은 뒤로 물러갔다가 다시 돌아서서, 다시 대면하게 되면 서로 인사를 하였기 때문입니다. 그들은 내면적으로는 앞서의 자들과 꼭 같습니다. 왜냐하면 그들은, 자신들의 "속마음"(animus) 안에서는 이런 것들을 품고 있는 그런 떼거지들 가운데 있기 때문입니다. 그러나 그들은 겉으로는 그렇지 않은 체 겉모습을 꾸미려고 하였기 때문입니다.

1349. 그러나 가장 낮은 계층의 사람들은 상대에 돌진(突進)하여 자신들의 손으로 상대방의 어깨를 억누르기도 하였는데, 이런 식으로 다른 사람들을 해쳤습니다. 그들은 다른 사람들의 머리 위를 이리저리 뛰어 넘기도 하고, 그리고 잠깐 사이에 이 사람 저 사람의 뒤로 되돌아오기도 하였습니다. 한마디로 그들이 이 세상에서 했던 그런 방법으로 하였습니다. 그들은 주먹들을 가지고 공격하지는 않았습니다.

1350. 더욱이 그들의 얼굴은 그것이 무엇이라고 표현할 수 없을 정도의 일그러진 추악한 모습이었습니다. 마치 그것은 그들의 "속마음"(animus)의 각양각색(各樣各色)에 일치하는 괴물과 같았습니다.

1351. 그들 중에서 자기가 그들을 다스리도록 세워졌다고 말하는 자가 있었는데, 그는 그들이 동정(同情)을 받게 하기 위해서 그들을 대신해서 말을 하였습니다. 그들 중에는 육신을 입은 삶에서, 그들

이 설교를 통해서 배웠기 때문에, 성경(聖經·Holy Scripture)에서 몇 가지를 배운 자들도 있었습니다. 왜냐하면 그들은 그와 같은 경우에 이런 것들에 관해서 사실은 몇 가지 것들을 들었을 뿐이기 때문입니다. 그럼에도 불구하고 그들은, 그들이 자신들의 동료들과 함께 있을 때에는 여전히 다른 자들과 거의 같았습니다.

1352. 그들은 왼쪽 눈의 영역에, 사실은 왼쪽 약간 위에 좀 떨어진 곳에서 보였습니다.

입으로는 거룩함을 공언하지만, 실제는 사악하게 행동하는 자들의 사후 삶에 관하여

1353. 거룩함을 공언(公言)하고 고백(告白)하는 자들이 있었습니다. 그리고 그들은 이런 식으로 다른 사람들을 설득하였습니다. 그들은 거룩한 것 같이 보였지만, 그럼에도 불구하고 그들은 "욕심 사나운 이리"(ravening wolf)였고, 양심 따위는 전혀 없었습니다. 그들은 온 갖 구실들이나, 핑계들을 대고, 또는 간계(奸計)나 술책(術策)으로 자신들의 이웃의 재물들을 열망하였습니다. 만약에 가능한 경우, 두려움 따위만 없다면 그들은 그런 악한 것들을 거뜬히 해치울 것입니다. 그리고 그들은, 고관대작(高官大爵)들이나 임금들을 포함해서, 이런 식으로 다른 자들의 재물들을 약탈(掠奪)하기 위하여 설득할 것입니다. 그들은, 비록 그들이 양심에 따라서 행동한다고 공언(公言)하지만, 일말의 양심의 거리낌도 없이 이런 것을 합니다.

1354. 이와 같이 사기성이 농후한 이런 영들이, 총명적인 것을 뜻하는 왼쪽 눈의 영역에 들어왔습니다. 그들은, 왼쪽 눈의 신경이 거룩한 것을 뜻하는 오른쪽 눈의 신경과 만나는 곳인 시신경상(optic thalamus·視神經床)의 결합에까지, 계속해서 나아갔습니다. 그 결합의 장소에는 서로 결합된 두 무리가 있었는데, 그들은 표현할 수 없는 방법으로 서로 결합되어 있었고, 밀접하게 연결되어 있었습니다. 이와 같이 결합한 그들은 함께 다니고, 그리고 함께 멈추었습니다.

그러나 뒤에는 그들은 서로 분리되었습니다. 그들이 어떻게 결합한 채로 정착하고, 그리고 분리되는지에 관해서 언급할 수는 없는데, 그 이유는 그것은 모독이기 때문입니다. 그들이 분리된 뒤, 그 때 머리를 거꾸로 한 한 영이 내려왔는데, 그의 머리는 통 속으로 던져졌습니다. 그 영은 그의 머리에 통을 쓴 채로 일어났습니다. 이것은 그가 그 통을 벗으려고 애를 썼지만, 허사였기 때문입니다. 그가 자유롭게 되면, 그는 다시 그 통 속에 넣어질 것입니다. 따라서 감옥 안에 있는 것과 같아서, 그리고 시각이 없는 것과 같아서, 그의 분노는 치솟았습니다. 이와 같이 그는 비참하게 형벌을 받았습니다. 왜냐하면 그의 총명은 거룩한 것을 모독하고, 더럽혔기 때문입니다. 1748년 3월 15일

영들은 영혼들에 관한 그들의 판단들에서 큰 오류를 범할 수 있다는 것에 관하여

1355. 영들이 이런 판단들(=심판들)에 관해서 매우 큰 잘못을 저지를 수 있다는 것은, 앞서의 설명에서 볼 수 있습니다(921-933 · 1220항 참조). 그러므로 명확한 것은, 한 영혼이 그들의 동료 가운데 있고, 그들에 의하여, 그리고 다른 자들에 의하여 어떤 애욕이나 탐욕의 상태에 빠져 있게 되면, 그 때 영들은, 말하는 것으로, 그리고 그가 그와 같이 말하게 하는 강압(强壓)으로, 그들을 면밀(綿密)하게 조사합니다. 이런 일은 쉽게 행해집니다. 그들이 그의 말을 들을 때 그의 말은 아무런 방해를 받지 않고, 마치 자기 자신에게서 비롯된 것처럼 술술 흘러나옵니다. 그들은 그 때 그가 어떤 성품(性稟·quality)의 존재인지 판단을 합니다. 그럼에도 불구하고 그가 그와 같이 말을 한 것은 말하자면 애욕이나 또는 탐욕(貪慾)이었지, 그의 영혼이 그와 같은 성품은 아니었습니다. 모든 영혼은 아주 쉽게 이와 같은 애욕의 상태나, 탐욕의 상태에 빠질 수 있습니다. 그리고 그 때 그는 마치 자기 자신에게서 비롯된 것처럼 그 탐욕의 상태에

서 말을 하고, 그리고 이것에 일치하여 영들은 그의 삶에 관해서 즉시 심판합니다. 이 심판은 때로는 그릇된 것이기도 합니다. 나는 내 자신의 경우에서 영혼들에 속한 이와 같은 조사와 유사한 일들을 본 적이 있습니다. 따라서 생생한 경험에서 그 사실을 보았습니다. 그러므로 주님만이 홀로 사람들이나 영혼들에 속한 내면적인 것들이나, 더 내면적인 것들을 아십니다. 1748년 3월 15일

내면적으로 교활(狡猾)한 자들은 예기치 않게 사회들이나 무리들에게서 쫓겨난다는 것에 관하여

1356. 이 세상에서 양심도 없이 이웃을 해치기만을 좋아했지만, 그러나 마치 그들이 정직한 사람처럼 겉모습을 보여 주었던 자들이 있었습니다. 그들은, 만약에 자신들이 결백하다고 생각된다면, 다른 사람들로 하여금 해를 끼치는 짓을 하도록 부추기는 그런 짓을 드러내지 않으려는 여러 가지 이유들 때문에 무척 조심을 하였습니다. 그들은 영들의 사회들 속에 스스로 침투하였습니다. 그리고 그들은, 그들이 내적으로, 그리고 역시 속마음에서 그들과 더불어 일반적인 우정관계(友情關係)를 형성하고 있다는 것 이외에 아무것도 생각하지 않는 영들과 같이 한담(閑談)을 하였습니다.

1357. 그러나 예견하지 않았던 일이 생겼는데, 그 일은 갑자기 내면적인 것을 강타(强打), 변화를 시켰습니다. 그러므로 예상치도 않게 "그의 속마음"(his animus)은 드러나게 되었고, 또한 그의 위장(僞裝)은 적나라하게 까발려졌습니다. 그렇게 되자 그 영은 즉시 그들에 의하여 추방되고 말았습니다. 그는 여러 모양의 경우들에서 그의 됨됨이가 폭로되었습니다. 추한 모습을 드러낼 때마다, 그는 그 일로 인해서 마치 장의(葬義)의 관대(棺臺)나, 그것과 비슷한 것과 같이, 쫓겨나야만 했습니다. 따라서 그의 성품은 모두에게 인치되었습니다. 1748년 3월 14일

이러한 일들은, 그들을 노정(露呈)시키는 영들이 좋은 영들이 아니

기 때문에, 다양하게 행해졌습니다.

혀(舌)가 뜻하는 것에 관하여 ; 혀의 영역을 형성하는 자들은 누구인가?

1358. 혀(舌)는 폐장과 위장으로 통하는 출입구 역할을 할 수 있고, 그래서 양자에 필요한 것을 제공합니다. 따라서 그것은, 말하자면, 영적인 것들이나 천적인 것들에 대하여 일종의 안뜰(a court-yard)을 뜻합니다. 왜냐하면 폐장은 영적인 것들을 뜻하고, 위장은 피의 영양분 제공에 종사하는 심장과 관계를 가지고 있기 때문에, 그리고 그 밖의 여러 이유들 때문에, 천적인 것들에 대한 안뜰(a court-yard)로서 종사하기 때문입니다. 폐장의 도움에 의하여 사람은 말을 할 수 있습니다.

1359. 그러므로 "혀"는 진리의 정동(the affection of truth)을 뜻합니다. 왜냐하면 정동(情動·affection)은 천적이고, 그리고 진리는 영적이기 때문입니다. 그러므로 진리의 정동을 향유(享有)하는 자들은 혀의 영역을 형성합니다.

1360. 그러나 내면적인 것들이나, 더 내면적인 것들을 미워하는 자들과 같이, 진리를 증오하는 자들은 혀의 영역을 구성하는 자들과는 정반대입니다. 이 영들 중에는, 비록 그들이 그것을 이해하지는 못하지만, 내면적인 것들이나 더 내면적인 것들을 사랑하는 자들도 있고, 그리고 수많은 이유들 때문에 진리를 증오하는 자들도 있습니다. 그리고 그들은 어느 누구도 그와 같은 성품을 전혀 의심받지 않는 그런 부류의 영들입니다.

1361. 더욱이 이런 영들은, 수 주간, 사실은 일 개월 이상, 오랜 기간 나를 괴롭혔습니다. 그들은 충동(衝動)을 일으키었고, 말하자면 이와 같은 위험을 야기시키기도 하였는데, 그것은 그들이 내 혀를 내 이빨 사이에 밀어 넣어서, 그것을 절단(切斷)하려고 했습니다. 왜냐하면 한동안 나는 이런 것에 관해서 불평을 하였고, 그리고 나는

이와 같은 충동이나, 또는 자극 따위로 괴로움을 겪는 사람이 있다는 것을 믿지 못할 일이다고 말하였습니다. 사실인즉슨, 나는 그것이 어디에서 왔는지를 잘 알고 있습니다. 그것의 원인은 진실들을 증오(憎惡)하는 모든 자들 안에 자리잡고 있습니다. 그들은 오직 문자적인 뜻만을 애지중지합니다. 왜냐하면 그 때 그들은 자신들의 공로(功勞)를 믿고, 그리고 약간의 박해들이나 그 밖의 많은 다른 원인들 때문에, 천계를 상급으로 받기를 원하기 때문입니다. 1748년 3월 14일

사람의 모든 근육에, 각각으로, 또는 전체적으로, 대응하는 영들과 천사들이 있다는 것에 관하여

1362. 아마도 거의 믿을 수 없는 놀라운 일은, 사람의 모든 근육에 대응하는 영들과 천사들이 있다는 것입니다. 더욱이 영들이나 천사들뿐만 아니라, 영들이나 천사들의 사회들까지도 그것에 대응한다는 것입니다. 사실인즉슨, 각각의 대응하는 자가 한 사회 안에 많으면 많을수록, 그리고 대응하는 사회들이 많으면 많을수록, 더욱 더 강하다는 것입니다. 그 이유는 일치하는 다수(a unanimous multitude) 안에는 강력한 힘이 존재하기 때문입니다. 그 다수들이 한 몸(一體)처럼 행동하기 때문에, 그와 같은 활동의 노력은, 개별적인 사람들이나, 아니, 사실은 영들에게, 재차 역사(役事・rebound)하기 때문입니다. 이와 같은 것은 거의 믿을 수 없는 것이지만, 그럼에도 불구하고 그것은 참말로 진실된 것입니다. 따라서 천계들은 사람에게 대응합니다. 그래서 사람은 하나의 천계나, 주님의 나라라고 불리울 수 있습니다. 왜냐하면 하나님의 나라(the kingdom of God)는 그 사람 안에 있기 때문입니다(누가 17 : 21).

1363. 이러한 내용은 내가 살아 있는 경험에서 배워 터득한 것입니다. 왜냐하면 이마의 근육을 다스리는 자들이, 그리고 또한 볼이나, 턱, 그리고 목의 근육을 다스리는 자들이 어떻게 그 얼굴에 작

용하는지를 내가 그 경험을 통해서 보았기 때문입니다. 그럼에도 불구하고, 각기 자신의 방법으로 근육들의 활동에 일치하여 그들은 모두 함께 작용하고, 또한 함께 얼굴에 활동하려고 애를 씁니다.

1364. 그러므로 밝히 알 수 있는 것은 모든 사람은 자기 자신의 영역에 배치, 할당(割當)되고 있다는 것이고, 그리고 거기에는 끝없는 다양함과 그리고 모두와의 조화(調和)가 존재한다는 것 등입니다. 그와 같은 것은 사람 안에 있는 개별적인 것이나 모든 전체적인 것에서 그러합니다. 따라서 전체(全體)적인 것은 다양성들의 조화로 이루어졌다는 것이고, 또한 천계를 유산으로 받을 수 있는 자들은 모두 이 최대인간(最大人間·the Grand Man)의 일부가 될 수 있고, 따라서 주님 안에 있을 수 있다고 예견되고, 그리고 섭리된다고 하겠습니다. 또한 영원히 천계 즉 주님나라가 닫혀질 수 없다는 것 역시 예견되고, 섭리된다고 하겠습니다. 왜냐하면 한 사회 안에 많으면 많을수록, 그리고, 사회들이 많으면 많을수록 그들은 더우 더 좋은 것이고, 축복받은 것이고, 강건한 것이기 때문입니다. 1748년 3월 14일

1365. 이와 꼭 같이 혀에 있는 근육에 대응하는 자들이 있습니다. 그럼에도 불구하고 영들에게는 진리에 의하여 감화된 자들에 비하여 진리를 증오하는 영들이 더 많습니다.

거룩한 영(聖靈·the Holy Spirit)에 관하여

1366. 어떤 영에 의하여 예민하게 움직이는 모든 사람은, 특히 영이 그 사람에게 말한다면, 그것이 곧 성령(聖靈·the Holy Spirit)이라고 생각할 것입니다. 모든 광신(狂信)적인 자들이 그렇게 생각합니다. 그럼에도 불구하고 그 때 그들이 성령이라고 부르고, 심지어 숭배하고, 예배하는 그들은 이런 것을 좋아하는 더러운 영들(unclean spirits)입니다. 그리고 여러분들이 여러 곳에서 볼 수 있는 것과 같이(4·148[C]·423항 참조), 그들이 성령이다고 그와 같이 생각하는 것입니다.

1367. 그러나 주님께 속한 영들, 다시 말하면 천계에 있는 자들은 거룩한 존재라고 불리는 것을 원하지 않습니다. 그런 이유 때문에, 그들은, 그들이 성령이라고 말하지 않고, 다만 주님 홀로 자신들의 거룩함(holiness)이다고 말할 뿐입니다. 왜냐하면 예언자가 말한(욥기 15 : 15) 것을 내가 생각하고 있듯이, 천계들은 거룩하지 않기 때문입니다. 그러므로 성령이 천사들이나 영들을 뜻한다면, 그들은 예배를 받을 수 없고, 심지어 어떻게 숭배를 받을 수 있겠습니까? 왜냐하면 그들은 모두가 사람들이었고, 따라서 천계에 들어온 것뿐이기 때문입니다. 그들은 열등(劣等)의 영들(spirits of an inferior kind)을 통하여 사람과 더불어 말하는 것이고, 그럼에도 불구하고 신령하다고 하는 것들은 모두가, 개별적이든 전체적이든, 주님의 것이기 때문입니다.

1368. 주님께서 그들이 "아버지・아들・성령의 이름으로" 세례를 받아야만 한다고 엄명하신 것은 주님 자신을 뜻합니다. 그 이유는 그분 안에 아버지(聖父・the Father)께서 계시고, 그리고 그분 안에 성령(聖靈・the Holy Spirit)이 계시기 때문입니다. 왜냐하면 천사들의 거룩함이나, 천계에 속한 거룩함은 그분의 것이고, 그러므로 그것은 하나(one)이기 때문입니다. 1748년 3월 14일

1369. 내가 그들을 성령으로 시인하기를 원하지 않았을 때 더러운 영(unclean spirits)이나 악한 영들(evil spirits)은 몹시 분노하였고, 분노합니다. 나에게 벌을 줄 정도로 분노하였습니다. 처음에는 나에게 심하게 위협하였고, 그리고 나는 전에 그것을 잘 알지 못하였기 때문에 나는 매우 두려웠습니다. 그러나 그것을 안 뒤에는 나는 천사들이 듣는 가운데 천계 앞에서 대담하게 이것을 말하였습니다. 진실된 천사들이나 성별(聖別)된 영들은, 그들이 성령이라고 불리우는 것을 원하지 않는다는 사실을 입증하였습니다. 왜냐하면 거룩함은 오직 주님에게만 속한 것이기 때문입니다. 1748년 3월 14일

1370. 그러므로 성령은 주님에게서 발출(發出)하고, 주님에 의하여

파견되고, 따라서 주님의 것입니다. 천사들이나 영들에게 있는 거룩함은 주님의 고유속성(固有屬性·proprium)이고, 그리고 천사들이나 영들의 본연의 고유속성(proprium)은 악한 것이고, 불결한 것이다는 것은 수많은 사실들에서 아주 명백합니다. 이와 같은 사실에 관해서는 수많은 경험들을 부연할 수 있겠습니다. 사람은 결코 거룩하지 않으며, 그리고 거룩함은 오직 주님의 것 일 뿐, 자신의 것이 아니라고 시인하는 사람은 구원을 받습니다. 이 사실을 시인하지 않는 사람은 지극히 작은 일이든, 큰일이든, 주님을 모독하는 것입니다. 다시 말하면 이것은 사람의 속성이고, 따라서 그의 영의 속성이고, 심지어 그것은 천사의 본연의 고유속성입니다. 그러나 이것을 확실하게 시인하는 자에게는 믿음을 통해서 주님의 거룩함이 전가(轉嫁)됩니다. 이런 믿음은 사람들이나, 또는 영들이나 천사들에게 속한 것이 아닙니다. 그것은 주님의 것이기 때문입니다. 그러나 이 믿음을 통해서 그는 거룩하게 되고, 그리고 성화(聖化)된 존재, 또는 거룩한 존재라고 불리워지기 때문에, 명백한 것은, 그와 같이 칭하게 되는 영들의 거룩함은 오직 주님의 것일 뿐입니다.

마치 자신에게서 비롯된 것처럼 보이지만, 자신에게서 비롯된 것이 아닌 것들을 가리키는, 내면적인 것들이나, 보다 더 내면적인 것들을 시인하기를 원하지 않고, 따라서 자신만을 신뢰하고, 우쭐대는 속마음(animus)에 속한 자들의 폐허에 속한 형벌에 관하여

1370[A]. 저 세상에서 이런 영들의 상태는 아래의 페이지에서 어떤 영이 보여 주는 것에 의하여 드러납니다.

1371. 그들의 폐허에 속한 형벌의 하나는 천으로, 또는 모직물로 둘둘 마는 것인데, 다시 말하면 그런 것들로 몸을 둘둘 말아 감싸기 때문에, 그들의 손도, 발도, 그리고 몸 전체가 천이나 모직물로 꽁꽁 묶이는 것입니다. 심지어 그들의 얼굴까지 감싸기 때문에, 그들은

아무것도 보지 못합니다. 따라서 그들의 몸 전체가 감싸 봉해지는 것입니다.

1372. 동시에 그들에게는 그와 같은 묶임이나 감쌈에서 풀려나려고 하는 갈망(渴望)이나 바람이 생겨났습니다. 왜냐하면 그와 같은 묶임이나 감쌈 속에 있는 그들은 이런 갈망을 가질 수밖에 없기 때문인데, 그것은 자신들의 "자만"(自慢·pride)으로 그들 대부분이 부풀어 있기 때문입니다. 그 이유는 그런 것이 그들의 성품이기 때문입니다. 더욱이 그 때 그들이 풀려나는 기회가 주어졌는데, 그 풀려남은 오랜 시간 동안 자신들이 그 묶임을 풀려고 무척 애쓴 것에 의하여 이루어진 것입니다. 그 애씀은 마치 어떤 사람이 천으로 여러 번 둘둘 감긴 것에서 자기 스스로 자유로운 몸으로 풀려나려고 애쓰는 것과 같습니다. 그는 천 같은 것으로 둘둘 감겨 있기 때문에 오랜 시간 동안, 그리고 계속해서 그것에서 자신을 풀어보려고 무척 애를 썼지만, 그러나 그는 그렇게 할 수가 없었습니다. 왜냐하면 그와 같은 묶임은 풀려나려고 하면 할수록 계속해서 더 꽁꽁 묶여지기 때문입니다. 그럼에도 불구하고 자기 자신은 그 묶임에서 풀려날 것이라는 희망을 잃지 않았습니다. 그 이유는 그 감쌈이 심한 정도가 아니었기 때문입니다. 그래서 그는 여전히 풀려나려고 애를 썼지만, 그는 풀려날 수는 없었습니다.

1373. 같은 유의 한 영이 모직물 천으로 꽁꽁 묶였습니다. 이 일은 내 곁에서 일어났습니다. 그가 그 묶임에서 풀려나려고 했을 때, 그는, 다른 쪽 위에는 나무꾼들(=채벌꾼들)이 있는, 낮은 땅을 향한 왼쪽 깊숙이 계속해서 뻗어 내려간 경사진 곳으로 미끄러져 내려갔습니다. 그가 그 곳의 깊숙한 곳에 떨어졌습니다. 그러나 그는 반대쪽으로 도는 것(回轉)에 의하여 자신은 올라갈 수 있다고 생각하였지만, 그는 더 깊이 빠져 들어갔습니다. 모든 것은 허사였습니다.

1373[A]. 사실 그의 손은 그의 몸에서 떨어진 것 같이 보였습니다. 처음에는 왼쪽 손을 위로 뻗었으나, 그는 그것을 잃었다고 하였습니

다. 잠시 후 오른 손 역시 이런 식으로 떨어져나간 것 같이 보였습니다. 나에게 일러진 말은, 만약에 그의 손이 그의 몸에 다시 돌아와 붙지 않는다고 해도, 그것은 아무 쓸모없는 것이다는 것이었습니다. 왜냐하면 그는 여전히 자기 자신의 능력이나 힘을 신뢰할 것이기 때문입니다.

1374. 천으로 감싸여 있는 그 영은 그의 일생 동안 온갖 불행들과 박해들을 견디어 냈고, 그리고 자신에게 주어진 그것들을 견디는 것에 만족하기 때문에, 그것에서 비롯된 성품의 공덕에 의하여 그의 "속마음"(animus)은 아주 평온(平穩)할 것이다고 생각하였습니다. 왜냐하면 그가 나에게 말하였기 때문입니다. 더욱이 그는 수많은 것들을 주장하는 것이 허락되었는데, 그러므로 그 형벌의 결과가 어떤 것인지, 다시 말하면 참고 견딜 수 있는 것인지 여부를 알 수 있었다는 것입니다. 그는, 그것은 자신 안에서 아무것도 아니고, 다만 추한 것이고, 지옥적인 것이다는 것만 말하도록 강요되었습니다.

1375. 반면에, 또 다른 일이 보였는데, 말하자면 그 형벌을 직접 주관하는 천계에 있는 천사가 나타났습니다. 이 경우는 그들이 목성(木星)에서 형벌을 받을 때, 그들의 머리 위에 있었던(542·569·622-627항 참조) 천사들이었습니다. 그러므로 영들에게 형벌을 준 그 형벌을 주관하는 이 천사가 천계에서 보여진 것입니다. 역시 그 영은 이것을 지각하였습니다.

1376. 그 때 그의 얼굴이 마치 맑은 날의 빛 같은 밝음 가운데 나에게 보였습니다. 사실 그의 얼굴은 그의 생애 동안 무척 변했습니다. 그의 눈 주위에 주름들이 있었고, 그리고 눈도 잘 보이지 않았습니다. 그의 코는 그저 뾰족할 뿐이고, 그리고 얼굴은 나이와 함께 쇠하였습니다. 그래서 남아 있다는 몰골(tip)만 제외하면 그의 얼굴은 거의 아무것도 아니었습니다. 눈 주위의 주름살은 흉하게 늘었습니다. 일러진 것은, 그의 추한 얼굴 때문에 그가 회개하고, 그리고 마음의 교만에서 뒤로 물러나기 위하여 그의 일생 동안을 이렇게

보냈다는 것이고, 그리고 또한 그의 얼굴이 곧 그의 마음의 지표(指標·index)라는 것 등입니다. 1748년 3월 14일

단념(斷念)하려고 하지만, 그럼에도 불구하고 그렇게 할 수 없다고 말하는 동일한 영에 관하여

1377. 그 형벌을 받은 동일한 영(1373항 참조)이 자주 하는 말은, 그는 단념하기를 원하였고, 그리고 사실은 그가 공포의 상태에 있을 때에는 단념하기를 원한다는 것까지 지각하였지만, 그러나 악이 자신에게 꽉 달라붙어 있어서 도저히 그렇게 할 수 없었다는 것입니다. 그러므로 그가 마음의 교만의 상태가 매우 사악(邪惡)한 것이다는 사실을 잘 알고 있기 때문에, 그가 그것을 단념하게 하기 위해서 그는 온갖 형벌을 받아야만 했습니다. 이런 것들이나 이와 비슷한 형벌들이 그에게 열 번이나 가해졌다는 것은, 이미 언급하였습니다. 나는 전에 천으로 감싸인 동일한 영을 보았지만, 그러나 그는 여전히 계속해서 그런 생각을 가지고 있었습니다. 그는 17세기 동안, 이와 같은 성품일 뿐입니다. 그는, 내면적인 것들이나 더 내면적인 진실들을 저주하는, 정면을 향한 왼쪽 눈의 영역에 있는 자들 가운데 있었습니다. 그러나 이 경우에는 차이가 있었는데, 그는 자만심을 가지고 있고, 그리고 자기 자신의 큰 능력들을 통해서 남들보다 잘 났다고 생각하기 때문에, 그것들이 자기 자신에게서 발출된 것이라고 그가 생각할 수 있다면 그는 그 진실들을 시인할 것입니다. 1748년 3월 15일

1378. 동일한 영은 역시 자기 자신과 비교하여 다른 자들을 크게 경멸하였고, 따라서 그는 자기 자신만을 숭배하였습니다. 내가 지각한 사실은 그는 자신과 비교하여 다른 자들을 경멸한다는 것, 아니, 사실은 "그의 속마음"(his animus)의 억제나 구속 따위가 느슨해지면, 그는 일생 동안 어떤 억압이나 구속 따위를 겪어 왔기 때문에, 그의 자만심은, 주님으로서 자신이 예배받기를 시도할 정도까지, 기고만

장(氣高萬丈)할 것입니다. 그는 자기 자신이 주님으로 말미암아 살아가고 있다는 것을 거의 시인하려고 하지 않았습니다.

호수에 관하여

1379. 그 뒤 그는 정반대쪽에 있는, 따라서 몸의 영역에 있는 왼쪽 정면 호수에 이끌려갔습니다. 그 호수의 주위에 있는 괴물스러운 것들이나, 무서운 것들이 그 때 그에게 드러나 보였습니다.

1380. 그 호수는, 너비 보다는 길이가 더 긴 아주 큰 호수입니다. 정면 가장 가까운 그 호수의 제방에는 무섭고 괴물스러운 뱀들이 있었고, 이와 비슷한 호수에 사는 생물들이 있었는데, 이것들은 모두 전염병을 유발하는 입 기운을 내뿜었습니다. 그러나 나는 그 호수의 뱀들이나 괴물들과 같은 것을 본 적이 없습니다. 다만 그것들이 그런 모습이다고 말하는 것이 고작입니다. 다만 보이는 것은, 악취를 내뿜는 어떤 검은 물체라는 것뿐입니다.

1381. 왼쪽 측면, 즉 제방 왼쪽, 멀지 않은 곳에는 사람의 살(人肉)을 먹는 자들이 있었습니다. 그들은 서로 상대의 어깨를 자신의 이빨로 물어뜯으면서, 번갈아 교대로 서로를 뜯어먹었습니다. 이렇게 먹는 것으로 그들의 허기를 해결하고 있었습니다.

1382. 왼쪽 제방에서 멀리 떨어진 왼쪽에 고래들(whales)이라고 불리우는 아주 큰 고기들이 나타났습니다. 그것들은 모두 괴물스럽게 생겼고, 사람들을 통째로 삼켜서, 이빨로 갈기갈기 찢었습니다. 그것들은 사람들을 삼키려고 했고, 그리고 그것들은 그들을 토했습니다.

1382[A]. 아주 먼 곳, 즉 제방 반대쪽에는 매우 추악한 얼굴들이 보였는데, 특히 나이 많은 노파(老婆)들의 얼굴들이었습니다. 그 몰골은 너무나도 괴물스럽고, 추악해서 기술할 수가 없었습니다. 나는 전에도 이런 모습의 얼굴을 본 적이 있는데, 그 얼굴의 몰골은 무엇이라고 기술할 수 없을 정도로 아주 괴물스럽고, 추악하고, 소름이 끼치었습니다. 그 주위를 뛰어다니는 놈들은 미치광이들이라고 불리

웠습니다.

1383. 그 호수 오른쪽, 즉 호수의 오른쪽 제방에는 잔인한 도구들을 가지고 서로 번갈아 가면서 상대를 죽이는 것들이 있었습니다. 이 도구들은, 무기들이라고 할 수는 없지만, 그들의 마음의 사나움에 따라서 여러 모양으로 변했습니다. 그러므로 그들은 서로를 다치게 할 수 있고, 또한 살해할 수 있다고 생각합니다.

1384. 호수의 뒤쪽 중간 지역의 모든 곳에는 물이 흐르지 않고 고여 있는 무서운 늪(pool)이 있었는데, 물이라기보다는 곤죽의 진창(miry)이라고 하는 것이 제격이었습니다.

1385. 바로 위에서 언급되었던(1377·1378항 참조), 그 영이 그 호수에 이끌려 왔는데, 그러므로 그 영은 비참한 자들의 온갖 형벌들을 직접 보고, 자신들에 대한 형벌 하나를 선택하여야만 했습니다. 그는 고래들이 있는 곳을 선택하였습니다. 그러나 그의 바람은 허락되지 않았습니다. 왜냐하면 이른바 어떤 사람에 의하여 선언된 판결은 그가 원하는 것으로 바꿀 수 없었기 때문입니다.

1386. 그러나 그는 그 호수에 옮겨졌고, 그리고 거기에 침몰(沈沒)하였습니다. 그는 그 진창 속 깊이 가라앉았고, 또는 아주 먼 거리까지 파도치듯이, 둘둘 말리기도 하였고, 때로는 마치 창공(蒼空) 아래에 있는 것처럼, 그리고 정면에서 반대쪽으로, 그리고 왼쪽 방향으로, 즉 모든 방향으로 인육(人肉)을 게걸스럽게 먹는 자들이 있는 곳(1381항 참조)까지 끌려갔습니다. 이른바 황금색의 대기(大氣·aura)가 거기에 나타났습니다. 그것은 모든 방향으로 회전하였는데, 종국에는 그에게까지 당도하였습니다. 그는 이 황금색의 대기에 의하여 위로 올리워졌는데, 그의 위로 올려지는 것에 따라서 그 아래에 길이 계속해서 뻗어 있었지만, 그러나 그 때 그 자신은, 비록 거기에 있지만, 거기에서는 보이지 않았습니다. 나는, 금색의 대기가 어떤 선을 뜻한다고 여겼습니다. 그러나 그 어떤 영이 거기에 보내졌는데, 그 영은 황금색 대기를 따라서 위로 올려졌습니다. 그 대기는, 스위

든 말로 "스렙"(slep)이라고 하는 뒤가 길게 늘어진 여인의 긴 옷이 보통 그녀의 등에 늘어진 것과 같이, 그가 올라가는 것에 뒤따라서 올라갔습니다. 그러므로 그는 대기와 함께 위로 올리워졌습니다. 그 대기에 관해서 언급된 것은 무엇인가 더러운 것을 담고 있는데, 그것은 해로운 벌레(害蟲) 같은 것이었습니다. 그러므로 이러한 것은, 그들에게는 마치 황금 같이 보였지만, 그럼에도 불구하고 전적으로 불결한 것을 가리키는 자만의 확신 따위를 뜻하는 것입니다. 1748년 3월 15일

동일한 영에게 나타난 물고기(fish)에 관하여

1387. 낮은 땅에 있는 그 영이 천이나 모직물로 둘둘 감기었을 때 갑자기 커다란 물고기가 놓인 책상 하나가 나타났는데, 그가 목구멍으로 삼킨 것 중의 하나가 소리를 질러댔습니다. 이러한 모습은 그가 영적인 것들 보다 더 애지중지한 것은 자연적인 것들이라는 것을 뜻합니다. 1748년 3월 15일

그 동일한 영은 자신의 동료들을 버렸다는 것에 관하여

1388. 그 뒤 그의 추한 얼굴이 나타났습니다. 그러므로 그것으로 그가 이런 성품의 작자이다는 것이 밝혀졌습니다. 이 일이 있기 전에는 그들은 그의 얼굴이 두루 위엄을 갖춘 그런 모습이라고 생각하였습니다. 그러므로 그는 그와 같이 그 전에 같이 지냈던 동료들에 의하여 업신여김을 당하였습니다. 그러므로 그는 약간 머리 위쪽, 오른쪽으로 옮겨졌습니다. 따라서 그는 약간 내리막을 통해서 좀 아래쪽에 있는 그 호수로 옮겨졌습니다. 1748년 3월 15일

동일한 영은 계속 나를 경멸하였지만, 그러나 여전히 나에게서 떠나지 않았다는 것에 관하여

1389. 아무리 내가 그와 다투었다고 하지만, 그는 여전히 내가 쓴

내용과 그 자신을 뒤섞으려고 하였습니다. 그래서 그는 마음 속에서 나를 경멸하는 것을 단념할 수가 없었습니다. 그는, 내가 기술한 것들이 마치 자기 자신에게서 나온 것이기를 원했습니다. 그는 지금 내 머리 위로 다시 되돌아왔습니다. 그리고 그는 나와 계속해서 함께 할 것이고, 그러므로 내가 쓰는 글이 자신에게 적합하도록 간섭할 것이라고 말하였습니다. 그가 뜻하는 것은, 거기에는 내가 기술한 것을 실제로 읽을 자들이 있지만, 그러나 그들은 자연적이고, 그리고 여전히 자신들의 주장들이 남아 있기 때문에, 그리고 자신의 공상(空想)들에 일치하여 그것을 해석하기 때문에, 비록 그들이 진리들을 깨닫는다고 해도, 여전히 자신들의 편견들이나 주장에 머무는 것을 단념하지 못한다는 것을 뜻합니다. 1748년 3월 15일

저 세상에 있는 표징들(表徵·representations)은 이 세상에 있는 실제적인 것들이다는 것에 관하여

1390. 저 세상에 있는 드러남들(=표징들·representations), 예컨대 처참한 자들의 온갖 형벌 따위는, 사실은 환상적인 것들로 나타나지만, 그럼에도 불구하고 그것들은 실제적인 현실들입니다. 왜냐하면 형벌을 받는 자들은 감관을 향유(享有)하고 있기 때문입니다. 그들은, 마치 그들이 육체를 입고 있으며, 그리고 육체 안에서 형벌들을 받고 있다고 여기면서, 그 형벌들을 직접적으로 느끼고, 그리고 고통을 감수(甘受)하고 있기 때문입니다. 이것은 수많은 것들로 말미암아 명확한 사실입니다.

1391. 더욱이 거기에는 이 세상에 있는 것과 비슷한 표현들이 있는데, 왜냐하면 지상에 실제적으로 존재하는 모든 것들은, 저 세상에 있는 그것들이 표의적(表意的·significant)으로 존재하는 한, 존재할 수밖에 별다른 수가 없기 때문입니다. 예를 들면 요나는 고래에 의하여 삼킨 바 되었는데(요나 1 : 17), 그 일은, 이집트에서의 수많은 기적들과 같이, 그리고 기적들이라고 부르는 다른 수많은 것들과

같이, 이 세상에서 실제적으로 일어났습니다.

1392. 이 세상에 존재하는 식물계의 모든 대상물과 같은 주님의 모든 표징들이나 표현들은, 그것들이 그런 것을 뜻하기 때문에, 실제적입니다. 예컨대, 사람은, 전 천계가 실제적인 사람과 같기 때문에, 그와 같은 기관들로 이루어졌습니다. 1748년 3월 15일

영적인 것들을 표징하는 색채에 관하여

1393. 색채들이 영적인 것들을 표징한다는 것은 무지개나 다른 것들로부터, 그리고 역시 경험으로부터 잘 알 수 있습니다. 이것이 사실이다는 것을 밝히 알게 하기 위하여 단순하게 흰색(白色)과 검은색(黑色)을 예로 들겠습니다. 검은색(黑色)은 빛의 모든 광선을 흡수하고, 그리고 아무런 질서도 없이 불규칙적으로 그것들을 주위에 흩어버리는 그런 성질을 지녔습니다. 이것으로 말미암아 검음(blackness)을 야기시킵니다. 마찬가지로, 검은색이 표징하는 악의(惡意·malice)는 총명적인 빛의 모든 광선은 흡수하고, 그리고 무질서적인 방법으로 그것들을 주위에 발산합니다. 그러므로 종국에 빛이나, 흼(白色·whiteness)은 결코 보이지 않습니다. 그러나 흰색(白色·white colour)은 빛의 광선을 흡수하지 않고, 오히려 그것들을 전부 반사(反射)합니다. 이와 같이, 자기 자신을 의롭게 하고, 언제나 올바름을 모든 일에 우선으로 여기는 자들은, 총명에 속한 빛들이나, 또는 내면적인 광선을 자기 것으로 용납하지 않고, 오히려 반사합니다. 그 밖의 다른 색채들에 관해서도 이와 같습니다. 1748년 3월 15일

영적인 것은 자연적인 것 안에 존재하고, 자연적인 것은 무가치(無價値)한 것으로 나타난다는 것에 관해서

1394. 이러한 사실은 수많은 것들로 말미암아 아주 명백합니다. 그 중에서 한 예를 들어 보겠습니다. 언어의 낱말들(the words of speech)은 자연적인 것들에서 비롯된 것들입니다. 그러므로 언어(言

語・speech)는 자연적인 것입니다. 그러나 그 언어의 뜻은 영적인 것이고, 그리고 영적인 것이 될 수 있습니다. 그 뜻(意味・the sense)이 지각되면, 낱말들(words)은 아무것도 아닌 것이 됩니다. 그러므로 낱말들이나, 또는 관능적인 것들(the corporeal things)은 오직 도구(道具)적인 것이고 무가치(無價値)한 것에 지나지 않습니다. 여기에는 아주 깊은 뜻이 있습니다. 따라서 만약에 거기에 자신들의 낱말들이 뜻하는 것이나, 또는 여러 표지들(標識・signs)이 의미하는 수많은 것이 있다면, 그리고 보다 더 내면적인 뜻들이 그것들로 말미암아 형성되었다면, 그 때 그것들의 뜻은 영적인 것이고, 그것들의 뜻이라고 일컫는 표지들(標識・the signs)이나, 또는 복합적인 표현들, 다시 말하면 복합적인 개념들(composite ideas)은 무가치한 것입니다. 1748년 3월 15일

1395. 수많은 뜻들은 하나의 개념을 형성하고, 따라서 하나의 낱말이나, 하나의 표지(標識・the sign)를 형성할 수 있다는 것, 그리고 따라서 함께 이해될 수 있는 것 등은, 특히 이와 같은 수많은 뜻들을 형성하고 있는 영적인 언어에서 아주 명백합니다. 말하자면 아주 단순하고 동시적인 개념에서 명백합니다. 예를 들어 보겠습니다. 바로 위에서 언급한 것입니다. 그리고 여기서 낱말들이나, 그것들의 뜻에 관해서 언급한 것은, 우리가 많은 영들과 말할 때에는, 오직 하나의 개념(only one idea)을 형성합니다. 다른 경우들도 그러합니다. 이런 개념이 사람에게는 주어졌습니다. 왜냐하면 사람이 이러한 것들을 읽을 때 그는 하나의 개념 하에서 그것들을 파악하기 때문입니다. 다른 경우들도 마찬가지입니다. 1748년 3월 15일

여러 도구들을 가지고 서로들을 살해(殺害)하려고 애쓰는 그 호수의 오른쪽에 있는 자들에 관하여

1396. 그들 중의 어떤 이가 거기에서부터 나에게 다가와서 하는 말들은, 그들은 그침이 없이 서로들을 죽이고 있다는 것이고, 그리

고 그들의 전 생애에서 그들은 이웃에 대하여 내면적으로 증오(憎惡)하는 짓을 선호, 가슴 속에 품고 있었으며, 그리고 기회가 주어지기만 한다면 언제나 그 증오들이 폭발할 것인데, 그들은 이와 같은 짓을 하는 것에서 온갖 쾌락을 만끽(滿喫)한다는 것 등입니다. 그들은, 그들이 언제나 다툼이나 분쟁을 좋아했고, 법률적인 소송(訴訟)들에 대하여, 형벌들에 대하여, 벌금(罰金)에 대하여, 이웃들을 불러내는 일에서 쾌락을 찾고는 했습니다. 그들이 만약에 법에 속한 형벌들에 의하여 억제되지 않는다면, 그들은 공공연하게 이웃들에 돌진(突進)하여, 이웃을 해칠 것이고, 심지어 그를 죽이려고 무진 애를 쓸 것입니다.

1397. 그들은 군복무 중에서도 살육(殺戮)과 약탈(掠奪) 이외에는 아무것도 원하지 않았고, 오직 그런 짓들에서만 온갖 쾌락을 만끽(滿喫)하였습니다. 그러나 이러한 짓거리는, 그들을 적으로 여기고, 따라서 상부의 명령에 의하여 행하는 것과 같은, 의무(義務) 때문에 행하는 것과는 전혀 다릅니다. 나는, 그들이 비록 군인들이었기는 하지만, 많은 축복을 받은 자들 가운데 있는 그들 중의 몇몇을 만난 적이 있습니다. 저 세상에서 정죄(定罪)되는 것은 내면적인 것들입니다. 다시 말하면, "속마음"(animus)에 속한 성질의 것이고, 또한 그들이 말한 것과 같이 정죄되는 것은 의지에 속한 성질의 것입니다. 1748년 3월 15일

지옥적인 통 속에 있는 자들은 누구인가?

1398. 자신들의 생애에서 다른 자들에 비하여 자신들이 매우 중요한 존재가 되기를 열망했던 자들이 있었습니다. 따라서 그들은 그들이 하는 것에서도 언제나 일인자(一人者)가 되기를 열렬하게 원하였을 뿐만 아니라, 천계에서도 최고의 존재가 되기를 열망하였습니다. 그러므로 거기에는 뛰어난 자(卓越者)에 대한 다른 사람들과의 부단한 경쟁이 있었습니다. 비록 동시에 공개적인 증오심을 가지고 있지

않다고 해도, 그럼에도 불구하고 그들은 이웃에 대한 인애(仁愛) 따위는 결코 가지고 있지 않습니다. 그들은 지옥적인 통(the infernal tun) 속에 있었지만, 그럼에도 불구하고 그들은 악한 것은 아닙니다. 그들은 본능에 따라서 행동하였는데, 그 이유는 그들이 합리성을 박탈당하였기 때문에, 그들은 어떤 방향으로 휠 수밖에 없기 때문입니다. 1748년 3월 15일

저 세상에는 무한정(無限定)의 다종다양(多種多樣)함들이 있다

1399. 사람은 저 세상에는 지옥과 천계가 있다고 단순하게 알고 있습니다. 그리고 지옥에는 불꽃과 고통 따위만 있고, 주님나라에는 최상의 행복(至福·felicity)만 있는 것으로 역시 알고 있습니다. 그리고 사람은 더 이상에 관해서는 무지(無知)합니다. 그리고 역시 사람은, 그것들이 무엇으로 이루어졌는지에 대해서 전적으로 무지하고, 그러므로 일반적으로 이 세상에 있는 것들로부터 그것들에 관해서 판단해 버립니다. 그 이유는 사람은 오직 일반적인 개념(a general idea)만 가지고 있고, 심지어 그 어떤 판단도 하지 않기 때문입니다. 오직 일반적인 개념, 즉 조잡한 개념만 가지고 있으므로 다른 것에 대해서는 거의 아무런 개념을 가지고 있지 않으며, 또한 그것에 대한 생각이 전혀 없습니다. 그럼에도 불구하고 거기에는 무한정한 다종다양함들이 있는데, 따라서 그것들에 관해서 상세하게 기술한다는 것은 결코 불가능합니다.

1400. 이런 식으로, 또한 만약에 사람이 이 지구가 있다는 것 이상 아무것도 알지 못한다면, 그리고 또한 그것의 나라들·정부들(=통치조직들)·사회들에 관해서 전적으로 무지(無知)하다면, 그 때 그 사람은 이 지구(=이 땅·the earth)가 무엇인지도 알지 못합니다. 사람은 지상에 있는 것들에 속한 지식으로부터 그와 유사한 것들을 배워 알 수 있습니다. 다른 경우에서도 마찬가지입니다. 예를 들어 보겠습니다. 가령 사람이 육체를 가지고 있다면, 그리고 만약에 그

가 육체 안에 있는 것을 알지 못한다면, 그 때 그것에 관해서 그는 아무것도 알지 못합니다. 그러나 그가 육체 안에 있는 것들을 면밀히 조사하고, 거기에 있는 아주 멋지고 놀라운 수많은 것들을 보고, 이해하게 된다면, 그 때 그는 그것의 무한정한 다종다양함들을 알 것입니다. 이와 꼭 같이, 만약에 사람이 그가 생각할 수 있는 존재라는 이외에는 아무것도 알지 못한다면, 그 때 그는 아무것도 모르는 무지(無知)한 존재일 뿐입니다. 그러나 그가 어떤 학문(學問·science)을 통해서도 결코 파악할 수 없는 무한정의 것들이 있다는 것을 배우게 되면, 그는 그 때 처음으로 생각(思想·thought)이 무엇인지 알기 시작합니다. 만약에 그가 어떤 학문(=과학·science)이 있다는 것만 알고, 그 이상의 것을 알지 못한다면, 그 때 그는 아무것도 모르는 것일 뿐입니다. 그러나 그가 그 학문을 배워 알게 되면, 그는 그 때 무한정한 것이 내재해 있지 않은 것은 아무것도 없다는 사실을 이해하기 시작합니다. 그러므로 만약에 그가 온 세상(the entire world)에 관해서, 그리고 그것 안에 존재하는 것이 무엇인지 알지 못한다면, 그는 아무것도 알지 못하는 것입니다. 1748년 3월 15일

낱말 "지각"(知覺·perception)은 천사들에게도 적용될 수 있다는 것에 관하여

1401. "지각한다"(知覺·to perceive)는 것이 이해(理解·understanding)와 정동(情動·affection) 양쪽에 관계를 가지고 있기 때문에, 따라서 그 말은 양자를 뜻하고 있기 때문에, 그 낱말은, 각자의 능력에서 비롯되는 믿음에 속한 것들을 지각하는 천사들에게도 능히 적용될 수 있겠습니다. 왜냐하면 그들은 어떤 사물(事物)이 사실이고, 진실인지를 직접적으로 지각하기 때문입니다. 1748년 3월 15일

흑암(黑暗) 가운데 있는 황폐의 상태(荒弊狀態·the state of

vastation)에 관하여

1402. 자기 자신들로 말미암아 진리나 선을 이해하고, 그리고 자신들을 신뢰한다고 생각하는 영들이 있었는데, 그래서 그들은 다른 자들에 비하여 조요(照耀)되고, 계발(啓發)되었다고 굳게 믿고 있지만, 사실 그와는 반대로 진리나 선에 관해서 무지(無知)하고, 그리고 그들이 그런 것들을 알려고 조차 하지 않는 성품을 지닌 영들이었습니다. 이런 부류의 영들은 흑암의 상태에 의하여 황폐하게 됩니다. 그들은 암흑 가운데 빠져 있는데, 그리고 그 때 동시에 그들은, 자신들의 어리석음 가운데 전적으로 빠져 있기 때문에, 이른바 바보같이 말을 하였습니다. 그들은 약간 머리 위에 나타났고, 때로는 정면에, 때로는 뒤에 모습을 드러냈습니다. 그것은 그들이 어디에 있는지 모르게 하기 위해서였습니다. 그들의 등판은 위쪽을 향해 있지만, 그들의 머리는 아래쪽을 향해 있었습니다. 육신을 입은 삶에서 이런 성격을 가지고 있었던 자들은 지금도 그런 상태에 있습니다.

1403. 약간 높은, 그리고 그들에게서 멀리 떨어진 곳에 다른 영들이 있었는데, 그들은, 자신들이 지금 밝은 빛 가운데 있다고 말하였습니다. 따라서 어떤 자들은 어둠 속에 있는 반면, 다른 자들은 주위의 공간에 있는 빛 가운데 있을 수 있습니다. 그것은 마치 어떤 자들은 구름의 그림자 가운데 있지만, 반면에 다른 자들은 멀리 떨어져 있는 빛이 비추는 곳에 있는 것과 같습니다. 1748년 3월 15일

1404. 내게 일러진 것과 같이, 이런 것들은, 자신들은 교육을 받았기 때문에, 가장 밝은 빛 가운데 있을 것으로 생각하는 자들이 실상은 매우 조잡한 흑암 속에 있는 자들을 뜻합니다. 그리고 이에 반하여 주위에 있는 자들, 다시 말하면 자기 자신을 신뢰하지 않는 자들은 가장 밝은 빛 가운데 있는 자들을 뜻합니다. 흑암 가운데 빠져 있는 자들은 이 세상에서 가장 밝은 빛 가운데 자신들이 있다고 굳게 믿고 있었던 자들입니다. 1748년 3월 15일

영적인 설득(說得·宗旨·spiritual persuasion)과 지각(知覺·perception)에 관하여

1405. 주님에 의하여 인도되는 자들은 그들 자신이 반드시 행하여야 할 것을 지각하기 때문에, 그리고 이와 같은 지각은 다른 자들에게는 알려지지 않은 방법으로 행해지기 때문에, 그러므로 역시 그들은 그들이 반드시 알아야 할 것에 대하여 확신을 갖습니다. 그리고 이러한 일은 영적인 방법으로 행해지므로 다른 자들에게는 알려지지 않습니다. 그러므로 그들이 만약에 진리에 가장 근사(近似)한 어떤 것들을 접하게 되는 경우, 그것에 정반대되는 일은 거의 있지 않고, 오히려 모든 것들은 그것에 긍정하는 것들만 있기는 하지만, 그럼에도 불구하고 그런 것들은, 믿음에 속한 것을 가리키는 영적인 설득(宗旨·spiritual persuasion)이 있기 전까지는 설득되지도 않고, 따라서 확신을 가지지도 못합니다. 1748년 3월 15일

1406. 어느 누구나 자기는 자신을 인도한다고 생각하고, 그리고 자기는 자신으로 말미암아 이해한다고 생각하는 한, 그 사람은 이와 같은 지각이나, 설득(=확신)을 가질 수 없습니다. 그리고 그는 그 때 그것들이 소설이나 객담(客談)이라고 생각합니다. 그리고 그는 아마도 그것들을 종교적인 광신(狂信)적인 것으로 깊은 생각이 없이 속단(速斷)할 것입니다. 왜냐하면 이런 부류의 사람들은 그들이 이해할 수 없는 것은 결코 존재하지 않는다고 여기기 때문입니다. 더욱이 그들의 생애에서 공부를 많이 한 자들도 저 세상에서 이 사실을 믿을 수 없었습니다. 그러나 종국에 그들은 그 사실을 믿어야 했지만, 그러나 단순히 머리로만(intellectual) 믿었을 뿐입니다. 그 이유는 그들에게는 그와 같은 사실이 경험을 통하여 입증되었기 때문입니다. 이러한 경험이 저 세상에 있는 영혼들에게 주어지지만, 그러나 육신을 입은 이 세상 사람들에게도 꼭 같은 방법으로 주어지는지는 아직 나는 잘 알지 못합니다. 1748년 3월 15일

1407. 여러 주간 동안, 사실은 수개월 동안 나는 내가 가야 할 곳

에 관해서 아무런 그들의 말이 없이, 또 내 생각에 알려진 것이 없이, 그저 그들의 뜻에 따라서 양각풍(羊角風・gyrus) 속에 여러 길(道)들이나 도로(道路)들을 따라서 영들에 의하여 인도되는 매우 명료한 지각을 받은 적이 있습니다. 그럼에도 불구하고 명확한 사실은 그들이 나를 이런 식으로 인도하였다는 것입니다. 그러므로 아주 명확한 것은 아니지만, 거기에는 지각될 수 있는 내면적인 지각(an internal perception)이 있었다는 것입니다.

1408. 모든 선생들이나, 사제들(司祭・priests)이 말하고, 고백하듯이, 그들이 생각하고, 설교를 할 때, 주님에 의하여 성령(聖靈・the Holy Spirit)을 통하여 자신들은 인도받는다고 말하지만, 그럼에도 불구하고 위에서 언급한 것과 같은 그 지각들이나 확신들(宗旨)을 가지고 있지 못한 자들은, 그들이 그러한 것을 행한다고 비록 말은 하지만, 믿지는 않습니다. 이런 것에서 알 수 있는 것은 오직 이해 안에 있는 믿음은 참된 믿음과는 엄연히 분별된다는 것입니다. 1748년 3월 15일

1409. 영혼들이나 영들이 말한 것과 같이, 그 때 그들은 자신에게 속한 것들이 전혀 없기 때문에, 그 경우 자신들은 아무것도 알지 못할 것이다고 생각하였습니다. 그러나 이런 생각은 전적으로 잘못된 것입니다. 왜냐하면 그 때 그들은 제일 먼저 지각하고 알기 때문입니다.

모직(毛織) 천에 관한 더 상세한 것(1371항 이하 참조)에 관하여

1410. 모직 천에 둘둘 감긴 여섯 영이 있었는데, 사실 그 천은 좀 성기고, 흰 천이었습니다. 마찬가지로 그녀는 내 머리 주위에서 시작하여 왼쪽으로 낮은 땅을 향해 나아갔는데, 나무꾼의 지붕 위까지 전진하였으나 그렇게 깊이 나간 것은 아닙니다. 거기에는 약간의 감김들이 있었으므로, 그녀는 자신을 감고 있는 것을 풀어 보려고 했으나, 결코 목적을 달성할 수는 없었습니다. 왜냐하면 심하지 않게

감겨 있었기 때문에, 그녀는 종국에는 풀려날 것이라는 바람 가운데 있었지만, 풀려나는 일은 없었습니다. 사실 그녀는 어떤 굴대(軸)들이나 몸이 거의 남아 있지 않을 때까지 그녀는 자기 자신을 천으로 둘둘 감쌌습니다. 그녀는 그 천에서 풀려나오려고 했지만, 여전히 천에 감겨 있었습니다. 그러나 그녀는 종국에 풀려났습니다.

1411. 감김이나 풀림의 방법들이나 모양들에 관해서 보면, 매우 다종다기(多種多岐)합니다. 왜냐하면 앞에서 언급한 것과 같이, 그녀는 처음에는 낮은 곳이 있는 나무꾼의 지붕 위의 낮은 곳을 향해 풀려갔기 때문입니다. 그 때 그녀는 나에게 되돌아 왔는데, 이와 같은 일은, 그 어떤 감싸는 일도 없는 곧장 나감에 의하여 행해졌는데, 그 천의 중간부분 전체는 자유롭게 나부꼈습니다. 그리고 그녀는 머리 위의 조금 넓은 곳의 정면을 향해 곧장 나아갔습니다. 이런 식으로 그녀는 여러 변화를 일으켰습니다.

1412. 더욱이 그 천은 아주 조악(粗惡)하고, 거친 천으로 바뀌었는데, 그것은 마치 지금 내가 마루에 깔고 있는 네델란드의 양탄자와 같은, 그런 소재들로 만든 양탄자 같았습니다. 그 천은 노란색으로 변하여 갔습니다. 종국에 그녀는 자신의 고집(=끈질긴 생각・固執)을 단념하지 않았기 때문에, 그녀는 이 천으로 아주 두터운 감김으로 완전히 둘둘 감기었는데, 그것은, 마치 그녀가 발사되는 것처럼, 몸의 뒤를 향해 곧장 나아갔습니다. 그러나 조금 뒤 나에게 왔는데, 그 감김은, 마치 다른 축(軸)에서 일어나는 것처럼, 수직적으로 회전(回轉)하였습니다. 그 때 그녀는 자유로운 몸이 되었습니다. 왜냐하면 그녀는 좀 뒤에 나와 말을 하였고, 그리고 나는 그녀가 이런 상태가 되지 않으려고 스스로 무척 애를 썼다는 것을 지각하였기 때문입니다. 그러므로 그녀는 이 시간 동안에 어느 정도 교정(矯正)되었습니다.

1413. 그러나 알려진 바는, 그들의 환상들과 더불어 온갖 악행들(惡行・vices)은 그 천에 의하여 이와 같이 드러났다는 것이고, 그리

고 그것 안에 감싸 있던 자들에게는 그것이 그와 같이 보였지만, 그 럼에도 불구하고 이와 같은 천들(veils)을 생산하는 것은 역시 내면 적인 것들이다는 것 등입니다. 그 내면적인 것들이 어떻게 변화하고, 그것으로 말미암아 그 천이 어떻게 형성되는지 거기에 있던 천사들 에 의하여 관찰(觀察)되었습니다. 이런 일은 내면적인 것의 여러 변 화들에 일치하여 다종다양하게 일어났습니다. 그러나 하나의 경우가 다른 경우와 꼭 같지는 않았습니다. 관찰하는 천사들은 이것을 잘 알고 있었습니다.

1414. 그러므로 나는, 앞서 그녀에게 일어난 일 때문에, 그 천으로 감싸여졌다고 생각하였는데, 앞서 그녀에게 일어난 일은, 다른 사람 들이 그녀를 충분히 존경스럽게 우러르지 않기 때문에 그녀가 크게 분노하였다는 것입니다. 왜냐하면 그녀가 확신하는 것은, 자기 자신 은 매우 영특한 영들 중의 하나로서, 자신은 매우 뛰어난 존재이다 는 것이었기 때문입니다. 그녀가 이런 욕망이나 탐욕에 사로잡혀 있 고, 그리고 그녀는 자신에 대하여 이와 같은 매우 큰 확신을 가지고 있고, 그리고 그 어떤 말에 의해서도 교정될 수 없기 때문에, 그러 므로 그녀는 그 천 속에 처넣어져야 했습니다. 그녀의 경우가 그전 처럼 그 천으로 둘둘 감긴 영들의 경우와 같은(1371항 참조) 것인지 아닌지는 나는 잘 알 수 없습니다. 아마도 그녀는 그와 같은 종류의 "속마음"(animus)이었을 것이고, 그리고 이런 부류의 영들과 같이 있 었기 때문에, 그녀는 내면적인 것들이나, 더 내면적인 것을 알려고 하지 않았고, 그리고 교만(驕慢)한 마음을 가지고 있었는데, 이러한 사실은 모두 내가 지각한 것입니다. 이런 이유 때문에 이와 비슷한 형벌들이 그녀의 "속마음"과 상상력에 일치하여 다종다양하게 있었 던 것입니다. 1748년 3월 16일

내가 생각하기에는 수성(水星 · the planet Mercury)에서 왔다고 여겨지는, 다른 지구에서 온 영들에 관하여

1415. 나에게 온 영들의 성품에 관해서 기술하는 것이 허락되었는데, 왜냐하면 그들은 사람 안에 있는 내적인 감관(the internal sense)이라고 부르는 것들로 이루어졌기 때문입니다. 그리고 어떤 것은 기억에 속한 것이기 때문입니다.

1416. 그들은 내게 와서, 그리고 내 기억 속에 있는 그런 것들에 대하여 면밀하게 살피었으며, 그리고 내가 있었던 여러 장소들, 예컨대, 도로들, 집들, 교회들이나 이와 비슷한 곳들이 밝혀졌을 때, 그들은 그것들에 관해서 알려고 하지 않았고, 오히려 그 장소에서 행해진 것들을 곧 교묘하게, 또는 재주 좋게 내 기억에서 불러내었습니다. 그러므로 그들은, 내가 그 곳에 있었을 때 일어났던 모든 것들을 끄집어내었지만, 그러나 그 곳, 그 집, 그 교회나, 그 곳과 관계되는 것들의 겉모습(外現)에 대해서는 깊이 생각하지 않았습니다. 이것이 사람에게서는 일상적인 경우인데, 그러므로 한 장소가 기억될 때 그 곳에서 일어났던 일들은 즉시 회상(回想)됩니다. 그러므로 사람 안에 있는 것들, 말하자면 장소들과 관계된 것들은 그것 안에 있지 않는 것을 제외하면 기억에 다시 나타나는 것이 일상적인 것입니다. 그러므로 이런 영들은, 교묘하게 그런 장소들을 통과하며, 그리고 즉시 그들을 기쁘게 했던 것들을 회상합니다. 일러진 것은, 장소들에 관해서 생각하는 것은 그들에게 허락되지 않고, 또한 물질적인 것들이나, 결과적으로 관능적이고 세상적인 것에 대해서 생각하는 것은 허락되지 않았기 때문에, 그들은 이런 것들에 대해서 즉시 지나쳐 버리고, 그러나 그들은 사실적인 것(real)들에 대해서만 주의를 집중합니다. 그러므로 좀 뒤에 가서 알 수 있었던 것은, 그들은 다른 지구에서 왔다는 것입니다. 그 이유는 그들은 이 세상적인 것이나, 관능적인 것, 또는 이런 것들과 유사한 것들에는 주의하려고 하지 않고, 오히려 거기에서 행해진 것들에 대해서만 주의를 집중하였기 때문입니다. 그것이 바로 우리 지구와 다른 것이기 때문에, 우리 지구의 사람들은 관능적이고 세상적인 것들이나, 이와

비슷한 것들로 인하여 쾌락을 만끽하기 때문에, 그러므로 그들은 우리 지구의 영들에 비하여 보다 더 재빠르고, 그리고 내 기억 속에 있는 것들을 아주 빠르게 통과하였습니다.

1417. 한 마디로 그들은 아주 조잡한 관능적이고, 세속적이고, 그리고 물질적인 것들에는 주의하려고 하지 않는다는 사실에서 내게 허락된 지각은 그들이 다른 지구에서 왔다는 것입니다. 그 뒤에, 고대교회(the ancient church)에 속한 사람들이 한 것과 같이, 그들이 관능적인 것들이나, 세상적인 것들에 의하여 표징된 것에는 전혀 주의를 기울이지 않는다는 사실에서 내가 깨달은 것은 그들은 고대 교회에 속한 자들이 아니다는 것입니다. 그들은 오직 관능적인 것들이나 세상적인 것들에서 분리된 것들에 속한 앎(知識)들만을 취하려 하였고, 그리고 그것에 의해서 기쁨을 만끽하였습니다. 여기에서 그들의 신속함(readiness)은 비롯되었습니다.

1418. 그러므로 그들은 "앎들"(知識·cognitions)이라고 불리워졌고, 아니면, 그들은 "내적인 감관들"(the internal sense)이라고 불리웠습니다. 그 이유는, 그들이 고백하고 있듯이, 그들은 오직 온갖 "앎들"(cognitions)로 말미암아 기뻐하였기 때문입니다. 그것들이 바로, 사색(思索)이나 보다 순수한 상상적인 것이 비롯된 원천인 사물에 속한 기억을 가리킵니다. 이러한 사실은 아래의 내용들에서 이해할 수 있겠습니다.

1419. 조금 뒤에, 여러 시간 동안 즐겁고, 밝게 활활 타는 아주 큰 밝은 불꽃이 나에게 나타났습니다. 이것은, 매우 빠른, 이와 유사한 영들의 임재(臨在)를 뜻합니다.

1420. 그들이 내게 가까이 왔고, 그리고 내 기억 속에 있는 것들을 매우 신속하게 통과하여 지나갔을 때, 나는 그들의 정교함과 신속함 때문에 그들이 무엇을 배워 터득하였는지 전혀 알 수가 없었습니다. 다만 그들이 하는 말은 "그것은 그저 그렇다"는 것뿐이고, 나는, 말하자면, 그들이 이런 것들을 알았다는 것을 깨달을 수 있었

습니다.

1421. 결과적으로 그들은 불꽃과 같았으며, 그리고 내 기억에 속한 섬세하고, 예민한 것들을 통과하는 것에서 그들은 즐거움을 즐겼고, 따라서 내가 천계에서 본 것들을 통과하면서 기쁨을 만끽하였습니다. 이러한 것은 그들이 그것을 이미 알고, 터득하였다고 말하였기 때문입니다. 그래서 나는 그들에게, 아마도 그들은 그들이 그것들을 알고, 터득하였다고 다만 생각한 것뿐, 그럼에도 불구하고, 그들은 그것들을 진정으로 알지 못하였다고, 말해 주었습니다. 그 이유는 영은, 그가 사람의 기억으로 말미암아 사람 안에서 지각한 것들을 그 자신이 알고 있는 것이나, 이미 알고 있었던 것으로 생각하기 때문입니다. 더욱이 내가 지각한 사실은, 조금 왼쪽 후두부(後頭部)의 영역에 이러한 것을 철저하게 지각하는 이런 부류의 영들의 집단이 있다는 것과, 그리고 그들이 이런 생각을 가질 수 있다는 것 등입니다. 그들이 이런 생각을 가질 수 있는 것은 그들이 진실된 것이나, 따라서 내면적인 것들에만 주의를 집중하고, 또한 외적인 것들 안에 있는 것에는 주의를 기울이려고 하지 않기 때문입니다. 왜냐하면 이런 내용이 바로 영들이 가지고 있는 기억이기 때문입니다.

1422. 내가 그들이 어느 지구에서 왔는지를 물었을 때, 그것은 그들이 우리의 지구에서 오지 않았다는 것을 내가 알고 있기 때문인데, 그들은 대답을 하려고 하지 않았습니다. 그들은 또한 그들이 육신을 입고 살았다는 것도 말하지 않았습니다. 왜냐하면 그들은 그들이 어떤 지구에 있었다는 것이나, 육신을 입고 살았다는 것조차 생각하기를 원하지 않았기 때문입니다. 그 이유는 그것은 그들이 생각하는 그들의 원칙들에 정반대가 되는 것이고, 하물며 관능적인 것들이나 세속적인 것들에 관해서 그들이 어떻게 말할 수 있겠습니까? 내가 그들에게 초지들(草地)·콩밭들·나무들, 그리고 강물들을 보여주었을 때, 그들은 즉시 그것들을 그것과 거의 반대되는 것들로 바꾸었고, 따라서 그들은 초지를 어둡게 변화시켰고, 그리고 이른바

뱀들로 초지를 가득 채웠고, 또한, 내가 맑은 물을 보고 있다는 것을 그들이 원하지 않았다는 듯이 그 물을 검게 하였습니다. 내가, 이렇게 하는 이유를, 그리고 그들의 물이 그와 같이 검게 되는 이유를 이상하게 생각하였을 때, 내가 들은 그 이유는, 그것은 그들의 규정들이나 법률에 일치한다는 것이고, 그리고 그들이 이런 것들에 관해서 생각하는 것이 허락되지 않고, 그리고 다만 지상에 있는 것들에 관한 지식들을 수용하지 말고, 오직 천계에서 일어난 것들에 관한 지식들만을 그들이 수용하게 할 목적으로 실제적인 것들에 관해서 생각하는 것이 허락되었기 때문입니다.

1423. 내가 그들에게 그들이 이런 식으로 대상물들을 변화시키지 않으면 안 되고, 그리고 이런 것들을 그와 같이 숨기는 것은 순수한 것이 아니다는 것을 말하였을 때, 그들은 그 말에 전혀 관심조차 두지 않았습니다. 그러므로 내게 허락된 것은, 이것이 표징적인 것이기 때문에, 그와 같은 것들을 초록색(green colour)으로 바꾼다는 것이었습니다. 그들은 이런 일을 거짓이나, 그들이 가지고 있는 가르침이나 지침에서 비롯된 것을 제외한 음흉한 술책(術策)에서는 그런 일을 하지 못하였습니다. 그러므로 그들이 이와 같이 그런 것들을 숨겼다는 것이 즉시 알려질 수 있었습니다. 그들이 마술(魔術)로부터 그런 짓을 행하였을 때 그것은 음흉한 술책(術策·guile)이고 거짓이지만, 그러나 그들이 거짓이 아닌 규칙이나 법규에서 그것을 행하였다면, 그것은 거짓도 술책도 아닙니다. 그 이유는 바로 그 사실이 지각되었기 때문입니다. 그들은 이런 것들을 삽입(揷入)하기도 하였습니다.

1424. 내가 지각한 것은, 그들의 지구에서의 그들의 삶은 그들이 이 세상적인 것들이나, 관능적인 것들에는 전혀 관심을 두지 않는 것이고, 오히려 자신들에 속한 것 이외의 것들에 관심을 두는 것인데, 그런 것들은 바로 천계에 있는 것들을 가리킵니다. 그러므로 그들은 천계에 있는 것들에 관해서 그들을 가르치는 영들과 대화를

가졌고, 그리고 그들은 그 대화를 통하여 영적인 것들에 속한 지식으로 말미암아 매우 기뻤습니다. 따라서 또한 그들이 내 기억에서부터 많은 것들을 알게 되었을 때, 그것은 내가 육신을 입고 있다는 것을 전혀 알지 못하는 그런 성질의 것이라고 말하였고, 그리고 그 사실을 긍정하였습니다.

1425. 나는, 그들 자신들이 온 별(=지구·행성·行星·planet)을 말할 수 없기 때문에, 그들에게 그 행성들을 보였을 때 그들이 하는 말은 거기에는 수많은 지구들(earths)이 있다는 것을 안다고 하였고, 그리고 그 지구의 주거들에 관계되는 다종다기한 것들을 안다는 것이었습니다. 왜냐하면 그들은 그와 같은 앎으로 말미암아 즐겁고, 기뻤기 때문입니다. 내가 영적인 방법으로 수성(水星)과 금성(金星·venus)이라고 부르는 행성들을 그들에게 보였을 때, 그들은 내 시각을 금성으로 향하게 하였지만, 그러나 나는, 그들이 온 곳을 숨기려고 한다는 것을 지각할 수 있었습니다. 따라서 나는 그들이 태양에서 제일 가까운 행성에서 왔다는 것을 지각할 수 있었습니다. 그리고 그들은 그와 같은 지식들로 즐거워한다는 것을 지각하였는데, 이러한 것은 태양에 가장 가까운 그들의 근접(近接)으로 말미암아 나에게 그와 같이 지각하는 것이 주어졌기 때문입니다. 일반적으로 그들은 내적인 감관들을 구성하고 있고, 따라서 내적인 감관들(the internal senses)은 그와 같은 지식들을 가리킵니다.

1426. 아주 빠른 방법으로 그들과 이야기할 수 있는 어떤 영이 거기에 있었습니다. 나는 육신을 입고 있었으므로 그와 같이 빠르게 그들에게 그런 것들을 보일 수 없었습니다. 그리고 그가 그들과 이야기할 때, 그들은 그 때 그가 보여 주는 것은 훌륭하다고 말하였습니다. 뿐만 아니라, 그들은 이런 표현들이 너무나도 멋지고, 또 너무나도 명료하고, 그 밖의 등등을 즉시 판단하였습니다. 그러므로 그들은 그것이 자신들의 마음과 일치하기 때문이다는 것을 시인하지 않았습니다. 이것이 바로 내적인 감관의 속성(屬性)입니다. 왜냐하면

이 감관은 그것 자체의 지각을 가지고 있기 때문이고, 그리고 이런 영들을 자기 자신으로부터, 그리고 자기 자신의 본성으로 말미암아 즉시 즉시 판단하기 때문입니다. 그 감관에 속한 지각으로 말미암아 꼭 같이 얻을 수 있는 결론은 이런 영들이 최대인간의 몸(the Grand Body) 안에 있는 내적인 감관들을 형성한다는 것입니다.

1427. 그들은 그들이 알고 있는 것들에 관해서 나를 가르치려고 하지 않았습니다. 왜냐하면 그들은 그것들을 다른 어떤 것으로 바꾸기를 원하고 있기 때문입니다. 그러므로 나는 그들이 그들의 지구의 주민들을 가르치는지, 아닌지를 물어 보았습니다. 나는, 마찬가지로 내적인 감관을 통해서 그 답을 받았는데, 그들은 가르치는 것을 원하지 않지만, 그럼에도 불구하고 그들은 그것들을 자세하게 탐구한다고 하였는데, 내가 상상하기에는, 그들의 알고자 하는 열망에 의하여 그들이 양육되고, 증대되기 위하여 이 일을 행하는 것뿐입니다. 왜냐하면 만약에 그들이 모든 질문에 답하려고 한다면, 그들의 열망은 소멸할 것이기 때문입니다. 그러므로 이런 영들은, 비록 그들이 다양한 방법들로 그것들을 연구, 탐색한다고 해도, 그들의 주민들을 가르치는 것을 원하지 않는 상태에 있게 한다는 것입니다. 여기에는 더 많은 이유가 있는데 그것은 그들이 모든 경우에서 온갖 진리들을 알 수 없기 때문입니다. 왜냐하면 만약에 그들이 그 진리들을 안다면, 그 때 그들은 반대되는 것들을 가지지 못할 것이고, 그러므로 역시 생각(思想)은 소멸할 것이기 때문입니다. 왜냐하면 그것은 반대되는 것들로 말미암아 다양하게 바뀌고, 행동하고, 살아가기 때문입니다.

1428. 내가 내적인 감관에 의하여 그들과 대화하고 있을 때, 그들은 내가 깨닫는 것들에 비하여 더 많은 것들을 지각하였습니다. 내면적인 감관에 의하여 나는, 이러한 것들은 반드시 존재할 수밖에 없는데, 그 이유는 주님께서 그와 같이 다스리셨고, 그리고 다스리고 계시기 때문에, 어느 것 하나 부족함이 없이 모든 것들이 존재하

며, 그리고 보다 더 완전한 것은 불가능하며, 따라서 그것은 사람이 살기 위해서는 필수적인 것이다는 것 등등을 역설하였습니다. 내가 이런 것을 역설하였고, 그리고 여기에 표현한 것에 비하여 더 충분하게 그것을 역설하였을 때, 그 이유는 내면적인 감관은 본질적으로 이와 같은 성질을 가지고 있기 때문에, 그들은 그들이 이런 사실을 아는 것만으로도 충분하다고 말하였습니다. 그러므로 그들은, 이런 사실이 주님에게서 오기 때문에, 매우 놀라워했습니다.

1429. 그 때 나는, 지식들로 말미암아 즐겁다는 것만으로는 충분한 것이 아니기 때문에, 그들이 그들의 지식들에 속한 선용(善用·use)을 성취하기를 원하는지의 여부에 관한 의문이 떠올랐습니다. 왜냐하면 지식들이란 선용들을 중하게 여기고, 선용들은 목적들을 중하게 여기기 때문입니다. 만약에 그들이 단순하게 지식들 안에 머물러 있고, 그들이 선용을 결코 지식들에서 이끌어내지 못한다면, 오히려 그것들은 다른 사람들에게 도움이 될 뿐입니다. 우리는 반드시 지식들로 말미암아 생각하여야만 하고, 그리고 그것들에 의하여 수행될 수 있는 선용에 관해서 생각하여야만 합니다. 그럼에도 불구하고 그런 영들은, 자신들은 그 지식들로 말미암아 즐겁고, 기쁘고, 그리고 그것이 바로 선용에 속한 것이다고 주장하였습니다.

1430. 내가 그들에게 우리의 지구에 있는 것과 닮은 큰 것들이나, 작은 것들의 새들(birds)을 보여 주었을 때, 그들은 처음에는 그것들을 변화시키려고 했지만, 그러나 그 뒤에는 그것들로 말미암아 즐거워하였습니다. 그 이유는 영들 앞에서 새들은 본래 지식들(=앎들·知識·cognitions)을 뜻하기 때문입니다.

1431. 나는, 처음에 나와 같이 있었던 영들을 장소들·집들 그리고 이와 비슷한 것들의 표징 안에 둘 수가 없기 때문에, 나는 그들에게 수많은 빛들과 등(燈)들로 꾸며진 아주 멋진 장소들을 보여 주었습니다. 그 때 그들은, 아마도 특히 등(燈)들 때문에, 거기에 머물러 있었고, 그리고 사로잡혀 있었을 것입니다.

1432. 그들의 지구에 사는 주민들에게 온 한 사람이 나에게 나타났습니다. 그는 우리의 지구의 사람들과 다르지 않았습니다. 그는 짙은 청색의 옷을 입었는데, 그 옷은 그들의 속마음(animus)을 뜻하였습니다. 그것은 우리들의 것과 거의 같은 넓은 소매들을 가지고 있었는데, 그것이 가지고 있는 소매들은 소매(cuffs) 대신에 영국에서 사용되는 것과 같았습니다. 그들의 주민들이 모두 그와 같이 옷을 입는지 여부에 대해서, 그리고 이것이 그들의 속마음-(animus)에 속한 표징인지 여부에 대해서는 나는 알지 못하였습니다. 다만 내가 안 것은, 그 뒤에 내가 그들에게 이런 식으로 옷을 입은 사람을 보여 주었을 때, 그들은, 그들이 그들을 안다고 말하였다는 것, 다시 말하면 그들은 "자기 자신들을 알고 있다"고 말하였다는 것입니다.

1433. 그들은 역시 지금 그 지식들을 계속해서 다른 것들로 바꾸려고 애를 쓰고 있었습니다. 다시 말하면 자신들에 관해서 여기에 기술한 것들을 다른 것들로 바꾸려고 노력하고 있었습니다. 왜냐하면 그들은, 그들이 알고 있는 것은 무엇이든 내가 아는 것을 원하지 않기 때문이고, 오히려 그들은 다른 자들에게서 비롯된 모든 것들을 알기를 원하였기 때문입니다. 그들은 충분하게 얻지도 못하였습니다. 그들은 지식이란 결코 그것을 샅샅이 알 수 있을 정도로 한정적인 것이 아니라고 역설하였습니다. 왜냐하면 비록 그들이 더 많은 것들을 배우고 있다고 해도, 그럼에도 불구하고 그들이 알지 못하는 것은 숫자적으로 무한하기 때문입니다.

1434. 이런 성품의 영들은 외면적인 것에 대응하는 내면적인 것들에서 생성된 외면적인 것으로 말미암아 존재하는 그런 자들과는 전적으로 다릅니다. 이것이 이 지구의 사람들은 다른 지구의 사람들에 비하여 더욱 더 관능적이고, 육생(陸生)적이고, 현세적이고, 물질적인 것들 안에 존재하기 때문입니다. 그리고 그들이 천사들이 되었을 때, 그들은 그 때 대응하는 내면적인 것들만 드러내고, 외적인 것들에 대해서는 전혀 상관하지 않기 때문입니다. 수성(水星)의 영들

은 이와 같지 않고, 오히려 외적인 것에 밀착한 것이나, 그것에 결합된 그런 것들에만 관심을 둡니다. 만약에 사람이 어떤 곳에 있을 때 그 사람이 행한 것, 말하자면, 통상적으로 장소들에 속한 기억과 결부된 것들에만 관심을 둡니다. 그들은, 자신들이 물질적인 것들에서 이와 같이 끌어낸 것들, 말하자면 그것들의 겉껍데기에서 끌어낸, 그와 같은 것들로서는 결코 즐기지 않는다고 말하고 있습니다. 왜냐하면 그들은 이와 같은 겉껍데기(the covering)는 쳐다보고 싶지도 않기 때문입니다. 1748년 3월 16일

우리의 지구에 있는 자들은, 모두가 외적인 것들이나, 물질적인 것들을 여기서 사랑하고, 그리고 사랑했기 때문에, 이런 성품을 가질 수 없습니다. 이런 이유 때문에 우리 지구의 영들은 수성(水星)의 영들과 함께 있을 수 없습니다.

1435. 우리 지구의 영들은 또한 수많은 것들, 특히 육생(陸生)적이고, 물질적인 것들을 알고자 하는 호기심(好奇心)이 크고, 열정적이지만, 그러나 그들은, 주님에 의하여, 대응하는 내면적인 것들을 배우는 것이나, 그리고 그것들을 열망하는 것에 인도됩니다. 따라서 우리 지구의 영들은 조잡하고, 우둔하고(slower), 그리고 그들이 내면적인 것들을 취할 수 있기에 앞서 반드시 털어버려야 하는 관능적인 온갖 탐욕들로 더럽혀져 있습니다. 그리고 그들은 그들이 이와 같은 내면적인 것들로 즐기기 전에 무가치(無價値)한 것들이기 때문에, 그들이 그것들에 대하여 혐오(嫌惡)할 정도에 이르기까지 그것들을 철저하게 털어버려야만 합니다. 그러므로 우리 지구의 영들은, 특히 최대인간(最大人間)의 몸에 속한 외면적인 기관들의 영역을 이룹니다. 1748년 3월 16일

뿌리를 내리는 믿음의 씨앗(種子·the seeds of faith)에 관하여
1436. 한 사람·한 영혼·한 영 안에, 그리고 심지어 한 천사 안에 뿌리를 내리는 믿음에 속한 씨앗들은, 수많은 지식들이나 그것에

서 비롯된 다양한 파생들이나, 또는 발아(發芽)들에 의하여 이와 같은 믿음의 진리가 파종(播種)되고, 그리고 그 때 조금씩 그것이 수많은 진리들에 확장되는 그런 성질을 지니고 있습니다. 그러므로 그것은, 말하자면, 전 공간(全 空間)을 점유하고, 그리고 점차적으로 온갖 거짓들은 소진(消盡)됩니다. 왜냐하면 믿음의 진리(the truth of faith)가 수태(受胎)되면, 그 즉시 그것은 매우 밝은 진리들을 생산하는데, 그것은 마치 샘에서 솟아나는 흐르는 물과 같고, 땅에 뿌리를 활착(活着)시키고 있는 나무의 뿌리들과 같고, 또한 더 깊이 뿌리를 박고 있는 인체의 선(腺)의 근원과 같고, 그리고 종국에는 자체를 확장시키는 것에 의하여, 그리고 그것이 만나는 것이면 무엇이든 잡아먹는 것에 의하여 온 공간을 점유하는 그런 것과 같습니다. 사람 안에 있는 온갖 악들은 제일 먼저 제거됩니다. 왜냐하면 그렇지 않다면, 거기에 파종(播種) 따위는 결코 있을 수 없기 때문입니다. 악들은, 아주 널리 뿌리를 뻗는, 그리고 좋은 씨의 뿌리들을 죽여 버리는 가라지늘(tares)입니다. 그런 뒤에야 비로소 믿음에 속한 진리의 확신(宗旨·persuasion)이 생기는데, 그 종지는 그 밖의 다른 앎(=지식)들과 결합하는 파생적인 종지를 생산합니다. 따라서 믿음의 씨(the seed of faith)는 무한(無限)히 자체를 확장시키고, 그리고 열매를 생산합니다.

1437. 그러나 반드시 알아야 할 것은, 주님만이 홀로 진리들이나 선들을 파종하신다는 것과, 그리고 그것들을 발아(發芽)시키신다는 것입니다. 그러므로 만약에 그것들이 믿음에 속한 존재가 아니라면, 그것들은 결코 뿌리를 내릴 수 없으며, 하물며 어떻게 열매를 생산할 수 있겠습니까? 그러나 그것들은, 비록 그것들을 멸종(滅種)시키지는 않는다고 해도, 그것들을 죽여 버리는 "가라지들"의 뿌리들입니다. 그러므로 가라지의 뿌리가 뽑힐 때, 좋은 씨는 보존되고, 그리고 그것들은 생성되고, 성장됩니다.

1438. 보다 더 주지하여야 할 것은, 이러한 지식들은, 사람의 의

지에서 비롯된 기억 안에 각인(刻印)되지 않는 방법으로 침투(浸透)된다는 것입니다. 왜냐하면 그 때 그 뿌리들은 깊이 활착되지 않기 때문입니다. 그러나 대부분의 사람들은 사람이 그것에 관해서 무지(無知)하고, 그러므로 사람은 그가 그것들을 배웠다는 것을 모르고 있기 때문에, 이런 일이 행해지고 있습니다. 1748년 3월 16일

1439. 사람이 자기 자신으로 말미암아, 또는 그 외의 다른 사랑들, 말하자면 자기사랑(自我愛)이나 세상사랑(世間愛)으로부터 믿음에 속한 진리들의 사랑을 취하려고 애쓰는 것은 바람직하지 않습니다. 왜냐하면 그 때 그것은 뿌리를 내리지 않기 때문입니다. 그러나 주님께서 홀로 그 사랑을 주입시키십니다. 1748년 3월 16일

1440. 종자들은 헤아릴 수 없이 많이 있는데, 그 이유는 그것들이 믿음에 속한 것이기 때문입니다. 그러나 그것 안에 모든 것들이 질서 정연하게 배치되어 있고, 종속되어 있는 보편적이고, 진귀(珍貴·unique)한 종자는, 바로 주님께서 홀로 우주를 지배하시고, 진리나 선에 속한 모든 것들 안에 계시는 모두이시다는 것이고, 그리고 그것들의 본질에서 보면, 사람·영·천사는 아무것도 아니다는 것 등입니다. 1748년 3월 16일

수성(水星)과 금성(金星)의 영들에 관하여

1441. 그들이 한 말은, 그들은 수많은 별들(行星)이 있다는 것을 잘 알고 있다는 것입니다. 왜냐하면 그들이 함께 있을 수 없는, 그러므로 자신들의 별의 주민들과 같지 않은 여러 종류의 영들이 있기 때문입니다.

1442. 더욱이 내가 그들에게 새들이나 어린 양들에 관해서 말하였는데, 그러나 그들은, 그것들이 세상적인 것들이기 때문에, 그런 것들에 관해서는 들으려고도 하지 않았습니다. 그러나 어린 양들은 순진무구(純眞無垢·innocence)를 뜻한다는 것과, 그리고 어린 양들이 이러한 것들을 뜻한다고 언급하는 사람들은 순진무구 이외에는 어

린 양들에 관해서 생각하지 않는다는 것이 그들에게 일러졌을 때, 이 영들은 그들이 순진무구가 무엇인지 알지 못한다고 선언하였습니다. 그들이 성실한 자들인지에 대해서 질문을 받자, 사실 이런 말은 그들이 듣기를 원하지 않는 것이지만, 그들은 성실한 자들이 어떤 존재인지 알지 못한다고 대답하였습니다. 그러나 그들은 올바른 사람(politeness)이 무엇인지 알고 있으며, 그들은 그런 사람이 되려고 애쓴다고 말하였습니다. 이것은 내면적인 뜻과 일치합니다. 이런 지식들 이상으로 올라가지 못한 자들은, 단지 그 낱말을 제외하면, 순진무구(innocence)가 무엇인지, 알지 못합니다. 그리고 그들 중의 몇몇은 아마도 유아나 유아의 무지(無知)와 그것을 혼돈할 것이고, 그리고 그들은 매우 특출한 총명을 부여받은 자들이 순진무구한 존재가 될 수 없다고 생각할 것입니다. 그러므로 내면적인 뜻, 다시 말하면, 천계에 있는 것들에 관해서 단순히 알고 있는 지식까지도 내면적인 것을 파악하지 못하는데, 하물며, 순진무구 자체인 극내적인 것을 어찌 알겠습니까! 그러나 올바르다는 것, 다시 말하면, 사물들에 관한 지식으로 즐거움을 만끽한다는 것이나, 그것들을 자랑한다는 것은 이런 영들에게 적합한 것입니다.

1443. 더욱이 나는 수성에서 온 수많은 영들을 보았는데, 그들은, 마치 하나의 그룹 안에 있는 것과 같이, 오직 내적인 감관만을 형성하였고, 그리고 자신들은 이른바 아주 긴 줄 등을 형성하였습니다. 그러나 그들 중 많은 자들이 이 방향, 다시 말하면 이 지구를 향해 뻗어오기를 원하지 않기 때문에, 따라서 그들은 마치 큰 무리의 군대와 같이, 스스로 방향을 바꾸었는데, 그 때 그들은 우측을 향해서 빙빙 돌아서, 그들은 금성에 도착하였습니다. 그들이 거기에 도착하였을 때, 그들은 그들이 거기에 머물기를 원하지 않는다고 말하였습니다. 그 이유는 그들은 그들이 매우 사악하다는 것을 잘 알고 있기 때문입니다. 그러나 내게 일러진 것은 수성의 영들은 그들을 매우 사악한 자들이라고 부른다는 것인데, 그 이유는 그들이 그들은 별로

가치가 없는 존재들이고, 그리고 그들은 짐승들이라고 말하였기 때문입니다. 수성에서 온 자들에게 대하여 그것은 혐오감을 주었습니다. 그래서 그들은 금성의 다른 쪽을 향해 갔는데, 그들은 여기에 있는 자들은 선량하다고 말하면서 거기를 종착점으로 해서 그들은 좌우로 빙빙 돌았습니다. 그리고 말하자면 그들은 그 행성 전체를, 다시 말하면, 그 행성의 영들을 에워쌌습니다.

1444. 또 주지하여야 할 것은 천계에서 소수가 마치 그들이 전부인 양 자기 자신들을 드러낸다는 것과, 그리고 한 지구에서 온 몇몇이 마치 전 행성을 대표한다는 것 등입니다. 이런 것이 바로 천계에 있는 표징(表徵·representation)입니다. 왜냐하면, 마치 소수가 전체의 외형들(外形·images of all)이듯이, 개개인들이 전 천계의 외형들(images of the whole)이기 때문입니다.

1445. 그들은 내면적인 감관들에 의하여 외적인 것들과의 교류를 가져올 수 있으며, 그리고 그렇지 않으면 거기에는 결코 어떤 교류도 있을 수 없기 때문입니다. 그러므로 내면적인 감관(interior sense)은, 이른바 외적인 것이 보다 더 내면적인 것과 교류하게 하는 그런 것들인데, 그것은 바로 물질적인 개념들에 속한 기억의 방편들을 제외하면 결코 교류가 있을 수 없는 것과 꼭 같습니다. 그리고 이와 같이 내면적인 것이라고 부르는 기억의 방편들은, 다시 말하면 내면적인 감관의 방편들이 없으면, 총명적인 것들의 교류 역시 있을 수 없는 것과 꼭 같습니다. 이런 것들을 알지 못하는 사람은 이해의 기능을 사람이 어떻게 향유(享有)하는지를 알지 못합니다. 다시 말하면 생각하고, 판단하고, 결론짓고, 최후에 결정짓고, 뜻하는 기능을 알지 못합니다. 왜냐하면 이러한 일들을 하는 것들은 외적인 감관들에서 직접 파생된, 또는 외적인 감관에 의하여 파생된 물질적인 개념들의 기억에서 나오지 않기 때문입니다.

1446. 그들에게 그들이 주님을 알고 있는지 여부가 질문되었습니다. 즉, 그들이 이미 그들에게 약속된 모든 지식들보다도 더 큰 지

식을 알고 있는지 질문된 것입니다. 그들은 그들이 알고 있는 것은 이미 있었던 약속이지만, 그러나 그들은 아직까지도 그것이 그런지 여부에 대해서 의심하고 있었습니다. 그들에게 마치 태양에 속한 것과 꼭 같은 것이 나타났습니다. 그러나 그들은, 그들이 결코 얼굴(顏面·face)을 보지 못하기 때문에, 이것은 주님이 아니다고 말하였습니다. 여기서 질문은 멈추었습니다. 그리고 단순한 지식들(bare cognitions)을 좋아하는 내면적인 감관은 더 이상 아무것도 알 수 없었습니다. 그러므로 그들은 금성의 사람들에게 전념하였습니다.

1447. 영들이나 천사들의 온 천계가 우리의 지구의 영들로부터 세워졌다고 생각하는 자들은 확실히 분별력(分別力)이 약한 사람들, 내가 말할 수 있다면, 바보 같다고 할 수 있겠습니다. 왜냐하면 주님의 전능(全能·omnipotence)에 대해서 거의 아무것도 모르기 때문입니다. 아니, 그것에 대하여 전적으로 아무것도 알지 못하고 있기 때문입니다. 태양계에 속한 수천의 것들이 있고, 지구들(=별들)이 수천의 것이 있다고 해도, 그들은 여전히 아무것도 알지 못합니다. 주님께서 우리의 지구에서 사람(Man)이 되셨고, 여기서 온갖 고통을 겪으셨다는 이유 때문에 이 사실을 부인하는 자들은, 그러므로 이 지구만이 오직 그분을 알고 있다고 생각하는 자들은, 역시 미친 자들입니다. 왜냐하면 우주에 있는 모든 지구들이 그분만을 오직 주님으로 시인하고 있기 때문입니다.

1448. 내가 보기에 내적인 감관을 지닌 수성의 영들이 금성을 에워싼 것 같이 보인 뒤에, 그 때 나는 내 주위의 영들이 고백한 것이지만, 내 두뇌 안에서 일어난 내면적인 변화를 느꼈습니다. 왜냐하면 그 때 그것은 매우 강하게 움직이었고, 내면적인 감관은 더더욱 활발하게 활동하였기 때문입니다. 그 변화에 관해서는 쉽게 기술될 수 없는 그런 것이었습니다.

1449. 이 방향에서 쳐다보고 있는 금성 이쪽의 주민들은 자신들의 구원에 관해서 절망(絶望) 가운데 있었습니다. 그리고 자신들을

가리켜 짐승들·가축들·추악한 존재들·미운 존재들이라고 하였습니다. 그들이 실제적으로 사람들을 살해하지는 않았지만, 그들은 자신들의 이웃에 대하여 증오하였고, 그러므로 그들은 저주받아 마땅하고, 구원받을 수 없는 존재라고 하였습니다. 그들이 절망의 상태에 있기 때문에, 이와 같은 폐허의 상태에 있는 한, 그들은 역시 천계나 구원에 반항(反抗)하는 저주(詛呪)의 표현들을 내뱉었습니다. 이런 경우는 여러 번 내가 밝힌 것으로, 나는 그것이 지옥적인 원귀들(怨鬼·infernal furies)로 말미암아 존재한다고 생각하였으나, 이와는 달리 그것은 그와 같은 절망에 빠져 있는 자들로 말미암아 존재하였습니다. 그러나 그들은 그 때 마치 미치광이 같은 존재였기 때문에, 그들에게 용서가 주어졌습니다. 그러나 주님께서, 그들이 구원받게 하기 위하여, 그들에 대한 심한 나무람(叱責)들이 어떤 정도를 넘지 않도록 통제하시고 계십니다. 그리고 만약에 그들이 가장 최후의 한계에까지 이르게 되면, 따라서 그들이 그 한계에 이르기까지 고통을 받게 되면, 그 때 그들은 구원을 받게 되는데, 그 이유는 그들의 관능적인 것들이 소멸해버리기 때문입니다. 지금 우리가 그들에 관해서 말하고 있는 금성 이쪽에서 온 자들은 악한 자들은 아니지만, 그러나 소박한 자들이라고 일러졌습니다. 그들은 주님 그분을 믿지 않았고, 오히려 어떤 호칭(呼稱·designation)이 없이 어떤 최고의 창조자(a certain Supreme Creator)를 믿었고, 또는 주님이 없는 "중재자"(仲裁者·the Mediator)를 믿었습니다. 그와 같은 이유는, 금성에 있는 자들은 이와 같은 박탈의 상태(剝脫狀態·vastation)에 있었기 때문입니다. 결과적으로 그들은, 주님께서 홀로 "중재자"이시고, "구원주"(the Saviour)이시다는 가르침을 받은 뒤, 즉시 구원을 받았습니다. 그들이 지금 고백한 사실은, 그들은 더럽고, 무가치한 존재들이기 때문에, 조정자(調停者·Intercessor)이신 하나님이 없다면, 그들은 결코 구원받을 수 없었다는 것입니다. 그들 중 최후의 한계에 이르는 고통을 받은 몇몇은 천계에 올리워졌고, 거기서 눈물을 흘릴 정도의 매우 상냥함으로 영접되었습니다. 그들은, 자신들은 무가치한 존재들이다고 말하고 있었는데, 그 이유는 그들이 이런 말을 고백하였을 뿐만 아니라, 그들이 생각했던 다른 여러 가지 것들도 고백하였기 때문입니다. 그리고 그들은 나로 하여금 눈물을 흘리게 할 정도로 감동시켰습니다.

1450. 금성의 주민들은 거인들(巨人・giants)이었으며, 따라서 우리의 지구의 주민들은 그들의 배꼽 부위에 이를 정도였습니다. 그들은 다소 우둔하였고, 주님나라나 영생(永生)에 관해서는 알려고 하지 않았고, 다만 그들의 땅과 가축들에 관계되는 것들에만 관심이 있었습니다. 그들이 살고 있는 곳은 너무나도 덥기 때문에, 그들은 낮 동안에는 서로 회동(會同)하지 못하고, 밤에 회동을 하였습니다. 그러므로 그들은 흑암 가운데 살았지만, 그럼에도 불구하고 그들은 볼 수 있었습니다. 1748년 3월 16일

1451. 이런 측면에서 온 금성 주민의 영들은 대부분 나와 대화를 하였습니다. 그들은 확실히 오직 염소 가축들(goat-herds)에 지나지 않는다고 말하였습니다. 그들이 유일하게 가지고 있는 가축은 큰 뿔(large horns)을 가지고 있지 않았습니다. 양들이 그들에게 보여졌을 때 자신들은 이런 동물들을 가지고 있지 않다고 말하였습니다. 그러나 염소들이 보여졌을 때, 그들은 그 짐승들을 가지고 있고, 그들이 그렇게 불리우기를 원하고 있기 때문에, 자신들은 그것들의 목동(牧童)들이다고 말하였습니다. 그들은 사실 매우 다양한 것들을 알고 있었지만, 그러나 그런 것은 가지고 있지 않았습니다.

1452. 그 지구의 사람들은 무척 단순합니다. 그러나 반드시 알아야 할 것은, 단순하고 우둔한 자들은 그 지구, 다시 말하면, 금성의 측면에서 그러다는 것을 뜻한다는 것입니다. 단순하게 보이는 상황들은 그들의 속마음(animus)을 뜻하는 것인데, 그 이유는 그들이 다 그런 성품은 아니기 때문입니다.

1453. 금성의 다른 쪽에 나타난 자들은 주님을 신봉하는 예배자

들입니다. 그들의 몇몇은 거기에서 왔습니다. 그들은 머리 위에 있었습니다. 그들은, 자신들은 오직 우리 주님을 시인하고 있고, 시인했다는 것과, 그분께서 그들에게 나타나 보이셨다는 것과, 그리고 자신들은 그분께서 그들과 함께 계신다는 것을 믿는다는 것과, 그들이 나에게 말한 것인데, 그분은 그들 가운데 거니신다는 것 등을 말하였습니다. 더욱이, 마치 그분께서 그들 사이에서 거닐고 있듯이, 그들은 그분을 직접 본다는 것도 말하였고, 그러므로 그들은, 그들과 함께 거니는 삶의 측면에서, 그분을 표징한다는 것도 말하였습니다. 그들은, 역시, 자신들은 오직 가축을 키우는 목부들이라는 것도 말하였습니다.

1454. 내면적인 감관을 가리키는 금성의 영들, 또는 그것을 구성하는 그들은 한 장소, 또는 한 지구의 영들의 영기(靈氣) 안에 머물러 있지 않고, 오히려 그들이 옮겨 다니는 것의 여부를 알지 못하고 있을 뿐, 우주를 두루 돌아다니고 있었습니다. 그들이 물질적이고 세상적이고, 관능적인 것들을 애지중지하는 영들을 만나면 언제나 그들은 그들을 멀리 피하였고, 그리고 그들이 이런 것들에 관해서 듣지 못하는 곳으로 가고는 하였습니다. 왜냐하면 본질적인 것을 중요시 여기는 내면적인 감관은 외적인 감관에 속한 것들을 애지중지하지 않기 때문입니다. 그 이유는, 그것이 활동하기 위해서는 육체에 속한 감관들에서부터 반드시 멀리 옮겨져야만 한다는 것에서 명확하기 때문입니다. 그리고 이런 감관들이 육체로부터의 옮김이 없다면, 내면적인 감관은 활동할 수 없기 때문입니다. 그러므로 외적인 감관들이나, 물질적인 개념들에 속한 기억은 명료하지 않습니다. 아니, 사실 그것은 내면적인 감관의 활동 능력을 소멸시켰습니다. 이런 이유 때문에, 수성의 영들은 그들이 피하는 이 지구 주위에 머물 수 없습니다. 그들이 나와 말하고 있을 때 내 속에서 지각한 것은 내적인 감관은 존재한다는 것, 말하자면 육체에 속한 감관들로부터 뒤로 물러나 있었다는 것입니다. 그러므로 나는 이런 육체에 속

한 감관들에서 거의 박탈된 상태에 있었고, 심지어 내 눈에서 빛이 사라진 정도에까지 이르렀습니다. 따라서 내가 글을 쓰고 있는 동안 나는 한 순간도 거의 볼 수 없었습니다. 그것들의 결과는 이런 성질의 것입니다.

1455[A]. 그들은 내적인 기억(the internal memory)이라고 불리울 수 없었는데, 그 이유는, 내가 지금 가르침을 받았듯이, 그것들 안에는 생각하는 능력이 있었기 때문입니다. 다시 말하면 내적인 감관이 이 기능을 주기 때문입니다. 나는, 일종의 실제적인 생각(active thought)에 의하지 않고서는, 그들과 거의 말을 할 수 없었습니다. 그들은, 그들이 싫어하고, 그리고 들으려고 하지 않는 낱말들의 언어보다는 이것을 더 잘 이해하였습니다. 그들이 생각하고 있는 것은, 그들이 말하고 있듯이, 그들은 내적인 감관보다는 오히려 생각(思想・the thought)이다는 것입니다. 그러나 그들은 판단의 능력(the faculty of judgment)을 가지고 있지 못하고, 오히려 지식들 안에서의 기쁨만을 가지고 있었습니다. 뿐만 아니라, 그것은 단순한 생각에 불과하다고 할 수 있다는 것입니다. 왜냐하면 그것이 없다면 거기에는 내면적인 감관은 결코 존재하지 않기 때문입니다. 그러나 생각과 판단은 크게 다릅니다. 그들은 판단에서 생각을 이끌어내지 않는데, 그 이유는 그들이 목적에서부터 선용(善用)과 목적(目的)에 관해서 결론들을 이끌어내지 않기 때문입니다.

1455. 수성의 영들은 무리들이나 떼를 지어서 다닙니다. 수많은 자들이 모여서, 말하자면, 하나의 구형(球形)의 형체를 형성하였는데, 그들은 이런 식으로 주님에 의하여 결합되어, 그들은 마치 한 사람처럼 활동할 수 있었으며, 그리고 한 마음이나 한 감정을 가지고 있었습니다. 만약에 그렇지 않다면 내적인 감관과 같이, 그들은 쉽게 소멸해버릴 것입니다. 왜냐하면 그들은 주님에 의하여 반드시 하나의 존재(as a one)로서 함께 있어야만 하기 때문입니다. 그들이 말을 할 때, 또는 한 영이 그들이 생각한 것을 말할 때 그들은 그 때

전적으로 아주 큰 덩어리(a great roll)처럼 움직였습니다. 그리고 사실, 그들은 나의 오른발을 파동(波動・undulation)을 일으킨 아주 큰 그 파동에 의하여 움직였습니다. 그리고 또한 내 오른발이 서 있는 땅도 그 파동에 의하여 움직였습니다. 이것은, 사람이 내적인 감관이 없다면, 이해의 측면에서 결코 살 수 없다는 것을 뜻합니다. 왜냐하면 발이 걷기 때문에 그것은 육신의 몸으로 살고 있다는 것을 뜻하기 때문입니다.

1456. 수성의 영들은 지금은 나에게서 아주 멀리 옮기워 있었는데, 그들은 영들을 통하여 나와 이야기하였습니다. 그들이 한 말은, 그들은 지금 모두 모여서 하나의 구형(球形)을 형성하고 있고, 그리고 이 태양계의 영역을 넘어서 별들의 천계(the starry heaven)로 가고 있는데, 그 곳에서 그들은 세속적인 것들이나, 관능적인 것들에는 관심을 두지 않는 자들을 찾을 수 있다고 생각한다고 하였습니다. 그들은 이런 영들을 찾고 있고, 그리고 그들과 함께 있기를 바라고 있습니다.

1457. 그러나 그들이 알아야만 할 것은, 그들이 우주 어디에 있든, 그들은 여전히 내적인 감관과 함께 이런 식으로 활동하고 있다는 사실입니다. 장소나 거리는 아무런 문제가 되지 않습니다. 그들은 실제적이고, 활동하고, 애쓰고 노력하는(striving) 능력을 가리키며, 그리고 이와 같은 노력은 이런 감관들의 모든 주체들 속으로 방산(放散), 두루 퍼져나갑니다. 그러나 이 지구 주민의 내적인 감관(the internal sense)은 단지 아래를 향해서 활동하기 때문에, 그리고 자기 자체와 세상적이고 관능적인 것들과 뒤섞고(混合), 그것들과 분리되지 않기 때문에, 그러므로 위로 올라갈 수 있고, 또한 추상적으로 작용할 수 있어서, 수성의 영들은 여기에 머물 수 없습니다. 이것이 바로 그들이 우주를 두루 돌아다니는 이유입니다. 그들은, 자신들이 이야기하려고 하는 영들이나, 그리고 육신에 속한 감관적인 개념들의 활동에서 멀리 옮겨질 수 있는 자들을 제외하면, 그들이

마치 현존해 있는 것과 같이, 활동하는 것은 허락되어 있지 않습니다.

1458. 사실 그들은, 그들이 고백하고 있는 것과 같이, 주님을 시인하지만, 그러나 그것은 그들이 그와 같은 지식들을 가지고 있다는 사실에서 오직 비롯된 것일 뿐입니다. 왜냐하면 그들이 생각하고 있을 때, 그들이 영적인 상태에 이르기 전까지 그들은 보다 더 내면적으로 들어가려고 하지 않기 때문입니다. 그러나 비록 그들이 지식들 가운데 넉넉하게 있다고 해도, 그럼에도 불구하고 그들은 다른 자들에 비하여 아주 매우 힘들게 믿음에 들어갈 수밖에 없습니다. 왜냐하면 그들은 판단을 실천하는 것이나, 또는 판단하는 능력을 별로 좋아하지 않기 때문입니다. 그들은, 지금 그들이 말하고 있는 것과 같이, 그런 일에 의하여 혼란스럽고(perturbed), 그리고 그 때 그들이 그것에 관해서 생각하면, 그들은 성가심이나, 골치 아픔 따위를 느끼기 때문입니다. 1748년 3월 16일

1459. 수성에서 온 영들 가운데 몇몇이, 여기에서 계속 행해지고 있는 것을 배우기 위하여 다른 자들에 의하여 보내져서, 거기에 왔습니다. 우리 지구의 한 영이 그들에게, 그들은 참된 것이 아니면 동료들에게 아무것도 말하지 않아야 하는지, 그리고 그들의 관습과 같이, 동료들의 질문에 반대되는 것을 제언(提言)해서는 안 되는지를 물었습니다. 그러나 멀리 떨어져 있으면서 이들 영들을 보낸 무리들은, 그들이 그런 일 때문에 책망을 받는다면, 그들은 문책을 받을 것이라고 대답하였습니다. 왜냐하면 그들은, 그들이 우리 지구의 영들이 물은 것에 반드시 대답하여야 하기 때문에, 그들은 그와 달리 할 수밖에 없었기 때문입니다. 이것은 그들이 알기를 원하는 것들을 알면 안 되기 때문인데, 하물며 세속적이고, 관능적인 것들을 어떻게 알게 할 수 있겠습니까! 따라서 그들은 거짓말을 한 것이 아니고, 오히려 그들의 개념들에 반대되는 것을 말한 것이고, 따라서 그들은 그런 의문을 단념하였습니다. 만약에 그들이 속일 목적으로 이런 일을 하였다면, 문제는 전혀 다릅니다. 속이기 위해 그들이 말한

다는 것은, 그들에게는 너무나도 혐오감을 주는 것이기 때문입니다. 이런 대답으로 그 영은 만족하였습니다.

사람에 속한 내면적인 교리나, 더 내면적인 교리에 관해서 장차 일어날 것의 표의(表意)에 관하여

1460. 먼저 내 꿈 속에서 보여진 것은 내가 감옥에 갇혀 있었는데, 감옥에서 풀려나왔다는 것이었습니다. 그 때 내가 잠에서 깨었습니다. 박해하는 영들(persecuting spirit)이 어떤 사람을 뒤쫓고 있었는데, 쫓기는 사람은 바로 나였습니다. 나는, 쫓기는 사람이 나라는 것을 볼 수도 없고, 알 수도 없었습니다. 그러나 그들은, 지금 그들이 그를 붙잡았다고 소리치고 있었고, 또다시 지금은 그들이 그를 붙잡지 못하였다고 소리치고 있습니다. 그는 도망 중에 있었고, 그리고 내가 생각하기에는 다른 자들은 그들이 그를 뒤쫓아 가야 하는지를 살피고 있는 것 같았습니다. 그 때 나는 잠에서 깨었고, 이 꿈의 광경이 무엇을 뜻하는지 알지 못하였습니다. 그들은 잠을 자고 있었고, 그리고 그들은 여전히 그 상태에 있는 것이 아닌 것인가 하고 나는 생각되었습니다. 종국에 그들은 그를 뒤쫓았고, 그들은 그를 붙잡았다고 소리쳤습니다. 그 때 그 영이 나에게 왔습니다.

1461. 그 때 나는 그 사람을 보았습니다. 그의 얼굴은 검었고, 그는 양쪽 어깨의 위, 아래에서 끔찍스럽게 피가 흐르고 있었습니다. 그는 비참하였습니다. 그는 그의 검은 얼굴을 주님을 향하게 하였지만, 그러나 그 때 거기에는 아무런 도움이 없었습니다.

1462. 이런 일들은, 외면적인 사람들인 유식한 사람들만이 깨달을 수 있고, 가르칠 수 있는 외면적인 것들을 뜻하는 것이다는 생각이 들었습니다. 그러므로 그들은, 어떤 때는 외면적인 것들을 취하고, 어떤 때는 내면적인 것들을 취하고, 따라서 자신들의 소견(所見)들에 그것을 맞추기 위하여 양쪽의 뜻을 왜곡(歪曲)하고, 또 이용하려고 하는 자기 자신의 성향(性向)이나 성품(性稟)에 일치하여 그들

이 설명하고 있는 문자적인 표현들을 주장하고 있습니다. 여기서 이해하고 있는 것 같이 보이는 인물들은 성언에 속한 내면적인 것들이나, 이보다 더 내면적인 것들을 박해(迫害)하는 자들입니다. 특히 그들은 스스로 다른 사람들에 비하여 아주 많은 것을 알고 있다고 생각하는 자들입니다. 그들은 자신들과 비교하여 다른 사람들을 경멸(輕蔑)하고, 그와 동시에 자만(自慢)하고, 그리고 그들은 육신이나, 이 세상에 속한 것들을 열망합니다. 이런 부류의 영들이 내면적인 뜻을 표징하는 그 사람을 박해했다는 것은, 뜻하는 바, 무엇을 보여 주고 있다고 하겠습니다. 이러한 것들이 다시 교리에 유입할 것인지 여부를 아직 나는 알지 못합니다. 그러나 최소한 무지(無知)한 사람은 이런 식으로 행동하지는 않습니다. 1748년 3월 16, 17일

1463. 문자적인 뜻(the literal sense)을 주장하는 매우 많은 자들이 자기 자신을 속이고 있다는 사실은, 내가 영들이나 천사들과 그것에 관해서 대화를 가졌다는 한 가지 사실에서, 다시 말하면 열두(12) 사도들이 이스라엘의 열두(12) 지파들을 심판하기 위하여 열두(12) 보좌에 앉을 것이다는 것에 관해서 대화한 단 하나의 예에서, 아주 명백합니다. 그 때 그 지파들의 열(10) 지파는 뿔뿔이 흩어져 버렸다는 것을 알고 있는데, 어떻게 그들이 심판할 것입니까? 그들이 보좌에 앉을 것이다는 것은 이런 사실에서 일치하지 않습니다. 즉, 주님과 함께 있었던 사도들은 아주 소박한 사람들(simple men)이었고, 그리고 하나님의 나라(the Kingdom of God)가 무엇인지 이해하지 못하였고, 그러므로 그들은 단 한 사람, 즉 한 영혼도 심판할 수 없었기 때문입니다. 이런 사실은 역시 확증된 것입니다. 신·구약 성서에는 성언의 이와 유사한 것들로 가득 채워져 있습니다.

1464. 나는, 자신들은 성언(聖言·the Word)을 가지고 있고, 더 이상 새로운 계시(a new revelation)가 필요하지 않으며, 따라서 천계에서 비롯되어 내려온 것들을 배척한다고, 단순하게 주장하는 이 세상에 있는 사람들에 관해서 역시 대화를 가졌습니다. 그럼에도 불구

하고, 그 때 여기서 그것은 성언의 순수한 뜻(the genuine sense of the Word)과 성언의 이해(the understanding of the Word)와 그리고 믿음의 성질(the quality of the faith)에 관해서 다루고 있고, 그리고 또한 특히 저 세상에 있는 자들의 상태에 관한 더 많은 것들을 다루고 있다는 것입니다. 왜냐하면 궁극적인 뜻, 또는 문자적인 뜻으로 성언은 단순하게 지옥과 주님나라(hell and heaven)를 선언하고 있으며, 그리고 성언은, 지옥에서는 저주받은 상태에 관해서, 주님나라에서는 지복(至福)의 상태를 언급하고 있습니다. 그럼에도 불구하고 전자나 후자 양쪽에는 무한한 것들이 있다는 것입니다. 그러므로 그들이 이미 계시된 것들에서 이 지식을 가질 수 있다는 것에 대하여 반대하는 것은 아무런 가치가 없는 것입니다. 왜냐하면 우리가 잘 알고 있듯이, 어느 누구나 성언에서 어떤 것을 취할 수 있고, 그리고 문자적인 뜻에 집착하여 그것을 자신의 소견들에 따라서 해석할 수도 있고, 그리고 또한 그가 내면적인 뜻에서 선택한 것을 능히 설명할 수 있기 때문입니다. 이러한 사실은 수많은 사안들에서 아주 명백합니다. 1748년 3월 17일

다가올 것에 속한 뜻에 관하여

1465. 수 주간 동안, 사실은 한 달 이상, 나의 혀(舌)는 위험한 상태에 있었습니다. 그 이유는, 앞에서 이미 언급한 이유들 때문에 (1360·1361항 참조), 영적인 것들이나, 천적인 것들인, 보다 더 내면적인 것들에 대하여 심하게 반대하고 싫어하는 자들에게서 일어났기 때문입니다. 따라서 이것에서 얻는 결론은, 이런 원인을 일으키는 자들은 자기 스스로 신뢰하고, 그리고 자기 자신의 지혜를 신뢰하는 자들이다는 것입니다. 그리고 그들은 보다 더 내면적인 것들(more interior things)을 싫어하고, 반대할 것이다는 것도 결론지을 수 있겠습니다. 1748년 3월 17일

1466. 이 세상의 학자나 현자(賢者)를 가리키는 사람들이 고백한

것은, 그들이 단념할 수 없다는 것과, 그리고 사실 그들은 소멸하기 위해서 내 혀(舌)를 원한다는 것입니다. 이것은 이 세상의 현자가 믿음에 속한 내면적인 것들이나 더 내면적인 것들을 가리키는 그와 같은 내용들을 쉽게 가르칠 수 없다는 것을 가리키기 때문입니다. 비록 그들이 이해할 수 있다고 해도, 그럼에도 불구하고, 그들은 자신들에게서 비롯된 지식들이나, 자기 자신들 고유의 지식들을 알기를 원하고, 그리고 설명하기를 원하기 때문에, 따라서 그들은 이해하고자 하지 않았습니다. 그러나 그들이 자신들은 거의 단념할 수 없다고 고백하고 있기 때문에, 그것은 바로 주님께서 "부자가 하나님의 나라에 들어가는 것보다 낙타가 바늘귀로 지나가는 것이 더 쉽다"(마태 19 : 24)고 하신 말씀과 같다고 하겠습니다. "부자"(富者)는 여기서 인간적인 가르침(敎理)이나 지혜 따위가 파생된 원천인 그런 지식들과 같은 것을 뜻합니다. 1748년 3월 17일

영적인 것들이나 천적인 것들에 대해서 세운 가설(假說)적인 온갖 이론들이나, 그리고 추론(推論)에 의하여 그것들을 확증한 자들의 박탈(剝奪)의 형벌에 관하여

1467. 우리가 주지하여야 할 것은, 어떤 사람들은 자기 자신의 두뇌로 창안한 어떤 명제(命題)들을 자신들을 위한 것으로 간주(看做)한다는 것과, 그리고 그들은 자신들이 창안한 명제들을 자식처럼 애지중지(愛之重之)하기 때문에, 그들은 그 뒤에는 수많은 것들에 의하여 그것들을 확증하고, 종국에는 비록 그것들이 거짓들이라고 할지라도, 그들은 그것들을 진실한 것들로 여긴다는 것 등입니다. 그럼에도 불구하고 다른 사람들은 그것들이 가설(假說)들이다는 것을 능히 알고 있습니다. 이러한 것은, 다른 사안에서와 같이, 영적인 것들이나 천적인 것들에서도 마찬가지입니다.

1468. 그들은 박탈에 속한 자기 자신들의 형벌을 받습니다. 그들에게는 대기(大氣)와 같은 물 속에 빠져 있다고 생각되었습니다. 왜

냐하면 그들은 물과 같이 거의 나타나지 않을 정도로, 그들은 매우 회박하기 때문입니다. 이런 이유 때문에 그들은 대기 속의 물이라고 부를 수 있었습니다. 가설적인 이론들이나 거짓들을 날조(捏造)한 자들이나, 그리고 여러 가지 확증들에 의하여 그것들에 관해서 자기 자신들을 설득한 자들은 자신들이 이런 물 속에 빠져 있다고 생각합니다. 이와 같은 회박한 물 속에서 그들은 비참한 일들을 겪었으며, 그리고 그들은 때로는 매우 깊은 곳에, 때로는 그리 깊지 않은 곳으로 옮겨졌습니다. 왜냐하면 그들은 거기에서 벗어나려고 하였기 때문입니다. 그 고통은 어떤 면에서는 천에 감기는 것과 비슷하였습니다. 그러나 여기에는 매우 다양한 형벌이 있었습니다. 왜냐하면 자기 자신의 광영에 속한 사랑에서가 아니고, 진리에 속한 사랑으로 말미암아 진실한 것들을 확증한 자들은 비참한 일들을 겪지 않기 때문입니다. 몇몇이 그리로 보내졌는데, 그들은 비참한 것들을 전혀 느끼지 않는다고 말하였습니다. 이와는 달리 다른 자들은 아주 극심한 고통을 느꼈습니다. 역시 후자들은 자기들은 지금 거기에서 풀려나고 있다고 말하였고, 그리고 그 극심한 고통은 소멸되었다고 말하였습니다. 그러므로 이와 같은 일은 자신들의 속마음(animus)에 일치하여 일어났습니다.

1469. 자신들의 명제(命題)로서 주님의 성언에서 진실한 것들을 취하는 자들은, 그리고 철학적인 추론이나, 자연에서 도출(導出)한 요지(要旨)들에 의하여 그것들을 확증하는 자들은, 만약에 그들이 자기사랑(自我愛)으로 말미암아 이 일을 하지 않았다면, 비참한 일은 겪지 않습니다. 그러나 영적인 진실된 것들이나 천적인 그런 것들을 그들이 날조하고, 또는 확증하려 했던 확고한 명제들을 가정하고, 자신들의 재능이나 영특함 따위로 이런 일들을 하는 자들은, 매우 매우 큰 어려움을 겪는데, 그 이유는 이와 같은 일은 전적으로 뒤바뀐(倒置)방법이기 때문입니다. 그러나 이러한 다양한 것들에 관하여 더 자세한 내용을 결정하는 것이 나에게 허락되지 않았는데, 그 이

유는 나는 영적인 무리에 있지 않고, 천적인 무리에 있었기 때문입니다. 1748년 3월 17일

천적인 천사들(the celestial angels)의 언어에 관하여

1470. 천적인 천사들의 언어와 영적인 천사의 그것은 전적으로 다릅니다. 천적인 천사들은 영적인 것들을 거의 허용하지 않습니다. 왜냐하면 영적인 것은, 물질적인 것이나, 조잡한 것들과 같이, 즉시 보이기 때문입니다. 이와 같은 일은, 표징들(表徵·representations)에 의하여 행해지는데, 그것은 사람의 두 영역, 다시 말하면 이해(理解)와 의지(意志)의 측면에서 사람의 마음이 드러나게 될 때에 행하여집니다. 이해가 드러나 보이면, 그 때 의지는 그들에게는 마치 그들이 그것에 관한 개념을 전혀 가지고 있지 않기 때문에 그들이 시인하지 않는 그 어떤 조잡(粗雜)하고, 조악(粗惡)한 것(as something hard)으로 보입니다. 그러나 정동(情動)이 나타나게 되면, 모든 조잡하고 조악한 것들은 그 즉시 소멸됩니다. 그리고 그들은 이것을 시인합니다. 정동이 이해 안에 존재하고, 따라서 총명적인 것이 전혀 밖으로 나타나지 않는 이런 방법으로 그것이 나타났을 때, 다시 말하면 총명적인 것은 정동의 형체(the form of the affection)가 되고, 따라서 의지가 되고, 그러므로 의지에 속한 영적인 개념이나, 총명적인 개념이 소멸되면, 그 때 천적인 천사는 의지가 무엇인지를 이해하게 됩니다. 행동이 이해 안에, 따라서 의지 안에, 그러므로 행동 안에 존재하는 정동과 같은 것으로 드러나게 되면, 그러므로 거기에는 정동 이외에는 아무것도 없는 그런 방법으로 나타나면, 앞서의 것과 비슷합니다. 만약에 정동이 보다 내면적인 것들을 형성한다면, 전자와 후자는 같습니다. 그 때 그들에게 처음으로 이것은 이해됩니다.

1471. 이와 같은 방법으로 그들은 믿음의 열매가 무엇인지 이해합니다. 다시 말하면 정동이나 사랑이 생명이다는 것을 이해합니다.

따라서 이것은 총명적인 믿음 안에 존재하는데, 그 때 그 믿음에 관한 개념은 소멸합니다. 종국에 믿음의 열매는 행동 안에 존재합니다. 따라서 행동에 속한 개념(the idea of action)은 모든 것의 총합체(總合體·the complete of all)입니다. 그러나 그것은 그것의 형체 안에 있는 정동일 뿐입니다. 아니, 오히려 그것은 오직 정동일 뿐입니다. 그들은 형체를 승인하지 않거나, 또는 형체에 관계되는 표현을 시인하지 않고, 다만 이해·의지 그리고 행동 등은 오직 정동이다는 것만 시인합니다. 만약에 이해나 의지, 따라서 행동의 개념이 소멸할 정도로 드러난다면, 그들은 이것을 이해합니다.

1472. 이런 사실을 이해하고, 표현한다는 것은 무척 어려운 것이지만, 그럼에도 불구하고 이와 비슷한 유순한 개념들로 이루어지고 있는 것이 천적인 천사들의 언어입니다. 다른 것들은, 그들이 그것들이 너무나도 조잡하기 때문에 묵인할 수 없다고 하는, 그런 것들입니다.

1473. 나는 오늘 천적인 천사들이 가지고 있는 개념들에 의하여 대화를 하였는데, 그들은 현존해 있었고, 그리고 이런 낱말들을 다스리고 있었습니다. 그러므로 그것으로 말미암아 심오한 생각의 성질은 어떤 개념이나 예에서 아주 명료하게 되었습니다. 그들의 생각은 생명으로부터 그것의 개념들을 끌어내고, 따라서 그들이 영적인 것들을 시인하지 않기 때문에, 내가 이해할 수 없는 수많은 파생들을 거쳐서 진전하여 갑니다.

1474. 모든 천적인 천사들은 그렇지가 않습니다. 왜냐하면 거기에는 아주 널리 확장되는 것이 허용되지 않는 개념들을 가지고 있는 자들이 존재하기 때문입니다. 사실 그들은 이런 방법으로 거듭나기 때문이지만, 이런 자들이 모든 것의 생명을 가리키는 정동의 개념 안에 계속해서 존재하기 위해서는 다른 것들은 후에 그것에서부터 형성됩니다. 그러므로 그들의 영적인 것은 천적인 것이 되는데, 왜냐하면 이와 같이 그들은 거기에서부터 그들의 근원들을 얻는데,

말하자면 그들의 생기(生氣·수액·sap), 또는 뿌리나, 또는 영혼을 취하기 때문입니다. 1748년 3월 17일

1475. 이미 허입(許入)된, 그리고 천적인 씨로 다시 태어난 천적인 천사들은 이미 설명한 내용들을 아주 충분하게 깨닫습니다. 그리고 이런 식으로 그들은 그의 영혼을 가리키는 그의 정동으로 말미암아 온전한 사람(whole man)을 깨닫습니다. 어떤 이들은, 그들의 씨를 가리키는 정동이 내재해 있는 멋진 나무들로서 그것들을 지각하고, 그리고 어떤 이들은 그들의 생기(生氣·수액·sap)인 정동이 내재해 있는 나무로서 지각합니다. 어떤 이들은 그것의 모양과 같은 그것에서 비롯된 낙원을 형성하고 있습니다. 그러나 이와 같은 일은 천계에 있는 자들을 제외하면 어느 누구도 생각할 수도 없고, 그리고 몇 마디 말로 표현될 수도 없는 천적인 방법 가운데 행해지고 있습니다. 예를 들어 보겠습니다. 총명적인 것들이든 정동에 속한 것들이든, 모든 것들이 어떻게 해서 천적인 방법으로 인애 안에 존재하는지, 그리고 행위에 속한 모든 것을 가리키는 의지는 어떻게 해서 수많은 것들이 내재해 있는 헤아릴 수 없이 많은 것들로 형성되는지, 알 수도 없고, 몇 마디 말로 표현할 수도 없습니다. 종국에 의지는 그것 본연의 것들이 정동에 의하여, 또는 의지가 약한 경우에는 온갖 탐욕들에 의하여 삽입(揷入)된 성질이다는 것도 알 수 없고, 그리고 표현할 수도 없습니다. 정동들은 핵(核·kernel)을 형성하고, 이에 반하여 진리나 선에 속한 총명적인 것들은 껍질(木皮·cortex), 또는 껍데기(shell)를 형성합니다. 그러므로 기질이나 성질이 이런 것일 때 전자의 핵(核·kernel)은 못쓰게 되고, 새로운 것이 외피의 껍데기에 의하여 반드시 형성되어야 합니다. 이러한 사실들은 사람에게는 사실 매우 불영명하게 보이지만, 천사들에게는 가장 단순한 것들(the simplest things) 가운데 있는 것들로 생각할 정도로 아주 명확합니다. 왜냐하면 그들은 핵 안에, 또는 기질(氣質) 안에, 그리고 외피(外皮) 안에 있는 헤아릴 수 없이 많은 것들을 보고 있

기 때문입니다. 그리고 그들은, 그것은 내가 말할 수 있는 것인데, 거름에서와 같이, 종전의 핵 안에서 뿌리를 내리고 있는 새로운 가지들이 어떻게 심어지는지, 그리고 그것이 이와 같이 자라고, 그리고 자기사랑이나 세상사랑으로부터 형성된 핵을 어떻게 소멸시키는지를 알고 있기 때문입니다. 그들은 그 핵이 어떻게 소멸되고, 그리고 진리들과 거기에서 비롯된 선들이, 그리고 선들과 거기에서 비롯된 진리들이 어떻게 뿌리를 활착하는지도 알고 있습니다. 나는 내가 이런 내용들을 기록하고 있을 때 천사들의 인도를 받은 것은 그들의 언어에 속한 성질이나, 또는 그들의 언어와 꼭 같은 그들의 개념들의 일련의 것들이 불영명한 예에 의하여 이해되기 위한 것입니다. 1748년 3월 17일

1476. 천사들은 오직 주님에게서만 믿음의 열매의 성질을 역시 지각합니다. 왜냐하면 거기에는, 예를 들면, 사과들·포도들·무화과들·아몬드들이나 이와 비슷한 열매들과 같은, 지상의 열매들과 비교될 수 있는 믿음의 열매의 다종다양함이 있기 때문입니다.

1477. 그러나 알아야 할 것은, 이런 것들에 속한 개념들은 자신의 진리들에 속한 지식들에 일치하여 어떤 자들에 비하여 자기 자신의 것으로 더 풍부하다는 것입니다. 왜냐하면 지식들이 증가하면 그럴수록 개념들 역시 증가하기 때문입니다. 이러한 사실은 어느 누구에게나 명확한 것입니다. 믿음을 예로서 들어 보겠습니다. 믿음의 복합체(複合體·complex) 안에는 천적인 것들이나 영적인 것들의 모든 것들을 담고 있습니다. 따라서 어느 누구가 믿음에 관계되는 많은 것들에 관해서 지식들을 많이 가지고 있으면 그럴수록 그것에 속한 개념도 더 많이 가질 것이기 때문입니다.

1478. 육신의 죽음 뒤에 영혼들은 단 하나의 개념 안에 있는 수많은 것들에 의하여 영향을 받기 쉽고, 그리고 개념들에 의하여 언어를 지각하는데도 영향을 받기 쉽습니다. 이러한 일은 보다 충분한 계도(階度)에 이르면 이를수록 그들은 믿음에 속한 진리들을 배우게

됩니다. 그러나 가르침을 받지 못한 사람들의 경우는 이와 다릅니다. 이 감수성(感受性·susceptibility)은, 또한 온갖 거짓들이 뿌리가 뽑히고, 그리고 진리의 정동이 주입되는 정도에까지 증가합니다.

1479. 더욱이 천사들은 필설로 표현할 수 있는 것 이상의 것들에 더 많은 영향을 받습니다. 왜냐하면 하나의 개념 안에서, 그들은 여러 낱말로 표현할 수 없는 수많은 것들을 파악하기 때문입니다. 그리고 그들은 동시적인 것들이나 계속적인 것들 안에서 그러하기 때문입니다. 천사들의 개념들에 대한 사람의 그것들은 마치 태양의 빛에다 촛불의 빛을 비교하는 것과 같습니다.

1480. 그러나 만약에 그 개념들 안에 거짓들이 내재해 있다면, 그것들은 반드시 근절(根絶)되어야만 합니다. 왜냐하면 그것은 마치 가라지(=독보리)와 같기 때문입니다. 그러나 핵을 형성한 온갖 탐욕들은, 그리고 온갖 수많은 거짓들로 그 핵을 가득 채우고 있는 탐욕들은 반드시 사멸하여야 합니다. 그렇게 되지 않는다면, 그 토양(土壤·soil)은 진리들에게 적합하지 않습니다. 1748년 3월 17일

1481. 이러한 것들은 천사들의 지각의 본성을 예증하는 것에 이바지하고 있습니다. 그러나 그것의 개별적인 각각은 그 자신의 지식들에 따라서 그것으로부터 자신을 위한 개념을 형성합니다. 오직 자연적인 사람들은 자연적인 방법으로 그렇게 행하며, 따라서 그들은 아무것도 이해하지 못합니다.

1482. 영들이나 천사들의 상태는, 가까이에 있는 다른 자들이 이해하고, 지각하는 것들을 제외하면, 그들 중 그 누구도 아무것도 생각할 수 없는 그런 성질입니다. 나 역시 수년 동안 현존했던 자들 모두가 지각하지 못한 것을 생각할 수 없었습니다. 처음에는 이 사실이 나를 화나게 하였고, 그리고 모두의 지식이 없으면 나 스스로는 아무것도 생각할 수 없기 때문에 무리 안에 결코 있을 수 없다고, 나는 생각하였습니다. 그러나 그 뒤, 주님께서는 모두의 생각들을 인도하신다는 것을 내가 깨달았을 때 이것은 더 이상 나를 괴롭

히지 않았습니다. 그러므로 이 세상에 살고 있는 사람들도 아래 사실을 알아야 하겠습니다.

1483. 다시 말하면 사후 그들은 그들이 육신을 입은 삶에서 자신들이 행한 대부분의 것들을 생각한다는 것—왜냐하면 비슷한 개념들이 그대로 남아 있기 때문이다—그리고 그들 주위에 있는 모든 영들도, 사람이 다른 사람의 말을 지각하는 것에 비하여, 그들이 보다 명료하게 생각하고 있는 것을 지각한다는 것, 그리고 또한 자신들의 마음에 속한 모든 생각들이 공개되는 것 없이, 그 어디에도 자신들을 그들은 숨기지 못한다는 것 등등입니다. 그러나 주님께서는 믿음 안에 있는 자들을 돌보심으로, 그들의 내면적인 것들은 악한 영들에게 노출(露出)되지 않는데, 그 때 악한 영들은 즉시 돌진하려고 애를 씁니다. 왜냐하면 그들은, 그들이 거짓이나 악에 관해서 듣고, 깨닫고 있는 그 어디에서나 행해지는 형벌에 비하여 더 이상의 것을 원하지 않기 때문입니다. 1748년 3월 17일

어떤 영들은, 그들이 결코 홀로가 아니고, 말하는 자들이 많이 있다고 일러지면, 분노한다

1484. 비록 영들이 자신들 홀로 있고, 그리고 자신으로 말미암아 말한다고 생각할지라도, 어느 영도, 자신은 함께 말하는 영들의 무리들 안에 있지 않다고 하는 정도에까지 홀로 있다는 것은 결코 허락되지 않았습니다. 그들에게 이와 같은 사실이 일러지면, 그들은 언제나 몹시 분노합니다. 그러나 그것은 살아 있는 경험에 의하여 그들에게는 아주 명확합니다. 영의 사회에 있는 자들은 이 사실을 긍정, 시인합니다. 그 때 그들은 얼마 동안 그 영 홀로 남아 있게 하였기 때문입니다.

소용돌이(回轉·whirl)의 형벌에 관하여

1485. 소용돌이의 형벌(the punishment of the whirl)이라고 할 수

있는 어떤 영에 대한 형벌이 있었습니다. 다시 말하면 그들은 마치 굴대(車轉·axle)처럼 굴려졌는데, 이 굴림은 계속해서, 그리고 사실은 매우 빨리 행해졌습니다. 이런 일이 있은 뒤, 그들은 몸통은 없는 옷들 같이 되었고, 그들의 팔들은, 뼈도 살도 전혀 없는 겉옷의 소매 자락 같이 되었습니다. 따라서 그들은 가볍게 되었고, 그리고 이런 식으로 그들은 주위에 내동댕이쳐졌습니다.

1486. 이것은, 자신들이 생각한 것을 절대로 말하지 않으면서, 오히려 진리들의 고백의 가리개(=덮개) 하에서 온갖 계략(計略)들을 꾸미는 자들의 형벌입니다. 왜냐하면 그들이 저 세상에 들어가게 되면, 자신들이 생각한 것 이외의 것을 말하면 안 된다는 것과, 그들의 동료들이나 다른 영들이 그들의 생각들을 알았다고 여기면, 그 때 그들은 진리들을 말하는 것에 의하여 이런 것에서 어떻게 하면 자신들이 자유로울 수 있을 것인가를 연구하는 자들이기 때문입니다. 그러나 그들은 그들이 선한 사회들 가운데 있다는 것과, 그리고 그들의 생애 동안에 그들이 실천한 온갖 술책(術策)들을 능히 행할 수 있다는 책략(策略)으로 이 일을 행하는 것입니다. 이와 같은 술책들에 의하여 그들은 허입된다고 생각하고, 그리고 심지어 어느 누구도 그것을 깨닫지 못한다고 생각하지만, 그럼에도 불구하고 그 때 그것은 매우 분명하게 드러납니다. 이런 영들은 빙빙 돌리는 소용돌이 가운데서 주위에 내동댕이쳐지고, 그리고 몸통이 없이 축 늘어진 겉옷과 같이 되어 버려지고 맙니다. 1748년 3월 18일

영적인 개념들은 다른 사람들의 속마음(animus)을 개방하는 일에 어떻게 돕는가에 관하여

1487. 천사들은 물론, 영들의 개념들, 특히 선한 영들의 개념들은 대단히 풍부하기 때문에, 그리고 그들은 사람의 "속마음"(animus)에 관계되는 사람, 즉 영혼 안에 있는 그와 같은 것들을 지각하기 때문에, 그러므로 이와 같은 개념들이 주님에 의하여 영에게 주어지게

되면, 그는 다른 자의 "속마음"의 성질을 알 수 있으며, 그리고 그와 같은 것들은 지금까지 기술될 수 없는 수많은 것들입니다. 그러나 이와 같은 일은 그 영이 그것들이 참된 것인지를 고려할 때 주님으로 말미암아 있는 것입니다. 1748년 3월 18일

만약에 영들이, 자신들로 말미암아 이런 것을 가질 수 있다고 생각한다면, 그 때 그들은 거짓들을 진리들로 사로잡을 것입니다.

복수(復讐)로 즐거움을 만끽하는 자들의 형벌에 관하여

1488. 복수로 즐거움을 만끽하는 자들이 몇몇이 있었습니다. 그들이 복수에 대해서 기술하였듯이, 거기에는 복수를 하는 것 이상 더 즐거운 것은 아무것도 없었습니다. 그리고 복수의 탐욕에 빠져 있을 때 사실 그들은 그것을 "진정한 즐거움들"이라고 하였는데, 따라서 그들은 그 밖의 다른 이름으로 그것을 표현하려고 하지 않았습니다.

1489. 거기에는 말하는 자유나, 심지어 생각하는 자유까지 금지(禁止)되어 있다는 사실로 말미암아 이와 같은 하나의 성품이 되어버린 수많은 자들이 있었습니다. 그러므로 복수심이 안에 가득, 복수심만 무르익었고, 따라서 증오가 내적으로 조장(助長)되어, 결국에는 그것이 온 마음을 사로잡았습니다.

1490. 이런 성품의 자들은, 그들이 그것으로 즐거워하는 고통에 의하여 육신을 파괴하는 그런 일이 없다면, 만족하지 않습니다. 그러나 그들은 이것이 만족스러운 것이 아니다고 생각하기 때문에, 그들은 더 앞으로 나아가고, 그리고 그들은 비열(卑劣)하게 온갖 사기(詐欺)들에 의하여 그의 도덕적인 삶이나, 영적인 삶을 파괴하고, 타락(墮落)하기를 열망하였습니다. 따라서 그들은 그의 행복을 멸절시키기 위하여, 그의 시민적인 삶이나, 도덕적인 삶, 심지어 영적인 삶에서 그들이 보게 되는 어떤 선도 직접적으로, 그리고 재빠르게 파괴하고, 타락시킵니다. 이런 식으로 그들은 자신들의 원수의 영원한

행복을 파괴, 말살(抹殺)시키려고 무진 애를 씁니다. 그리고 그들이 말하고 있듯이, 그들은 그런 짓들에 의하여 최고의 기쁨을 만끽하고 있습니다. 그들은 내면적으로 파고 들어갈 수 있고, 따라서 파괴하고 말살할 수 있으면 그럴수록 그들은 더욱 더 열망하여 그 짓을 합니다. 그들은 이런 일을 온갖 종류의 다양한 사기들이나 속임수 따위로 해치웁니다. 왜냐하면 그들은, 그들이 자신들의 마음 속에서 수많은 것들을 생각할 수 있고, 그리고 그것들을 증오들로 바꿀 수 있기 때문에, 예리하게 관측하고 있기 때문입니다. 거기에는 이런 성품의 작자들이 수도 없이 많이 있다고 일러졌습니다.

1491. 어느 누구도 그들의 첫 모습에서 이러한 성품의 작자들이다는 것을 상상조차도 할 수 없습니다. 왜냐하면 이런 부류의 영들의 사회는 선한 영들과 꼭 같이 얌전하게 활동하고, 사실인즉슨 그들은 자신들의 유연성(柔軟性)이나, 말의 유창함에서는 천사들을 흉내 내기 때문입니다. 그리고 나는 그들이 이런 성품의 작자들이라고 일러졌기 때문에 사실 무척 놀랐습니다. 그러니 일러진 것은, 그들이 같은 사회에 있게 되면 그들은 같이 행동하기 위하여 똘똘 뭉치고, 그리고 어느 누구가 어떤 방법으로든 다른 자에게 해를 끼치지 않게, 또한 해(害)를 주는 말을 하지 않게, 더욱이 그 어떤 해로운 일이 다른 자들에게 일어나지 않도록 조심에 조심을 취한다는 것입니다. 이런 일이 일어나자, 즉시 하나가 상대에게 해코지하는 짓을 행하였습니다. 그러나 그들의 유연성이나 말의 유창함을 아주 교활한 부조화나 알력(軋轢) 따위로 바꾸는 변화를 통해서 그들의 내면적인 것이 나에게 드러내졌습니다. 그리고 이런 식으로 그들은 사방으로 흩어졌고, 그리고 다른 사회들로 파송되었습니다. 종국에 그들은 어디에도 머무를 수 없었습니다. 그리고 그들의 온갖 증오들이나 복수하려는 욕망들은 폭발하였고, 따라서 그들은 영들이나 천사들의 목전에서 적나라하게 자신들의 됨됨이가 드러났습니다. 그들은 육신을 입은 삶에서 천적인 것을 가장(假裝)하였기 때문에, 그들은 역시

저 세상에서도 그것들을 흉내 내고, 가장하는 것이 허락되었습니다. 뿐만 아니라 심지어 그들은, 천적인 자들이 있는, 정면을 향한 머리 위 높은 곳에 모습을 드러냈습니다. 사실 그들의 장소나, 또는 높은 곳은 아무런 것도 아닙니다. 이러한 사실은 이미 앞에서 언급하였습니다(636항 참조).

1492. 종국에 그들은 자신들의 본성이 간파(看破)되었고, 그리고 그들의 치명적인 증오들이나 미움들 따위가 실천하는 것이 허락되었을 때, 그들이 비슷한 것뿐만 아니라, 그들의 미움과 증오의 성질이 무엇인지도 까발려졌습니다. 왜냐하면 그들은 그들의 미움이나 증오 따위를 다스리는 비슷한 영들의 무리에 보내졌고, 그리고 그것으로 인하여 그들의 미움과 증오가 저항하고, 또는 만족해하는 그들의 "속마음"(animus)에서 비롯된 크고, 작은 것들이 드러났기 때문입니다. 그 때 그들은 이런 것들을 말하는 것이나, 행하는 것이 억압되었습니다. 이러한 사실은 그들의 현존에 의하여 명료하게 지각되었습니다.

1492[A]. 그 뒤 그들은, 그들의 증오의 성질과 정도에 따라서, 그리고 복수심의 발로(發露)의 내용들이나 정도에 따라서 형벌을 받았습니다. 일반적으로 첫 번째 형벌은 땅의 낮은 지역으로 떨어져 내려가는 것입니다. 그 형벌은 어두운 굴을 지나서 매우 깊은 곳에 보내지는 것 같이 보였는데, 그것은 증오의 정도에 따라서 그 곳의 한가운데, 심지어 아주 더 깊은 곳으로 보내는 것 같이 보였습니다. 왜냐하면 그들 중 몇몇은, 여러분들이 위에서 알고 있듯이 (1488-1490항 참조), 아주 고약한 성질의 복수로 매우 기뻐하기 때문입니다. 그리고 그들이 그들의 삶의 기쁨들을 거기에 두고 있다는 것은 쉽게 소멸될 수 없기 때문입니다. 그러나 저 세상에는 모든 각각의 범죄에 일치하여 주어지는 온갖 종류의 형벌들은 결코 모자람이 없습니다.

1493. 그들이 캄캄한 굴을 통과하여 아래로 내려가는 동안, 마치

어떤 사람이 어두운 구덩이 속에 있을 때 두려움을 느끼는 것과 같은, 공포나 등골이 오싹해지는 전율(戰慄)이 그들을 엄습(掩襲)하였습니다. 이런 전율은 더욱 자극을 받았습니다. 이런 공포나 전율에 빠져 있는 동안 그들은 복수의 탐욕에 사로잡혀 있었고, 그리고 탐욕이 계속되고 있는 한, 그리고 그것이 더욱 증대하고 있는 한, 그들은 더욱 더 깊은 흑암 속으로 빠져 들어갔습니다. 사실, 그들은 그 땅의 저쪽에까지 지나가는 것 같이 생각되었습니다. 이런 일은 다종다양하게 일어났습니다. 왜냐하면 그것은, 그들이 자신들의 온갖 미움이나 증오를 속에 품고 있어서 그것들이 폭발하는 것이 억제되고 있는지, 아니면 폭발하고 있는지, 마치 내 자신에 의한 것과 같이 영들에 의하여 표징적인 방법으로 아주 명료하게 지각되고 있기 때문입니다. 만약에 그것들이 폭발하지 않았다면, 영들은 그것들이 폭발하기까지, 이쪽저쪽으로 돌아다녔을 것입니다. 이것은, 이런 것들이 그들의 증오나, 또는 이와 비슷한 것들의 다양성(多樣性)에 따라서 행해지는 이유가 되겠습니다. 언급한 것과 같이 구덩이 속이나, 산에 있는 어두운 동굴에서 느끼는 것과 같은 전율과 공포가 분발, 흥분하고, 그것은 역시 한층 격렬해지기도 하고, 그리고 약해지기도 합니다.

1494. 거기에는 영들의 정욕(情欲)에 따라서 그 형벌을 가감(加減)하기도 하고, 경감(輕減)시키기도 하고, 보다 더 격렬하게 하는 것을 허락받은 천사들이 있습니다. 왜냐하면 천사들은 전율이나 공포가 어느 정도에까지 증대하는지 지각하기도 하고, 거기에서 비롯된 탐욕의 정도나, 복수심에 속한 쾌락이 어느 정도에서 잠잠하게 되는지를 지각하기 때문입니다. 그러므로 복수의 정욕의 성질이나 정도, 따라서 그것의 쾌락에 속한 성질이나 정도까지도 보다 명료하게 밝혀집니다.

1495. 게헨나 왼쪽에 어떤 장소가 하나 있었는데, 그 곳 역시 그 형벌들의 경중(輕重)에 따라서 아래로 확장되어 있었습니다. 거기에

는 몸통이 아주 큰 매우 무서운 뱀들 외에는 아무것도 없었습니다. 복수심으로 불타고, 사람들을 지옥으로 가도록 저주하는 사람의 영혼들을 전적으로 파괴하는 자들의 형벌들은 게헨나 아래에서 행해지고 있었습니다. 왜냐하면 이것은 가장 무섭고 지독한 것이기 때문입니다. 한 사람의 종교가 무엇이든, 그가 다른 사람들의 의견에 찬성하지 않는다는 이유 때문에, 결코 지옥에 가는 유죄로 판정되어서는 안 됩니다. 왜냐하면 이것은 가장 흉악한 복수심을 불태우기 때문이고, 그리고 따라서 가장 흉악한 형벌을 가져오기 때문입니다. 주님께서는, 그들이 어떤 존재이든, 이 세상에 있는 모든 사람들을 사랑하십니다. 왜냐하면 지옥에서부터 그들을 구출하셨기 때문입니다. 그러므로 사람들을 지옥에 보낸다는 측면에서, 특히 이 증오나 복수가 세상적인 원인들로부터 부추겨졌다면, 사람들에게 행한 이와 같은 미움이나 증오 따위는, 그들이 게헨나 아래로 떨어지는 것과 같은 형벌을 야기(惹起)합니다.

1497. 그러므로 그들은, 용들이라고 부르는 그와 같은 뱀들처럼 서로에게 보이는, 그와 같은 장소에 던져지고, 그리고 그들은 거기에서 지독히 무서운 환상 가운데 빠져서 삽니다. 사실 그들은 서로가 서로를 해치지는 않지만, 그러나 그들은, 그들의 종전의 삶이 완전히 변할 때까지 수세기(ages)를 거기에 머물러 있어야만 했습니다. 왜냐하면 그들의 삶의 쾌락들은 지독한 복수심으로 이루어졌고, 그리고 그들의 생명과 함께 소멸되지 않는다면, 그들의 삶은 소멸될 수 없고, 따라서 그들은 그와 같은 존재의 성품으로, 그들이 사람들이었다는 것을 더 이상 알지 못할 때까지, 그대로 남아 있기 때문입니다. 따라서 그것이 비록 남아 있다고 해도, 그리고 다른 삶을 인도하는 능력이 거기에 덧놓인다고 해도, 종전의 그들의 삶은 소멸합니다. 그들이 이와 같은 능력 안에 있는 한, 그들은 어떤 영들 가운데 있을 수 있겠지만, 그러나 그들의 성품이 무엇인지 아는 것이 아직 나에게 허락되지는 않았습니다. 1748년 3월 18일

영적인 개념(the spiritual idea)에 관하여

1498. 영들의 개념들은 사람이 육신을 입고 사는 동안에 가지고 있는 것들에 비하면 매우 완전하고 풍부합니다. 그리고 한 영은 사람이 보는 것에 비하여 매우 명료하게 사물들을 관찰할 수 있습니다. 그러므로 내가 영적인 개념들 안에 머물러 있는 동안, 나는, 지옥이나 천계에 관하여 공개된 내용들이 어떻게 사람의 믿음 속에 들어가는지 어느 정도까지는 볼 수 있었습니다. 왜냐하면 생명의 성질, 또는 사람의 사랑의 성질이나 영혼의 사랑의 본성을 알게 되면 즉시, 그것으로 인하여, 그들은 이런 공개된 내용들에 관해서, 그것들이 한낱 꾸민 이야기들이나, 하찮은 보잘 것 없는 것으로 배척할 것인지, 또는 광신적인 것들이나, 어떤 환상으로 공헌될 것인지, 또는 그것들이 전적으로 모독될 것인지, 또는 그것들이 영접될 것인지, 등등, 그가 믿는 것이 무엇인지를 아는 것이 영적인 개념으로 주어지기 때문입니다. 왜냐하면 주님께서 그 개념 안에 충만하게 계시고, 따라서 그 지각(知覺·a vision)을 주실 때, 그런 사안들은 아주 명확하게 이해되기 때문입니다. 어째서 천계를 알지 못한다는 것인가! 그러나 홀로 보시는 분은 주님이십니다. 이런 이유 때문에 올바르게 보여지고, 이해된 것들 모두는 주님에게 속한 것들입니다. 그렇지 않다면, 진실처럼 보인 것들도 모두 거짓된 것들이고, 그리고 그들은 거짓된 것을 참된 것들로 믿는 것입니다. 주님께서는 이와 같이 보고, 이해하는 능력(the faculty of thus seeing)을 감소시키시기도 하고 증대시키시기도 합니다. 그러나 그것은 외면적인 것이나, 내면적인 것에 근접해 있는 것에 관해서일 뿐입니다. 그러나 합리적인 마음에 속한 내면적인 것들은 주님을 제외하면 어느 누구도 보지 못하고, 이해하지 못합니다. 그러므로 주님만이 장차 일어날 일들을 알고 계시며, 그리고 장차 일어날 이런 것들이나, 종전에 공개된 것들이 어떤 결과를 가져올 것인지, 그리고 영들에게 어떤 것

들이 허용된 것인지, 그 밖의 여러 가지들을 주님만이 알고 계십니다. 1748년 3월 18일

살아 있을 때 내가 알고 있던 자들과 내가 함께 있었다

1499. 나는, 그들이 육체를 입은 삶을 살 때 내가 알고 있었던 자들과 대화를 한 자들을 헤아렸는데, 최소한 30명 정도는 넘었습니다. 왜냐하면 나는 그들 모두를 다시 불러 모을 수 없기 때문입니다. 나는 어떤 이들과는 여러 날 동안, 어떤 이들과는 수 주간 동안, 그리고 그 중 둘과는 두 달 이상 대화를 하였습니다. 나는 그들과 같이 그들의 생애에서 가정(家庭)적인 일들에 관해서, 그리고 또는 다른 수많은 것들에 관해서 대화를 하였는데, 그것은 마치 이 세상 사람이, 이 세상 사람과 같이 하듯이 하였습니다. 그리고 또한 그들의 죽음 때문에 일어난 일들에 관해서도 대화하였고, 그와 비슷한 아주 많은 것들에 관해서 이야기 하였습니다. 1748년 3월 18일. 나는 그 수를 지금은 60명까지 늘릴 수 있겠습니다. 1784년 9월 24일

지옥의 공포(the horror of darkness)가 초래한 형벌에 관하여

1500. 이와 같이, 영들이 어두운 굴 속으로 보내졌을 때(1493항 참조), 그리고 그 뒤에 밝은 대낮에 보내졌을 때, 그 때 그들은 즉시 복수를 열망하는데, 그것은 공포가 그들에게 생기게 한 것입니다. 그래서 그들은 그것을 단념하게 됩니다. 그러므로 이 공포는 그들의 상태에 적절하게 나타나는 데, 그 때 다른 여러 악들에 속한 두려움이나 공포 따위가 그들에게서 옮겨지게 됩니다. 1748년 3월 18일

복수를 열망하는 자들도 경건(敬虔)하게 기도할 수 있다

1501. 내가 기도하고 있는 동안에, 가끔 나와 함께 어떤 영혼들이나 영들이 기도하는 것이 주어진다는 것을 역시 나는 지각하였습

니다. 나는 그들이 기도할 때 그것에서부터 지금, 또는 과거에, 그들이 처해 있던 믿음이 어떤 것이고, 그리고 신앙적인 경건함이 어떤 것이었는지 지각할 수 있었습니다. 왜냐하면 이런 사실이 그 때 나에게 전달되었기 때문입니다. 내가 지각한 것은, 복수에서 쾌락을 만끽하는 자들도, 마치 믿음에서 하듯이, 역시 경건하게 기도할 수 있다는 것입니다. 그리고 또한 과거에 어떤 가장(假裝)된 것이 있었다는 것은 지각할 수 없었습니다. 나는 이 사실을 이상하게 생각하였습니다.

주님의 이 세상 강림에 의한 인류구원(人類救援)에 관하여

1502. 주님의 이 세상 강림(降臨)이 없었다면, 이 땅의 그 누구도, 주님께서 우주를 다스리신다는 것과, 그분 자신이 하나님의 독생자(獨生子·the only Son of the God)이시다는 것을 믿을 수 없었습니다. 왜냐하면, 그 당시의 인간의 마음 안에 있는 성언이나 예언적인 계시는 매우 희미하였고, 사람들은 이 땅의 왕이 되실 메시아 이외에는 아무것도 믿지 않기 때문입니다.

1503. 내면적인 사람이 존재한다는 것과, 그 존재가 어떤 것인지는 전적으로 알려지지 않을 것이고, 그리고 지금까지 온 지구상에 두루 알려지지 않았을 것입니다. 따라서 종국에 지상에는 내면적인 사람은 존재하지 못하였을 것입니다.

1504. 그러므로 이 땅의 사람 안에 보존될 수 있는 남은 것들(remains)은 전무(全無)하였습니다. 다시 말하면 내면적인 사람이나, 더 내면적인 사람의 남은그루터기들(remains)은 보존될 수 없었습니다.

1505. 그러므로 믿음의 씨나, 선의 종자는 저 세상에서 결코 파종(播種)될 수 없었습니다.

1506. 결과적으로 어느 누구도 구원받을 수 없었을 것이고, 다만 모든 사람은 영원히 정죄를 받았을 것이고, 따라서 지옥의 온갖 고

통들 안에 처해 있었을 것입니다.

1507. 그러므로 이 지구의 인류는 보존될 수 없었을 것이고, 다만 인류는 멸망하였을 것입니다. 마치 인류는 예전에 홍수 가운데 멸망되었듯이 말입니다.

1508. 그러므로 주님께서는 홀로 모든 율법을 성취하셨습니다.

지상이나 천계에는 주님께서 직접 다스리시는 많은 것들이 있다는 것에 관하여

1509. 이와 같은 것들이 지상에 아주 많이 있다는 것은, 그들이 말할 때 성령(聖靈·the Holy Spirit)에 의하여 아주 자주 감화 감동되었던 사도들에게서 아주 명백합니다. 그리고 그들이 한 말들은 모두가 그들에게 주어진 것으로, 그것은 직접적인 영감(靈感·inspiration)이었습니다. 뿐만 아니라 주님께서는, 이와 같은 개별적인 것이나 전체적인 것들이 질서에 일치하여 일어나기를 원하셨고, 그러므로 그것들은, 이른바, 자발적(自發的·spontaneously)으로 발생되었습니다. 왜냐하면 주님께서 질서 자체이시고, 그리고 따라서 그것을 세우셨기 때문입니다. 그것은, 마치 인체에서 개별적이든 전체적이든, 자기 스스로 흐르고, 순환하듯이, 인체 안에 있는 질서와 같습니다.

1510. 그러므로 수많은 영혼들은 그들이 구원받지 못한다고 불평을 하였습니다. 그리고 그들이 무슨 이유에서 파멸의 고통을 겪어야만 하는지도 불평하였습니다. 그들에게 일러진 대답은, 그들이 구원받기 위해서는 악한 모든 것들은, 제일 먼저 반드시 정복되어야만 하고, 제압되고, 승복되어야만 한다는 것이었습니다.

잠시 동안 천계에 올려졌다가, 즉시 되돌아온 어떤 영들에 관하여

1511. 선에 속한 능력을 약간 받았던 어떤 영들이, 박탈의 상태

에 있게 되어 참지 못하고, 박탈의 고통에 의하여 심한 고통을 느끼게 되자, 그들은 잠시 동안 천계에 올리워졌고, 그리고 행복한 시간들 가운데 있었습니다. 왜냐하면 어떤 상태들 안에서 그들은 이와 같은 교제들 안에 있을 수 있었기 때문입니다. 그러나 그들은 뒤로, 즉 머리의 뒷부분으로 옮겨졌습니다. 1748년 3월 18일

가장 낮은 계층의 사람들과 꼭 같은 방법으로 왕들이나, 거물들(巨物)도 다루어진다는 것에 관하여

1512. 영혼들이 영들의 천계(the world of spirits)에 들어오게 되면 왕들이나 거물들에 대한 특별한 분별이 없어지게 됩니다. 따라서 거기에는 인물에 따른 차별대우 따위는 존재하지 않습니다. 내가 오랜 동안 교제하고 대화를 하였던 큰 권위나 능력을 가졌던 자들을 나는 알고 있습니다. 그들은, 마치 가장 낮은 계층의 사람들처럼, 영들에 의하여 모욕적인 대우를 받았습니다. 그래서 종국에 그들은, 이 세상에서 능력이 있고, 위대하고, 학식이 있는 사람이다는 것은 아무런 값어치가 되지 않는다는 것을 고백하게 되었습니다. 1748년 3월 18일

토성(土星 · saturn)의 주민들에 관하여

1513. 이 지구에서부터 어떤 영들이 이 태양계의 변방(邊方)에 도착하였습니다. 왜냐하면 하나의 지구에서 다른 지구로의 이주(移住)는 쉽기 때문에, 따라서 한 지구에서 온 영은 거의 일순간에 다른 지구의 부근에 있을 수 있습니다. 거리는, 눈의 시각의 경우와 같이, 문제가 되지 않습니다. 그런데 하물며 영적인 삶이나, 시각의 경우 무슨 문제가 되겠습니까? 사실 나는, 마치 그들이 내 손에 있는 것과 같이, 그 별에서 온 그들과 대화하는 것이 허락되었습니다. 거기에는 한 순간에 그 말을 전해 주는 중간 영들(intermediate spirits)이 있었는데, 이와 같은 사실은, 내면적인 것들을 알 수 있는 자들을

제외하면, 거의 알지 못하고 있습니다.

1514. 우리 지구의 영들이 그들을 만났는데, 그들은 오른쪽 눈의 영역의 전방 아주 먼 거리에 있었습니다. 토성(土星)의 영들이 하는 말은, 이 지역에서 온 악귀(惡鬼·genii)들이 자주 자기들에게 와서, 그들이 예배하는 신(神)이 무엇이냐고 묻는데, 그것을 그들은 이상하게 생각한다는 것입니다. 그리고 그들이 우리 지구의 영들은 이 사실을 알지 못한다는 것을 알았을 때, 그들은, 그들이 그것을 알지 못하는 미치광이이든가, 그들은 사람이 아니고, 짐승들이나, 야생동물들이다고, 말하였다고 하였습니다. 왜냐하면 얼마나 심하게 미칠 수 있다면, 그들이 지금 우리에게 우리가 예배하는 신(神)이 누구냐고 물을 수 있으며, 그러므로 우주를 지배하는 분은 주님 한 분(the Only One)이시고, 이 한 분 이외의 다른 주님은 존재하지 않는다는 것을 그들이 알지 못한다는 것을 잘 보여 준 것이다고 말하였기 때문입니다. 그들은, 주님 그분께서 우주를 다스리시기 때문에, 그들이 지금 말할 수 있는 것은, 그분은 어디에나 계시기(無所不在) 때문에, 그분은 그들과 함께 계신다는 것 이외의 다른 것을 알지 못한다는 것입니다.

1515. 더욱이 그들이 하는 말은, 다른 성품의 수많은 영들이 무리를 지어 그들에게 오지만, 그러나 그들은 그들과 같이 하는 사물들을 어떻게 아는지를 오직 원하였을 뿐, 다른 것은 아무것도 없었다고 하였습니다. 그들이 하는 말은, 이들은 미치지는 않았지만, 그러나 그들은 알기만을 원한다는 것이고, 그리고 그것을 넘어서 그들은 그들의 앎들을 좋게 활용하는 것은 전혀 원하지 않았다는 것입니다. 그러므로 그들은 거기에 이런 성품의 영들이 있다는 것을 이상하게 생각한다고 말하였습니다. 이들은 수성(水星)에서 온 영들인데, 그들은, 앞에서 언급한 것과 같이(1415항 참조), 내면적인 감관에 관계되어 있습니다. 그럼에도 불구하고 그들은 그들을 비난하거나, 책망하지 않았습니다. 더욱이 그들이 하는 말은 그 별의 주민들

은 키가 작다고 하였습니다. 그리고 그들을 만나는 것이 허락된 자에 의하면 그들은 거의 나의 허리 정도의 높이의 키들이지만, 그럼에도 불구하고 그들은 뚱뚱하고 강건하게 생겼다는 것입니다.

1516. 그들의 영들은 정직하고, 그리고 그들은 겸손하고, 품위가 있으며, 정말 그들은 전체적으로 가장 정직하고 겸손한 자들입니다. 그러므로 그들은 주님 앞에서 자신들을 낮추었고, 자신들은 아무것도 아니다고 여겼습니다. 그들은 내적인 감관, 또는 이성(理性)이라고 부르는 사람 안에 있는 것과 관계를 가지고 있습니다.

1517. 우리 지구에서 온 영들이 그들을 짜증나게 하였을 때, 이 영들은 그들의 믿음·정직·겸손에서 그들을 속여 보려고 하였습니다. 그 때 그들은 죽기를 원하였습니다. 그들은 자신들의 손에 작은 칼들(knives)을 가지고 있었는데, 그들은 그것으로 자신들의 가슴을 찌르려고 하였습니다. 그들이 이런 짓을 왜 했는지 그 이유를 물었을 때, 그들이 한 대답은, 자신의 예배·정직·겸손에서 무너지는 것 보다는 차라리 죽는 것이 더 좋겠다고 하였습니다. 그런 이유 때문에 그들은, 우리의 지구의 영들이 그들을 타락시키려고 애를 쓰면서, 이런 질문들을 가지고 그들을 괴롭힐 때, 이런 행동을 아주 자주 합니다. 그들은, 그들이 자신들을 죽이지 못한다는 것을 잘 알고 있다는 것과, 그리고 이것은 오직 하나의 망상일 뿐이다는 것도 잘 알고 있다는 것 등을, 말하였습니다. 왜냐하면 영은 칼이나, 비수(匕首)로 살해(殺害)할 수 없기 때문입니다. 이것은 단순한 그들의 정신적인 고통(vexation)으로, 그것은 그들이 타락의 길로 빠지는 것 보다는 차라리 죽는 것을 선호(選好)한다는 것을 뜻합니다.

1518. 그 별에는 그것들의 야광(夜光·nocturnal light)을 주님이라고 부르는 자들이 있는데, 그것은 수많은 달들(moons)로 이루어진 아주 큰 띠(belt) 때문에 그렇게 불리웁니다. 그러나 그들은 못된 길에 빠진 자들이고, 그리고 저 세상에서 더욱 좋게 교육을 받았습니다.

1519. 더욱이 그 별에 있는 자들은 난쟁이들이고, 소인(小人)들이고, 거의 내 허리 정도 높이에 이르는 자들이라고 기술하였지만, 그러나 그들은 몸집이 뚱뚱하고, 당당하였습니다.

1520. 더욱이 그들은, 다른 곳의 경우와 같이, 사회들을 만들고 살지 않고, 오히려 그들의 어린 것들과 함께 두 부부로 삽니다. 어린 것들이 부모에게서 떠나게 되면, 그들은 스스로 살아가야 하고, 그리고 부모를 떠난 뒤에는, 그들은 아버지나 어머니의 가정에 대하여 아무런 관심을 가지지 않습니다.

1521. 역시 그들은 자신들이 장만하지 않았지만, 그러나 어디에서나 그들은 그것을 찾아냈습니다. 다시 말하면 그들이 연명(延命)하는 콩이나 과일을 찾아내서 살아갑니다. 그들은 야생동물에 대해서는 염두에 두지 않습니다.

1522. 그들은 벗고 있기 때문에 자연적인 옷 이외의 다른 것은 입지 않고 있지만, 그러니 두터운 피막(皮膜), 즉 두꺼운 가죽으로 몸을 가리고 있습니다.

1523. 따라서 그들은 추위로부터 고통을 받지 않습니다. 그러므로 그들은 의복 따위에는 관심이 없습니다.

1524. 그들의 언어에 관해서 살펴보면, 그들은, 그들이 거의 어떤 언어도 가지고 있지 않지만, 다만 그들의 얼굴에 의하여 그들이 생각한 것이나, 또는 그들이 원하는 것을 표현하는데, 특히 그들은 눈에 의하여 표현한다고 하였습니다. 그들은 이런 방법으로 자신들의 자녀들을 가르칩니다.

1525. 그들이 어떤 연령에 이르게 되면, 그들은 그들을 가르치는 영들과 대화를 합니다. 특히 그들에게 정의(正義)와 겸손(謙遜), 그리고 주님을 예배하는 것을 가르치는 그들과 대화를 합니다.

1526. 그들은 가끔 천계에 올리워지는 것 같이 보였습니다. 그들은 갑자기 끌려 올리워지는 것이 아니고, 다만 나에게 그와 같이 보였을 뿐입니다. 그러나 그들은 역시 위로 올리워졌고, 다시 내려왔

다고 여겨졌습니다.

1527. 이와 같은 모습이나 환상은, 그들이 내적인 감관이다, 이성(理性)이다고 하는 사실에서 야기된 것입니다. 그리고 그것은 총명적인 마음에 상승하는 것이 이성이기 때문입니다. 왜냐하면, 보다 더 내면적인 마음은 내적인 감관이나 이성에 의하여 이해되기 때문에, 상승하는 것 같이 보이기 때문입니다.

1528. 그들은 자신들의 정직과 겸손 가운데 살고 있으며, 그리고 그들의 영들은, 그들이 천계에 있다고 말하면서, 그 자신들을 천사들이라고 부릅니다. 그러나 그들 중 하나가 하는 말은, 그들은 자신이 원하면 천계에 있을 수 있으며, 결과적으로 그들의 영들도 이와 마찬가지로 천계에 옮겨지는 것 같이 자신들에게 보이며, 그리고 그들이 거기에 더 이상 있을 수 없으면, 다시 되돌려 보내진다는 것 등입니다. 이러한 일은 보통 그들이 천사들이 되기 전에 일어납니다.

1529. 그들이 영들이 되었을 때, 다시 말하면 육체의 죽음 뒤에, 그들은 그 때에도 역시 단 둘이 짝이 되어 존재합니다. 그 이유는 그들은 종전의 자신들의 삶을 이어가고 있기 때문입니다. 그러나 이와 같은 일은 그들이 이성이나, 내적인 감관이 될 때까지입니다.

1530. 그들은, 그들이 죽으면 자신들의 육체들은 내버려진다고 말하였습니다. 그들은 매장(埋葬) 같은 것에는 관심이 없는데, 그 이유는 내버려지는 것은 불결한 것이고, 그리고 육체 안에 있는 것이 천사가 되는데, 그것이 그들의 진정한 생명이라고 주장하기 때문입니다.

1531. 이렇게 볼 때 명확한 사실은, 우리 지구의 주민들이나 영들은 외적인 감관을 지니고 있다는 것과, 그리고 그들은 관능적이고, 따라서 인간의 본성보다는 짐승들의 본성에 더 가깝다는 것입니다. 토성(土星)의 영들 역시 우리 지구의 영들에 관해서 이것을 지적하였습니다. 그러나 이 지구의 영들이 그런 부류의 것이라고 해도,

그럼에도 불구하고 그들은 하나의 옥토(沃土)로 봉사하는, 말하자면 거기에 믿음에 속한 영적인 진리들이나, 천적인 진리들이 파종될 수 있는 믿음의 진리들에 속한 많은 지식들을 소유하고 있습니다. 이러한 옥토가 없다면, 믿음에 속한 진리들은 성장하기 위하여 쉽게 파종될 수 없습니다. 이런 이유 때문에, 우리 지구의 영들은 외면적인 것들이 박탈된 뒤에는, 보다 쉽게 내면적인 천계나, 보다 더 내면적인 천계에 들어갈 수 있습니다. 그리고 그들은 육신의 삶에서부터 어떤 것들을 취하기 때문에, 역시 그들은 계시(啓示·revelation)에서 비롯된 이와 같은 지식들을 소유하지 못한 사람들을 가르치는 섬김의 역할을 담당할 수 있기 때문입니다. 그러므로 보다 완벽한 질서가 세워지기 위해서는 반드시 천적인 진리나 영적인 진리가 자연적인 진리들 안에 활착(活着)되어야만 하기 때문에, 주님께서는 다른 지구들보다는 우리 지구를 더 사랑하셨습니다. 우리가 주지하여야 할 것은, 천사들의 지식들이나 개념들은 사람의 개념들에 비하여 비교될 수 없을 만큼 심오(深奧)하지만, 그럼에도 불구하고 그것들은 자연적인 진리들에 뿌리를 활착한다는 것입니다. 그러므로 진리들은 서로서로 상호적으로 성장, 번영(繁榮)하고, 그리고 서로 간에 대응한다는 것입니다. 1748년 3월 18일

1532. 위에서 알 수 있는 것과 같이(1487·1498항 참조), 영적인 개념들은 이 지구의 사람들이 이런 사안들에 관해서 여러 가지로 판단한다는 것, 다시 말하면 그와 같은 행성(行星)들이 있다는 것과, 그리고 그것이 결코 부인될 수 없는 사실이다는 것, 그리고 그 행성들의 주민들은 그런 성품을 지니고 있다는 것, 특히 그들과 대화를 하는 것이 사람들에게는 가능하다는 것 등을 판단할 것이다는 것을 알게 해 주었습니다. 그 이유는 사람들은 외적인 감관에서, 그리고 각자의 환상이나 욕망에서 판단하기 때문입니다. 그러나 이것이 결코 중요한 것은 아닙니다. 왜냐하면 이러한 것들은 인간 사회에서 명확하게 볼 수 있고, 들을 수 있는 것들이기 때문입니다. 그

러므로 나는 그들의 판단에 전혀 관심을 두지 않습니다. 내가 확신하게 된 것은, 그들이 영들이 되었을 때, 더욱이 그들이 천사들이 되었을 경우, 만약에 그것이 주님에게 좋은 일이라면, 아마도 인류의 몇몇들도 명확하게 진리들을 보고, 이해할 것이다는 사실입니다. 그들이 깊이 생각하여야 할 것은, 영계에서는 그들이 그것을 말하고 있듯이, 공간의 거리는 멀리 보이든 가깝게 보이든, 문제가 되지 않는다는 것입니다. 그러므로 사실은, 내 귀에 가까이 있지만, 나와 이야기하는 영들이나, 내 가까이에서 내 말을 듣는 영들은, 그럼에도 불구하고 내게서부터 아주 멀리 떨어져 있을 수 있다는 것입니다. 나는 자주 이 사실을 그들에게 말하였습니다. 해나 별들을 볼 때 공간의 거리는 눈에는 아주 가깝게 보이는데, 하물며 내적인 시각에 그것은 정말 어떠하겠습니까? 관능적인 감관을 지녔고, 자신들의 개념을 육체의 감관 너머로 거의 확장하지 못하는 이 지구의 주민들을 오도(誤導)하는 것은 바로 감관들에 속한 거짓들이고, 오류(誤謬)들입니다. 1748년 3월 18일

자기가 저술(著述)하는 자이다는 것 이외에는 생각하지 않는다는 영에 관하여

1533. 내가 어떤 것들을 기록하고 있는 동안에 왼쪽 내 곁 가까이 한 영이 있었습니다. 내가 기록하는 것을 마치었을 때 그 영은 내가 저술하는 일이 그를 도와주었다는 것을 나에게 감사하였습니다. 자주 일어나는 경우에서와 같이, 나는 그 사람 자신이 나라고 여긴다는 것을 알았습니다. 그는 거기를 떠나, 다른 사람에게 가서, 비록 저술하는 일을 한 것은 자신의 손이다고 생각하였다는 것을 알지 못하지만, 저술하는 자는 자기 자신이다는 것 이외에는 아무것도 알지 못한다고 떠버렸습니다. 그는 이런 식으로 다른 영에게 말하였습니다. 나는, 만약에 어떤 다른 사람과 함께 그 일을 하였다면, 그가 자기 자신의 손으로 글을 썼다는 것 이외의 다른 것은 거의

알지 못할 것이다고 생각하였습니다. 이것이 바로 사람과 영의 협력(協力·co-operation)입니다. 내게서 멀리 떨어진 곳에 다른 영들이 있었는데, 그들도 마찬가지로 무엇인가를 자신들에게 요구하려고 하였습니다. 어떤 식으로 영들이 협력하고 있는지는 아주 명백합니다. 1748년 3월 19일

천계에서의 주님에 대한 시인(是認)에 관하여

1534. 영들의 천계에 있는 선한 영들은, 내가 오랫동안 다종다양하게 여러 방법들로 경험한 것과 같이, 주님께서 마치 그들 밖에 존재한다는 것을 느꼈습니다. 종전의 경우에서는 나는, 마치 주님께서 에워싸듯이, 주님에 의하여 에워싸졌습니다. 나중에는 앞서와는 다르게, 마치 나는 밖에서부터 믿음 안에 사로잡힌 것 같았고, 그리고 내 마음은 평안하지 않았습니다. 왜냐하면, 말하자면 그것은 믿음의 기(氣·靈氣·aura of faith) 안에 있었기 때문입니다.

1534[A]. 나를 불안하게 하고, 외견상 대기(大氣)를 어느 정도 약하게 만드는 영이 나타났을 때, 나는 일반적인 원칙들, 특히 자명(自明)한 것들에 의지할 수밖에 없었습니다. 그리고 또한 우리의 육체에서 일어나는 것들에 의존할 수밖에 없었습니다. 그것은 마치 영혼이 육체를, 그리고 그것의 수많은 기능들을 한 몸과 같이 다스리는 것과 같았고, 그리고 의지가 홀로 동시에 수천의 근육들을 다스리는 것과 같았습니다.

1535. 그들이 어떻게 내면적인 천계에서 주님을 시인하는지 내게 일러졌습니다. 이 일은 거의 꼭 같은 방법으로 행하여졌습니다. 다시 말하면 그들은 마치 밖에서부터 비롯된 것과 같이, 그들을 에워싸고 있는 믿음의 영기(靈氣·aura of faith)에 사로잡혀 있었습니다. 그리고 그들은 아주 오랫동안 그 영기에 사로잡혀 있었습니다.

1536. 보다 더 내면적인 천계(the more interior heaven)에는 주님께서 그들의 하나님이시다는 것과, 주님께서 우주를 다스리신다는

것, 그것으로 말미암아 무엇인가를 알 수 있는 확실한 지각(知覺·certain sensation)이 존재합니다.

1537. 극내적인 천계(the inmost heaven)에는 확실한 생각(思想·a certain thought)이 있는데, 그것은 주님께서 우주를 다스리시고, 그리고 모든 것에 속한 지극히 작은 하나까지도 다스리신다는, 보다 내면적인 지각(a more interior sensation)이 있다는 것입니다. 어떤 이들은 그것을 지각이라고 부르고자 하고, 어떤 이들은 생각(思想)이라고 부르고자 합니다.

1538. 그러므로 주님을 믿는 믿음에 속한 활동들(活動·役事·operations)은 주님에게서 발출합니다. 그러나 사실은 극내적인 천계에서부터 영들의 천계에 작용하는데, 거기에서 그것은 외적으로 작용합니다. 그러나 악령들에게는 믿음이 전혀 존재하지 않습니다. 그러므로 그들은 자신들의 이해에 따라서 온갖 종류의 논쟁들이나 추론들에 의하여 설득될 수 있습니다. 왜냐하면 믿음은, 그들 안에 있는 내적인 것들은 아직까지는 대응하지 않기 때문에, 내적인 것으로 말미암아 작용할 수 없기 때문입니다. 1748년 3월 19일

1539. 왼쪽 정면에 영들이 나타났는데, 그들은 화성(火星)에서 왔으며, 그리고 스스로 거룩한 자들이라고 하였습니다. 그러나 그들은 본질적으로 거룩하지 않았으며, 오직 유일하신 선이신 주님만이 그들의 거룩함이었습니다.

1540. 그 지구의 주민들의 삶에 관해서 내가 들은 것은, 어떤 통치기구들 안에 있는 것은 아니지만, 그들은 여럿이 모여서 산다(群生)는 것입니다. 그들이 사는 사회들은 그들이 얼굴·눈·언어에서, 따라서 외적으로 즉시 지각하는 그런 사회들이었습니다. 다시 말하면 그들은, 이와 같이 그들이 분간하는 진정한 동료들과 함께 있는지, 그리고 그들이 그들 중에서 몇몇이 하나로 결합할 수 있는지를 지각하였습니다. 이런 식으로 그들은 성질이나 생각에서 적합한 자들을 자신들의 동료들로 선발하는 방법을 알고 있는데, 그 방법은

거의 틀림이 없었습니다. 그들은 즉시 친구들이 됩니다. 그럼에도 불구하고 그들은 상대방들에게 반감 따위는 전혀 느끼지 못하고, 반감이나 미움 따위를 느끼는 자는 결코 그들과 함께 있지 못하고, 오히려 마음의 상태들에 일치하여, 그리고 외적인 것들의 방법에 의하여 결합됩니다.

1541. 외적인 방법에 관련되어 있는 한, 각자의 지식은 얼굴에서, 특히 눈(目)의 영역에서, 취하게 되고, 그리고 또한 그들의 언어에서 취하게 됩니다. 그런데 그들의 언어는, 우리 지구의 주민(住民)들의 언어와 달리 소리언어(有聲言語·the sonorous speech)가 아니고, 일종의 무성(無聲)의 언어에 의하여 이루어진 것으로, 우리 지구의 언어와는 분별됩니다. 그 무성의 언어(無聲言語·tacit speech)는 매우 정교(精巧)한 대기(大氣)에 의하여 형성되었는데, 그 대기는 입(口)과 정면으로 마주하고 있고, 그리고 그 입으로 들어가고, 그 다음에는 에우스타키(Eustachian) 관(管)을 통과하게 됩니다. 이 관은 겉보기에 청각기관(聽覺器官)처럼 보입니다. 그들 중의 하나는, 나에게 그것의 성질에 관해서 다소나마 알려주려고, 일종의 이런 언어로 나와 이야기를 하였습니다. 그것은 입술을 통해서 들어왔는데, 그 입술의 섬유들은 다종다양한 수용성(受容性·a diverse receptivity)에 맞게 만들어졌으며, 그래서 그것은 팔로피오 관(Fallopian tube 管)을 통해서 침투(浸透)하고, 따라서 위로 침투합니다. 그것은 아주 명료하게 지각되었으며, 그리고 그것은 매우 다양한 개념들을 일시에 옮기기 때문에, 귀에 들리는 말에 비하면 매우 충분하고, 완벽합니다.

1542. 그들의 교제(交際)들이나, 또는 사회적인 모임들은 매우 즐거운데, 그와 같은 즐거움은 그들의 사회에서 일어나는 것들이나, 천계에서 야기(惹起) 되는 것들에 대하여 가지는 관심에서 비롯됩니다. 더욱이 그들은 오직 우리 주님만을 예배하는데, 그 이유는 주님만이 진정한 선 자체(the very Good)이시기 때문입니다.

1543. 그들은 또한 생각(思想·thought)이라고 불리우는 것들을 구

성하는, 또는 표징하는 천사적인 몸이나, 또는 매우 큰 몸(exceedingly grand body) 안에 존재합니다. 그리고 그들은, 아담이라는 사람 하에 기술된 태고교회(太古敎會·the Most Ancient church)에 전적으로 닮았는데, 그들은 지복(至福)의 상태에서 살았습니다.

1544. 그들의 사회들은 매우 다종다양(多種多樣)하였는데, 그러한 사실은 각각의 구성원은 자신과 유사(類似)한 자들끼리, 말하자면 유유상종(類類相從)으로 교제할 수 있고, 그리고 이 세상의 사람들을 통해서, 이른바 매우 다양함을 가지고, 그러면서도 분별되는 내면적인 것들에 속한 공동적인 천사적인 사회(a common angelic society)가 형성되었다는 것에서 명백합니다. 그것은 그들이 그들의 외면적인 수단들에 의하여 그들의 동료들의 내면적인 것들을 지각하기 때문입니다. 결과적으로 영들이나 천사들에게는 공동적인 방법이나 양식(樣式)에서가 아니고, 다시 말하면 관념들의 영역을 통해서 지각하지 않기 때문입니다. 왜냐하면 그들은 자신들의 지각에 일치하여 하나의 판단을 결정하듯이, 영혼들이나 영들 역시, 외적인 것들로부터 판단을 결정하기 때문입니다.

1545. 비록 그들이 자신들의 모습을 드러내는 것을 원치 않았지만, 결과적으로 그들의 모습이 드러나게 되어서, 나는 그들의 얼굴을 보았습니다. 코 아래의 얼굴은, 수염은 없지만, 검었습니다. 윗부분은 누런색이었지만, 그 색은 완전히 백색(白色)이 아닌 우리 지구의 사람들의 피부색과 다르지 않았습니다. 귀의 영역에까지 뻗혀 있는 이 검은색은 수염을 대신하고 있었습니다. 따라서 그것은, 그 부분이 관계되어 있다면, 자연 안에 있는 비슷한 원인에서 비롯된 것이고, 그리고 동등한 표징적인 중요한 것의 원인에서 비롯된 것입니다.

1546. 그들은, 나무의 열매들은 말할 것도 없고, 땅에서 직접적으로 나는 둥근 열매와 같은, 여러 종류의 콩들로 살아갑니다.

1547. 그들은 옷을 입고 사는데, 그러나 그들은 자신들의 옷을

어떤 재료들에서, 예컨대 털(wool)이나, 목화나, 나무 잎이나, 또는 일종의 고무나무에서 응집(凝集)된 껍데기의 섬유 등에서 얻는다고 하였는데, 그들은 그런 것을 밝힌 다는 것은 별로 중요한 것이 아니라고 말하면서, 그들은 그런 것을 명확하게 하는 데는 관심이 없다고 하였습니다.

1548. 그들 중에서 사악(邪惡)한 생각을 품는 자들은, 그들의 사회에 머물러 있을 수 없어서 그런 생각들에 의하여 그들의 무리에서 떠나야 합니다. 결과적으로 그들은, 그들의 동료들에 의한 돌봄이 전혀 없는 바위 동굴 속에서, 홀로 살아야 합니다. 그러나 이런 부류의 사람들에게 회심(回心)하여 좋은 상태로 돌아오게 하기 위하여 애쓰고, 심지어 강제적으로 되돌려 보내려는 어떤 사회들도 있습니다. 그럼에도 불구하고 여전히 그것은 온갖 분리의 원인으로 남을 뿐입니다. 그리고 그들이 그것의 회심의 측면에서 만족하지 않는 한, 또는 일찍이 타락(墮落)한 상태라면, 그들은 개심(改心)이 없이 그대로 머물러 있을 것이고, 그리고 그들은 자신들의 사정이나 처지 따위를 공공연하게 말하지는 않았습니다. 그와 같은 단 한 가지 이유는 그들이 자신들의 회개(悔改)의 소망에 관해서 확정적인 것을 가지지 못하였기 때문인데, 그들은 그런 것에 관해서 자신들의 실제적인 행동에서 아무런 확증을 주지 못하였기 때문입니다.

1549. 그 지구의 주민들 중 하나는 마치 그의 얼굴은 천계에, 그리고 그의 몸은 땅에 둔 것처럼 나에게 나타났습니다. 그들은, 이와 같이, 생각이라고 부르는 것을 사람 안에서 형성하기도 하고, 드러내기도 하였습니다.

1550. 그들은 불(火)에 관해서 말을 하였는데, 그들은 액체를 불꽃으로 만드는 방법을 잘 알고 있다고 말하였습니다. 1748년 3월 19일

1550[A]. 다른 자에 예속된 자인 나와 함께 있었던 화성(火星)의 영들 중에 하나는 내 머리의 가장 윗부분의 앞쪽을 등 쪽으로 돌렸

는데, 그와 같은 몸짓은 자신들의 생각의 성품을 나타내는 것으로, 그것은 대뇌(大腦)와 소뇌(小腦), 즉 의지로 나타내려는 것입니다. 그러나 그러한 동작은 그들 보다는 자신의 뜻에서 그렇게 한 것이 아니고, 오히려 주님에 대한 두려움에서 그렇게 한 것을 뜻합니다. 결과적으로 머리를 뒤로 돌리는 일은 사실은 몸의 전부를 돌리는 일로 생기는 것입니다. 1748년 9월 25일

구덩이(pit)의 뜻에 관하여, 그리고 우정(友情)의 영적인 형태(形態)와 천적인 형태의 차이에 관하여

1551. 요셉이 구덩이 속에 넣어진 사건, 즉 함정(陷穽・favea)이다고 읽혀지는 사건의 뜻을 알기 위하여, 그리고 거기에서 이스라엘 사람들(=요셉의 형제들)에 의하여 꺼내진 것과, 그리고 그가 어디에 있는지, 르우벤을 제외하면 그들 중 아무도 알지 못한 사건(창세기 37:15-30)이 어떻게 일어났는지에 관해서 잘 알게 하기 위하여 아래와 같은 가르침이 주어졌습니다. 이런 것들에 얼마나 동의할 수 있는 것인지 잘 살펴보십시오.

1552. 내가 환상 중에 영들과 대화를 하였는데, 그들 중의 몇몇은, 그들이 자신들의 동료들과 내가 함께 있기를 원한다고 말하였습니다. 따라서 약간 뒤에, 나는 정령들(精靈・genii), 즉 천적인 영들과 함께 있게 되었습니다. 그 때 나는 이전에 함께 했던 영적인 존재에게서는 보이지 않게 되었습니다. 이들은 내가 어디로 사라졌는지를 알지 못하기 때문에, 이들은 나를 찾았는데, 그들은, 내가 어디에 있는지 알지 못한다고 말하였습니다. 나는 사실은 그 정령들의 무리에 있었고, 내가 그 상태에 머무르고 있는 동안 영적인 존재인 그들은, 비록 내가 그들 가까이에 있고, 그들이 하는 말을 내가 듣고 있고, 그리고 나를 찾고 있다는 것을 알고 있지만, 내가 보이지 않는 것과 같이 보였습니다.

1553. 이와 같이 내가 그들의 시각에서 사라졌을 때, 그들은, 마

치 그들과 함께 있는 것처럼, 내가 구덩이에 빠져 있는 것으로 생각하였습니다. 그리고 그들이 거기에 있는 나를 찾았을 때, 그들은 줄로 엮은 막대기(=사다리)를 내려 보냈습니다. 그 때 그들은 그 사다리를 끌어올리면 그 사다리에 앉아 있는 사람을 볼 수 있을 것이라고 생각하였습니다. 그러나 그 자리에 아무도 없었기 때문에, 그들은 그가 거기에 있지 않다고 말하였습니다. 그리고 그들은 한참동안 내가 어디에 있는지 몹시 걱정하면서 찾았습니다. 그 때 그들은, 마치 꿈들의 상태와 같은, 표징적인 상태에 있었습니다. 그 이유는 그들이 내가 있는 생명의 상태에 있지 않았기 때문입니다.

1554. 그 구덩이에서 이런 일이 일어났습니다. 말하자면 검은 영들(black spirits)이 나타났습니다. 그리고 그 구덩이는 그 입구까지 물로 가득 채워졌는데, 그것은 지상에 있는 다른 구덩이와 닮은 그런 모습이었습니다.

1555. 그것에서 드러난 것은, 어느 누구가 영들의 무리에서 정령들(精靈·genii)의 무리에 오게 되면, 그는 영들에게서 도망치는 것처럼 보인다는 것입니다. 그러나 이것은 사실과는 전적으로 다릅니다. 나는 내가 그들 가까이에 있다는 것을 그들에게 말하려고 했지만, 그러나 그들은 그 말을 들을 수가 없었습니다.

1556. 정령들이 다른 영들의 무리와 함께 있을 때, 그들의 행동은, 마치 심장의 고동(鼓動) 소리처럼 부드럽고, 얌전하고, 조용하였습니다.

1557. 그러므로 여기서 추측할 수 있는 것은, 요셉이 구덩이에 처넣어지고, 다시 끌어올려진 사건은 무엇인가를 표징한다는 것입니다. 왜냐하면 성경에 언급된 것들은 천계에서 일어나고 있는 유사한 것들에 대응하기 때문입니다. 1748년 3월 19일

기독교계의 불신(不信·背信·infidelity)에 관하여

1558. 많은 영들의 현존(現存)에서, 그리고 내가 생각하는 것과

같이, 역시 마호메트(Mahomed)의 현존에서, 나는 나 자신 스스로 생각하였습니다. 말하자면 나 자신에게 속으로 말하였습니다. 왜냐하면 내 생각은 일종의 언어이기 때문입니다. 내가 속으로 한 말은, 기독교인들이라고 불리우는 사람들 중에서 아주 극소수의 사람들만 저 세상에서 주님을 만나려고 한다는 것은 매우 이상스러운 일이고, 또한 놀라운 일이다는 것입니다. 그런데 광신적인 신자들(信者·votaries)이나, 인간숭배자들, 아니, 악마들의 숭배자들은 자신들의 지상에서의 우상숭배의 대상(對象)들을 찾아내어서, 그런 것들에게 자신들의 존경심을 바치었습니다. 이러한 사실은 마호메트·아브라함·야곱·모세나, 그 밖의 우상들로 시인되는 작자들을 찾아 헤매는 사람들의 경우에서 명백합니다. 그러나 그 결과에서 내가 알 수 있었던 사실은, 악령들이나 악마들은 신령한 것에 관한 지각(知覺)이나 느낌 따위를 가지고 있지만, 그것에 대하여 혐오(嫌惡)나 증오(憎惡) 따위를 가지고 있다는 것, 결과적으로 육신을 입은 삶에서나, 육신을 벗은 뒤의 삶 모두에서 그것에 대하여 강력하게 반항(反抗)하지만, 이에 반하여 그들의 지배의 상태에 일치하는 것이나, 악마적인 것들에 대해서는 앞서와는 전혀 반대되는 경우가 생긴다는 것입니다. 그리고 이러한 사실은 주님께서 하나님이시고, 우주의 통치자(統治者)이시다는 것을 아주 충분하게 입증(立證)해 주고 있습니다. 1748년 3월 19일

이 세상에 사는 자들의 마음들이 어떻게 서로 교제하는가에 관하여

이와 같은 교제(交際) 안에 있다는 사실은 이 태양계의 지구들의 주민들에 관해서 계시(啓示)된 사실들에서 빚어진 결과입니다. 다시 말하면 금성(金星)이나 우리 지구의 주민들은 관능적인 것들이나, 그런 것들과 관련된 본능적인 욕구들을 구성하고, 그리고 그런 것들을 드러냅니다. 따라서 육생(陸生·terrestrial)적이고, 세상적인 낮은 것들

을 구성하고, 드러냅니다. 결과적으로 그들은 외적인 감관들을 다스리는 자들입니다.

마찬가지로 목성(木星)의 영들은 합리적인 개념들(rational ideas)을 표징합니다. 왜냐하면 그들은, 육체적인 감관들에 속한 것들에 관해서 본다면, 근심이나 염려 따위에서 자유롭게 살기 때문입니다. 그들은, 내면적인 것들이나, 극내적인 것들(inmost things)을 파종(播種)하는 토양(土壤)에 대해서 말한다면, 일종의 옥토(沃土)와 같습니다. 왜냐하면 내면적인 합리적인 개념이 없다면, 보다 더 내면적인 것들(more interior)이나, 지심(至心)한 것들은 뿌리를 내릴 수 없기 때문입니다. 이것이 바로 외적인 감관 안에서 발생하는 개념들의 특질인데, 그것들은 음성의 발성(發聲)에 대하여 자극(刺戟)받고 고무(鼓舞)됩니다. 토성(土星)의 영들은 내면적인 감관(interior sense), 즉 이성(理性·reason)에 대응합니다. 수성(水星)의 영들은 지식(知識)들에 대응하고, 화성(火星)의 영들은 생각(思想·thought)에 대응합니다.

영적인 신념(信念) 안에는 믿을 수 없을 정도의 수많은 것들이 내포되어 있다는 것에 관하여

1559. 영적인 신념(信念·a spiritual idea)이란 하나의 영으로 살아가는 동안, 말하자면 육신에서 분리되어 살아가는 동안 사람이 그것에 의하여 행동하고, 생각하는 것을 가리킵니다. 이런 종류의 신념들은, 앞에서 언급한 것과 같이, 사물들에 관해서 보다 충분한 것이고, 그리고 보다 더 지각적인 것이다는 것은 몇 가지 사실에서 확실합니다. 그 몇 가지 사실이란, 사람이 선을 의도(意圖)하고, 계획할 때, 예를 들면, 그 사람 자신의 회심(回心)이나, 자의적인 회개(悔改) 등을 의도할 때, 죄(罪)가 되지 않는 것에 대해서 생각할 수 없는 무능(無能·non-ability)이나, 심지어 스스로 행동할 수 없는 무능에 관해서 그 경우가 어떠한지를 이 영적인 개념에서 아주 생생하게 알 수 있고, 또한 지각할 수 있습니다. 즉 일반적인 행위든 지극히 미

세한 개별적인 행위든, 이런 모든 것들이 어떻게 행해지는지, 그리고 여전히 거기에는 죄가 있다는 것까지도 이 영적인 신념에 의하여 알 수 있고, 또 지각할 수 있습니다. 여기서 내가 말할 수 있는 것은 모든 것들은 영적인 신념에 대하여 매우 생생하게 공개되고, 자신의 모습을 드러낸다는 것입니다. 이러한 사실은, 이 방법은 합법적이고, 정당하고, 최선의 것이지만, 저 방법은 그렇지 않은 것이기 때문에, 나는 이런 방법으로 생각하지만, 저런 방법으로는 생각하지 않는다고 생각할 때 내게는 수차에 걸쳐 상이하게 입증되었습니다. 따라서 내가 생각한 것은, 그럼에도 불구하고 내가 지각할 수 있었던 것은, 그것이 나 자신에게서 비롯된 것이기 때문에, 그것은 죄악이다는 것입니다. 예를 든다면, 내가 나 자신을 주님에게 복종시킨다고 할 때, 그리고 따라서 어떤 종류의 선을, 예컨대, 믿음에 속한 선, 복종에 속한 선, 성경말씀에 명령된 것에 속한 선, 등등을 나 자신에게 적용하려고 할 때, 여전히 내가 지각한 사실은, 개별적인 것이든 지극히 미세한 짓이든, 내 행위에 속한 것 안에는 죄악이 존재해 있다는 것이고, 그러므로 내가 분명하게 지각한 것은 사람 안에는 더럽고, 비열(卑劣)하고 잔학(殘虐)한 것들 이외에는 아무것도 없다는 것입니다. 어떠한 선도 행할 수 없을 정도의 분노(忿怒)의 상태에까지 내적으로 변하기 때문에, 영들도 역시 이런 식으로 분노의 상태에 빠지기 때문에, 그들은, 그들이 행할 수 있는 선이 무엇인지, 더욱이 그것이 명령된 것이라고 해도 행할 수 있는 선이 무엇인지 알 수 없다고 말하였습니다.

1560. 이상에서 명확하게 얻는 결론은, 사람 안에는 선한 것은 전무(全無)하고, 다만 모든 선은 주님의 것이다는 것과, 그리고 사람은 선에 속한 무엇 하나라도 자신에게 귀속(歸屬)시킬 수 없으며, 더욱이 믿음에 속한 무엇 하나라도 자신의 탓으로 돌릴 수 없다는 것 등입니다. 그럼에도 불구하고 이런 것이 믿음에 속한 요체(要諦)이다는 것이고, 그리고 이런 사실을 밝게 인지(認知)할 때, 어느 정도의

능력(能力·ability)이 주어진다는 것입니다. 왜냐하면 이것은 주님의 선물(膳物)이고, 그리고 내 자신 안에 있는 선행도 주님에게 되돌려 드려야 한다고 내가 스스로 생각할 때, 나 자신에게서 비롯된 것이기 때문에 그것 역시 죄악일 뿐이다는 것을 나는 명확하게 이해했기 때문입니다. 그러므로 사람은, 어떤 식으로든, 자기 자신으로 말미암아, 또는 자기 자신의 것으로 인하여 좌지우지한다면, 거기에는 죄악(罪惡)만 있을 뿐입니다. 결론적으로 말하면 모든 선은 주님의 것이다는 것입니다. 그러나 이러한 사실은, 육신에게서 분리된 영적인 신념에 의하지 않고서는, 지각되거나 이해될 수 없는 것이기 때문에, 내가 쉽게 지각한 사실은, 그러한 사실은 사람들에게는 거의 믿어지지 않는다는 것입니다. 그러나 그것이 사실이다는 것을 나는 강력하게 주장할 수 있습니다. 1748년 3월 20일

1561. 그러므로 사람이, 자신은 선을 생각할 수 있고, 또한 선을 행할 수 있다고 깊이 생각할 때마다, 그것은 역시 자신의 고유속성(固有屬性·自我·proprium)에서 기인(起因)한 것이고, 따라서 자신의 자기사랑(自我愛)·탐욕(貪慾)이나 정욕(情欲) 따위에서 온 것이다는 사실입니다. 따라서 그가 이와 같은 원인들이나, 충동(衝動) 하에서 자신의 공(功)으로 돌리는 것은 무엇이나 그것에 속한 모든 것 안에는 죄악이 똬리를 틀고 있습니다. 그러므로 주님에 의하여 주어진 선은, 그것에 대하여 자기 스스로 깊이 생각하지 않는 동안에도, 그 사람 안에서 역사(役事)하고 있습니다. 다시 말하면 사람이 비록 그것에 관해서 알지 못하고 있다고 해도, 주님의 말씀(聖言)에 따라서 사람은 중생(重生)되고 있지만, 다만 그 자신은 이와 같은 진전과정을 모를 뿐입니다.

다른 사람의 분명한 개념들이 공통적인 개념, 또는 일반적인 개념에 흘러든다는 것에 관하여

1562. 소위 모든 것에 속한 개념은 공통적인 개념, 또는 일반적

인 개념 안에 있기 때문에, 어떤 명확한 것에 대한 확정 밖에 있는 하나의 개념이 나에게 지각되었는데, 그것은 내가 도저히 기술할 수 없는 그런 것이었습니다. 왜냐하면 그것은 영계(靈界)에서나 지각될 수 있는 그런 성질의 것이기 때문입니다. 사실 그것은 이 세상에 있는 몇몇 사람들에게 존재할 수 있는 것이지만, 그러나 그것은 지각되지 않을 뿐입니다. 이 개념 속에는 영들에 속한 특수한 개념들이나, 단일적인 개념들이 흘러들어 오는데, 나는 그것을, 내 자신이 일반적인 개념 안에 머물러 있기 때문에, 대체적으로 명확하게 이해하였습니다. 이런 식으로 단일적인 개념들은 다른 자들에게서 흘러들어 오고, 그리고 나는 그것들을 이해할 수 있었습니다. 내게 일러진 사실은, 이 개념은 어떤 영들의 것이다는 것입니다. 1748년 3월 20일

여기서 얻는 결론은, 일반적인 개념들은 본질적으로 개별적인 개념들과 명확하게 분별된다는 것입니다. 그럼에도 불구하고 단일적인 것(the singular)은, 비록 단일적인 것들이 일반적인 것들 안에 존재한다는 것을 알지 못한다고 해도, 일반적인 것들 안에 존재한다는 것입니다. 일반적인 개념은, 그것에 자신들을 적용하려는 단일적인 것들에 대해서 확정적이지는 않습니다.

육신적인 정욕(情欲·appetite)에 관하여

1563. 정욕(情欲·appetite)이라고 부르는, 심지어 육체에 속한 정욕이라고 부르는 것을 구성하는 영들이 있습니다. 이러한 정욕들은 매우 다종다양(多種多樣)한데, 예를 들면, 먹고, 마시는 욕망 등등이 있겠습니다. 그 이유는 몸을 치장하거나, 좋은 옷이나, 이와 비슷한 것들의 사치(奢侈)를 만끽(滿喫)하려는 어떤 욕망(欲望)에 의하여 사람이 고무(鼓舞)되고, 자극(刺戟)받는다는 것은 너무나도 잘 알려져 있기 때문입니다.

1564. 어떤 영이 좋은 세마포 속옷에 대한 열망으로 매우 흥분되었기 때문에, 그는, 만약에 자신이 이런 옷을 입지 못한다면, 거의

살 수 없을 것이라고 하였습니다. 그래서 그 옷이 입혀졌을 때, 그는, 그 이상의 기쁨은 없을 것이다고 하였고, 그리고 이 즐거움이나 기쁨이 방해(妨害)받지 않고, 계속 즐길 수 있게 해 줄 것을 간청하였습니다.

1565. 그러나 예컨대, 촉각(觸覺)과 같은 감관에 대해서 그는 그런 것을 가지고 있지 않다고 말하였습니다. 그러므로 정욕이 영들에게 속해 있는데 비하여 감관, 또는 감각은 사람에게 속해 있습니다. 나는 그에게, 그가 그렇게 열망했던 세마포를 내가 만졌을 때 내가 느끼는 것과 같은 감각이나 느낌을 그가 갖는지에 관해서 물었습니다. 그는, 자신은 아무런 감각이나 느낌을 가지지 못하지만, 그러나 내가 그와 같은 느낌이나 감각을 가지고 있다는 것은 지각한다고 대답하였습니다.

1566. 그러므로 정욕들(情欲 · appetites)이라고 불리우는 영들이 있는데, 그들 중에 몇몇은 자기 자신을 억제(抑制)할 수 없을 정도로 정욕을 불태우고 있었습니다. 이런 부류의 영들은 다종다양(多種多樣)의 각색입니다. 왜냐하면 정욕이나 욕망의 대상들은 헤아릴 수 없이 많으며, 그리고 그런 것들 중에는 관능(官能)적인 것이나, 육체에 속한 것들이 있기 때문입니다. 이에 반하여 탐욕들(貪慾 · cupidities)은 마음에 속한 것이기 때문입니다. 이런 부류의 영들이 정욕들이라고 불리우는데, 그 이유는 그들이 사람을 자신의 정욕들이나 욕망들을 갈망(渴望)하게 만들고, 또한 그의 정욕들이나 욕망들 따위를 자극하기 때문입니다. 그리고 그들은 그런 짓거리를 통해서 자신들의 쾌락을 만끽(滿喫)하기 때문입니다. 그러나 감관은 오직 사람에게 속한 고유의 것입니다.

1567. 이런 부류의 영들은 육신을 입은 그들의 삶에서 그와 같은 유별난 특성(特性 · peculiarity)을 취합니다. 그 이유는 그들은 어떤 육신적인 것에 대한 열망이나 바람들을 가지고 있기 때문입니다.

1568. 낱말들의 사용에서 분별한다면, 욕망이나, 또는 갈망하는

것(to crave)은 육신에 관해서 서술하고, 탐욕이나, 지나치게 탐하는 것(to covet)은 마음에 관해서 서술합니다. 이에 반하여 진실된 바람(earnest desire), 또는 부족을 느끼고 갈망하는 것(to desiderate)은, 내면적인 마음이나, 합리적인 마음에 관해서 서술합니다. 더 나아가서 의도하고 원하는 것(to be willing)은 보다 더 내면적인 마음에 관해서 서술합니다. 이에 반하여, 비록 다른 관계들에서 자주 사용되는 낱말이기는 하지만, 감화 감동된다는 것(to be effected)은 본래 이해되어야 하는 것으로 극내적인 것에 관해서 서술합니다. 1748년 3월 20일

작은 피부샘들(小皮膚腺·the small cutaneous glands)의 영역을 구성하는 영들에 관하여

1569. 어느 누구가 무엇인가를 알기를 원한다면, 어떤 이들에게는 그것은 이런 것이다고, 다른 자들에게는 저것은 이런 것이다고, 그리고 이런 식으로 번갈아서 말하는 영들이 있었습니다. 그리고 그들이 말을 하는 경우, 그들은 자신들이 말한 내용이, 어떤 방해나, 또는 영적인 저항(抵抗)이 없이, 자연스럽게 흘러가는지를 관찰하는데, 그 경우 어떤 방해나 저항이 없이 자연스럽게 흘러가면, 그들의 견해는 바른 것이다고 생각합니다. 이와 같은 일은 어떤 계급의 영들에게는 일상적인 일입니다. 다시 말하면, 그들은 마치 그들이 알고 있듯이 말하지만, 그럼에도 불구하고 그 때 그 사실은 그렇지 않거나, 또는 그들은 그것이 어떠한지 잘 모르고 있습니다. 더욱이 다른 자들은 이와 같은 긍정적인 입장을 취하지 않고, 오히려, 앞에서 언급한 것과 같이, 어떤 영적인 반감(反感·repugnance)이 있는 것은 아닌지를 관찰하고, 따라서 그 흐름에 방해나 장애(障碍)가 있다면 그것에서부터 그들은 추측하여, 그것은 그렇지 않다고 말합니다. 왜냐하면 그것이 거침이 없이 자연스럽게 흐르는 동안 그들은 그것이 천계나 주님에게서 비롯된 결과라고 여기기 때문입니다. 그 이유는

거기에는 상반되거나 모순(矛盾)되는 것은 전무(全無)하고, 다만 일치(一致)하는 것만 존재하기 때문입니다.

1570. 이런 자들은 작은 피부선들(皮膚腺·the small cutaneous glands)을 형성하는 자들입니다. 거기에는 두 종류가 있는데, 하나는 감각(感覺·sensation)을 가지고 있고, 다른 하나는 감각을 가지고 있지 않습니다. 감각을 가지고 있는 자들은, 마치 작은 샘들(小腺·the little glands)이, 자신들과 접촉한 원질(原質·實體·substance)들이 그 자신에게 허락해도 좋은 것인지, 아닌지를 점검(點檢)하는 것과 같이, 어떤 사물이 그러한지 아닌지를 자신들의 말(言語)과 말투로 조사(調査), 탐색(探索)하는 부류입니다. 감각을 가지고 있지 않는 자들은 긍정적으로 모든 일들을 처리하는 부류로, 그것이 사실이다는 생각을 가지고 그들은 대담함을 가지고 주저함이 없이 동의하는 자들입니다.

1571. 육신을 입은 삶에서 이런 성품의 자들이 있습니다. 즉, 그들은 모든 사물이 자기 자신과 관련한 것인지의 여부(與否)를 알려고 하는 성품입니다. 예를 들면, 그들이 어떤 사회들에나, 또는 개별적으로 잘 아는 지인(知人)들 사이에 있게 되면, 다른 사람들에게 주저 없이 발설(發說)하는 그런 성품의 인물입니다. 그들은 일종의 입소문을 내는 보고자들(a kind of gossiping informers)입니다. 그들 중에는 그 소문을 망설이면서 퍼뜨리는 자들도 있고, 거침없이 큰 소리로 소문을 퍼뜨리는 자들도 있습니다. 이런 성품의 수많은 자들의 큰 무리가 있습니다.

1572. 이런 내용의 샘(腺)들의 영역과 기능(機能)을 통할(統轄)하는 이들의 성품입니다. 그리고 이와 같은 성품은 역시 이들 기관들이 가지고 있는 그들의 내면적인 것들이나, 외면적인 것들의 대응(對應)이기도 합니다.

가사(家事)를 제대로 돌보지 않는 자들에 관하여

1573. 나는 약간 정면, 왼쪽 발 아래에 있는 매우 작은 주택(住宅) 한 채를 보았는데, 그 집은 부엌살림들을 잘 갖춘 아주 큰 방 하나가 있었지만, 그러나 나는 그 집기들을 보지 못하였습니다. 그 방은 공동적인 건축에 따라서 아주 긴 통로로 이어졌는데, 그 통로를 통해서는 키가 작고, 예쁘지 않은 여인들이 지나다녔습니다.

1574. 이런 것들의 의미를 묻는 나의 물음에 대한 대답은, 이런 모습들은 육신을 입은 삶에서 이런 종류의 주거에서 살았던, 집안 살림살이(家事)에 대하여 터무니없이 살았던 사람들을 가리킨다는 것과, 그리고 그들은 여전히 몸에 밴 자신들의 염려에 몰두한 상태에 머물러 있다는 것입니다. 그리고 또한 일러진 것은 그들의 대부분은 신분(身分)이 낮은 계급에서 왔으며, 그리고 그들은 자주 나이 많은 부인들(老婆)로 이루어졌다는 것입니다. 비록 이와 같은 가사의 염려들이 그들에 속한 것이 아니라고 해도, 그럼에도 불구하고 허위(虛僞)로 꾸미고 사는 짓인데, 신앙생활에 관계되는 것과 같은 좋은 일들에는 마루다(Martha)처럼 게을리 합니다.

1574[A]. 그들은 낮은 계층에서 왔기 때문에, 작게 보였고, 그리고 이런 가사(家事)들의 결과 때문에 추하게 보였습니다.

표징들(表徵·representations)이 어떻게 천계에서 내려오는가에 관하여

1575. 나는, 아주 넓고, 그리고 그늘진 산책로(散策路)가 꾸며진 정원(庭園)을 보았습니다. 그 정원 안에는, 내게 일러준 것과 같이, 열매들은 없지만, 많은 잎들이 무성한 나무들이 있었습니다. 나는, 영들 사이에서 아주 자주 일어나는, 이와 같은 표징들(表徵·representations)이나, 이와 비슷한 표징들이 어떻게 생성되는지를 알아보았습니다.

1576. 내가 지각한 것은, 내면적인 천계의 천사들(the angels of the interior heaven)은 그들이 자신들의 개념들, 말하자면 비유들(比

喩 · parables) 안에 있는 동안, 대상물들(對象物 · objects)이나, 경관(景觀 · scenery)에 대응하는 것들을 이런 개념들 속에 삽입(挿入)시키는데, 이런 삽입에 의하여 그들의 개념들은 도움을 받는다는 것입니다. 그런 것들이 영들 가운데 옮겨지게 되면, 그들의 환상(幻想)에 일치하여 그들에 의하여 즉시 형성된 그와 같은 작고, 큰 표징들은 아주 큰 규모(規模)의 새로운 표징들을 형성합니다. 그러나 비록 자신들의 것으로 수정(修正)되기는 하지만, 천사적인 사회의 개념은 여전히 그대로 보존됩니다. 따라서 원초(原初)적인 개념은 하나의 표징으로 성장합니다.

1577. 하나의 개념이 보다 내면적인 천계(a more interior heaven)에서부터 보다 외면적인 천계(a more exterior heaven)로 옮겨질 때, 성장(成長 · growth)이나 확장(擴張 · expansion)의 유사한 과정(過程 · process)이 일어나지만, 그러나 그것은 수용자들(受容者 · the recipients)에게는 인지(認知)되지 않고 일어납니다. 왜냐하면 외면적인 천계에 존재하는 자연적인 요소들(要素 · elements)은 그것들의 개념들은 그것에 밀착되어 있고, 그리고 그 요소들이 자신들의 형체를 지배하기 때문입니다. 영들의 천계, 즉 영계(靈界 · the spiritual world) 안에 있는 동일한 것들은 물질적인 것을 이루고 있는데, 따라서 말하자면 한 영혼에서부터 많은 몸(形體)들로의 성장이 있습니다. 그리고 이 몸들(bodies)은 관계되는 사회들의 형체들, 성질들, 그리고 상태들에 일치하여 자기 자신들을 확장하고, 확대합니다.

1578. 이러한 내용은 다른 표징들에게도 꼭 같이 적용되겠습니다. 예를 들면, 동물계에 속한 것들은 물론, 육생(陸生)적인 대상물들에 속한 나무들 · 초지나 전답들(田畓 · fields) · 강이나 시내 · 크고 작은 산들이 되겠습니다. 말하자면 그와 같은 모든 것들의 영혼들(souls)은 내면적인 뜻, 보다 내면적인 뜻(intimate sense)이나 지심(至深)한 뜻에서 찾아야 하는 것들입니다. 왜냐하면 영혼을 가리키는 천적인 것으로 말미암아 영적인 것들이 형성되고, 이 영적인 것에서부터 자

연적인 것이 형성되고, 자연적인 것에서부터 물질적인 것들, 다시 말하면 광물계(鑛物界)·식물계(植物界)·동물계(動物界), 삼계(三界)에 속한 물질적인 것들이 형성되기 때문입니다.

미래(未來)를 예측(豫測)하고, 그것에 대하여 걱정하는 자들에 관하여

1579. 잠을 자고 있을 때, 지붕은 있지만 창문이 없는 목조 가옥(木造家屋)이 내 시야에 나타났습니다. 그 집 삼층에 몇몇 사람들이 있었는데, 내가 다리를 건너서 그들에게 가려고 했지만, 나는 거절되었습니다. 그래서 나는 낙심(落心)이 되었지만, 동아줄이 아니고, 실로 꼰 끈을 잡고, 벽들에 있는 작은 틈새들을 따라서 기어오르려고 시도하였습니다. 나는 거기에 오르려는 목적으로 그것을 사용해서 두 번째 시도(試圖)에서 삼층에 오를 수 있었지만, 그러나 그 시도는 떨어진다는 위험이 따르기는 했습니다. 그럼에도 불구하고 나는 내가 원하는 곳에 오를 수는 없었습니다. 잠에서 깨었을 때, 나는 다른 사람도 역시 같은 층에 오르기를 열망했다는 말을 들었습니다. 그런데 그들에 관해서 반복되는 말은 "지금 그는 들어간다"는 것이었습니다. 다시 말하면 지붕 아래에 있는 입구(入口)를 통해서 들어간다는 것이었습니다. 거기에 살고 있는 자들은 어느 누구도 들어오는 것을 원하지 않으며, 또한 그들은 지붕 위에서 살기를 더 원한다고 일러졌습니다.

1580. 나는 그들이 누구인지, 그리고 그들이 표징하는 인물들이 누구인지를 알려고 하자, 일러진 내용은, 그들은 그들의 생애(生涯)에서 장차 다가올 일들을 예언(豫言)하는 경향이 있었던 자들이다는 것입니다. 그리고 또한 그들은 내일에 대해서 몹시 걱정하는 자들이고, 그리고 주님의 섭리(攝理)에 대해서는 전혀 신뢰(信賴)하지 않는 자들로, 그들은 이런 집에 사는 것을 스스로 좋게 여기면서 사는데, 사실은 지붕 아래에 있는 아주 어두운 층(=고미 다락)에 살고 있습니

다. 그러나 이 집은 창이 없는 나무로 지은 집입니다. 창들 대신에 꽉 막힌 틈새들만 있는데, 앞에서 언급한 것과 같이, 같은 층에 사는 자들은 실로 꼰 노끈을 방편으로 해서 대단한 위험을 무릅쓰고 벽을 기어오릅니다.

가정(假定)적으로 채택된 오류(誤謬)들은, 그와 같이 가정한 사람들이 진리가 무엇인지 모르게 하는 정도까지, 그리고 진리를 알려고 하지 않는 정도까지 이르게 한다는 것에 관하여

1581. 한 가지 사실을 예로 들어 보겠습니다. 부분적으로는 잘못을 저지르고, 부분적으로는 사악(邪惡)한 영들이 가정(假定)적인 입장을 취하였습니다. 다시 말하면 그것은 영(靈)이 사람의 육신 속에 들어갈 수 있고, 따라서 관능적으로 살 수 있다는 오류이었습니다. 왜냐하면 사람에게 있는 영은, 그가 그 사람이다고 생각하는 사실로부터 오직 주장하기 위하여 그들을 부추기기 때문입니다. 그러나 내가 그와 같은 것은 사리(事理)에 맞는 것이 아니라고 역설하자, 그들은 내가 부연(敷衍)한 여러 이유들에 대하여 관심을 두지 않으려고 했습니다. 그들이 한번 이론(理論)으로 오류를 채택하면, 그들은 그것을 확증하려고 고집을 부리기 때문입니다. 사실은 이와 같습니다. 그 때 그 영은, 그 사람과 꼭 같이, 생각하고, 이해하고, 의도할 뿐만 아니라, 그것에 걸맞는 행동이 뒤이어집니다. 그러므로 그 영은 자신이 그 사람이라고 여기게 됩니다. 그러나 이와 같은 일은 오랫동안 지속되지는 않고, 비슷한 자들끼리의 상태에서만 머물 뿐입니다.

1582. 더욱이 한 영이 다른 사람의 몸에 들어갈 수 있고, 그 몸에서 살 수 있다는 것은, 어처구니없는 일이기도 하고, 불가능한 것입니다. 왜냐하면 그 결과는, 어느 누구의 형체는 다른 어느 누구의 형체로 바뀌는 것이고, 그 사람의 내면적인 원질들(the interior substances)은 송두리째 뽑혀져서, 다른 자의 내면적인 원질들은, 그것들을 대신하여, 섬유질들이나 기관들에 이르기까지 적용될 것이

고, 그리고 동시에 육신을 입은 삶 안에 있는 본성(本性·nature)에 결합되었던, 그리고 그것의 본래의 형체에 복종시켰던 모든 것들이 다른 자의 것이 되기 때문입니다.

영들의 성품들(性禀·qualities)은 내면적인 존재들에 의하여, 그리고 내적인 감관을 구성하는 내면적인 존재들에 의하여 즉시 알려질 수 있다는 것에 관하여

1583. 한 영이 있었는데, 그는 이 세상에 있을 때 자신의 행동들이나 교리로부터 부당하게 자신의 공로를 자신의 탓으로 돌리기를 열망하였습니다. 그래서 그는 전면에 있는 아주 먼 곳에 내적인 감관을 형성하는 자들에게, 즉 토성의 영들에게까지 찾아왔으며, 그리고 그는, 자신은 무가치한 존재이고, 그들을 섬기기를 열망한다고 말하였습니다. 그러나 그의 그 첫 번째 접근에서 그들은 그가 위대한 존재가 되기를 원한다는 것을 직시(直視)하였다고 말하였고, 그들은 미천(微賤)한 존재여서 위대한 자와 함께 있을 수 없다는 것을 대답하였습니다. 이와 같이 그들은 그가 얼마나 많은 것을 자신의 것으로 만들려고 하는지를 공공연하게 공표(公表)하였습니다.

1584. 이상에서 명확한 사실은, 한 영의 됨됨이(性禀)는, 위에서 언급한 바 있는, 내적인 감관(內的 感官·the internal sense)에 즉시 그 자체가 까발려진다는 것입니다. 거기에는 그것이 발산(發散)하는, 이른바 영적인 발출(spiritual effluvium)의 영기(靈氣)가 있고, 그리고 마음에 속한 생명의 지각을 생성하는 영기가 있습니다. 이 영기는 내가 지각했었다는 것을 생각나게 하였는데, 그것이 나를 속인 일은 결코 없었습니다.

1585. 영리하고 총명한 사람이 어느 누구의 용모(容貌)나, 말(言語)이나, 행동(行動)에서, 그 사람의 됨됨이에 관해서 그가 고무(鼓舞)적인 성품인지, 진실한 성품인지, 그리고 그 밖의 다른 많은 것들에 관해서 안다는 것은 결코 이상스러운 것은 아닙니다. 이런 것들은

사람의 내적인 감관(a man's internal sense)에 아주 명백하게 드러납니다. 이와 같은 능력은 영들에게는 너무나도 완벽한 것이어서, 그들이 가지고 있는 사물에 대한 이런 종류의 지각능력(知覺能力・faculty of perceiving)은 사람들의 것에 비하여 매우 뛰어납니다. 그들에게서 다른 영의 성품은 그가 말을 하지 않고, 그저 함께 있다는 것으로 즉시 밝히 알고 있는데, 그의 말에서는 더 말할 나위가 없습니다. 단순히 함께 있다는 것(現存)에서 비롯되는 밝히 드러냄을 나는 자주 지각하였습니다.

1586. 한 영이 어떤 다른 상태에 들어가게 되었습니다. 그는 그 상태에서 자신의 삶에 대해서 반성할 수 있었고, 그리고 말하자면 거울에 비친 것과 같은 자기 자신의 몰골을 볼 수 있었습니다. 그리고 자기 자신이 너무나도 추하고, 더럽고, 비열함으로 철철 넘치고, 자기를 혐오하는 말을 한다고까지 그는 고백하였습니다. 이런 식으로 영들은, 소위, 자신의 것을 밖으로 끌어낼 수 있고, 또한 자기 속으로 끌어들일 수 있으며, 그래서 자기 자신을 잘 알 수 있도록 합니다. 1748년 3월 20일

영들이나 천사들과 대화하는 특권(特權)은 사람에게는 일반적인 것이고, 또한 특유의 것이다는 것에 관하여

1587. 사람은, 영들이나 천사들과 교제(交際)할 수 있도록, 그리고 따라서 천계와 이 땅이 결합할 수 있도록 창조되었습니다. 이러한 사실은 태고교회(太古敎會・the Most Ancient church)에 있었습니다. 그리고 고대교회(古代敎會・the Ancient church)에 있었고, 그리고 초대교회(初代敎會・the Primitive church)에는 역시 성령(聖靈)의 지각(知覺・a perception of the Holy Spirit)이 있었습니다. 이와 같은 것들은, 앞에서 언급한 것과 같이, 다른 지구들의 주민들에게서도 마찬가지입니다. 왜냐하면 사람은, 그가 영이기 때문에, 사람입니다. 다만 여기에 차이가 있다면 지상에 있는 사람의 영은 이 세상에서

의 그의 온갖 기능이나 활동 때문에 하나의 육체로 옷 입혀져 있을 뿐입니다. 우리의 지구에 관해서 보면, 지금은 하늘과 땅이 분리되어 있다는 것은, 지금 여기에 있는 인간은 시간의 경과 속에서 내적인 것에서 외적인 것으로 옮겨졌다는 사실에서 생성된 것입니다. 1748년 3월 20일

천계에 있는 어떤 자들은 이 지구를 완전히 부패(腐敗)한 것이라고 부른다는 것에 관하여

1588. 이 세계에 있는 교회(敎會·plurality)에 관해서 대화를 하였을 때, 이 지구에 사는 주민들은 주님의 보편적인 나라를 구성하기에는 너무나도 극소수이다는 것을 내비치었을 때, 내가 지각한 것은, 이 지구는 마치 물이 고여 있는 샘(a well of stagnant water)이라고 불리운다는 것입니다. 1748년 3월 20일

주님에 의하여 인도되는 자는 죄가 없이 결백하다는 것에 관하여

1589. 비록 사람은 추악스럽고 온갖 불결함으로 더럽혀져 있지만, 그럼에도 불구하고 주님에 의하여 인도되고 있는 한, 온갖 죄나 책망(責望)에서 면제(免除)됩니다. 왜냐하면 사람이 생각하고, 말하고, 행동하는 진리나 선에 속한 것은 무엇이든 주님에게 속한 것이고, 그리고 거짓이나 악에 속한 것은 무엇이든 악마에게 속한 것이기 때문입니다. 왜냐하면 그 때 사람은 자신에 속한 것은 아무것도 그렇게 하지 못하기 때문입니다. 1748년 3월 20일

1590. 우리가 추측할 수 있는 것은 악령에 의하여 꼬드겨져서 악을 생각하고, 행하게 되는 동안, 그 때 그 사람은 그것들에 동의하거나, 협조하지만, 주님께서는, 그가 악들을 수행하고, 생각하는 것에 그들과 제휴(提携)하는 짓을 하지 못하게 돌보십니다.

1591. 주님에 의하여 인도되지 않는 사람은, 악령과 한 패거리가

되어서 나쁜 짓거리를 할뿐만 아니라, 그는 그런 식으로 행동하도록 악령들을 꼬드깁니다. 그 이유는 그 사람이 자기 자신의 소유라고 자신의 탐욕들이나, 그가 알고 있는 것들을 믿기 때문입니다. 그럼에도 불구하고 주님께서는 그가 동의하지 않도록 그와 같이 행하십니다. 이런 내용이나 사실이 주님에 의하여 인도되는 사람들의 신앙이요, 믿음입니다.

1592. 악령들은 이런 부류의 사람의 됨됨이를 전혀 계산하지 않으며, 그리고 그 사람에 관해서 그렇게 말합니다. 그리고 또한 악령들은 다른 것은 아무것도 알지 못합니다. 그들은 자신들의 목적을 수행(遂行)하기 위해서는 그 사람을 일종의 생명이 없는 도구(道具)로 간주(看做)할 뿐입니다. 그와 같은 일을 그들은 그들 자신들이 바로 사람이라고 여긴다는 사실에서 추론합니다. 다른 관점에서 보면, 그들은 참된 믿음 안에 있지 않기 때문에, 그들은 매우 무지(無知)하고, 무식(無識)합니다. 왜냐하면 그들은, 생명(生命·life)은 하나의 영(靈)에 속한 특별한 특권(特權·the special prerogative·proprium·固有屬性·自我)이라는 것 외에는 아무것도 믿지 않기 때문입니다. 그리고 그것이 긍정(肯定)되면, 그들은, 주님께서 악의 근원(根源·the cause of evil)이라고 생각하지만, 그럼에도 불구하고 그 때 그것은, 본래 그들의 것으로 존재하는 그들의 형태(形態·form)에서 비롯된 것뿐입니다. 그러나 이 형태(形態)는 본질적으로 생명이 전혀 없는(缺如) 단순한 유기적인 조직체에 불과하고, 그리고 생명은 그것을 기계와 같이 움직이게 만든 물건에 지나지 않습니다. 따라서 형태들(形態·forms)이란 이런 존재에 불과하기 때문에, 비록 그들이 그 밖의 것들을 생각한다고 해도, 그 이외의 것은 전혀 아무것도 생각할 수 없습니다. 왜냐하면 믿음은 오직 주님의 선물이고, 결과적으로는 믿음에 속한 지각(知覺·perception)이기 때문입니다.

어떤 영(靈)이 천계에 올리워지지만, 이른바 다른 영들에게서

제거(除去)된다는 것에 관하여

1593. 영들은 다른 영들과 비교해서 보다 더 내면적이면 그들은 더 멀리 떨어져 존재하기 때문에, 영계(靈界)에서 거리(距離・distance)는 내면적인 상태들에 따라서 존재합니다. 외견상의 거리는 별개의 것입니다. 영들이 천계에 올리워지면, 비록 그들은 결국 다른 영들에게 소개되고, 안내되지만, 겉보기에 그들은 다른 영들에게서 전적으로 사라지는 것 같이 보입니다. 나는 천계에서 어떤 작은 계도의 나의 내면적인 상태에 있었는데, 나는 그것을 천사적인 합창단에서부터 지각하였습니다. 그리고 비록 내가 이와 같은 합창 연습을 이해하지 못하였지만, 그럼에도 불구하고 내가 지각한 것은, 나의 내면적인 것들은 천계에 있었다는 사실입니다. 그 때 나는 영들이, 내가 있었던 곳을 모르기 때문에, 나에게 안부를 묻고, 그리고 "그는 여기에 없다"고 말하는 것들을 들었습니다. 이 때에 그들은 물질적인 것들의 기억에 속한 물질적인 개념들에서 말을 하였고, 따라서 목소리로 말하였습니다. 그러므로 이러한 사실은 내가 그들과 친밀하게, 그것도 그들의 대화 가운데 있었지만, 그들은 그것을 알지 못한다는 것을 잘 보여 주고 있었습니다.

천계를 두루 배회(徘徊)하는 저질(低質)의 하층 부류의 작자들에 관하여

1594. 천계를 두루 떠돌아다니는 영들의 무리가 있었습니다. 그들은 자신들이 어디에서 왔는지도 모르고, 심지어 그들은 자신들이 별들이나, 별들의 세계에서 왔다고 말하였습니다. 그들은 떼를 지어 몰려다니면서 영들을 타락(墮落)시키려고 하였고, 그들은 몇몇을 그렇게 하는데 성공하기도 하였습니다.

1595. 그들은 자신들이 파악(把握)한 것들이나, 또는 그들의 파악에 어떤 것을 적용하는 일들에 만족하지 않고, 오히려 그들은, 마치 지구들의 어떤 자들과 같이, 믿음(faith)・인애(charity)・믿음의 열매

들(the fruits of faith)이 무엇인지 아는 것이나, 사람들이 어떻게 살아야 하는지를 아는 것에 결코 만족하지 않고, 매우 깊은 비의(秘義・the deepest arcana)에 파고드는 것을 더 좋아합니다. 그것들은 극내적인 비의가 아니라, 최고의 비의, 다시 말하면 아들(聖子・the Son)과 아버지(聖父・the Father)의 합일(合一・union)의 본성(本性)인 신령한 신비들(神靈神秘・divine mysteries)에까지 파고들려고 열을 올렸습니다.

1596. 이 무리는 혐오(嫌惡)적이었습니다. 왜냐하면 그들은, 기록하면 안 되는 것들을 영들의 마음에까지 주입(注入)시키고 있기 때문인데, 만약에 그런 일을 막지 않는다면, 그것에 의하여 생각이 깊지 못한 군중(the inconsiderate multitude)이 크게 영향을 받기 때문입니다. 그러나 그런 것들은 성자와 성부의 합일에 관계되는 것들인데, 그들은 그것을 사악한 표징들(impious representations)에 의하여 가시(可視)적인 것으로 만들고, 따라서 물질적인 감관에 의하여 신령한 것을 이해하려고 애쓰기 때문입니다.

1597. 그러나 성품(性禀)이 이와 같기 때문에, 이런 짓을 하는 그들의 동기(動機)는, 그들이 사람, 즉 영을 타락(墮落)시키는 것을 성공하게 되면, 그들은 그가 그들에게 속한 존재라고 말하기 위해서입니다. 왜냐하면 그들이 그의 믿음을 왜곡(歪曲)시키고 있는 한, 그들은 자신들이 그 사람을 불화(不和)하게 하여, 주님에게서 그를 떼어놓을 수 있다는 것을 잘 알고 있기 때문입니다. 그러므로 어떤 자들의 경우, 온갖 설득(說得)과 권유(勸誘)를 통하여 그들을 승복(承服)시킨 뒤에, 그들은 그들에 대한 권리(權利)를 주장하고, 자기 자신들을 그들의 신들(神・lords)로 만들어 버립니다.

1598. 그들이 이와 같은 유혹(誘惑)이나 꾐에 사용한 주장이나 설명의 방법은 매우 다종다양(多種多樣)합니다. 예를 들면, 그들은 승복한 자들을 그들의 등판 쪽에서부터 그들의 몸의 정면부분에까지 그들의 발(足)들을 통과하게 만드는데, 그 때 그들은 그들을 손아귀

에 움켜잡고, 그들을 한 바퀴 뻉뻉이를 돌리고, 그리고 포로들에게 하듯이, 발가벗기고, 약탈(掠奪)하고, 나중에는 내동댕이치고, 그 뒤 자신들은 떠나갑니다. 그러나 다른 자들은 또다른 방법들을 쓰고 있습니다.

1599. 외적인 감관에 드러낸 표징들에 의하여 그들은, 사람들이 하는 식으로, 성자와 성부가 어떻게 서로 대화하는가를 보여 주었는데, 이와 같은 일은 혐오(嫌惡)스러웠습니다.

1600. 결과적으로 그들은 자신들의 단순한 외적인 이해력(理解力)에 의하여 극내적인 신비들이나, 최상의 신비들을 이해하고, 파악하려고, 무척 애를 씁니다.

1601. 그들이 나에게 자신들의 기질(氣質·genius)을 억지로 침투시켜 활착(活着)시키려고 하였을 때, 내가 그들에게 한 말은, 주님께서 가르치신 것을 아는 것으로 충족하다는 것이었습니다. 다시 말하면 그분은 한 분이다는 것, 그리고 아들을 본 사람은 아버지를 보았다는 것, 아들(聖子)은 문(門)이시고, 길(道·way)이시다는 것, 그리고 아들은 중보자(仲保者·the Mediation)이시다는 것, 즉 중개자(仲介者·Mediator)이시다는 것, 그분만이 홀로 인류와 아버지 그분 사이에서 중재이시고, 중재자(仲裁者·the Intercessor)이시다는 것, 다시 한 번 말하면 그분은 우리의 아버지(聖父·our Father)이시고, 그분 이외에 다른 존재를 생각할 수 없다는 것 등등입니다. 그 이유는 그분 홀로 중보자(仲保者·the Mediation)이기 때문입니다. 이런 내용으로 충족하며, 그리고 신비들에 더 이상 깊이 들어갈 필요는 없다는 것도 그들에게 말해 주었습니다. 1748년 3월 21일

철학(哲學·philosophy)은 유용(有用)하기도 하고, 쓸모없기(無用)도 하다는 것에 관하여

1602. 영들이 생각하는 것은, 철학과 관계를 가지고 있는 모든 것들은 철저하게 배척(排斥)되어야 한다는 것인데, 아마도 그 이유는

철학이나, 인간적인 지혜(human wisdom)는 일반적으로 비난(非難)받아야 하고, 따라서 철학적인 냄새를 풍기는 낱말들 역시 비난받아야 하기 때문입니다. 그리고 그들이 철학을 얼마나 싫어하는지를 내가 알게 하기 위하여 그들은 등짝 판에 피가 뿌려진 멧돼지를 보여 주었습니다. 그리고 그것은, 내가 나의 저서들 여기저기에 철학적인 낱말들을 사용하였고, 그리고 또한 철학적인 풍으로 개념들을 만들었기 때문에, 나 역시 그런 부류이다는 것을 그들이 드러내 보여 주려고 한 것입니다.

1603. 그러나 그들에게 일러진 것은, 나의 철학적인 저서들은 내가 주체(主體·subject)와 객체(客體·object)에 관해서 말할 때, 그리고 그 각각의 것이 뜻하는 내용에 관해서 말할 때, 보다 단순한 낱말들(simple terms)로 선언된 어떤 개념들 이외의 아무것도 아니다는 것이었습니다. 예를 들면, 술부(述部)나 속성들(屬性·predicates), 또는 서술된 것들은 주체(主體·subject)에 의하여 의미되는 것에 반드시 적용되어야 한다는 것입니다. 예언서(預言書)에서 어떤 것들이 다루어졌을 때, 믿음에 속한 신조(信條), 믿음, 사람의 보다 더 내면적인 마음, 일반적으로는 내면적인 것들, 교회, 천계 등등에 적용될 수 있겠습니다. 따라서 무엇인가 가정(假定)된 것은 주체(主體)라고 불리우고, 그리고 그것에 적용되고, 언급된 다른 것들은 술부나 속성이라고 호칭됩니다. 그러므로 술부나 속성들은 주체에 적용됩니다. 이런 낱말들의 사용 없이 다른 방법으로 표현될 수 있는 것은 아무것도 없습니다. 꼭같이 그것들은 이해될 수 있고, 뒤에 가서는 설명될 수 있습니다. 그러므로 그것들은 이런 성질의 형식들(形式·formulas)이나 낱말들 하에서 이해될 수 있는 오직 참된 개념들(true ideas)입니다. 사실 그것은 일종의 철학적인 언어(philosophical speech)이지만, 그러나 그것은 다른 어떤 것보다도 더 정교(精巧)한 것이고, 따라서 그것은 이런 낱말들을 숙지(熟知)하지 못한 사람들에게는 일상적인 것이 듯이, 우회(迂廻)적인 방법으로 표현할 수밖에

다른 방법은 없습니다. 사실 철학적인 문체(哲學的 文體)는, 만약에 그것이 주체적인 사안(事案) 자체에서 직접적으로 비롯된 것이 아니면, 가장 이해하기 쉬운 것입니다. 그러므로 역시 다른 사안들에서도 그와 같이 말할 수 있겠습니다. 예를 들면 형태(形態·form)나 내용(內容·quality)이나 그와 유사한 것이 무엇이냐는 것에 관한 것이 되겠습니다. 이런 것들은, 간결한 방법으로 내면적인 것들이나, 근본적이고, 마음 속에 속한 것들을 표현하려고 하는 사람들의 목적들을 도와주는 진리들에 속한 단순한 개념들입니다.

1604. 그러나 철학자들이 이런 낱말들에 머물러 있고, 그리고 어떤 일치된 결론에 이르지 못하게 되면, 그것들에 관해서 논쟁하는 사실에서 하나의 악용(惡用)이나 악습(惡習) 따위가 발생하는데, 그것으로 말미암아 사물 자체에 속한 모든 개념은 소멸해 버리고, 그리고 사람의 이해력도 산산조각으로 찢어지기 때문에, 종국에 사람은 낱말들 이외에는 어떤 것도 안다는 것은 사멸(死滅)합니다. 따라서 이런 부류의 사람들이 그들의 낱말들이나, 그들만의 용어들에 의하여 어떤 주제에 관해서 통달(通達)한다면, 그 때 그들은, 전체 사안에 관해서는 불영명(不英明)하고, 그것들, 즉 낱말들이나 용어들 따위를 축적(蓄積)하는 것 이외의 아무것도 아닙니다. 그러므로 그들은 그 사안에 관해서 아무것도 이해할 수 없으며, 심지어 그들의 자연적인 빛(natural lumen) 마저도 소진(消盡)될 것입니다. 그러므로 불학무식(不學無識)한 사람은 그런 유의 철학자들에 비하여 매우 많은 포괄(包括)적이고, 광범위한 개념들(more extensive ideas)을 소유할 수 있고, 그리고 진리를 바르게 이해할 수 있습니다. 왜냐하면 이런 부류의 작자는, 그가 야생 짐승의 모습을 드러내 보여 주기 때문에, 돼지처럼 진흙탕 속에 고착(固着)되어 있기 때문입니다. 왜냐하면 그 사람은, 그가 수족(手足)을 자르고, 종국에 죽어버리는, 진리들에 대하여 이런 부류의 짐승들처럼 숲속을 방황하는, 한 마리 야생의 멧돼지가 되기 때문입니다.

1605. 그러므로 사람이, 감관적인 것들을 축적하면서, 그와 같은 용어들에만 집착(執着)하고, 그리고 그것들로부터 추론(推論)하게 되면, 따라서 전적으로 교착(膠着)된 학자적인 용어들 이외에는 남는 것이 아무것도 없게 되면, 탐구의 주제(探究主題)에 내포되었다고 여기는 모든 것에 관한 무지(無知)가 야기(惹起)됩니다. 그리고 그것은 이와 같은 형식들이나 정칙들(定則 · formulas)에 관해서 아무것도 모르는 자들에 비하여 그들에게 더 많은 것들이 숨겨지게 되고, 그러므로 모든 것들에 관한 의심만 야기됩니다.

1606. 더욱이 이와 같이 사람들의 마음을 어두움게 하는 철학적인 것들은, 비록 진리들이 어떠한 도움이 없이도 어느 누구나 그것들을 지각할 수 있을 만큼 이해하기 쉽고, 명료한 것이라고 해도, 인위적인 규칙들(規則 · artificial rules)에 빠져버리는 추론들에 속한 그런 형태들에 지나지 않습니다.

1607. 철학이나, 인간적인 총명에 이해되는 우화들(寓話 · fables)이나, 바보 같은 이야기들이 있습니다. 특히 이런 것들은 과거에도, 현재에도 여전히 랍비적인 저자들을 분별하는데, 그것들은 헤아릴 수 없이 많이 있습니다. 그리고 동일한 것들이 이집트의 마법(魔法 · the magical matters)에 관해서도 언급되었습니다. 1748년 3월 20일

믿음은, 실제적으로나 현실적으로나, 영적인 삶에 관계되는 모든 것들 안에 있는 유일한 원리(原理 · the only principle)이기 때문에, 여기서 뒤이어지는 것은 주님께서는 홀로, 전체적으로나 개별적으로나, 사람에 속한 모든 것들이 된다는 것에 관하여

1608. 천적인 자들이, 이해의 측면에서 인애에 속한 선행(善行)들, 인애 자체, 그리고 믿음 등을 개념적으로 어떻게 인지(認知)하는지를 앞에서 이미 설명하였습니다. 다시 말하면 그런 것들 안에는 믿음 이외에는 아무것도 없고, 그리고 다른 성질들은 보이지 않는다는 것

을 설명하였습니다. 따라서 그것에서 이어지는 결론은, 주님께서는 홀로 전체적인 것들이나 개별적인 것들 안에 존재하신다는 것입니다. 그 이유는, 믿음은 주님을 향해 있어야 하고, 믿음은 주님으로 말미암아 존재하고, 그러므로 주님께서는 믿음 자체이시기 때문입니다. 여기에서부터 지극히 극소수의 사람들만이 인지하고 있지만, 믿음에 속한 다양한 것들이 생성된다는 것입니다. 1748년 3월 20일

동시에 거기에서부터 이어지는 것은, 주님께서 홀로 살아 계시는 분이시고, 천계나 이 세상, 그리고 지구 따위는 본질적으로 생명이 없는 죽은 존재들이고, 오직 주님에게서부터 생명을 취할 뿐입니다.

내면적인 천계(the interior heaven)에 관하여

1609. 나는 내면적인 천계(the interior heaven)에 있었는데, 그 때 어떤 영들은 그들 자신들의 세계에서 나와 함께 있었습니다. 비록 천계에 있기는 하지만, 그럼에도 불구하고 나는 그 어떤 특별한 무아경(無我境)의 상태(ecstatic idea)에 있는 것이 아니고, 다만 육신을 입고 있었습니다. 왜냐하면 주님의 나라는 사람 안에, 그리고 어떤 곳이든, 모든 곳에 존재하기 때문입니다. 그러므로 주님의 최상의 기쁨은 사람을 천계에 인도하시는 것이지만, 그럼에도 불구하고 무아경의 상태에서 인도하시는 것은 아닙니다. 그 때 나는 내가 지금 같이 집필(執筆)하고 있는 것과 꼭 같은 상태에 있었지만, 그러나 나의 내면적인 사람(my interior man)은 외면적인 사람 안에서 계발(啓發), 성장(成長)되고 있었습니다. 그와 같은 일은 그들의 세계에 있는 영들과 내가 교제하고 있다는 이유입니다. 왜냐하면 우리의 추론(推論)과 우리의 온갖 탐욕들은 영들의 세계(the world of spirits)에 있지만, 육체 안에 있는 감관적인 것들은 그것들에 대응(對應)하기 때문입니다.

1610. 그러므로 내면적인 천계(the interior heaven)는 계도의 측면에서는 영들의 세계(the world of spirits) 안에 있습니다. 왜냐하면

영들의 세계는 천계에서 분리되기 때문입니다. 그 이유는 영들의 세계는 그것들에 속한 것들을 관능적인 것들(corporeal things)에서 취하기 때문입니다. 결과적으로 그들은 관능적인 것들이나, 세속적인 것들과 결합되어 있기 때문입니다. 또한 좀 더 내가 정확하게 말한다면, 영들의 세계는, 마치 어리석은 대기의 세계(大氣世界 · the crasser atmospheric world)가 육생적인 세계(陸生的 世界)에 관계되는 것과 같이, 관능적인 것들에 관계되어 존재하기 때문입니다. 그러므로 영들의 세계는 관능적인 것들에 속한 내면적인 것들(the interiors of corporeal things)을 차지하고 있습니다.

1611. 그러나 내면적인 천계는 내면적인 계도에서는 영들의 세계와 관계를 가지고 있습니다. 왜냐하면 영들이 개별적으로 행하는 것은 무엇이나 내가 느끼고, 듣고, 따라서 명료하게 지각할 수 있었지만, 그러나 천계에서 일어나는 것들은, 그들이 일반적으로 함께 역사(役事)하지 않는 한, 나는 그렇게 할 수는 없었기 때문입니다.

1612. 그 때 그들은 영들을 통해서 나와 대화를 하였는데, 영들은, 그들이 내면적인 천계에 있는 자들에 의하여 인도되고, 강제적인 상태를 깨닫고 있고, 그래서 그들에게서 이탈(離脫)하기를 갈망한다는 것을 실제적으로 비록 그들이 깊이 생각하지만, 그들이 시키는 대로 말할 수밖에 없었습니다. 또 다른 많은 경우에서 반성하고, 깊이 생각한다는 것은 전혀 움직일 수 없는 하나의 잠자는 상태에 지나지 않습니다. 그리고 이와 같이 강제적으로 끌려 다니는 동안, 그들은 자신들의 통제(統制) 하에 있다고 생각한다는 것입니다. 이 내용에 관해서 나는 그들과 이야기를 하였습니다.

1613. 나는 내면적인 천계의 작용(the operation of the interior heaven)을 촉각(觸覺)에 의하여 인식되는 것과 같이 아주 명확하게 지각하였습니다. 그리고 역시 아주 오랜 동안 지각하였습니다. 그 작용은, 네 겹(四重)이었는데, 첫째는 좌측 관자놀이 영역에 있는 대뇌(大腦)에서 일어나는데, 그것은 이성(理性)의 기관에 대한 그들의

일반적인 작용이었습니다.

1614. 그들의 또다른 일반적인 작용, 또는 그들의 활동은 좌측의 폐장의 호흡에 행해졌는데, 만약에 그것을 기술한다면, 그것은 거의 지각할 수 없을 정도였습니다. 왜냐하면 내면적인 것에서 비롯된 얌전한 나의 호흡의 인도가 있었기 때문에, 따라서 나는 내 호흡을 들이마시고, 내뿜었을 때 자발적인 노력 같은 것은 전혀 필요하지 않았기 때문입니다. 이러한 것은 천계에 의하여 내면적인 것으로 인하여 다스려지는데, 그러므로 그것은 폐장의 원질(原質)이 아니고, 폐장의 생기(生氣·animation of the lungs)로부터 그들의 운동은 일어나는데, 그 생기는 그것에 의하여 다스려집니다. 그러므로 그 작용(作用·influence)은 눈에는 보이지 않는 내면적인 폐의 섬유들(the interior pulmonary fibers) 안에 존재하였습니다. 왜냐하면 그 생기는, 내 자신의 자발적인 행위 밖에서 천계에 의하여 통치된다는 것이 지각되었기 때문입니다. 그러므로 나는 나의 호흡, 즉 활기(活氣·spirit)를 들이쉬고, 내쉴 필요는 전혀 없고, 다만 그것은 천계에 의하여 들고 나감이 행해질 뿐입니다. 이 활기(=생기) 속에 쓰여진 힘(活力·forces)은, 맥박(脈搏)들 사이의 간격들에 의하여 증명되었듯이, 나에게는 관습적인 것처럼 여겨집니다.

1615. 천계의 일반적인 세 번째 작용은 심장의 수축(收縮)과 팽창(膨脹) 안에 있는데, 그것은 다른 때에 비하여 아주 조용하고 부드러웠지만, 아주 명료하게 지각되었습니다. 그것의 맥박(脈搏)들은 부드러움 안에 있는 폐장의 생기(生氣)들과 같았고, 그리고 그것들 안에 있었지만, 그러나 속도(速度)는 심장의 맥박과 같이 규칙적이었고, 대략 삼분의 일(=$\frac{1}{3}$) 정도였습니다. 그러나 그것은 폐장의 운동에서 종결되는 것과 같았습니다. 따라서 이런 방법으로 그것들이 통치되었습니다. 폐장의 호흡의 속도는, 마치 심장의 맥박들로 구성되어 있는 것처럼, 폐장이나 심장에게는 공통적입니다. 심장의 속도의 종결들은 폐장의 호흡(pulmonic beat)에서 마감되고, 그리고 그것들은,

이것에 관해서는 다른 곳에서 기술하겠지만, 천사적인 나선 운동들(the motions of the angelic gyres)과 같이 서로 서로 관계되어 있습니다. 그러나 어떻게 해서 폐장의 운동이 정확하게 시작되는지 나는 알 수 없었습니다. 그러나 입류(入流・유입・influx)가 어떻게 모든 생기(生氣)의 마지막에 폐장들 안으로 그 자체가 주입되는지 나는 어느 정도는 알 수 있었습니다. 그러므로 심장은 천적인 것을 표징하고, 폐장은 영적인 것을 표징합니다. 그와 같은 비슷함(類似・analogy)은 천적인 것이 영적인 것에 입류하고 그런 방법에서 볼 수 있습니다. 부드럽고 규칙적인 심장의 맥박들은, 내가 그것들을 하나 하나 셀 수 있을 정도로 관측적이었습니다.

1616. 네 번째 작용은 허리 주위에 있는 것으로, 그것은 비록 명료하지는 않지만, 나는 그것을 능히 지각할 수 있었습니다. 그러므로 그것들이 허리에 작용한다는 것을 제외하면 그것의 내용에 관해서 아무것도 말할 수 없습니다.

1617. 이런 사실들에서 내가 지을 수 있는 결론은, 내면적인 천계(the interior heaven)는 내면적인 사람의 상태를 만든다는 것과, 그리고 두뇌에 있는 모든 근원들(根源・the principles)에서부터, 육신이 곧 그것의 확장을 가리키는, 그것들의 모든 확장에 이르기까지, 육체의 모든 조직이나 기관들을 다스린다는 것 등입니다. 내가 말할 수 있는 것은, 그것은 내면적인 것으로 말미암아 다스린다는 것입니다. 그러므로 내면적인 천계(the interior heaven)는 그의 내면적인 것들로부터 시작하는 사람을, 또는 원인들의 영역에서 시작하는 사람을 만든다는 것입니다. 그리고 천계의 합리적인 것들은 유기적인 것들 안에 입류하는데, 그것은 마치 합리적인 것이 내면적인 유기적인 조직체에, 또는 내면적인 유기적인 원질(原質・interior organic substances)에 일상적으로 입류하는 것과 같습니다.

1618. 비슷한 원칙은 영들의 세계에 대해서 동일하게 적용될 수 있겠지만, 그러나 도치된 질서(倒置秩序・a reverse order)에 있는,

또는 저급의 것이나 외면적인 것에서 비롯된 영들의 세계에 대해서도 동일하게 적용될 수 있겠습니다. 그 세계는 그것 자체를 내면적인 천계에서 분리시키고 있기 때문에, 결과적으로 그것은 육체의 유기적인 것들에 작용할 수 있지만, 그러나 외면적인 것들에 작용할 뿐입니다. 이것에서부터 외면적인 사람(the exterior man)은, 천계와 영들의 세계가 내면적인 천계에서 비롯된 그런 부류의 영들에 의하여 결합되었다는 것 이외는, 내면적인 것들과 결합할 수 없는, 그런 성품의 인물입니다.

1619. 한마디로, 내면적인 천계와 보다 내면적인 천계나, 극내적인 천계와 꼭 같이, 영들의 세계(the world of spirits)는 그 각각의 것에 의하여 그의 기관들이나 조직체들을 지니고 있는 사람을 만들지만, 그러나 엄연히 분별됩니다. 다시 말하면 영들의 세계는 외면적인 것과 분별되고, 내면적인 천계는 내면적인 것과 분별되고, 보다 내면적인 천계는 보다 내면적인 것과 분별되고, 극내적인 천계는 극내적인 것과 분별됩니다. 1748년 3월 20일

1620. 앞에서 언급한 것과 같이, 지배되는 영들은, 그와 같이 이용된다는 것 때문에 분노하였습니다. 더욱이 천계에 있는 자들로서의 특별한 대망(大望)의 목적이었지만, 그러나 그들이 여기저기를 끌려 다녔을 때, 그들은, 그들이 아무것도 알지 못한다고 말하였습니다. 왜냐하면 그들은 일반적인 개념 안에 있었고, 따라서 언어는 그들을 통해서 발설되었지만, 그러나 말하자면 그들에게서 떨어져 있었기 때문입니다. 그것은 종전에 나와 함께 있을 때와 꼭 같았기 때문입니다. 내가 일반적인 개념 안에 있을 때 나는 그 개념 안에서 말을 하였는데, 나는 그것을 나 자신에게서 비롯된 것이 아니고, 다른 사람에게서 발산(發散)한다는 것으로 지각하였기 때문입니다. 그러므로 방황하는 영들은, 그들이 천계에 허입(許入)되면, 그것이 사실이라고 말하고, 심지어 지금은 그것을 긍정한다고 말합니다.

1621. 천계가 영들을 통해서 말할 때 그들의 대화의 흐름(流入·

flow)은 아주 온화하지만, 그럼에도 불구하고 그 흐름의 온화함에서 영들의 성품에 관해서 어떤 결론도 지을 수 없었습니다. 아직까지 나는 그 원인을 알지 못합니다. 1748년 3월 21일

최상의 허구(虛構)와 허언(虛言)을 지껄이는 영들에 관하여

1622. 영들이 사람과 말하기를 시작하면, 사람이 반드시 주지하여야 할 것은 어떤 것에서나 그들을 믿지 말아야 한다는 것입니다. 왜냐하면 그들은 대부분 무엇인가를 말하기 때문입니다. 다시 말하면 그들은 그들이 지어낸 것들을 말하고, 그리고 그들은 거짓말을 하기 때문입니다. 왜냐하면 만약에 천계가 무엇인지, 그리고 천계에 있는 것들이 어떠한 것들인지 말하는 것이 허락된다면, 그들은 너무나 많은 거짓들을 말할 것입니다. 아니, 사실인즉슨 매우 진지한 척 맹세까지 하면서, 그런 말을 할 것이고, 그래서 그 사람은 놀라지 않을 수 없을 것입니다. 그러므로 영들이 말하고 있을 때, 나는 그들이 언급하고 있는 것들을 사실이라고 믿는 신뢰를 가진다는 것이 허락되지 않았습니다. 1748년 3월 20일

왜냐하면 그들은 없는 것을 있는 것 같이 꾸미는 짓을 매우 좋아하기 때문입니다. 그리고 어떤 대화의 주제(主題)가 주어지게 되면, 언제나 그들은 그들이 그것을 잘 알고 있다고 생각하고, 그리고 자신들의 소견들(所見)을, 이것은 이런 식으로, 저것은 저런 식으로, 하나씩 차례차례로 말을 하는데, 그것도 그들은 마치 모든 것들을 통달한 것처럼 말하기 때문입니다. 그리고 그 때 만약에 사람이 그들의 말을 경청(傾聽)하고, 신뢰(信賴)한다면, 그들은 여러 가지 방법들로 밀어붙이고, 기만(欺瞞)하고, 나쁜 길로 유혹(誘惑)하기 때문입니다. 예를 들어 보겠습니다. 만약에 그들이 장차 다가올 것들에 관해서, 그리고 보편적인 천계에 있고, 그리고 알지 못하는 것들에 관해서, 또는 사람이 열망하는 어떤 모든 것들에 관해서 말하는 것이 허락된다면, 그럼에도 불구하고 그들은 신뢰할 수 없는 그릇된 모든

것들을 말할 것입니다. 그것도 오직 자기 자신들로부터 말입니다. 그러므로 사람들이 주지하여야 할 것은, 그들이 그들을 믿지 않도록 조심하여야 한다는 것입니다. 이런 이유 때문에, 만약에 참된 믿음 안에 있지 않는 사람이 이 땅에서 영들과 말을 하는 상태는 매우 위험합니다. 그들은, 말하고 명령하는 분은 주님 자신이시다는 것과, 그리고 사람은 반드시 믿고, 복종할 수밖에 없을 정도로 강력한 설득력을 유발합니다.

완고(頑固)나 무정(無情)이 어떻게 나타나는가에 관하여

1623. 우리들은 수많은 곳에서 심장(心臟·마음·heart)은 완고하고, 비정(非情·hardened)하다고 읽었습니다. 이와 같은 완고함이나 비정함은, 분명하게 드러나지만, 사실은, 그것을 느낄 뿐이지만, 실제로 문자 그대로의 마음(in the literal heart)에서는 느끼지 못합니다. 왜냐하면 심장은 온갖 정동들(情動·affections)에 관계되는 것을 뜻하기 때문입니다. 그러므로 최초의 원리들(the first principles)이 존재하는 곳, 다시 말하면 두뇌 안에서 일어납니다. 최근에 죽은 사람의 영혼들이 영들의 세계(the world of spirits)에 나타났을 때, 그들 중 몇몇의 두뇌들은, 여러분들이 다른 곳에서 볼 수 있는 것과 같이, 굳은 것으로 보였습니다. 그러므로 외면적인 것, 또는 딱딱한 껍질(外皮) 부분은, 이른바 딱지 같이 딱딱하게 굳어서 달라붙어 있었습니다. 이런 모양은 영적인 개념에 의하여 보여진 것이고, 따라서 그것의 부드러움 역시 드러내고 있었습니다. 그러므로 그것은 믿음 밖에 있습니다. 그와 비슷한 일이 내 경험에게 허락되었습니다. 다시 말하면 대뇌의 좌측 영역에 있는 단단함(hardness)은, 마치 분명하지 않게 미지근하게 느껴지는 고통의 자리를 가리키는 어떤 크고도 단단한 것에 의하여 생겨난 것 같았습니다. 그리고 내가 알게 된 사실은, 그것에서부터, 다시 말하면, 참된 믿음에 속한 것이 아닌 것들이 여전히 거기에 남아 있는 이와 같은 굳은 것들(hardenings)

에서 알게 되었습니다. 여기서 밝히 알려진 사실은, 실제적인 완고함이나 고집(hardness) 따위는, 참된 믿음이 결여(缺如)되었을 때, 육체에 속한 조직체들 안에 존재한다는 것과, 그리고 고집이나 완고함이 클수록 양심(良心·conscience)은 상대적으로 점점 더 작아진다는 것입니다. 그러므로 양심을 결코 가지고 있지 않는 자들은 온갖 근심이나 걱정이 생기게 되면, 그것 자체를 분명하게 드러내고, 사후(死後)에는 그전에는 부드럽게 보였던 겉보기에 단단한 그들의 두뇌를 가지고 있는 것 같이 보였습니다. 그리고 이런 것은 온갖 고통들과 고민들을 수반(隨伴)합니다. 1748년 3월 21일

1624. 더욱이 내가 성경의 문자적인 뜻만을 이해하고 있을 때, 이른바 내면적인 것들의 이해에 대한 길은 닫쳐지고 말았습니다. 결과적으로 성언의 문자적인 뜻(the literal sense of the Word)에만 안주(安住)하는 사람들은 굳은 두뇌(the brain hardened)만 가지고 있고, 그리고 그것의 기능들은 막히었기 때문에, 내면적인 뜻에 이르는 길은 닫혀 있습니다. 하물며 보다 더 내면적인 뜻에 이르는 길은 어떠하겠습니까? 그리고 이런 식으로 일종의 딱딱한 껍질이나, 딱지(shell)가 생겨나는데, 그것은 겉사람의 관능적인 것들이나 감관적인 것들로 말미암아 유착(癒着)됩니다. 내면적인 것들에 속한 뜻이나, 또는 영적인 것에 이르는 길이 열린 경우는 이와는 전적으로 다릅니다. 그런데 그 길은 오직 주님에 의해서만 열립니다. 마음이, 문자적인 뜻 너머에까지 꿰뚫지 못하고, 문자적인 뜻 안에 안주(安住)하면서, 그 때 만약에 자기 자체로부터 내면적인 것들에 이르는 길을 열려고 시도(試圖)한다면, 내가 수많은 경험에서 확증할 수 있는 사실은 계속적인 반감(反感)들인 추문(醜聞)들만 있다는 것입니다. 그러나 이런 부류의 사람은 내면적인 것들을 여는 길이 자신 안에 내포(內包)되어 있다는 것을 알지 못합니다. 왜냐하면 그는 이것이 자기 자신이 그것에서 할 수 있는 유일한 길이라고 생각하기 때문입니다. 그러므로 주님에 의하여 인도되지 않는 사람은, 결코 이런 내

용이나 이와 유사한 내용을 깨달을 수가 없고, 그리고 역시 그것을 믿을 수조차 없습니다. 이러한 일들은 그런 종류의 지각을 가지고 있지 못한 영들의 경우에서 잘 드러납니다. 1748년 3월 21일

그들 중 몇몇은 알고 있지만, 그럼에도 불구하고 몇몇은 알려고 하지 않는 자들도 있습니다. 다시 말하면 그들에게는 앞에서 언급한 사실을 알게 하기 위하여 생생한 경험이 주어졌습니다. 그리고 그 뒤에는 다른 상태에 들어가는 것이 역시 허락되었습니다. 되돌려진 상태에 있을 때 그들은 그 사실이 어떠한 것인지를 아는 일종의 지식을 가지고 있었지만, 그러나 그들은 그것을 깨닫지 못하였습니다.

천사들에 속한 지식에 관하여

1625. 내면적인 천계의 천사들의 지식에 관해서 살펴보면, 인간적인 육체의 구조들이나 형체들에 속한 그들의 지식에서 취한 단 하나의 예로서 충분하겠습니다. 왜냐하면, 그것이 어떤 것이든 관계없이, 육체의 내장(內臟)에 속한 어떤 것이 깊이 관찰(觀察)되는 상태 하에 있다면, 그것들은 그것의 전체적인 구조나 작용뿐만 아니라, 해부(解剖)가 지극히 작은 개별적인 것들 안에서 그것이 참된 것인지, 또는 본연의 것인지 여부를 찾을 수 있는 모든 경험을 아는 것까지 가능할 것이기 때문입니다. 그것뿐만 아니라, 그들은 내장에 속한 각각의 것에 관해 설명한 것이 옳다는 것까지도 한 순간에 압니다. 그밖에도 그들은 인류 가운데서도 누구도 알 수 없는 수많은 내면적인 것들도 일순간에 알 수 있습니다. 이러한 사실은 내가 여러 번의 경험을 통해서 알게 되었습니다. 그들은 역시 이런 것들이 영적인 것들과 관계를 가지고 있다는 대응에 관해서 잘 알게 되었습니다. 사실 그들의 지식은, 비록 이런 유의 사안들이 육신을 입은 삶에서 결코 배운 적이 없다고 해도, 만약에 사람들이 그것에 관해서 알게 된다면, 그들이 깜짝 놀랄 수밖에 없는, 그런 성질의 것입니다. 그것은 이런 사실에서 자연스럽게 생성한 것입니다. 그 자연

적인 사실은, 주님께서 부여(附與)하신 총명에 속한 이성(理性·reason of an intelligence)에 의하여 그들은, 일반적으로나 개별적으로나, 모든 것이 최대인간(最大人間·the Grand Man)과 어떤 관계인지를 잘 알고 있는 그런 것입니다. 그리고 그 지식은 그들 안에 있는 선천(先天)적인 것처럼 보입니다. 만약에 전 천계(全 天界·the whole heaven)가 사람이 가지고 있는 그의 모든 부분적인 것들과 함께 전 인간(全 人間·the whole man)을 표징하는 것이 아니라면, 그리고 만약에 주님께서는 그 사람의 생명이 되시고, 따라서 생명 자체이시다는 것을 모른다면, 그리고 또한 보편적인 천계(the universal heaven)가 유기적인 존재가 아니라면, 그들이 결코 소유할 수 없는 그런 지식입니다. 1748년 3월 22일

그러므로 그들은 제일원리들(第一原理·the first principles) 안에 있고, 그리고 그 원리로부터, 또는 내면적인 것들이나 더 내면적인 것들로 말미암아 밖에 있는, 또는 아래에 있는 것들을 파악할 수 있습니다.

참된 믿음(a true faith)은 오직 지식(知識)에서부터, 또는 사람 고유의 능력의 적용(適用)에서부터, 그리고 그것을 자신의 것으로 만들려는 시도(試圖)로 말미암아, 어느 사람이나, 영(靈)에게 결코 주어질 수도 없고, 거기에 존재할 수도 없다는 것에 관하여

1627. 비록 그것들이 참된 믿음 안에 있지 않은 사람이나 영(靈)에 의하여 이해하는 것이 무척 힘든 것이고, 또한 믿을 수 없는 그런 것들이라고 해도, 그럼에도 불구하고 그것들이 참된 것이다는 사실을 나는 생생한 경험에서 배워 터득하였습니다.

1628. 어떤 영들은 선천적인 호기심(好奇心)으로 말미암아 나에게 계시된 많은 것들에 관해서 몹시 알려고 하는 바람을 가지고 있었습니다. 그리고 만약에 그들이 이런 내용에 관해서 알기를 열망하였

다면, 그 지식이 그들에게 주어지지 않았을 것이다는 사실을 그들은 잘 알고 있습니다. 그러므로 그들이 잘 알기 위해서, 그들은 그들이 알기를 원하지 않는 것처럼 거짓을 시도하였습니다. 그러나 그 시도는 그 즉시 발각(發覺)되었고, 그리고 그들에게 일러진 것은, 이런 식으로 그들은 그들의 목적을 얻지 못할 것이다는 것입니다. 왜냐하면 그들은 그들이 알기를 원하지 않는다는 거짓을 꾸민 모략(謀略)을 사용하였기 때문입니다. 그 영들은, 그들이 그 지식을 얻기 위하여 그와 같은 시도를 썼다는 것을 시인하였습니다. 그러므로 그들에게 일러진 것은, 그들은 이런 식의 행동을 하면 절대로 안 되고, 다만 그런 바람을 버려야 한다는 것과, 따라서 그들이 원하는 것은 무엇이나 주시는 분이 주님이시다는 것을 믿고 전적으로 주님에게 맡겨야 한다는 것입니다. 이런 것이 주님에게는 올바르고, 선한 것이기 때문입니다. 그 때 그들은 그와 같이 해 보려고 했지만, 그러나 그들은 자기 자신으로 말미암아 그 시도를 해 보았습니다. 주님에게 전적으로 모든 것을 맡긴다는 애씀이 자기 자신에게서부터 자기 자신에 속한 것이기 때문에, 그 뜻(意志)과 노력(努力)은 인위(人爲)적인 것이 되고 말았습니다. 영적인 개념에 의하여 아주 명료하게 그것이 지각되었기 때문에 그들은 그것을 시인하였습니다. 그러므로 그들은 그들이 어떻게 행동하여야 하는지를 물었습니다. 그들에게 일러진 대답은, 그들은 자기 스스로는 어떠한 것도 할 수 없고, 따라서 그들은 반드시 자신들에 대한 반성이 없다면, 올바른 행동을 할 수 없다는 것이었습니다. 그리고 그들이 이것을 할 수 없기 때문에 그들은 모든 노력을 포기(抛棄)할 생각으로 전혀 어떤 의욕(意慾)도 없이 스스로 포기하였고, 따라서 그들은 수동적인 기대의 상태(a state of passive expectation)에 빠진다는 것들은 바람직하지 않다는 것이었습니다. 그러나 그들이 이 일을 하려고 할 때, 그들에게 다시 일러진 것은, 이것은 순수한 행동이 아니고, 따라서 어떤 애씀이나 노력 없이 스스로 포기하는 것이라고 하였습니다. 그러나 그들은 그들이 반드시 어떻게 행동해야 하는지 도저히 알 수 없다는 것을 대답하였습니다. 왜냐하면 그들이 행동한 것은 무엇이나 여전히 그들에게 부과(賦課)된 것에 일치하여 행동하였지만, 거기에는 순수한 복종(服從·genuine obedience)은 전혀 없었기 때문입니다. 그러나 그 이유는, 그들이 주님에 의하여 인도되지 않았고, 오히려 그들은 자기 자신들을 인도하기를, 그리고 자신을 목적해서 노력하고, 의도하고, 행동하기를 원하였기 때문입니다. 그러므로 그들은 자신들의 모든 애씀이나 노력은 주님에 속한 것이다는 것을 반드시 알아야 하고, 그리고 자신들의 것은 전무(全無)하다는 것도 반드시 주지하여야 합니다. 결과적으로 그들이 자신에게서 비롯된 것을 시도한다고 하면 언제나 그것은 죄악(罪惡) 이외에 아무것도 아니고, 그리고 그것은 주님께서 바라는 것이 아니다는 것입니다. 그러므로 주님으로 말미암아 감동받고, 그리고 주님으로 말미암아 산다는 것은 사람이나 영(靈)이 올바르게 지각하는 것이 아니라고 생각하고, 그리고 이런 이유 때문에, 이런 생명(=삶)은 결코 진정한 생명이 아니다고 생각하기 쉽습니다. 그러므로 사람이 근원이 돼서 나오는 노력이나 애씀은 있어서도 안 되고, 그리고 또한 무신경적인 상태에 빠지는 것도 좋은 일은 아닙니다. 그것들이 쉽게 이해되지도 않고, 그리고 지각되지도 않기 때문에, 이러한 것들은 보다 내면적인 성질의 것들이고, 따라서 믿는다는 것도 어려운 일입니다.

1629. 그 뒤 나는 자기 스스로 믿어서 천사가 된다고 하는 자들이 활동하는 한 모습(形態·mode)을 보게 되었습니다. 그것은 그들의 믿음과 노력의 성질이 어떤 것인지를 보여 주었고, 그리고 또한 영적인 개념에 대한 것이었습니다. 거기에는 일종의 합창단(合唱團)이 있었는데, 그것은 천사적인 빙빙 도는 것을 모방(模倣)한 그들 자신의 빙빙 도는 움직임(旋回運動) 가운데 있었고, 그리고 그 운동 가운데서, 마치 그들이 천사들인 것처럼 주님의 찬미(讚美)를 널리 공포하였습니다. 그들의 선회운동의 성질이 무엇인지 나에게는 이해되

지 않았지만, 그러나 다른 사람들은 그것을 이해하였습니다. 그들은 그 전체가 모방된 것이지, 결코 천사적인 것은 아니다고 말하였습니다. 그 이유는 그것에 관계되어 있는 자들은 참된 믿음 안에 있지 않기 때문입니다. 개념적으로는 그것은 올이 촘촘한 실(絲)들로 만들어진 것처럼 보였고, 그리고 그것은 또한 실로 촘촘하게 짠 일종의 그물(net)이었는데, 그 그물은 너무나도 촘촘하게 짠 것이어서 그것 안에는 실질적인 것은 전무(全無)한 것으로, 낱말들의 단순한 개념에 대해서 열린 것이라고는 아무것도 없었습니다. 그러므로 그 개념들은 낱말들을 뛰어넘지 못하였고, 결과적으로 그 개념들은 적나라(赤裸裸)한 낱말들로 표현된 표징들(表徵・representations)이나 찬미들을 뛰어넘지는 못하였습니다. 그래서 그들은 자기 자신을 인도하고, 그리고 자신이 근원이 되어서 주님을 찬양하기를 원하기 때문에, 내면적인 것들이나, 본질적인 것들에 대해서 전적으로 닫혀져 있습니다. 이 그물은, 거기에 진리들이 내포된 것처럼 흰색을 띠었습니다. 그럼에도 불구하고 그것들은 자기 정당화(自己 self-justification)를 드러내는 것일 뿐입니다.

1630. 그 뒤, 자연과학들이나 철학적인 원리들로 말미암아 아주 총명한 어떤 영들이, 꼭대기(頂点), 즉 천계의 천정(天頂・zenith point)에서 나와 이야기를 하였습니다. 그들은 비록 여전히 자신들의 총명으로부터 그러한 것이지만, 그들은 철학적인 원리들이나, 여러 학문들의 확증에서부터 믿음에 속한 진리들에 관해 자기 자신들을 설득하기를 좋아하는 그런 성품이었습니다. 이 경우의 겉모습(外現)은 모두가 비슷하였습니다. 다시 말하면 그들의 개념들은 꽉 닫혀 있고, 그리고 피상적인 낱말들(the outward terms)을 뛰어넘지 못하는 그런 것들에 불과하였습니다. 왜냐하면 그들이 그들을 인도해서는 안 되고, 주님께서 홀로 활동하셔야만 하기 때문입니다.

1631. 나는 그들의 활동이 어떻게 해서 이루어지는지 생생한 경험에 의하여 밝히 알고 있습니다. 다시 말하면 천적인 것과 같이 선

회운동(旋回運動·gyres)에 의한 것이 아니고, 일종의 흐름운동(flowing)에 의하여, 또는 여기저기를 왔다 갔다 하는 상호작용을 하는 강물의 움직임에 의하여 이루어집니다. 그런 운동에 의한 그들의 개념들의 공통적인 활동들이 드러났습니다. 그것들이 본연의 것이 되기 위해서는 이런 것들은 반드시 곡절(曲折)되어야 하고, 그리고 따라서 형체들(forms)은 선회운동에 의하여 드러나야 합니다. 생생한 경험에 의하여 그 결과가 어떻게 해서 이루어지는지 나에게 알려졌습니다. 다시 말하면 이런 결과는 입술들에, 따라서 입에, 그리고 머리의 내면적인 것들 속에 들어온 이런 것들의 침투(浸透)에 의하여 이루어집니다. 이와 같은 방법이 뜻하는 내용은, 이런 것들이, 내적인 것들에서 비롯된 길(方法)이 아니고, 외적인 것들에서 비롯된 방법에 의하여 이루어진다는 것입니다. 입술에 의한 교류(交流·疏通)는 감관적인 방법에 의하여 파악된 개념들을 뜻하지만, 그러나 주님에게서 비롯된 순수한 것은 주님으로 말미암아 파악되고, 따라서 주님에게서 비롯된 순수한 것은 내적인 방법을 통해서 받아들여집니다.

1632. 외적인 것들로부터 현명(賢明)하려고 노력하는 그런 사람의 순진무구(純眞無垢·innocence)가 나무로 만든 유아(乳兒)에 의하여 표징되었습니다. 왜냐하면 그들은 이노센스(純眞無垢·innocence)가 무엇인지 전혀 아무것도 모르는 젖먹이들(乳兒)의 그것과 같은, 그리고 일종의 나무의 성질과 같은 것이라고 생각하고, 자기 자신을 속이고 있기 때문입니다. 이에 반하여, 이것은 천계에 속한 이노센스인데, 순수한 이노센스는 벌거벗은 몸(a naked body)이나, 또는 가장 최고의 지혜나 총명과 결합되어 있는 살아 있는 것(生物)에 의하여 표징되고 있습니다.

1633. 이런 내용들에서 밝히 알 수 있는 것은, 참된 지혜와 가상(假像)적인 지혜 사이에, 또는 주님께서 부여(賦與)하신 지혜와 사람 자신의 노력에 의하여 터득한 지혜 사이에 차이가 있다는 것은 분

명하다는 것입니다. 전자는 전자의 방법을 통해서 주입되고, 그리고 따라서 그것은 충만하고, 그리고 또한 충분하게 형성됩니다. 이에 반하여 후자는 후자의 방법을 통해서 받아들여지고, 결과적으로 억압되고, 닫쳐지고, 아무것도 형성되지 않습니다. 한마디로 말하면, 지혜에 맞는 특유의 믿음과 모든 총명력에 의해서 이런 것들이나 비슷한 것들 안에 구원하는 믿음의 경우가 어떠한 것인지 결코 지각할 수 없는, 결과적으로 천계가 무엇인지 결코 지각할 수 없는 것과의 차이가 있는 것을 알 수 있겠습니다. 그럼에도 불구하고 천계에 있는 이런 것들은 매우 잘 알려져 있고, 명확하고 명료하여서, 거기에 살고 있는 자들은, 지금과 같이 그것이 기술되었을 때, 이 사실의 진정한 상태를 인류가 이해할 수 없을 정도로 어리석고, 이성(理性)이 없는 존재이다는 것을 매우 이상하게 생각한다고 말하였습니다. 이런 것들이 천계에 있는 믿음의 성질이고, 그리고 믿음에 속한 교리들이고, 그리고 믿음 안에 있는 자들의 가르침입니다.

1634. 외적인 것들에서 지혜롭게 되기를 간구하는, 따라서 주님의 성언으로부터, 또는 그것에 의하여 영적인 것들이나, 천적인 것들의 지식들에 들어가려고 하는 학문들에서 진리를 알려고 하는 성품의 인물들은 본연의 것을 너무나도 잘 흉내를 낼 수 있습니다. 그래서 구원하는 믿음 안에 있지 않는 자는 전적으로 속아 넘어가서 그런 것을 흉내 내고 있습니다. 왜냐하면 이런 부류의 믿음 안에 있는 자에게 주님께서는 진정한 사실이 무엇인지를 영적인 개념들에 의하여 계시(啓示)하시지만, 그러나 그 방법은 필설로 표현할 수는 없습니다.

1635. 구원하는 믿음(saving faith) 안에 있지 않는 자들은 온갖 계시(啓示)들이 어떻게 이루어지는지, 그리고 개념들이나 표징들에 의하여 영들과 꼭 같은 방법으로 사람이 그의 영 안에서 어떻게 활동하는지를 결코 알지도 못하고, 결과적으로 믿을 수도 없습니다. 그리고 또한 영들의 생기(生氣·the life of spirits)가 어떻게 그들의

삶에 입류(入流)하는지도 알지도 못하고, 믿을 수도 없습니다. 그리고 또한 영들이 자신들은 그들과 함께 있는 사람들이다고 어떻게 생각하는지도 모르고, 오늘날 일어나고 있는 이와 같은 계시가 어떻게 있는지도 알지도 못하고, 믿을 수도 없습니다. 1748년 3월 22일

사람들(人物·persons)이 사물(事物)들을 뜻한다는 가정(假定)에 관하여

1636. 환상들과 표징들이 영들의 세계에서 일어난다고 하지만, 인물들이 사물들을 뜻한다는 것 이외의 일반적인 것은 아무것도 없습니다. 그와 같은 일은 이 지상에서 살고 있는 동안 그들의 성품에 관해서 내가 잘 알고 있었던 사람들에게서 일어났습니다. 내가 그들이 어떤 인물들인지 알게 하기 위하여 어떤 일들이 뜻하여지고 있는 동안 이런 인물들이 등장되었습니다. 그리고 사실, 이런 인물들은 표징들 속에 매우 잘 상감(象嵌)되어 있어서 처음에 나는 그들이 실제적으로 현존했다고 생각하였습니다. 이런 식으로 그들은 그들이 자신을 드러냈던 사람들에게 알려진 그런 것처럼 추측되었습니다. 주님의 현성용(顯聖容)에서 세 제자들에게 나타난 엘리야·모세의 경우에서와 꼭 같이 아주 꼭 같은 일이 예언자들에게 빈번하게 일어났습니다. 여러 곳의 다른 경우에서도 마찬가지입니다. 표의(表意)되는 것들이 매우 다종다양(多種多樣)하듯이, 인물들 역시 다양합니다. 1748년 3월 22일

영(靈)은 자기 자신으로부터는 어떤 선도 행할 수 없다는 것에 관하여

1637. 나는 영들의 무리 가운데서 자신들은 선하게 될 것이다고 말하는 것을 들었습니다. 그들은 그들이 선한 자들이 되기 위하여 주님에게 기도할 것이라고 말하였습니다. 그러나 이 일은 행할 수 없었습니다. 그 이유는 자기 자신들로 말미암아 그것을 시도하였고,

그리고 그들이 구하고 있는 것이 무엇인지조차 알지 못하고 있었기 때문입니다. 그 때 그들은, 그들이 주님에 관해서 계속해서 생각할 것이다 라고 말하였지만, 그러나 이 일은, 자기 자신들로 말미암은 것이기 때문에, 역시 헛된 일이 되고 말았습니다. 그래서 그들은, 그들이 조용한 상태에 머물러 있으면서, 자신들의 온갖 죄악들에서의 구출(救出)을 기다릴 것이다고 말하였습니다. 그러나 이 일 역시 꼭 같은 이유 때문에, 실현(實現)되지 않았습니다. 그러므로 그들은 매우 놀랐고, 당황한 나머지, 그들은 그들이 무엇을 해야 할 것인지를 전혀 알 수가 없었습니다. 더욱이 주목하여야 할 일은, 그들이 구하는 것은 어떤 사람들에게는 부여되지만, 그러나 그 사람과 다른 상태에 있는 영들에게는 주어지지 않는다는 것입니다. 이상에서 알 수 있는 것은 선에 속한 것은 그들 자신에게서 비롯된 것과 관계되는 것은 전무(全無)하다는 것입니다. 더욱이 그들은 주님 이외의 다른 근원, 즉 자신들에게서는 아무것도 취할 수 없다는 것도 잘 알 수 있겠습니다. 1748년 3월 22일

외관적인 단순한 개념 안에는 말할 수 있는 것보다 더 많은 것이 현존(現存)한다는 것에 관하여

1638. 내가 개별적인 것에 속한 단순한 개념을 가지고 있는 사실(事實)에서 있는 그대로 내게 명확하게 보여졌는데, 나는 거기에 괄목(刮目)할만한 어떤 것이 있다고는 생각하지 못하였고, 비록 그것이 어떠한 것이고, 어느 정도의 것인지도 나는 알지 못하였습니다. 나와 함께 했던 천사는 그 개념 안에 있는 어떤 것을 보았고, 그리고 그 내용들은 너무나도 풍부하다는 것을 지각하였습니다. 다시 말하면 주목할 만한 표징들이 넘치게 많아서, 그것으로 그는 매우 크게 놀랐습니다. 그러나 나는 이런 것들을 볼 수 없었습니다. 다만 일종의 단순한 개념에 의하여 거기에는 포함된 어떤 것들이 있다는 것을 생각했을 뿐입니다.

1639. 주님의 기도문을 읊고 있을 때의 경우도 마찬가지입니다. 이런 사실에서 밝히 드러난 것은, 닫쳐지지 않은 것이 아니고, 오히려 내적인 길(an internal way)을 통해서 주님에게서부터 입류한 개념들의 성질이 어떠한 것인지, 다시 말하면 그것들은 매우 풍부한 내용을 가지고 있다는 것이 분명하였습니다. 그러나 닫쳐진 개념들(closed ideas)의 성질에 관해서는, 그럼에도 불구하고 그것들 안에 이와 같이 어떤 것을 가지고 있는지 여부에 관해서는, 나는 확실하지 않습니다. 그와 같은 닫쳐짐(閉鎖·closure)이 일어난 것은, 자기 공로(自己功勞·self-merit)가 이와 같이 기술된 인물들 안에 내재해 있기 때문에, 더 이상 침투(浸透)나 삽입(揷入) 따위가 일어나지 않게 예방(豫防)하기 위하여 생겨난 것입니다. 그리고 그들이 앞으로 더 진전해 나간다면, 그들의 악은 선으로 바뀌게 될 것인데, 그와 같은 일은 오직 주님에게 속해 있을 뿐입니다.

1640. 이상에서 우리는 사람이 영적인 것들이나, 천적인 것들에 관해서 매우 지극히 적게 알고 있다는 사실과, 그리고 또한 이런 것들에 관해서 보다 충분한 인식을 가지고 있는 천사들의 기쁨이나 지복(至福)에 관해서도 역시 거의 알지 못한다는 사실까지도 짐작할 수 있겠습니다.

1641. 우리가 이럴 수밖에 없다는 것은, 어느 누구나 그의 외적인 시각(external sight)에 보여진 모든 것들에 관한 그의 인식(認識)이나 자각(自覺·consciousness)에서 잘 알 수 있기 때문입니다. 그러나 그 시각은, 그것이 우리에게는 매우 정교(精巧)하고, 예민(銳敏)하게 보인다고 해도, 그럼에도 불구하고 그것은 최대한(最大限) 우둔(愚鈍)하고, 불영명(不英明)합니다. 이러한 사실은 외적인 대상물(對象物)들에 관계된 감관에 속한 경험에서 의심할 여지가 없이 명확합니다. 우리가 매우 섬세하고 민감하다고 생각하는 우리의 내면적인 시각(interior sight)은 매우 조잡(粗雜)합니다. 내가 자주 영들에게 말하는 것과 같이, 영들은 자신들이 자신들의 온갖 생각들을 파악하기

위하여 모든 시도나 노력을 좌절(挫折)시킬 만큼 아주 예민하게 생각할 수 있다고 상상하고 있지만, 만약에 그들이 편린(片鱗)의 개념 안에 비교된 어떤 것을 보게 된다면, 만약에 그것의 내면적인 것들이 충분하게 열린 상태로 있을 수 있다면, 그들은, 상대적으로 보여지고 있는, 코끼리의 떼거리, 수많은 군대들이나, 뱀들의 무리를 지각할 것입니다. 그러나 영들은 이 사실을 믿을 수 없습니다. 그 이유는, 그들은 지상에 있는 수많은 사람들과 같이, 매우 큰 대상물에 관계된 것으로 생각하지 않고, 가장 미세한 것들에 관계된 것으로 자신들의 가장 정교한 지각들을 생각하기 때문입니다. 1748년 3월 22일

모든 공로(功勞)를 자기 자신의 것으로 돌리지 않는 성품의 사람에게는 모든 것들이 하사(下賜)되지만, 모든 공로를 자기의 것으로 귀속(歸屬)시키는 사람에게는 아무것도 주어지지 않는다는 것에 관하여

1642. 나는 영들과 더불어, 지극히 보잘 것 없는 성질의 것이라고 해도, 다른 자들에게서 갈취(喝取)하고, 도적질하면 절대로 안 된다는 취지의 내용을 이야기하였습니다. 그리고 따라서 신실한 사람은 그들의 충실함(fidelity) 때문에, 수많은 은혜(恩惠)와 호의(好誼)를 받는다는 것도 이야기하였습니다. 영들의 경우도 이와 다르지 않습니다. 만약에 어떤 자가 공로를 자기 자신의 탓으로 돌린다면, 그리고 이런 식으로 주님에게 속한 것에 대해서도 자신의 것으로 요구(要求)하려고 한다면, 그런 인물에게는 이런 이유 때문에 주어지는 것은 아무것도 없으며, 또한 많은 것들이나, 또는 전부를 취할 목적으로 다른 사람에게서 도둑질을 하는 것으로 무엇을 얻으려고 하는 자나, 공로를 자신에게 돌리려고 하는 자에게 아무것도 주어지지 않습니다. 그 이유는 이런 짓거리는 바로 교활(狡猾)에 속한 특성들이기 때문입니다. 그러나 참된 믿음 안에 있는 사람들이나 신실한 자

들은 다른 자들에게서 무엇인가를 빼앗을 수도 없고, 또한 자기 자신에게 귀속(歸屬)시킬 수도 없습니다. 그 이유는 그들은 주님에 의하여 인도되기 때문입니다. 따라서 그들은 그런 짓거리들을 할 수 없기 때문입니다. 결론적으로 사실은 그들은 많은 것을 얻을 수 있고, 그리고 그들이 원하는 것을 모두 얻을 수 있기 때문입니다. 1748년 3월 22일

수많은 것들을 가르쳤기 때문에 천계에서 자신에게 공(功)을 돌리지 않는 자는 아무도 없다는 것에 관하여

1643. 그들의 삶에서 내가 개별적으로 잘 알고 있었던 두 영들이 있었습니다. 그들은 선생들로서 탁월(卓越)하였고, 그리고 설교하는 일에서도 모범적인 근면을 가지고 노력하였습니다. 그리고 그들은 지금도 동일한 가르침의 열성으로 의기충천(意氣衝天)하다고 말하였습니다. 나는 그들의 생애에서 영향을 주었던 그 열망(熱望)이 이른바 되살아난 것이라고 생각하였지만, 그러나 의기충천하게 된 그 동기(動機)가 무엇인지는 내가 알 수 없었습니다. 그러나 지상에서 나보다 높은 지위에서 살 때 교사들이었고, 내가 생각하는 어떤 영들이 있었습니다. 그들은 이런 이유 때문에 천계에서 지금 대단히 높은 곳에 있습니다. 그들은, 지상에서 살 때, 가르치는 열정 때문에 열심히 활동했던, 그러므로 그의 삶 자체를 구성하고 있는 것처럼 여겨지는, 어떤 사람에 관하여 나와 함께 이야기를 하였습니다. 나는 그것에서 이야기를 진전시키는 계기를 가지게 되었지만, 그러나 내가 밝히 알 수 있었던 사실은, 비록 내가 그들이 육신을 입은 삶에서 이런 성품이었다는 것을 알고 있기는 해도, 그들의 불같은 가르침의 열정이 어디에서 기인(起因)된 것인지는 알지 못하였다는 것입니다. 그러나 이 세상에서 현자(賢者)라고 평가 받으려는 열망에서 비롯된 그런 설득에 고무(鼓舞)된 자들이 있었는데, 이것은 사실 그들에게 매우 큰 유인책(誘因策)이 되었습니다. 그러므로 그들의 동기

가 이기적이고, 다시 말하면 지혜에 대한 명성(名聲)을 얻으려는 것이기 때문에, 천계에서는 그런 추구(追求)나 노력에서부터 그들은 어떤 보수(報酬)나 대가(代價)를 기대할 수는 없습니다. 어떤 자들은 위대한 존재가 되려고, 그리고 어떤 자들은 온갖 명예들을 취하려는 목적에서 그런 일에 종사(從事)하였습니다. 어떤 이들은 재물(財物)의 목적 때문에 종사하였습니다. 어떤 이들은, 비록 그들의 기쁨들이나 쾌락들을 세속적인 것들이나, 그 밖의 것들에서 느끼면서 반대급부(反對給付)의 목적을 가지고 있었습니다. 또 어떤 이들은 사업(事業)에 대한 선천적인 명성에서 종사하기도 합니다. 그러므로 그들은 그런 것에서 비롯된 보수나 보상(補償) 따위의 방법에 의한 그 어떤 것도 기대하지 않는 합리적인 사람도 있습니다. 사실, 그들 자신들이 그들의 설교에서 고백하고 있듯이, 가르치는 일에 대한 이와 같은 열정에 관해서 보면, 그것은 그들 자신의 것이 아니고, 다만 주님의 것일 뿐입니다. 그러므로 어느 누구가 어떤 직업에서 자기 공로를 내세운다면 그는 천계에서 아무것도 얻지 못할 것입니다.

1644. 아주 높은 위치에서 나와 함께 말을 했던 자들은 그들이 다른 자들에 대하여 찾아낼 수 있는 악을 샅샅이 찾아내려고 하였습니다. 그럼에도 불구하고 그 때 내가 지각한 것은, 그들은 스스로 색정(色情 · lasciviousness)에 빠져 있었습니다. 그러므로 나는 그들에게, 왜 그들은 이런 종류의 것들을 찾으려고 애쓰고 있는지, 그리고 왜 그들은 다른 사람의 좋은 일(善行)들을 찾고, 따라서 주님 자신이 하는 것과 같이, 그들의 허물들을 용서하려고 애쓰지 않는지를 물었습니다. 그들은 이것에 찬동하였습니다. 그러므로 대화는 오직 죄악들만 찾고, 선에 속한 것은 아무것도 찾지 않는 자들에게 미치게 되었는데, 따라서 그것은 그들이 다른 자들에 비하여 월등한 가치를 지닌 자들로 보이기 위해서였습니다. 이 내용에 대해서 그들은 그것이 사실이다고 시인하였지만, 그러나 그들은 분명히 다른 일을 할 수가 없었습니다. 왜냐하면 그들은 여전히 꼭 같은 행위를 계속

해서 행하기 때문입니다. 1748년 3월 22일

천적인 자들은 부드러운(soft) 말들과 글자들을 좋아하고, 그들은 모음(母音)들을 좋아하고, 자음(子音)들을 부드럽게 한다는 것에 관하여

1645. 내가 천적인 영들(celestial spirits)과 대화를 할 때마다 나는 그들에게 적합한 낱말들을 거의 찾지 못하였습니다. 그들은 발음(發音) 상에서 조잡하고, 귀에 거슬리는 소리를 내는 것도 모두 배척하는 그런 성질을 지녔습니다. 결과적으로 이런 것들은, 그들이 듣기를 좋아하는 것에 비하여 보다, 조악(粗惡)한 자음들(子音·consonants)을 지니고 있었습니다. 그들은 시냇물 같이 흐르는 소리들을 선호(選好)하였습니다. 이런 이유 때문에 그들은 시냇물이 흐르는 것과 같은 모음들(母音·vowels)을 좋아합니다. 그러나 만약에 자음들(子音·consonants)이 사용되었다면, 그들은 그것들을 부드럽게 만듭니다. 그래서 그것들의 조잡함이나 거칠음 따위는 지각되지 않습니다.

1646. 여기에서 많은 의미를 지니고 있는 하나의 착상(着想·suggestion)이 떠올랐습니다. 즉 시편서나 예언서들에 이와 비슷한 것이 있는지 없는지, 또한 낱말들이나 언어에서 뿐만 아니라, 회전(回轉)들이나 종결(終結)에서와 꼭 같이, 영들의 어떤 계급들이 그들을 통해서 말하고 있는지 여부의 생각도 떠올랐습니다. 1748년 3월 22일

표징들이나 환상들에서, 그리고 천사들이나 영들과의 대화에서 터득한 모든 것들은 오직 주님에게서 비롯되었다는 것에 관해서

1647. 어떤 표징(表徵·representation)·환상(幻想·vision)·대화(對話·discourse)가 있을 때마다, 나는, 그것에서 비롯되는 유용한

것이나, 선한 것에 관해서, 따라서 그것에서 내가 배울 수 있는 것이 무엇인지, 그것에 관해서 내면적으로, 또는 마음 속으로 깊이 숙고(熟考)합니다. 그와 같은 깊은 생각(熟考)은, 표징들이나, 환상들을 드러내는, 그리고 말하는 자들에 의하여 그들에 대한 주의나 관심이 아닙니다. 사실인즉슨, 그들이 내가 깊이 생각하고 있는 것을 지각하게 되면, 때로는 그들은 분노하였습니다. 그 때 나는 이런 것을 터득하였습니다. 모든 진리나 선은, 영들이나 천사들에 의한 것이 아니고, 오직 주님에 의하여 그분에게서 온다는 것을 터득하였습니다. 사실, 그들이 여러 가지 것들에 관하여 나를 가르치려고 할 때, 거기에는 거짓 이외에는 아무것도 없었습니다. 그러므로 그들이 말한 것을 무엇이나 믿는 것이 내게는 금지되었습니다. 그리고 또한 그들에게 속한, 또는 그들의 고유속성(固有屬性 · proprium)에 속한 동족(同族)인 어떤 것들을 생각하는 것 역시 결코 허락되지 않았습니다. 뿐만 아니라, 그들이 나를 설득하려고 할 때, 그 사물은 이러저러한 것이지, 그들이 원하는 것은 아니다는 내면적이고, 속내 깊은 확신을 깨달았습니다. 그들은 역시 이런 사실을 이상하게 생각하였습니다. 그 확신은 아주 명료하였지만, 사람들의 이해력에게 쉽게 기술될 수는 없었습니다. 1748년 3월 22일

강림 전 목성의 사람들에게 보내진 천사들이나, 세례 요한의 길의 준비(the preparation of the way)에 관하여

1648. 그들의 근접(近接)에 의하여 사람에게 공포(恐怖)와 전율(戰慄)을 야기시키는 목성의 영들 가운데 하나가 내 왼쪽 팔꿈치 아래에 바싹 붙어서, 그의 특유의 방법으로 말을 하였습니다. 처음에는 이빨들에서 나는 귀에 거슬리는 불쾌한 소리 같았고, 좀 뒤에는 입술에서 나는 소리 같았습니다. 그는 역시 이렇게 말하였기 때문에, 그러므로 그의 말소리는, 그의 입술을 억제해서 울려 퍼지게 하는 사람의 음성 같이 들렸습니다. 낱말들은 연속되지는 않았고, 오히려

매우 분리되고, 따라서 대화의 개념들이나 낱말들은 밀접하게 연결되지 않았습니다. 그러나 그와 같이 분리되었기 때문에, 언급된 것을 알기 위해서는 적절한 시간을 기다려야만 했습니다. 그는 역시 그가 말한 것과 관련해서는 역시 어느 정도의 공포감이나 전율을 느끼게 해 주었습니다. 특히 여러 가지 것들 가운데서 나에게 특이한 말은 이러하였습니다. 즉, 그 지구에서는 천사들의 근접이 있기 전에 하나의 전달자(傳達者)로서 한 천사가 파송(派送)되어서, 그들의 근접을 사람이 준비하게 하고, 그들에 관해서 그 사람과 이야기하게 하고, 그들을 친절하게 접대하기 위하여 사람을 가르치고, 그리고 그들에게 위해(危害)를 하지 못하게 하는 것 등이 하나의 관습이 되었습니다. 나는 그에게 이와 같은 일은 그에게 있는 문제가 아니고, 내가 존재해 있는 그 지구의 영들에게 있는 문제이고, 그리고 만약에 그들이 현존한다면, 나는 그들을 다스릴 수는 없지만, 만약에 그들이 그런 것을 할 수 있는 목성의 영들이라면, 아주 잘된 일이라고 나는 대답하였습니다.

1649. 그 지구의 천사들, 다시 말하면 목성의 천사들이 그 뒤에 당도(當到)하였습니다. 그들의 언어에서 그들이 우리의 지구와는 다른 지구에서 온 다른 성품의 사람들이다는 것을 나는 알았습니다. 왜냐하면 그들의 언어는, 그들의 낱말들에 의해서 말하는 것이 아니고, 개념들에 의하여 말하는 그런 언어였기 때문입니다. 그 개념들은 그들의 얼굴 전체에 퍼져나가고, 따라서 그 얼굴은 그 개념을 동의하였습니다. 말하자면, 처음에는 이런 식으로 말하고 있는 얼굴에서의 표현의 근원은 입술에서 나왔고, 그리고 거기에서부터 주위에 있는 부위들로 퍼져나가는 그런 식이었습니다. 비록 분명하지는 않지만, 그것에 관해서 나는 이러한 깨달음을 가지고 있습니다. 그 뒤 내가 명확하게 안 사실은, 그 개념들은 계속적이기는 하지만, 그럼에도 불구하고 낱말들로 분리되어 있는데, 그러나 낱말들은 그렇게 들리지는 않았습니다. 그들은, 그들의 언어가 입술에서 시작하는 얼

굴에 속한 것이기 때문에, 그들의 지구에서는 다른 사람들과 이런 식으로 말한다고 하였습니다. 이것에 관해서는 위에서 볼 수 있습니다.

1650. 그 뒤 그들은 더 계속해서 말을 하였습니다. 그러나 그들이 한 낱말들은 거의 알 수가 없고, 다만 이른바 하나의 계속적인 개념(a continuous idea)일 뿐이었습니다. 비록 낱말들이 나에 의하여 거기에서부터 형성되었지만, 그러나 그것들은 거의 찾아낼 수 없었습니다. 이러한 경우는 그 낱말들에 대해서 깊이 생각하는 것 없이, 오직 그 뜻에만 주의하여 마치 그것들이 존재하지 않는 것처럼 보이는 사람의 경우와 비슷하였습니다. 현재의 경우, 비록 비슷하다고 하겠으나, 여전히 차이는 있습니다. 즉, 내가 지각할 수 있었던 것은 소위 낱말들이 사라져 없어지는 것 같았고, 그리고 그 대화는 이와 같이 오직 개념들에 의해서만 계속되었지만, 그럼에도 불구하고, 그 낱말들을 다 듣고 있는 것 이상으로 더욱 더 분명하게 지각되었습니다. 이런 종류의 언어는, 한층 더 계속적인 개념들로 이루어진 언어이지만, 역시 그 언어는 눈에서 시작하여 주위에 퍼져 나가 얼굴 전체를 움직였습니다. 그러나 그 언어는 앞서의 것에 대해서는 내면적인 것이었습니다. 그들은 그들의 지구의 사람들이 사용하는, 특히 그들 중에서 선량한 사람들이 사용하는 언어에 관해서 말하였습니다.

1651. 그 때 그들은 이런 식으로 말을 하였습니다. 즉, 그들은, 종전처럼 얼굴은 동시에 말하지 않았고, 또한 전 얼굴에 대응하는 움직임에 의하여 말하지 않았지만, 그러나 그 얼굴은, 내가 본 것에 의하면 전혀 움직이지 않았지만, 그 때 그들은 내 두뇌 속에서 말하였습니다. 그러므로 나의 머리는 앞서 얼굴이 했던 것과 같은 방법으로 움직였습니다. 그러나 그 움직임이나, 그 진동(震動)을 내가 명확하게 느낄 수 없었지만, 그러나 그것은 변함없는 연속적인 개념들에 의한 언어였습니다. 따라서 거기에 있는 수많은 개념들로 말미암

아 하나의 개념이, 따라서 계속적인 개념이 생겨났습니다. 그러나 그것은 나에게는 아주 분명한 것이었습니다.

1652. 그 뒤에도 그들은, 내가 전혀 아무것도 이해하지 못하는, 그런 방법으로 말하였습니다. 그러나 천사들은, 전에 내가 가능했던 것 이상으로 그것을 더 잘 이해하였습니다. 왜냐하면 그것은 가장 정교한 기(氣·a most delicate aura)에 의한 것이기 때문입니다. 비록 그들이 언급한 것을 내가 이해하기에는 너무나도 미약(微弱)한 것이지만, 나는 명확하게 지각하였습니다. 그들은, 천사들이라고 해도 좋을 그들의 지구의 사람들과 이런 식으로 말을 하였습니다. 나는 이와 비슷한 언어를 다른 곳에서 들은 기억이 있는데, 그러나 비록 나와 함께 있었던 몇몇은 자신들이 그것을 잘 이해할 수 있다고 말하였지만, 그들이 한 말을 나는 이해할 수 없었습니다. 따라서 이것은 종전의 것에 비하여 보다 더 내면적인 언어라고 하겠습니다.

1653. 이와 같은 상이한 종류의 언어는 다소간 액체의 성질을 가졌다고 하겠습니다. 처음에는 물(水·water)을 닮았고, 두 번째는 물에 비하여 아주 뛰어난 액체(a fluid rarer)와 닮았고, 세 번째는 엷은 대기(大氣·a thin atmosphere)와 닮았고, 네 번째는 가장 정교한 기(氣·a most delicate aura)와 닮은 그런 것인데, 그것은 사람의 이해력을 뛰어넘는 것입니다.

1654. 가끔 끼어들던 내 왼쪽에서 나와 같이 있던 영이, 자신은 그들의 언어를 이해하지 못한다고 말하였는데, 그 이유는 그 언어가 너무나도 내면적이기 때문이다고 하였습니다. 그리고 그는 때때로 자신의 습관에 따라서 끼어들어서 내가 그들을 친절하게 대한다고 꾸짖기도 하였습니다. 왜냐하면 그들은 이 지구의 영들이었는데, 그들은 불쾌하고, 짜증나는 어떤 것들을 내뿜었기 때문입니다. 이런 이유 때문에 그들과 같이 지내지 말 것을 요청받았습니다. 그러나 나는 그에게 이런 성격의 영들은 사실은 우리 지구에서 왔기 때문에, 나는 그들과 아무것도 하지 않는다고 말하였습니다.

1655. 그 뒤 그와 같이 나를 꾸짖었던 그 영은 그들이 한 말을 이해한다고 하였습니다. 그러나 그 때 불가피한 지각을 가질 수밖에 없는 상태에 있었습니다. 그러나 그는 종전에 비하여 더 빨리 그의 말을 할 수 있는 나의 왼쪽 귀 쪽으로 옮겨졌습니다.

1656. 이상에서 우리는 보편적인 천계나, 그 지구에 있는 실정이 어떠한지 추측할 수 있겠습니다. 다시 말하면 천사의 근접(近接)이 있기 전에 한 영을 파송하여, 그 길을 준비하게 하고, 유익한 경외(敬畏 · a salutary fear)를 느끼게 하고, 천사적인 방문들을 정중하게 영접하도록 알려 주었습니다. 더욱이 이 전달자 영(使者 · messenger-spirit)은 조잡(粗雜)한 것을 가끔 말하였습니다. 그가 하는 말은, 비록 뒤에 가서 더 좋은 상태가 되기는 했지만, 천사들이 전하려고 하는 것이 무엇인지 이해하지 못하였다는 것이었습니다. 그리고 그 때 그가 하는 말은, 그가 이해하였다는 것과, 그는 계속해서 떠나지 않고 머물러 있었으며, 그리고 계속해서 마음을 준비하였고, 그리고 고약하고 꼴사나운 것까지도 비켜가려고 계속해서 애쓰고 있다는 것 등입니다. 그러므로 여기서 알 수 있는 것은, 보편적인 천계나, 전 세계에는 선구자적인 관습이 행해졌다는 것, 그리고 세례자 요한도 주님의 강림(降臨 · the Lord's Advent)의 고지자(告知者 · announcer)의 자격으로 활동하였다는 것, 그리고 주님에 대한 요한의 경우나, 천사들에 대한 이 영의 경우는 꼭 같다는 것, 다시 말하면 우리가 성경에서 읽고 있는 것과 같이, 주님께서 선언하신 것을 이해하지 못하였기 때문에, 의심 가운데 있었다는 것, 그런 뒤에 더 좋은 가르침을 받았을 때 그의 마음은 그것을 받을 정도로 열리었다는 것 등등을 말하였습니다. 이러한 경우는 내 귀에 있는 영의 경우도 꼭 같습니다. 우리 주님께서 말씀하신 것에 대해서 보면 역시 유사합니다. 주님께서 말씀하신 내용들은, 우리가 요한복음서에서 알고 있듯이, 보다 더 내면적인 것들을 내포하고 있습니다. 종국에 요한은 보다 더 내면적인 것들이기 때문에 그들이 이해할 수 없는 많은 것들

을 발설하였습니다. 그러므로 그러한 일들은, 앞에서 기술한 것과 같이, 나에게 나타난 대기(大氣)나, 여러 종류의 기들(氣·auras)과 아주 닮은 것입니다. 이와 마찬가지로 거기에는 외적인 방법을 통해서 동시에 주입된 외적인 언어(an external speech)가 있습니다. 1748년 3월 23일

입술과 잇몸에 의하여 나와 대화한 목성의 영들의 언어에 관하여

1657. 종전의 부류와는 다르지만, 목성(木星)의 영들은 역시 다른 방법으로 나와 대화를 하였습니다. 다시 말하면, 그들은 혀(舌)와 입술로 말하였습니다. 따라서 음성은 입술을 통해서 들어왔는데, 이것은 천사들과 말할 때 사용했던 것과는 다른 방법입니다.

1658. 더욱이 그들은 나의 잇몸을 통해서 말하였습니다. 그러므로 잇몸들이나 이빨들은 통증의 느낌과 거의 같이 그것을 인지하였습니다. 거기에는 특별한 압박(壓迫·constriction)이 있는데, 비록 이빨들이 실제적으로 아프고 쑤시지는 않지만, 아주 명료하게 느껴졌습니다. 그럼에도 불구하고 그 느낌은 느끼기에 충분하였습니다. 그들은 그들의 이런 종류의 언어는 통증을 느끼게 하는 방법으로 이빨을 쥔다고 말하였고, 그리고 그것은 아직 천사가 되지 않은 영들의 언어인데, 결과적으로 그것은 최근에 저 세상에 온 자들의 언어라고 하였습니다. 언어의 음성은, 아주 분명하였지만, 다른 길을 통하여 유입되었습니다. 다시 말하면 유스타키 관(the Eustachian tube)을 통해서 유입합니다.

1659. 제일 첫째로 나와 같이 있었던 자들은, 그들의 언어가 이런 성질이기 때문에, 천사들이라고 불리우기를 열망하는 자들이었지만, 그러나 약화(弱化)되고, 그리고 거의 지각되지 않는 이런 종류의 언어는 악령들에 의하여서도 사용될 수 있다는 것을 보여 주고 있었습니다. 왜냐하면 사실 그것이 바로 그들의 생각이기 때문인데,

그들의 생각이란 이런 부류의 영들은, 그들이 나에게 반복해서 그렇게 하려고 무척 애를 쓴 것과 같이, 다른 영들을 왜곡(歪曲)시키고, 사람들의 생각들을 그릇되게 악용(惡用)시키기 위하여 힘을 썼기 때문입니다. 그러나 여기에 차이가 있다면, 우리 지구의 영들은 그들의 언어를 얼굴에 종결(終結)시킬 수 없다는 것입니다.

1660. 그러나 목성의 영들은 주님에 관해서 언급하였고, 그리고 주님만을 예배한다고 하였기 때문에, 말할 수 있는 것은, 그들은 천사들 이외의 다른 존재로 생각할 수 없다는 것입니다. 그러므로 지금 나에게 일어난 것과 같이, 그들은 영들의 세계(the world of spirits)가 아니고, 영들의 천계(the heaven of spirits)를 형성하였습니다.

1661. 더욱이 한 천사가 영들을 통해서 나와 대화를 하였는데, 그것은 내면적인 것에서 외면적인 것을 향해서 행해졌습니다. 이러한 사실은 목성의 영들에 의하여 관측되었습니다. 그러므로 영들이 그 영들의 말을 한다면, 천사의 언어는 내면적인 것에서 비롯된 방법을 통한 언어인데 반하여, 그 언어는 외면적인 것에서 비롯된 방법을 통한 것이라는 것을 그들이 알게 하기 위한 것입니다. 1748년 3월 23일

내가 천사들의 활동을 인지하였는데, 천사들은 내면적인 것으로 말미암아 행동하였습니다. 그것은 입술의 움직임에 의한 것이었지만, 그럼에도 불구하고 그것은 여전히 내면적인 것에서 생긴 것입니다. 왼쪽 눈이 영향을 받았을 때, 나는 그것을 인지하지 못하였지만, 그것 역시 내면적인 것에서 비롯된 것입니다.

손상(損傷)되지 않은 채, 저 세상에 남아 있는 사람의 기억(記憶)에 관하여

1662. 저 세상에 있는 영혼들은 스스로 단순히 물질적인 개념들(material ideas)만 내포되어 있는 특유의 개별적인 기억이나, 관능적인 기억은 모두 잃어버린 것처럼 생각합니다. 그 이유는 그들은 그

기억으로부터 어떤 것도 자극(刺戟)할 수 없기 때문입니다. 그럼에도 불구하고, 이에 반하여 지각하고, 말하는 원전한 기능은 육신을 입은 삶에서와 꼭 같이 그대로 남아 있습니다. 그러나 이와 같은 일은, 주님께서 영혼은 그 기억에서부터 어떤 것도 끄집어낼 수 없도록 제정(制定)하셨다는 사실에서 기인(起因)된 것입니다. 그 때 그 이유는 그것은 종전의 삶에서 했던 것과 꼭 같은 것들을 유발(誘發)할 것이기 때문이고, 그리고 꼭 같은 방법으로 살 것이고, 그리고 따라서 완전하게 될 수가 없기 때문입니다. 그럼에도 불구하고 그 기억은 그대로 남아 있습니다. 그러나 다만 능동적이 아니고, 수동적일 뿐입니다. 그리고 그것은 다른 자들에 의하여 영향을 받을 것입니다. 왜냐하면 그들의 생애(生涯)에서 사람들이 행하고, 보고, 들은 것들은 그것들이 같은 개념으로 그들에게 말한 것이라면, 그 때 그들은 즉시 그것들을 인지할 것이고, 그리고 나에게 입증된 그런 것들을 그들이 말하였고, 보았고, 들었다는 것을 잘 알 것입니다. 그리고 내가 할 수 있는 수많은 증거에 의한 확증에서 나는 수많은 페이지를 채울 수 있겠습니다. 그러나 그것이 이런 경우의 상태이기 때문에 여기서 볼 수 있는 것은, 영들은 그들의 개별적인 것들의 모든 기억을 간직하였고, 따라서 그들은, 아래의 것을 제외하면, 아무것도 잃지 않았던 것입니다. 앞에서 언급한 이유들 때문에 그들은 그것에서부터 아무것도 끌어낼 수 없었는데, 그것은 그들이 그들의 내면적인 삶으로 지금 인도되고 있고, 따라서 그들의 외적인 것들로부터 더 이상 행동하지 않기 때문입니다. 영혼들은 그들이 자신들의 기억으로 말미암아 말한다는 것을 제외하면 전혀 아무도 알지 못합니다. 그리고 사실은, 내가 들었듯이, 그들은 가끔 이와 같이 말을 하였습니다. 그러나 그 때 그것은 내면적인 기억으로 말미암은 것인데, 그 내면적인 기억을 통해서 그들의 관능적인 기억 안에 있는 것들은 자극을 받습니다. 그리고 그들이 이와 같이 어떻게 말하고, 심지어 설교할 수 있는 것인지는 다른 때에 면밀하게 조사하여야 할 사안이기는 합니다. 그러나 그들은, 그들이 개별적인 것들, 즉 물질적인 것들에 속한 기억을 잃어버렸고, 그것 때문에 그들은 화가 났다고 고백하였습니다. 이러한 것은 그들이 나의 기억으로 말미암아 자극할 수 있는 것들을 기억하기 위하여 주어진 것뿐입니다. 영들은 꼭 같은 것을 행하였고, 따라서 자신들의 생명에 적합한 방법으로 말하였는데, 그 생명이란 그들이 육신을 입은 삶에서 굳혀진 것을 가리킵니다. 왜냐하면 그들은 다른 아무것도 자극할 수 없기 때문입니다. 그러나 이런 일은 그것들이 내재해 있는 생명의 상태에 따라서 매우 다양하게 행하는데, 그 상태는 그들이 결합되어 있는 사회들에 의하여 유발됩니다. 그 이유는 그 때 그들은 개조(改造)된 방법으로 말하기 때문입니다. 영들은 자신들의 온갖 사랑들에 속한 생명으로 말미암아 말을 하기 때문에, 그리고 그 생명은 아주 명확하게 자신을 드러내기 때문에, 따라서 수많은 것들은 그들이 알고 있는 다른 영들에 의하여 자극을 받을 수 있습니다. 따라서 그들이 말하였고, 보았고, 들었던 것들은 무엇이나 그들 자신의 기억 안에서 간접적으로 자극을 받습니다. 그러나 이런 모든 것들은 오직 주님을 향해 있을 뿐입니다. 1748년 3월 23일

색욕(色慾·lasciviousness)에 속한 형벌(刑罰)에 관하여

1663. 어떤 영 하나가 내 머리 위 중간 높이에 있었는데, 그 영은 그의 생애에서 색욕의 삶을 살았지만, 그럼에도 불구하고 그는 그 때 성경을 아주 열심히 읽는 독자였습니다. 나는 그의 생애에서 그의 성품이 어떠한지를 그에 관하여 들었습니다. 다시 말하면 그는 매우 다종다양(多種多樣)한 쾌락 가운데서 세월을 보냈습니다. 그래서 그는 어느 누구에게도 변치 않는 사랑을 마음에 간직한 적이 없었고, 다만 그는 거기에 있는 그들의 동거인(同居人)과 교제하면서, 그의 생애를 매춘굴에서 보냈습니다. 그럼에도 불구하고 나중에는 차례차례 그들을 하나씩 그는 배척하였습니다. 그 결과 그는 그와

혼인을 했든, 하지 않았든, 관계없이 수많은 자들을 속였습니다. 이런 식으로 그는 참된 혼인애(婚姻愛·truly conjugial love)를 자기 스스로 박탈(剝奪)하였습니다. 뿐만 아니라, 자녀에 대한 소망도 박탈되었습니다. 그 결과 그는 양심의 가책이 전혀 없이 제멋대로 행동하였기 때문에, 그것에서 그는 자연스럽지 못한 습관이 몸에 배게 되었고, 따라서 그가 자연스럽지 못한 성질로 똘똘 뭉친 그런 인물이라고 나는 말할 수 있겠습니다.

1664. 그의 형벌은 이렇게 행하여 졌습니다. 그는 영들이나 천사들이 잘 볼 수 있는 머리 위의 적당한 높이의 곳에서 긴 밧줄에 매달려졌습니다. 그가 길게 늘어진 밧줄 쪽으로 내몰리게 되면, 그가 그 밧줄을 아래로 지나가기 위하여 그의 머리를 구부리면, 그 때 그 밧줄은 즉시 그의 등판에 달라붙게 되고, 그리고 그는 그 밧줄에 결박(結縛)됩니다. 그리고 마치 세마포 겉옷과 같이, 그를 둘둘 감습니다. 종국에 나는 줄에 매달린 그의 한 발을 보았습니다. 그리고 머리부터 발끝까지 그 사람의 전 모습이 영들과 천사들의 시야에 노출(露出)되었습니다. 이와 같이 회전(回轉)되었고, 그리고 모두에게 잘 보이게 빙빙 돌려졌습니다. 그러는 동안에 온갖 수치(羞恥)와 고통(苦痛)으로 괴롭힘을 겪는 것을 보았습니다.

1665. 그 뒤에 그는, 풀려나서, 나의 오른쪽으로 와서, 나와 말을 하였습니다. 그는 자신의 삶에서 이런 성품의 작자이었다고 말하였습니다. 그럼에도 불구하고 그는 수치를 시인하였습니다. 그래서 그는 머리를 들 수가 없으며, 또한 나의 곁을 떠나려고 한다고 했습니다. 그는 너무나도 크게 상처를 입었기 때문에, 그는 그가 어떻게 함께 있어야 할지를 모른다고 말하였습니다. 그리고 그는 그의 과거의 삶이 어떤 처지였는지를 돌아보면서 뉘우침(後悔)의 확증을 가지고 정중하게 말하였습니다. 따라서 그는, 색욕의 삶을 산 다른 사람들에게 주어진 아주 심한 고통들을 면하였습니다. 1748년 3월 23일

두뇌의 좌우측에 있는 것들에 관하여

1666. 두뇌의 좌측에 속한 것들은 사람의 몸의 우측의 부분들에 대응한다는 것이 경험에 의하여 나에게 잘 알려졌습니다. 왜냐하면 영들은 두뇌의 좌측에서 활동하고, 그리고 그것에서 비롯된 감관은 오른쪽 콧구멍으로, 그리고 오른손 손바닥에 전해지기 때문입니다. 그리고 파생(派生·derivation)은 이런 것이다 라고 언급되었습니다.

1667. 더욱이 목성의 영들이 하는 말은, 그 활동이 흘러들어가는 곳은 관자놀이 바로 위의 대뇌의 오른쪽에 있는 총명적인 원리(聰明的 原理·the intellectual principle)이다는 것입니다. 내가 알지 못하는 원인으로부터 그럴 때마다 나는 내 손을 거기에 닿게 하였습니다. 이상에서 미루어 생각할 수 있는 것은, 두뇌의 오른쪽 부위는 총명적인 것들의 영역이고, 두뇌의 왼쪽 부위는 감성(感性·affections)들의 영역인데, 이에 반하여 몸 안에서는 경우가 반대이다는 것입니다. 왜냐하면 왼쪽 눈은 총명적인 것에 전유(專有)되었고, 오른쪽 눈은 감성적인 것들에 전유되었기 때문입니다. 1748년 3월 23일

육신을 지녔던 것을 전적으로 인정하지 않으려고 하는 다른 지구에서 온 영들에 관하여

1668. 영들의 어떤 부류는 그들이 육신을 입은 삶을 살 때 육체를 경멸(輕蔑)하기 때문에, 그들은 그것을 늘 증오(憎惡)하게 됩니다. 그리고 또한 그들이 한번은 육체를 입었었다는 말을 듣는 것을 참고 견딜 수 없어 합니다. 이런 영역에 있는 몇몇이 나와 이야기를 하였는데, 그들은 자신들이 거기에 가는 것을 전적으로 원하지 않았다고 말하였습니다. 그 이유는 그들이 여기에 육신을 입었던 자들이 있다고 생각하기 때문입니다. 그리고 이런 자들은 자신들을 불손(不遜)하게 대한다고 생각하기 때문입니다. 그 이유는 그들은 육체들에

관해서 계속해서 생각하고, 그리고 전자들을 자신들과 같은 관능적인 존재로 상상하며, 말하고 있기 때문입니다. 여기에서부터 마치 그들이 뱀들로 보여서, 뱀들인 자신들이 가까이 한 다른 사람들에게 뱀들을 투사(投射)하는 하나의 외현(外現)이 생겨나기 때문입니다. 그러나 그것들의 독이빨로 그들을 물게 하지는 않았습니다. 즉 그들이 쉽게 물리칠 수 있도록 예방하였습니다. 그들은 전과 같이 가끔씩 뱀들을 자신들의 팔에 둘둘 감기도 하였습니다. 그렇게 하여 그들은 불쾌한 암시를 가지고 그들을 쫓아버리려고 애를 썼습니다. 내가 그런 이유들을 물었을 때, 그들의 대답은, 우리 지구의 영들은 자신들에게 이런 성가신 일들을 야기시킨다고 하였습니다. 그 이유는 그들이 자기 자신들을 관능적인 존재로 생각하였고, 그리고 자신들을 사람들이라고 불렀지만, 그러나 이런 영들은 자기 자신들을 이런 관점에서 생각하지 않았습니다. 그러므로 그들의 생각들은 조화스럽지 못하였고, 그리고 그것에서부터 언급한 표징들도 비슷한 것이다고 하였습니다.

1669. 위에서 언급된 영들은, 그들은 결코 육신을 입지 않았었고, 그리고 자신은 자신들에게 육체적인 형체로 나타날 수 없지만, 다만 구름의 형체로 나타내 보이지만, 거기에서도 인간적인 형체란 거의 식별(識別)될 수 없다고 주장하였습니다. 따라서 어떤 영은 가끔 나에게 흰 구름으로 모습을 드러내고는 하였습니다. 말하자면 그들은 조잡하고, 거의 지각할 수 없는 인간 형체에 닮았을 뿐입니다. 내가 이것의 원인을 물었을 때 그들은 그것을 알지 못한다고 대답하였습니다. 왜냐하면 그들은 그들이 줄곧 관능적인 존재였다는 사실을 받아들이려고 하지 않았기 때문입니다. 그것에서, 특히 그들이 목성의 영들에 관해서 잘 설명하였기 때문에, 사실 그들은, 거기에서 왔다는 것을 나는 확신합니다. 그 지구의 주민들은 자신들이 육신을 경멸하고, 그리고 그들의 지구에서 육신을 입지 않고, 영들로 살기를 강력하게 원하기 때문에, 그러므로 그들은 자신들의 몸들을 벌레들

이나 벌레들의 먹거리로 부릅니다. 그리고 그들이 이와 같이 생각하고, 그리고 그런 생각 자체를 영들의 개념들 속에 주입시키기 때문에, 그러므로 위에서 언급된 뱀의 개념들이 형성되었습니다.

1670. 그러나 그들이 목성의 여러 위성(衛星)들 중 하나에서 오지 않았나 생각되지만, 비록 그들이 나에게 여러 가지를 암시하고 있다고 해도, 나는 확실히 알지 못합니다. 다시 말하면 우리 지구의 달과 같은 목성의 위성들은 그들의 최초의 대기(大氣)와는 다른 종류의 대기에 의하여 에워싸여 있고, 그러므로 이런 영들도 이와 같은 작은 세계에 있는 다른 종류의 피조물(被造物)들이었고, 그리고 다른 종류의 육체들을 지녔을 것이다고 생각되기는 하지만, 나로서는 확실하지 않습니다. 왜냐하면 나는 대기에 에워싸여 있는 지구들에 살고 있는 사람들을 제외하면 어떤 종류의 사람들의 개념도 가질 수 없기 때문입니다. 그러므로 비록 내가 긍정적인 사실에 대해서는 무지(無知)하다고 해도, 그러나 그와 같은 추측을 단호하게 물리치지는 않을 것입니다. 왜냐하면 관능적인 형체들은 대기들의 상태나, 그리고 그들이 살고 있는 지구들에 속한 수많은 다른 것들에 의하여 전적으로 지배되고 있기 때문입니다. 1748년 3월 23일

1671. 그들은 이런 영역의 영들에게, 또는 자신들의 육체들에 관해서 많은 것을 생각하는 영들에게는 거의 가까이 하지 않는다는 것과, 그러나 그들은 고독하게 산다는 것과, 그리고 그들이 육체에 있었다는 것을 자신들에게 드러낼 수 없어서 그와 같은 다른 영들에 비하여 자신들은 극소수이다는 것 등을 말하였습니다.

1672. 그들은 성실하고 정직하다고 불리울 정도로 올곧은 자들이고, 그리고 그들은 복수(復讐)하려는 바람이나, 배상(賠償)을 바라는 마음이 전혀 없이, 온갖 위해(危害)의 고통 따위를 감수(甘受)하였습니다. 그들은, 자신들의 육체들에 관해서 생각하는 영들에게 가까이 가게 되면, 그 즉시 피해버렸습니다. 왜냐하면 그들 중의 어느 누구도 자기 자신의 몸에 관해서는 생각하기를 원하지 않기 때문이고,

또한 그것에 관해서는 아무것도 듣기를 원하지 않았기 때문입니다. 그러므로 그들의 사회들은 다른 영들의 사회들과는 화합되지 않았습니다. 왜냐하면 거기에서부터, 내가 겪은 그런 것이지만, 불안이 생겨났기 때문입니다. 나는 역시 지금 말하고 있는 불화(不和)의 상태에서 불안 따위가 생긴다는 것을 깨달았습니다. 그 뒤에 이런 사회들은 아주 멀리 떨어진 곳에서 나에게 말하였습니다.

1672[A]. 나는 그들에게 그들이 곧추서서 걷는지, 아니면 벌레들처럼 기어 다니는지 물어 보았습니다. 이 물음에 대해서 그들은 기어서 다닌다고 대답하였습니다. 그 때 나는 그들이 발이 없이 어떻게 이런 행동을 할 수 있느냐고 물으면서, 동시에 그들이 그들의 지상의 삶 동안 이 주제에 관해서 가지고 있던 생각을 상기(想起)해 보라고 하였습니다. 나는, 그들이 발을 가지고 있었다는 사실에 대하여 아무것도 말하고 싶지 않다는 것을 알았습니다. 그래서 나는 그들이 아버지와 어머니에게서 태어나는 것이 아니냐고 물었습니다. 그들은 그렇게 태어난다고 대답하였습니다. 나는 그 부모들이 사람의 얼굴을 가졌는지도 물었습니다. 그들은 확실히 사람의 얼굴들을 가지고 있었고, 또한 그들은 용모가 준수하였다고 하였습니다. 그들은, 내가 그들이 얼굴이 없는 존재로 생각하는 것을 차마 들을 수가 없었지만, 그러나 여전히 그들은 몸통이 없다고 주장하였습니다. 그리고 내가 본 그들은 허물을 벗고 나오는 벌레들 같은 것이다는 생각이 떠올랐을 때, 그리고 그들이 약충(若蟲·nympha)처럼 나타난다고 생각했을 때, 그들은 그 경우를 좋다고 하였습니다. 이런 사실들에서 내가 할 수 있는 결론은, 그들은 육신을 입고 있었지만, 그러나 그들의 생애에서 그들은 자신들이 지니고 있는 몸통을 아주 더럽고 추한 것으로, 그리고 벌레들의 겉껍데기 같은 것으로 경멸하였다는 것과, 그리고 그들은 그것들이 마치 찌꺼기들(clogs) 같은 것이기 때문에, 그것들을 벗어버리기를 원한다는 것과, 그리고 그들은 그들의 생애에서 영들로서 산 뒤에 죽은 것이라고 여긴다는 것과,

그리고 또한 자신들의 육신들을 사랑하는 영들과의 관계에서는 그들에게 있는 불안이나 근심이 거기에서 일어난다고 여긴다는 것 등 등입니다. 그러므로 그들은, 이런 성격의 사람들이 있는 목성에서 태어난 자들이라는 것을 알 수 있겠습니다.

1672[B]. 그들은 우리 주님을 목성의 영들과 같이 시인하고, 또 그분만을 예배하였습니다. 그래서 그들은 자신들이 정직한 사람들이라고 말합니다.

1672[C]. 내가 안 불안이나 근심 따위는 상호적인 반감(反感・reciprocal aversion)에 의하여 생긴 것입니다. 우리 지구의 영들은 육체들에 관한 모든 생각들에 대한 그들의 혐오(嫌惡)나 증오(憎惡) 때문에 그들의 처음의 근접(近接)에서 그들을 꺼려합니다. 우리 지구의 영들의 발상(發想・sphere)에는 그런 생각들로 꽉 차 있는데, 왜냐하면 이런 발상(sphere)은, 위에서 본, 그런 생각들에서 이루어졌기 때문입니다. 그리고 혐오나 증오 따위는 정반대되는 발상의 상호작용에서 생기게 되고, 그리고 반감이나 혐오 따위에서 불안이나 근심 따위가 생기기 때문입니다. 거기에서부터 그들을 감고 있는 뱀들에 속한 우리의 영들에 의하여 생겨난 표징들이 발생한 것입니다. 그런데 그들은, 그들의 팔의 주름진 곳에 똬리를 틀고 있는 그 뱀들을 아주 골칫거리로 여기기 때문에, 그것들을 털어버리려고 무척 애를 쓰고 있습니다. 그러나 내가 이런 내용들을 기록하고 있는 동안에 그들은 팔들에 관한 인상을 암시하는 어떤 것도 말하는 것을 원하지 않았습니다. 그리고 재차 이것은 그들이 그 전에 관능적인 피부(a corporeal investment)를 가지고 있었다는 것과, 그러나 그들은 자신들의 몸통들을 가장 혐오한다는 것 등을 보여 주고 있습니다. 1748년 3월 23일

마찬가지로 그들은 허리나 발들을 갖추고 있었습니다. 왜냐하면 뱀들이 그들의 허리 주위에서, 그리고 여타 곳에서 보였기 때문입니다.

1673. 육신을 입고 사는 동안 그들이 가졌던 소견은 자신들은 영

원 전부터 영들의 존재로 존재했었다는 것입니다. 그런 이유 때문에 그들은 그들이 출생한 사실에서부터 비롯된 유죄판결(有罪判決 · conviction)을 받아들이기를 무척 싫어하였습니다. 그들은 여전히 자신들은 영원 전부터 영들이었다고 주장하였습니다. 그러나 그들은 결코 사실이 그렇지 않다는 유죄판결에 의하여 여전히 억압받고 있기 때문에, 그리고 그들은 결코 어느 누구도 속이지 않으려고 하기 때문에, 그들은, 그들이 영원 전부터 존재하지 않고, 오히려 다른 사람들과 꼭 같이 태어났다는 것을 지금은 알고 있다고, 말하였습니다. 그러나 그들은, 마치 우리 지구의 어떤 인물들이 꼭 같은 기발한 자부심(自負心 · conceit)으로 줄달음쳐 온 것과 같이, 영원 전부터 영들이었다는 그들의 소견이 어떻게 주입되고, 그리고 그들의 몸에 주입되었는지 지금은 잘 알고 있다고 말하였습니다. 그들은 지금은 오직 주님 홀로 영원 전부터 계시듯이, 자신들은 영원 전부터 있지 않았다는 것을 잘 알고 있기 때문에, 나를 크게 감동시킨 그들의 회개(悔改)의 증거들은 그들이 매우 정직하다는 것을 입증합니다. 1748년 3월 23일

1674. 이런 영들 중에 몇몇 영들이 나에게 가까이 왔을 때, 내 얼굴은 화끈 달아올랐습니다. 이것은 그들의 현존의 하나의 증표(證票)이었습니다. 그러나 그들은, 그와는 달리, 오른쪽 정면 머리의 영역 먼 거리의 오른쪽 이마의 반대쪽에 있었습니다.

1675. 어떤 질책(質責)하는 영(a certain chiding spirit)이 나에게 왔습니다. 그러나 그들은 목성의 영들과는 다른 모습으로 왔으며, 그리고 내 옆에 서 있었는데, 그들은 그 위치에서 내게 말을 걸었습니다. 그럼에도 불구하고, 그는 맥박의 근원(the fount of pulsation)인 숫구멍(頂門 · fontinel) 주위의 머리 위에서 배회(徘徊)하면서, 나와 말하는 것 같이 보였습니다. 그는 내 마음이나 기억에 속한 지극히 미세한 것들도 살펴서 끄집어낼 수 있었습니다. 그리고 역시 그것도 교묘한 것과 관련하여 처리하였습니다. 그러므로 그는 내 자신

의 자제된 생각까지도 억제하였고, 또한 그는 거기에서부터 물러나지도 않았습니다. 그가 내 기억에서 찾아낸 것들을 그는 모두 제시하였고, 그리고 그것들로 나를 질책하였습니다. 들추어내는 것을 허락하지 않는 것들도 있었습니다. 그가 들추어낸 것은 모두 그가 내 것이라고 생각되는 그런 것들이었습니다. 그런 이유 때문에 그는 책임을 져야 하는 제공자로서 나를 생각하였습니다. 한 동안 그와 대화를 가진 뒤에 내가 이해할 수 있었던 것은, 그는, 비록 그와 같은 짓을 아주 교묘한 방법으로 그들의 생애에서 자신들의 동료들을 꾸짖었던 자들인 나와 지금 말하고 있는 영들 중의 하나이었다는 것입니다. 이상에서 내가 할 수 있는 결론은, 그 영역이나 또는 그 유성(遊星)의 사람들은 매우 심오(深奧)한 생각에 의하여 분별된다는 것과, 결과적으로 이런 종류의 질책이 일어난다는 것 등입니다. 그러므로 나는 이런 방법으로 말하는 것이 허락되었습니다. 그와 같은 방법으로 하나의 천사가 되려고 했으나, 내가 그에게 사람의 선행들을 무시하고, 그리고 그의 악행들을 용서하려는 의도가 없이 사람의 악행들만을 찾아내려고 하는 것은, 천사적인 자세가 아니다는 것을 지적하였을 때, 개혁(=바로잡음・改革・reformation)을 목적으로 해서 이러한 일을 하는 것은, 그러므로 그것은 좋은 일이다는 것을 그는 여전히 주장하였습니다. 그가 그것은 천사적인 자세가 아니다고 말하는 내 말을 들었을 때, 그가 하는 대답은, 그 사람에게 이와 같이 말하고, 그의 악행들을 찾아내는 일은 천사적이지 못하다는 것이었습니다. 그의 이 대답에 대하여 나는, 내가 그의 악행들을 조사한 것이 아니고, 오히려 그가 스스로 폭로한 것이기 때문에 보여진 그것들을 선언한 것 이외의 아무것도 아니라는 것과, 그리고 그것은 모두가 그에게서 비롯된 것이다는 것을 대답하였을 때, 그 때 그는 더 이상 머물러 있으려고 하지 않았지만, 그러나 그가 천사가 되려고 한다는 내가 한 말을 매우 기뻐하였습니다. 비록 그가 천사가 된다는 사실에 자신의 마음을 크게 두지는 않았지만, 그것에 관해서 역시 우리들은 함께 더 많은 대화를 가질 수 있었습니다.

1676. 더욱이 보다 높은 부류의 영들이 어떤 종류의 부류인지 내게 밝히 보여졌습니다. 다시 말하면 그들은, 보통 빛을 발산하는 구름의 경우와 같이, 흰 것들로, 그리고 특정한 모양이 없이 사람이 장식한 검은 구름(a black cloud) 같았습니다. 그들은 자신들은 내면적으로 희다고 말하였습니다. 그리고 그 때 그들은 천사들이 되기를 바란다고 말하였습니다. 그리고 그들은, 그 때, 이와 같은 검은색(黑色)도 아주 멋진 하늘색으로 바뀔 것이라고 말하면서, 가장 아름다운 색조 가운데서 견본을 보여 주었습니다. 이와 같은 일련의 사실들에서 내가 얻을 수 있는 결론은 그들은 그 지역, 즉 그 지구에서 왔다는 사실입니다.

1677. 문제의 영들은, 내가 보고, 들은 것들이 기술되었고, 그래서 세상에 널리 공개될 수 있었으며, 그것에 의하여 수많은 사람들에게 잘 알려질 수 있다고 내가 말하였을 때, 매우 이상하게 생각하였습니다. 그들은 그것이 마술적인 것이라고 생각하고서, 용납할 수 없는 그런 부류의 기술이라고 비평하였습니다. 그러나 내가 그들에게 이런 기술은 우리 지구에 있는 것이고, 모두에게 친숙하므로, 합법적인 것이라고 대답하였을 때, 그리고 더욱이 내가 알고 있는 한, 우리 지구에는 다른 지구에서 그들이 하는 것과 같은 대화를 하는 영들이 전혀 없기 때문에, 그리고 그러므로 이런 중간매체를 통해서 개혁(改革)될 수 없기 때문에, 그와 같은 기술은 필수적인 것이다고 대답하였습니다. 그리고 내가, 우리의 지구의 주민들은 계시로부터 천계가 있다는 것과, 그리고 영들이나 천사들이 있다는 것과, 사후의 삶이 있다는 것을 알고 있지만, 그들은 저 세상에 있는 자들과 대화하는 특혜(特惠) 같은 것을 가지고 있지 않기 때문에 지극히 소수의 사람들만 이 진리를 믿는다는 것을 말하였을 때, 그 때 우리의 지구에 있는 사람들을 위해서는 그와 같은 전달방법(傳達方法)은 필요하지만, 그들의 지구에 있는 자들은 천사들에 의하여 여러 가지

다양한 방법에 의하여 가르침을 받고 있기 때문에, 그들을 위해서는 필요한 것이 아니라는 것을 납득하였고, 만족스러워하였습니다. 위에서 비롯된 이런 것들은 그들의 말들이고, 그들 자신의 입, 즉 생각에서 쓰여진 것들입니다.

1678. 나는 그들이 내 눈을 통해서 대상물들을 볼 수 있는지 여부를 그들에게 물었습니다. 그들은 보지 못한다고 대답하였습니다. 내가 그들에게 참된 대답을 강요하였을 때, 그들은, 그런 것들이 모두가 물질적인 것이기 때문에, 그런 것들을 보기를 원하지 않는다고 대답하였습니다. 그리고 그들은 그런 것들에서 자신들의 시선을 강하게 피한다는 것과, 그리고 그들이 알지 못하는 것을 그들은 보려고 하지 않는다는 것 등을 대답하였습니다.

1679. 나는 그들의 자녀들에 관해서 그들과 많은 이야기를 나누었는데, 그들은, 대체적으로 3, 4명의 자녀들을 두고 있고, 각자의 집은 서로 분리되어 있고, 나에게 보여 준 것과 같이, 그들은 작은 방들 안에서 사는 것을 만족한다는 것 등을 말하였습니다. 그 건물은 매우 멋진 건축 양식의 것인데, 둥근 원형의 지붕을 가졌고, 넓은 중앙 공간에는 난로가 있으며, 그것이 온 방 전체에 빛을 공급하고, 거실에는 테이블이 있었습니다. 그들의 침실은 양 옆에 있었는데, 거기에는 벽처럼 계속해서 길게 뻗어 있는 단 하나의 침대가 있었고, 거기에 그들은 차례로 눕습니다. 거기에는 금색의 침대보가 있었습니다.

1680. 원형의 넓은 공간에 있는 빛은 아주 높은 곳에까지 미치는 살아 있는 불꽃(flame)과 같았습니다. 그들이 나에게 일러준 것은, 그것은 타고 있는 불꽃이 아니고, 다만 빛을 발하는 불(fire)과 같다는 것과, 그리고 그들은 자기들 주위에 일종의 나무를 가지고 있어서, 그것을 베어다가 그 난로에 정리 정돈해 놓으면 일종의 투명한 불꽃(lucid flame)을 주위에 발산한다는 것 등입니다. 투명성이나 빛깔은 우리의 불꽃과 비슷하였습니다. 그래서 나는, 방 전체에 빛을

발산하는 활활 타오르는 불꽃을 가지고 있다고 생각하였습니다. 두 종류의 화목(火木)들이 나에게 보여겼는데, 거기에는 그런 종류의 빛이 있었습니다. 외현(外現)은 마치 석탄의 불꽃같았고, 또한 내부에는 불타는 것이 있어서, 그것에서 빛을 발산하였습니다. 이런 나무 막대기들이 잘려서 화로에 넣어졌고, 거기에서부터 밝음은 발원(發源)하였습니다.

1681. 그리고 내가 그들에게 우리 지구의 화려한 궁전들을 보여주었을 때 우리 지구의 영들은 그것을 보고 감탄(感歎)을 하였지만, 그러나 그들의 영들은, 그런 것들이 돌이나 그런 물질들로 만들어졌기 때문에 대수롭지 않게 생각하였습니다. 그리고 그들은, 그 자재들이 외견상 대리석이기 때문에, 그것들을 괴물들이라고 불렀습니다. 그들은 자기들에게는 이런 것들보다 더 멋지고 화려한 것들이 많이 있다고 말하였습니다. 그 궁전들이 보여졌을 때 우리 지구의 영들은 그 보다 더 화려한 것은 아직까지 본 적이 없다고 말하였습니다. 가장 화려한 것이 아닌 궁전들 중에서 어떤 것들이 지극히 부분적으로 내게 보여겼는데, 그것이 내 기억 속에 각인(刻印)되지 않게 하기 위하여 그 이상의 멋진 것은 주어지지 않았습니다. 그러나 그들은 가장 뛰어난 고결하고 고상한 나무라고 하는 큰 나무로 만든 주님을 예배하는 성전을 가지고 있었습니다. 그리고 그들은 밀생(密生)한 가지들이 주위 사방으로 뻗치도록 아주 잘 정리하였습니다. 이런 나무 가지들을 꾸부리고, 좋은 모양으로 가꾸고, 다듬어서 아름다운 입구들을 갖춘 아치(arches)형의 연속적인 모양으로 궁전들을 만드는 그런 건축 양식으로 확대하였습니다. 그래서 아치형의 입구는 다른 입구와 계속해서 맞물려 이어졌고, 따라서 넓은 현관에까지 통하였습니다. 이런 식으로 숲 전체가 형성되었습니다. 말하자면, 숲 전체는 넓고, 긴 주랑들(柱廊·porticoes)과 입구나 출입하는 길이 아치형으로 된 궁전들을 형성하고 있었습니다. 거기에 온 방문객들은 모두 산책로로 된 숲을 보게 되지만, 그러나 그 산책로의 보다

깊숙한 내면들을 나는 보지 못하였습니다. 다만 나는 모두가 나무들의 멋진 가지들의 구성들로 이루어진 접는 문들(folding doors)과 대문들과 온갖 아치형 외에는 아무것도 보지 못하였습니다. 아주 멋진 위로 뻗은 계단들, 즉 층계들이 있었는데, 그것들은 바람이 휘감고 간 모양으로 위를 향해 쭉 뻗어 있었습니다. 이와 같이 나무들의 가지들로 엮어서 만든 모든 것들은 쓸쓸이나, 장식의 목적에 맞게 만들어졌고, 그리고 그들이 가장 높은 곳에 오르게 되면, 그들은 그 때 거기에서 무릎을 꿇고, 주님을 예배합니다. 이런 건물이 된 나무들의 아래 부분에는 네 개씩 된 받침대들로 만들어진 조립물들이 있습니다. 그리고 여기에서도 그들은 이런 식 저런 방법으로 나뭇가지들을 배치 정돈하였습니다. 어떤 것들은 상으로, 어떤 것은 출입구들로, 어떤 것들은 창문들을 갖춘 벽으로, 어떤 것들은 지붕으로 만들었는데, 그 지붕을 통해서는 태양 광선이 들어와서 빛을 비추었습니다. 한편, 상을 받쳐주고 있는 다리나, 문 주위에 있는 것들은 보다 흰 색조를 보이기 위하여 나무껍질을 벗겨서 만든 것입니다. 아래의 산책로나, 외적인 장식물들은 가장 심오한 감탄 가운데 우리들의 영혼들에 감명을 주는 것들이고, 그리고 그것들은 매우 뛰어난 표현으로 기술되었습니다. 그것들 중에서 두 셋이 부분적으로 나타나 보였습니다. 이러한 것들은 채색(彩色)되어 있었는데, 그 이유는 거기에 사는 주민들은 밝고 아름다운 하늘색을 반사(反射)하는 그런 것들에 사로잡혀 있기 때문입니다. 그러나 이 밖에도 거기에는 흰색이 엷게 혼합된 엷은 금색도 있었습니다. 그러나 거기의 주민들은 높여져 있는 장소들에 있지 않았는데, 그 곳들을 그들은 거룩한 곳으로 섬겼습니다. 따라서 그들 자신의 건축기술과 그리고 그 밖의 다른 것들을 그들에게 맞게 지은 단순한 양식의 건물을 좋아하고, 중요시 하였고, 그리고 선택하였습니다.

1682. 그들은 좋은 계층의 영들이라고 말하였기 때문에, 악한 사람들에게서의 그것들에 관해서 나는 그들에게 물어보았습니다. 그들

은 어느 누구나 나쁜 사람이 되는 것은 허락되지 않았다고 대답하였습니다. 그리고 만약에 어느 누구가 나쁘게 생각하고, 말을 한다면, 그는 제일 먼저 어떤 영으로부터 질책(叱責)을 받고, 그리고 그가 반복해서 그렇게 한다면, 그 영은 그에게 죽을 것이라고 말한다고도 대답하였습니다. 그리고 만약에 금지된 일을 그가 범한다면 발작(發作)하여 죽을 것이다는 것도 부연하였습니다. 이런 식으로 그 백성들은 온갖 악들의 영향에서 보호받고 있습니다. 이런 역할을 하는 영이 거기에 나타났습니다. 그 때 그가 질책을 했던 그들과 같이 나와 그 영이 말을 하게 되었고, 비슷한 방법으로 나에게 말하였습니다. 그리고 나는 그가 복부(腹部)에서 어느 정도의 통증(痛症)을 야기(惹起)시킨다는 것을 알았는데, 이러한 것은 그들에게는 일상적으로 일어나는 일이었습니다. 질책을 담당하는 자가 어떤 악한 것을 생각하고 행한 자 모두에게 설명하고, 그리고 장 내부에서 통증을 가지고 벌을 주는 일은 관습적인 것입니다. 그 때 그는 만약에 그가 다시 잘못을 행하면 죽을 것이다는 것도 말합니다. 그것은 우리들에게는 양심의 가책(呵責)에 대응한다고 생각하였습니다. 왜냐하면 영들과 말하는 자들에게는 분명히 통증이 있기 때문입니다. 어떤 사람은 그들이 발작하고, 실신(失神)해서 죽었다고 말하였습니다. 그리고 그들은 사람들에게 고통을 주고, 질책하고, 훈계하는 그런 영들이 된다고도 말하였습니다. 그는 내 머리 뒤에 있었으며, 그리고 그는 일종의 파도치듯이 말하였습니다. 1748년 3월 25일

혼인애(婚姻愛)와 자녀들에 대한 부모의 자녀사랑에 관하여

1683. 어디에서부터 참된 혼인애(婚姻愛)나, 자녀들을 위한 부모의 자녀사랑과, 손자들에 대한 보다 큰 손자사랑의 근원이 비롯되는지 지금까지 어느 누구도 알지 못하였습니다. 그리고 또한 이런 사랑들 가운데는 어떤 천적인 것이 있으며, 그것들에 관한 지식은 반드시 천계에서 온다는 것이고, 그러므로, 하나의 보편적인 원칙으로

서, 모두의 마음 속에 입류(入流)한다는 것도 알지 못하였습니다. 이런 성질에 속한 것은 극내적인 존재(極內的 存在)나 지존적인 존재(至尊的 存在) 안에 원인(原因)이 없다면 존재할 수 없습니다. 그리고 또한 그와 같은 극내적인 존재나, 지존적인 존재 안에 하나의 원인이 없다면 결코 어떤 것도 존속할 수 없습니다. 왜냐하면 원인이나 존재의 근원(a principle of being)이 없으면 무엇이 있을 수 있겠습니까? 이 경우 그 근원(根源·the principle)은 분명합니다. 다시 말하면 피조물들의 우주를 향한 주님의 사랑이나, 사람은 물론 천사들이나 영들에 대한 주님의 사랑은 주님의 존재로서 아주 명확합니다. 그 근원에서부터 본질적으로 그 사랑은 혼인애에 비교되고, 그리고 신랑과 남편으로서의 주님에 대하여 서술되고, 또한 신부와 아내로서의 교회에 대하여 서술하고 있습니다. 주님의 피조물 전체나, 개별적인 각각에 대한 주님의 사랑을 떠나서는, 그리고 사람의 마음 속이나 마음의 극내적인 것에 유입하는 주님의 명확한 입류가 없다면 거기에는 어떤 혼인애도 결코 존재할 수 없습니다. 결과적으로 다양한 방법으로 혼인애에서 비롯되는 선에 속한 어떠한 사랑도 결코 존재할 수 없습니다. 이와 같이 그의 자녀의 아버지로서 주님께서, 전체적이든 개별적이든, 모두를 사랑하지 않았다면, 그리고 그의 젖먹이들의 어머니가 자녀를 사랑하듯이 주님에게서 비롯된 천계를 사랑하지 않았다면, 거기에는 부모적인 애정, 즉 맹목적인 사랑(storge)까지도 결코 존재하지 않았을 것입니다. 손자에 대한 보다 큰 사랑, 즉 맹목적인 손자사랑까지도 자아적인 근원(self-origination)의 사안이 될 수 없습니다. 그러므로 사랑은 위에서 내려오고, 그리고 사랑은 지금 지적된 근원에서부터 오는 것입니다. 1748년 3월 25일

육신을 입고 살았다는 것을 시인하지 않으려는 영들에 관한 속편 ; 그리고 다른 지구의 영들에 관하여

1684. 육신의 이해관계에 대하여 관심을 두는 자들과는 교류를 결코 가질 수 없을 정도로 관능적인 것들에 대해서는 심한 반감(反感)을 가지고 있으면서, 나무들로 이루어진 집들이나 건물들과 같은, 그들의 주위를 에워싸고 있는 것들은 어째서 귀중하게 여기고, 애지중지(愛之重之)하는지를 나는 그들에게 물었습니다. 그들은 대답하여야 할 것을 잘 모르기 때문에 주저하였지만, 그러나 종국에 그들이 대답한 내용은 위에 언급된 대상물들은 자신들의 천적인 것들이다는 것과, 그들의 천계에서는 그런 것들로 기쁨을 만끽한다는 것이었습니다. 왜냐하면 육신을 입은 삶 동안에, 그들은 천계에는 이런 것들이 존재한다는 것을 잘 알고 있었기 때문에, 땅에서 위로 솟는 식물적인 구조물들에게서는 천적인 것으로서 그들은 기쁨을 취하기 때문이다고 말하였습니다. 더욱이 그들은, 우리 지구의 주민들과 같이, 소유한 재물들·훌륭한 주택들·겉치레적인 허식들(虛飾)이나 사치스러운 생활과 같은 물욕(物慾)이나 호사스러운 의상과 같은 세속적인 정욕들에 의하여, 넋을 잃지 않기 때문에, 그리고 또한 그들은 모든 가족들과는 떨어져서 살고 있어서 사회들에 속한 구성원들에 의해서는 영향을 받지 않기 때문에, 따라서 그들은 위에 언급된 각종의 대상물들 이상으로 그 어떤 것들을 귀중하게 여길 수도, 애지중지할 수도 없습니다. 이상에서 볼 때, 그들이 자신들의 육체들에 대해서 과도하게 평가한다고 추측하는 것은 있을 수 없는 일입니다. 1748년 3월 25일

1685. 그러므로 그들이 지금 거론한 그런 것들 이상으로 삶에서 다른 기쁨들을 취하지 않기 때문에, 그리고 그것이 그들의 생애에서 비록 그것이 다가올 삶에 있을 때 보다 완벽한 기쁨들이나 즐거움들이라고 해도, 그들이 소망하는 것들이기 때문에, 만약에 그들이 이런 것들에서 기쁨을 만끽하고, 그리고 그것들을 귀중하게 여기고 애지중지한다면, 그것은 결코 놀라운 일이 아닙니다. 더욱이 이와 같은 보다 완벽한 것들이 그들의 천계에서 그들에게 펼쳐졌을 때,

그것들에 관해서 그들이 언급한 것은, 그들은 그들의 기쁨이나 즐거움이 본질적으로 이런 것들에 존재하는 것이 아니고, 그것들에서 비롯된 것들 안에 존재하고, 그리고 그들 안에 있다는 것을 잘 알고 있다는 것입니다. 그리고 더욱이 그들은 육체적인 것들이나, 심지어 그들 자신의 육체적인 것들까지도 싫어한다(嫌惡)고 말하였습니다. 이것으로 인하여 다시 나에게 명확하게 된 사실은, 종전과 꼭 같이 나의 불안은, 이런 부류의 영들과 우리들 사이에 있는 상호적인 미움(反感)에서, 다시 생겨났습니다. 이러한 것은 이미 언급하였습니다.

1686. 그들의 작용은 왼쪽 무릎 영역의 위와 아래쪽에서 확실한 파동(波動)이나 진동(振動)과 함께 분명하게 지각되었습니다. 이런 것에서부터 내가 얻는 결론은, 그들은 발뒤꿈치와 관능적인 것들을 좋아하지 않고, 오히려 자연적인 것들을 단순하게 좋아한다는 것입니다. 왜냐하면 무릎 위나, 사타구니 위의 중간 영역에서의 움직임(活動·movement)은 그것이 천적인 것이다는 것을 뜻하기 때문입니다. 그 이유는 천적인 것과 자연적인 것이 이와 같이 결합되어 있기 때문입니다. 그러므로 영적인 것과 자연적인 것이 결합한 것이 어떤 사람에게 존재해 있듯이, 천적인 것들과 자연적인 것들이 결합된 것이 내재해 있는 그런 자들도 있습니다. 1748년 3월 25일

1687. 그 지구의 사람들이 온갖 악들 때문에 벌을 받게 되면, 그들에게는 시커멓게 멍든 색깔의 한 마리 사자가 크게 입을 벌리고 이빨을 드러낸 채 나타나는데, 그런 광경에서, 그들이 그것을 보든, 또는 듣고 있든 관계없이, 그들은 몸서리치고, 공포에 떨 수밖에 없습니다. 그들은 그들을 벌하는 자를 악마라고 부르고, 그리고 어떤 방법으로 거룩한 것들을 모독하는 자들은 다만 악마들일 뿐입니다. 1748년 3월 25일

이빨을 드러낸 딱 벌어진 입이 가까이 오게 되면, 몸에서 머리를 찢어 통째로 삼킬 것 같이 보이는데, 그러한 느낌은 최악의 고통이 수반(隨伴)되고 있다는 것을 그들 가운데 드러낸 것입니다.

경뇌막(硬腦膜) 영역을 형성하는 자들에 관하여

1688. 나의 머리 중간 거리쯤의 대뇌의 영역 주위에 여러 영들이 있었는데, 그들은 일종의 일반적인 맥박(=파동·pulsation)에 의하여 활동을 하였습니다. 그것은 처음에는 상호적인 파문(a reciprocal undulation)이었습니다. 말하자면 그것은 내 이마에 작용하는 어떤 차가운 숨(呼吸·a cool kind of breathing)과 더불어 위와 아래로 활동하였습니다. 내가 느꼈던 그것들의 움직임은, 가끔 내가 영들의 무리에서 경험했던 것과 같이, 일종의 상호적인 것이었습니다. 이런 종류의 오르고 내리는 운동에서 나는, 그들의 움직임(運動)이 나선(螺線)적인 것이었기 때문에, 보다 내면적인 계급의 영들이 아니다고 추측할 수 있었습니다.

1689. 그 뒤 꼭 같은 영들이 왼쪽 턱 아래에서 눈부시게 타오르는 불빛을 보여 주었습니다. 그 때 왼쪽 눈 아래에 보다 희미하지만 빛이 보였고, 그 뒤에는 눈 위에 여전히 밝지 않은 빛이 보였습니다. 그럼에도 불구하고 그것은 비록 희지는 않지만, 눈부신 불꽃의 빛이었습니다. 영들은 이와 같이 어떤 종류의 빛들을 보여 주는 것이 습관적이 되었습니다.

1690. 그 뒤 나는 두개골, 즉 머리의 왼쪽 부위에 내 왼손을 대자, 나는 또한 위와 아래로 움직이는 맥박작용을 손바닥 아래에서 감지하였습니다.

1691. 내가 그들이 누구냐고 물었을 때, 그들은 대답하려고 하지 않았습니다. 그들은 기꺼이 자진해서 말하지 않는다고 일러졌습니다. 그리고 말하기를 강요받게 되면 그들은 여전히 반감을 가지고서, 그들이 어떤 성품인지 노출될 것이라고 말하였습니다. 뇌 속에 있는 천적인 것들이나 영적인 것들의 일반적인 외피(外皮), 즉 오히려 토대를 가리키는, 경뇌막의 영역을 구성하는 자들은 이런 성품이 다는 것을 깨달았습니다. 왜냐하면 경뇌막이 넓게 퍼져 있고, 그리

고 따라서 윗면에 나타난다고 해도, 그럼에도 불구하고 그것은 두뇌의 외면적인 것들을 구성하고 있기 때문에, 영적인 것들이나 천적인 것들이 내면적인 것들을 점유하고 있는 이상, 그것은 이런 것들과 관계해서는 위를 덮고 있는 것이 아니고, 아래에 놓여있기 때문입니다.

1692. 경뇌막의 영역을 형성하는 자들은 육신을 입은 삶에서 영적인 것들을 생각하지도 않고, 또한 말도 하지 않을 뿐만 아니라, 자연적인 것 이외에는 그 어떤 것의 존재도 결코 생각하지 않으며, 심지어 자연적인 것을 영적인 것이나, 천적인 것이라고 생각하는 그런 성품입니다. 또한 그들은 그들의 내면적인 것에 속한 우둔함 때문에 다른 생각을 갖는다는 것은 그들에게는 전혀 불가능합니다. 그래서 그들은 그것을 고백하지 않았습니다. 그리고 만약에 그들이 영적인 것들이나 천적인 것들에 관해서 가지고 있는 어떤 생각을 고백하도록 강요받는다면, 그들은 그것은 자연적인 것이다는 것 외에 다른 것은 아무것도 말할 수 없고, 그들은 더 이상 아무런 진전도 없습니다. 동시에 그들은 신령예배에 참석하고, 기도하고, 찬양합니다. 한마디로 경뇌막의 영역을 형성하는 자들은 영들 가운데 있지 않고, 악귀들 사이에 있습니다. 그러므로 그들의 운동 작용은 심장의 맥박에 대응합니다.

1693. 그 뒤 상하로 움직이는 것이 아니고, 좌우로 움직이는 맥박을 일으키는 다른 영이 나타났습니다. 나는 그것을 손으로 알 수 있었습니다. 그 때 또다시 꼭 같은 결과를 빚는 또다른 자들이 나타났습니다. 그것은 상호적인 것이 아니고, 보다 충분한 것이어서, 그 맥박은 손바닥에 가득한 것을 느낄 수 있었습니다. 또 다른 자들이 나타났는데, 그들은 그들의 맥박을 한 손가락에서 다른 손가락에 그것 자체를 투사(投射)하였는데, 따라서 뛰어넘음(leap)에 의하여 행하였습니다. 이런 것들은 머리 위에서 인지되었는데, 다만 전자는 매우 다양함으로 내부에서 활동하였습니다. 그들이 영적인 것들이나

천적인 것에 관해서 다소 말도 하고, 생각도 하지만, 사실은 아무것도 이해하지 못하였고, 다만 외적인 감관들에 의하여, 또는 이런 감관들에 속한 경험에서 그와 같이 한다는 것 말고는 그들이 어떤 사람들인지에 대해서 나는 가르침을 받지 못하였습니다. 내가 듣고 있는 바로는 그것이 여성(女性)에게서 비롯되었다는 인상을 받았는데, 그러므로 이들은 머리의 겉 피부(外皮)의 영역을 구성하고 있었습니다. 왜냐하면 그들이 영적인 것들이나 천적인 것들에 관해서 육체적인 감관들로부터 추론하면 할수록 그들은 더욱 더 외면적인 존재가 되기 때문입니다. 1748년 3월 25일

호색(好色)의 형벌에 관하여

1694. 육신을 입은 삶을 살 때 호색적이고, 음탕한 생각들에 빠져서 산 자들이 있었는데, 그들은, 심지어 거룩한 주제를 말하고 있을 경우에도, 다른 자들이 말하는 것을 무엇이나 호색적이고, 음탕한 것으로 바꾸는 그런 습관을 가지고 있었습니다. 이와 같은 습관은, 그들의 마음이 그들의 나이 때문에, 이런 것들로 점령되었을 때, 젊은 사람들에게 널리 생기는 것입니다. 그러나 꼭 같은 일이 어른들이나, 나이 많은 사람들에게 일어나는 경우, 다시 말하면 그들이 들은 모든 것들을 이런 식으로 바꾸면, 또는 그들의 모든 생각들에서 그것을 이런 식으로 바꾸는 경우, 내가 지금 기술하려고 하는 이런 유의 형벌을 받을 것입니다.

1695. 왜냐하면 그들은 저 세상에서도 꼭 같은 생각들이나 상념(想念)들을 가지는 것을 멈추지 않기 때문입니다. 그 이유는 그런 생각들이 지배하고 있기 때문이고, 따라서 그들이 들은 것은 무엇이나 호색이나 음탕한 것으로 그것이 바뀌기 때문이고, 그리고 그들의 생각들이 밖으로 여러 표현들로 드러나게 되면, 그리고 그들이 본 것을 그들은 외설(猥褻)적인 표현들로 바꾸고, 그리고 그것이 다른 영들에게 나타나게 되면, 그것은 그들에게 매우 큰 불쾌감이나 상처를

야기시키기 때문에, 그러므로 천사들은 그런 것들을 몹시 싫어하고, 그것들을 증오합니다. 그리고 한 편 이런 추하고, 더러운 표현들이 소박한 사람(the simple-minded)에게 나타나게 되면, 그런 것들에 의하여 놀라서 나가자빠지게 됩니다.

 1696. 이것이 이런 부류의 작자에게 명하여진 하나의 형벌입니다. 나는 그것을 직접 보았고, 그것을 보게 되었을 때, 나는 매우 깊은 슬픔에 빠졌습니다. 그가 누구인지 내가 알지 못하는 어떤 범법자(犯法者)가 상처받고, 분개했던 영들 앞에 수평의 자세(a horizontal posture)로 내던져졌고, 그리고 롤러(回轉)처럼 왼쪽에서 오른쪽으로, 그리고 다른 위치에서는 하나의 축(軸)을 중심으로 하여, 빠른 움직임으로 회전(回轉)되었습니다. 그리고 이런 일은 거의 모든 자세에서 행하여졌는데, 그것은 모두에게 잘 보이기 위해서 입니다. 어떤 때는 자기 자신을 가리려고 하는 옷들이 입혀졌는데, 그 이유는 그가 그의 생애에서 이런 성격이었기 때문입니다. 그리고 또다시 그는 반나체(半裸體)가 되었습니다. 이런 식으로 그는 여러 방향으로 수평적으로 바뀌었고, 영들의 시야에 충분하게 보이도록 빙빙 돌려졌습니다. 결국에 어느 정도의 부끄러움(羞恥心)이 그에게 생겨났습니다. 그것은 그가 옷을 벗어버리기를 원하지 않는다는 사실에서 드러났습니다. 그는 또 다시 여러 가지 방법으로 빙빙 돌려졌습니다. 다시 말하면 머리에서부터 발끝까지, 마치 하나의 축(軸)을 중심으로 회전되듯이, 돌려졌습니다. 그의 몸이 그 축에 평행해서 아니라, 옆으로 또는 수직으로 맹렬하게 빠른 속도로 회전되었습니다. 그 때 그는 다시 왼쪽에서 오른쪽으로, 오른쪽에서 왼쪽으로 수평운동을 하게 되었고, 그리고 또 다시 저항(抵抗)을 받으면서 돌쩌귀처럼 오른쪽을 향해 매우 큰 고통을 감수(甘受)하면서 움직였습니다. 왜냐하면 그 때 두 힘이 작용을 하였는데, 하나는 원형을, 그리고 다른 하나는 뒤쪽으로 작용을 하므로, 따라서 그는 회전되는 쪽을 향해서는 아주 세차게 밀어붙여졌기 때문입니다. 그가 두 힘에 의하여 이와

같이 움직여졌고, 그리고 한 방향으로 밀어붙여졌기 때문에, 그것의 결과는 말로 표현할 수 없는 고통과 함께 사지(四肢)가 찢어지는 고통을 견디어야만 했습니다. 이와 같은 형벌은 그 범죄에서 자체적으로 생겨났습니다. 그리고 거기에서 역시 망상(妄想)이 일어나는데, 그것은 결과적으로 그 범죄에서부터 나오는 것입니다. 그러므로 이와 같은 하나의 형상은 그저 경이로울 뿐입니다.

1697. 그런 뒤 그는 다른 곳으로 스스로 물러갔습니다. 그는 거기에서 그 어떤 음탕한 것을 말하는 것을 부끄러워했습니다. 한 동안 영들은 여러 가지 방법으로 그를 시험하였고, 그리고 그가 꼭 같은 생각들에 계속해서 빠져 있는지 아닌지를 살펴보려고 했지만, 그러나 그는 그 때 자신의 부끄러움이나 고통에 대한 기억 가운데 있었기 때문에, 다시 그와 같은 일을 저지르지 않으려고 특별히 조심하였습니다. 말하자면 이와 같이 그는 자신의 판단을 비밀로 하고 있지만, 그들은 그가 어디에 있는지 잘 알고 있습니다. 1748년 3월 26일

1698. 이 형벌은 오른쪽 눈의 영역의 중간 거리쯤 정면에서 보여졌습니다.

영계(靈界·the spiritual world)의 방위(方位)에 관하여

1699. 아주 놀라운 일은, 영들의 세계(the world of spirits)나, 천계에서 일어나는 모든 것이나, 또는 모든 일반적인 것들의 종(種)이나 유(類)는, 그것들이 어디에 있든지 자신들의 방위들의 변화가 전혀 없이, 자신들의 방위를 계속해서 유지(維持)하고 있다는 사실입니다. 그러므로 어떤 영이나, 어떤 천사들이 나타나고, 그리고 또한 어떤 일이 일어난다고 해도 그 각각에 관해서 보면 그것 자신의 고정된 방위(方位) 안에서 그 일이 일어나고 있습니다. 이런 방위들은 인간 육체에 대해서 관계를 가지고 있습니다. 상대적으로 육체와 관계해서 영들이 어디에 있는지 알려지게 되면, 그들이 누구인지, 그리

고 그들의 성품이 어떠한지도 쉽게 알게 될 것입니다. 비록 동일한 방위에 동일한 것들이 아닌 것들이 있다고 해도, 다른 여러 가지 표지들에서부터 그런 것들이 어떤 것이고, 그리고 어떤 성질의 것인지를 아무런 착오 없이 잘 알 수 있습니다. 그러므로 호수가 어디에 있는지, 게헨나(Gehenna)가 어디에 있는지, 불결한 영들이 어디에 있는지, 그리고 다수들 가운데 있는 자들이나, 결장(結腸)을 구성하고 있는 자들이 어디에 있든지, 거기에 있는 확실한 방위들은 인지될 것이고, 따라서 모든 다른 개별적인 것들에서도 마찬가지입니다.

1700. 서로 다른 방위들 안에 있는 거리에 관해서도 마찬가지입니다. 그것은 결코 착오를 범하지 않을 정도로 확실합니다.

1701. 방위들은 상대적으로 인간의 육체에 대하여 존재합니다. 즉 머리나 머리의 부위들 예컨대 이마·관자놀이·좌우의 눈, 또는 오른쪽이나 왼쪽에 관계해서 존재합니다. 그리고 또한 어깨의 관절부위·가슴·복부(腹部)·허리·무릎·발·발뒤꿈치, 그리고 특별하게는 머리 위쪽에 관계해서 존재하고, 따라서 마찬가지로 이마·전두부(前頭部)·후두부(後頭部)·좌우측의 전후의 두개관(頭蓋冠)에 관계해서 존재합니다. 이러한 지점들에 나타나는 영들은, 그들이 이러한 성질의 영들이라면 계속해서 그들이 거기에 나타난다는 것은 틀림이 없습니다. 발밑에 있는 자들은, 마치 앞의 자들이 높고, 낮게 있는 것과 같이, 낮은 땅이나, 더 깊이에 있습니다.

1702. 영들은 자신들 안에서 일어나는 변화에 일치하여 장소들을 바꿉니다. 왜냐하면 그들은 자신들의 성질이나 기질(氣質)에 따라서 자신들을 보존하기 때문입니다. 어떤 자들은 결코 장소를 바꾸지 않지만, 그럼에도 불구하고 거기에서 여행들을 즐기면서 동일한 방위를 유지합니다. 그래서 그것에서부터 그들이 누구인지 알 수 있습니다.

1703. 비록 외현이 그와 같다고 해도, 그들이 있다고 나타나는 곳에 그들이 거기에 존재한다고 말할 수는 없습니다. 고도(高度)나

현존(現存)의 경우가 그와 같듯이, 위치(位置) 역시 그러합니다. 그들은 이와 같이 목전(目前)에 나타나는데, 그 이유는 영들의 보편적인 세계나, 보편적인 천계는 최대인간(最大人間·the Grand Man)을 표징하고, 그리고 그 인간을 형성하기 때문입니다. 그것이 바로 사람이 하나의 영으로 존재하고 있는 한, 사람의 시야에 나타나는 이유이고, 그리고 모든 영이나, 모든 천사에게 나타나는 이유입니다. 이 모든 것이 꾸밈이 없는 하나의 외현(外現·appearance)이다는 것은, 만약에 수많은 자들이 동시에 그들을 보고 있다면, 그리고 꼭 같은 대상물들이 그들 사이에 있는 거리 안에 존재하지만, 그럼에도 불구하고 그것은 이 사람이나 저 사람에게 달리 보이지 않고, 따라서 누구의 면전에서나, 누구의 뒤에서 달리 보이지 않는다는 여러 가지 사실에서 쉽게 입증될 수 있겠습니다.

1703[A]. 놀라운 일은, 하나의 위치(位置·position)가 어떤 개별적인 종결(終結)이 없이 이런 모양으로 나타난다는 것입니다. 왜냐하면 영이 그 위치에 관해서 깊이 생각하고 있는 한, 그 때 가끔은 변화하는 것이 일반적이지만, 그럼에도 불구하고 그 때 확실한 영적인 개념에 의하여 그는 신체에 관계되고 있는 그것의 위치를 잘 알고 있기 때문입니다. 1748년 3월 26일

어떤 유력한 것이 사람의 마음·영의 마음·천사의 마음을 지배한다는 것과 귀로 듣는 것은 무엇이나 그 지배적인 것에 대하여 굴복하고, 변한다는 것에 관하여

1704. 이러한 사실은 보통의 일상적인 사실이고, 따라서 어느 누구에게나 잘 알려져 있습니다. 그리고 어떤 생각이나, 정동, 또는 탐욕이 마음 안에서 권세나 지배력을 갖는다면, 그 때 다른 것들에 의하여 행하는 것이나, 그리고 문제의 어떤 부위에 의하여 듣게 되는 모든 것은 그것에 따라서 결정되고 맙니다. 그러므로 예를 들어서, 앞에서 언급한 것과 같이, 호색적인 자들은, 그들이 들은 모든 것들

을 호색적인 이미지로 바꾸고, 따라서 호색적이고, 외설적인 표현으로 둔갑(遁甲)시킵니다. 그리고 다른 것들에서도 역시 그와 마찬가지 입니다.

1705. 선이 지배하는 사람에게는 그들이 선으로 바꾸지 않는 것이나, 그리고 용서하지 않는 것은 아무것도 없습니다. 따라서 주님에게서 비롯된 것은 무엇이나, 그리고 주님에 의하여 인도되는 사람은 누구나 이와 같은 모든 것들을 선으로 바꿉니다. 1748년 3월 26일

영들의 불명확한 상태에 관하여

1706. 내 주위에 있는 모든 영들과 더불어 나는 불명확한 상태에 있었습니다. 그 상태는 그들이 그들 자신에 관해서 결코 반성할 수 없는 상태이지만, 그러나 영들의 일반적인 개념에 일치하는 이른바 우주 안에는 아무것도 존재하지 않는다는 생각에 빠지게 된 상태입니다. 내 자신에 대해서도 나는 육체 안에 있는지, 육체 밖에 있는지 거의 말할 수 없는 상태에 있었습니다. 왜냐하면 육체에 대해서 생각하는 것이 주어지지 않았기 때문에 육체에 속한 것은 아무것도 깨닫지 못하였기 때문입니다. 따라서 내가 가졌던 인지(認知·知覺· perception)는 육체에서 독립(獨立)한 것입니다. 왜냐하면 그와 같은 생각들이나 개념들은 하나의 막연한 보편성(a vague universality)에서 종결되기 때문입니다. 따라서 그런 생각들이나 개념들은 소위 소멸해 버리고 내 자신 안에서의 종결 따위는 전혀 없기 때문입니다. 어느 누구 안에서의 종결(終結·determination)은, 그것의 주제들이 그들로 하여금 스스로 그러하다고 생각하는 그런 것들로 자신들에게 보이게 하는 원인이 됩니다. 한마디로, 그 상태는 일상적인 상태와는 전적으로 다른 상태이고, 또한 단순한 말 이외에는 거기에 아무것도 없는 상태입니다. 왜냐하면 영들이 말하였고, 내가 또한 말하였지만, 그러나 그 말은 마치 어느 특정의 사람에게서 발출한 것

이 아니고, 다만 그것은 허공(虛空)을 향해 날려버린 단순한 소리에 지나지 않기 때문입니다. 허공에는 작은 별들이 반짝이는 천적인 푸른 천장 이외에는 아무것도 보이지 않았습니다.

1707. 그러므로 여기서 추측할 수 있는 것은 영들이 자신들에게 그런 것이고, 또한 자신이 소유한 것이다고 하는 것은 무엇이나 그들이 자신들 안에 있는 개념들이나 생각들의 결정으로부터, 그리고 그들이 말하고 있는 것들에 대해서 깊이 생각한 것에서부터, 그것을 가지고 있는 것입니다. 그리고 또한 이런 결정이 없다면 영이나, 사람 자신에게는 그것은 아무것도 아닌 것처럼 보일 것입니다. 1748년 3월 26일

사람의 육체의 존재나 존속은 주님으로 말미암아 최대인간(最大人間)에 의한 것이다는 사실에 관하여 ; 주님에게서 비롯된 생명이 어떻게 악한 사람에게 주입될 수 있는기에 관하여

1708. 가끔 영들이 나를 꾸짖었습니다. 이른바 생명을 가지고 있는 것이 아니라고 비난하였습니다. 그 이유는 내가 그들에게 이렇게 말하였기 때문입니다. 사실인즉슨, 사람들・영들・천사들은 결코 자기 자신으로 말미암아서는 살 수 없고, 다만 주님으로 말미암아 산다는 것과, 그리고 그들은 모두가 생명의 그릇들에 불과하다고 말하였기 때문입니다. 이 말은 결코 생명을 가진 것이 아니다고 그들이 말하도록 그들을 자극하였습니다. 더욱이 누구를 꼬드기는 악한 것은 모두가 그들에 속한 것이고, 선에 속한 것은 무엇이나 주님에게 속한 것이다고 내가 말하였을 때, 그들은 이 말을 이해하려고 하지 않고, 오히려 그 주장에 대하여 내가 반드시 생명을 빼앗길 것이다는 것을 주장하였습니다. 사실 그들은 이와 같은 주장이나 소견을 듣는 것에 대하여 확고한 혐오감을 가지고 있었습니다. 왜냐하면 그들은 자기 자신으로 말미암아 살기를 원하기 때문입니다. 그리고 이런 이유 때문에 그들은 아주 자주 불평을 하였고, 내가 이와 같이

말하는 것에 대하여 분노하였습니다.

1709. 악에 속한 생명(the life of the evil)이 어떻게 해서 주님으로부터 그들에게 주입되었는지 내 스스로 그 사안에 대해서 생각하였기 때문에, 내가 가끔 그들에게, 그들은 생명을 담는 그릇에 불과하기 때문에, 따라서 그 생명은, 태양의 빛에 비유되는, 그들의 보다 나은 이해를 목적한 것인 그 형태들에 일치한다는 것을 말하였습니다. 비록 색으로 보면 희고, 본질에서는 동일한 것이라고 해도, 그럼에도 불구하고 그것은 그 형태들을 통해서, 그리고 그것들에 유입할 때, 이 빛은 여러 가지 다양한 색조(色調)와 온도를 생기게 할 정도로 매우 다양하게 변하는데, 생명 역시 그와 같습니다. 이 대답에 대하여 그들은 아무런 대꾸를 할 수 없었습니다.

1710. 그러나 지금 내가 단언할 수 있는 것은, 주님의 생명은 우주 안에 있는 모든 삼라만상(森羅萬象)에 입류한다는 것입니다. 왜냐하면 그것들은 최대인간(最大人間·the Grand Man)을 형성하고, 그리고 영들의 천계와 천계를 형성하기 때문입니다. 그리고 그것이 바로 주님의 몸(His body)이시기 때문입니다. 그 이유는 그것은, 마치 사람이 그의 영혼으로 말미암아 살아가고 있듯이, 바꾸어 말하면 주님으로 말미암아 영혼을 통해서 살아가고 있듯이, 주님으로 말미암아 살아가고 있기 때문입니다. 그러므로 모든 지체들이나, 지체들에 속한 부위들은 주님으로 말미암지 않고서는 살아갈 수 없습니다. 그것은 마치 사람의 모든 지체들이나, 그것들의 부분들은 전적으로 그의 영혼에 의존하는 것과 같습니다. 그리고 우주나 육체 안에 다종다양한 것이 있다고 해도 지체들의 형체들이나, 그 부위의 형체들에 일치하여 그것들은 그렇게 살아가고 있고, 따라서 그것들은 자신들의 기능들을 수행합니다. 그럼에도 불구하고 그것들은, 이런 방법으로, 선용들(善用·uses)이나 목적들(目的·ends)에 인도되는데, 그것은 마치 몸 안에 있는 각각의 개별적인 기관이나 조직이 그 선용과 그 목적에 의하여 인도되는 것과 같습니다. 왜냐하면 거기에는 주님이

신 모든 선용들에 대한, 그리고 하나의 목적에 대한 모든 것의 일치가 있기 때문입니다. 그것에서부터 생명은 전체적인 것이나, 개별적인 것에 입류하고, 그리고 형체들의 사회를 통해서 생명은 하나에서부터 다른 것들에 간접적으로 입류하기 때문입니다.

1711. 그러나 그 최대인간 안에 있는 악한 자들은, 육체 안에 있는 고약한 부위들이 계속 유지되듯이, 똑같은 관계에서 그것을 유지하고 있고, 그것은 여러 가지 다양한 방법들에 의하여 결합의 상태에서 활동하는 것을 유지하고 있습니다. 그러므로 그런 것들은 제일 먼저 혈액 속에 들어가기 위하여 근절되어야 하고, 해소되어야만 합니다. 유해한 것들은 배척되고, 그리고 혈액에 대해서는 이런 방법으로 온갖 선용들을 돕고, 따라서 혈액은 수많은 방법들에 의하여 정화(淨化)됩니다. 모든 것들은 이와 같이 육체 안에 존재하고 있기 때문에 그것들은 역시 생명을 취할 수밖에 없습니다. 1748년 3월 26일

1712. 주님에게서 입류하는 것은 무엇이나 최대인간(最大人間)에 입류하지만, 그러나 그것은 기능들에 따라서 다종다양하게 입류합니다. 그러므로 마치 사람의 몸(人體)에서 그것의 보편적인 육체에 입류하는 것을 제외하면 영혼에 의하여 활동하는 것은 아무것도 없는 것과 같이, 거기에서 생성된 결과에서 전적으로 자유로운 영이나, 천사는 있을 수 없습니다. 그러나 그 경우는, 사람들이나 영들이나 천사들에게서 발출하는 것에서 보면, 동일하지가 않습니다. 왜냐하면 그들은 다른 모두에게 서로 외적인 것이기 때문에, 그들에게서 비롯된 유입(流入)은 비교적 외적이기 때문입니다. 왜냐하면 그것은 내면적인 것들에 나가지 못하고, 그리고 내면적인 것들은 그것에 대하여 밖에 있고, 또한 그것은 속 깊이 이르지 못하는 등등의 것이 있기 때문입니다. 주님에게서 비롯된 것은 이와는 전혀 다른데, 이것은 깊숙한 것이나, 극내적인 것을 통과하기 때문입니다. 1748년 3월 26일

1713. 최대인간의 생명이 주님의 것이고, 인간 육체가 가지고 있는 지극히 작은 것들에까지 대응하는, 그와 같은 최대인간(最大人間·the Grand Man)이 존재하지 않는다면, 영혼은 또한 모든 다양함들에 일치하여 그것의 몸에 속한 모든 형체들 안에 입류할 수 없고, 그리고 각각의 모든 부위에서 그와 같이 다종다양하게 활동하지 못합니다. 여기에서부터 인간 육체들 안에 있는 일반적인 형체들이나, 내장의 다종다기(多種多岐)함은 존재합니다. 그것에서부터 내장 안에 있는 명확한 형체들의 다종다양함도 존재하고, 그리고 거기에서부터 선용들이나 목적들에 대한 모든 것의 질서(秩序·ordination)도 존재하고, 그리고 또한 거기에서부터 모든 것들의 기능들이 존재하고, 전체적인 것들이든 개별적인 것들이든, 모든 것들의 기능들이나 역할(役割) 등도 주님으로 말미암아 존재합니다.

1714. 여기에서부터 인체들의 존재나, 그것들의 활동들의 존재가 있을 수 있습니다. 그리고 그것에서부터 영구적인 존재를 가리키는 존속(存續)은 가능하며, 그리고 거기에서부터 계속적인 창조(創造·perpetual creation)를 가리키는 보존(保存·conservation)은 존재하고, 거기에서부터 모든 동물적인 몸들이나, 심지어 미물(微物)적인 동물의 존재나 존속도 존재합니다. 그리고 거기에서부터 살아 있는 것들의 동체들을 특별하게 나타내는 그 자신의 고유의 모양 안에서 그들의 다양함을 가지고 있는 모든 식물(植物)들의 존재나 생존이 비롯됩니다. 거기에서부터 대응들의 목적을 위하여 관능적이고 물질적인 것들에 의하여 영적인 것들이나 천적인 것들의 표징이 존재합니다. 그리고 거기에서부터 그들의 활동적인 세력(勢力)에 대응하는, 그리고 생명에 속한 그들의 선용들에 대응하는 기관들이나 조직들이 존재합니다. 그리고 그런 것을 떠나서는 그 어떤 결과도 일어나지 않습니다. 1748년 3월 26일

환상(妄想·幻想·phantasy)의 결과에 관하여

1715. 단순히 관능적인 부류의 것들이 영들의 세계에 있다는 것에 대하여, 다시 말하면 거기의 주민들이 자기 자신들에게 몸(形體)들을 지녔다는 것, 사실은 옷들로 입혀졌다는 것이나, 그리고 온갖 고통들을 인지(認知)한다는 것, 결과적으로 그들은 촉각(觸覺·the sense of touch)을 가지고 있다는 것이나, 그 밖의 단순한 관능적인 것들을 지니고 있다는 것 등등에 대하여 이상스럽게 생각하지 말기를 바랍니다. 그리고 이런 것들은 영적인 본질이나 또는 영들의 몫(lot)이라고 결코 생각할 수 없는 것들이라고 여길 것입니다. 그러나 이에 반하여 그것이 사실이다는 것은 전 천계가 그것을 확증할 정도로 진실된 것입니다.

1716. 그러므로 지옥에도 그들의 온갖 고문(拷問)들이 있습니다. 그리고 또한 거기에서부터 그들의 온갖 고통들과 공포들이 생기게 되고, 이와 마찬가지로 그들의 온갖 더러운 탐욕들이나, 그 밖의 관능적인 다른 것들도 생기게 됩니다.

1717. 이러한 것들이 거기에 존재하게 된 그 원인들에 관해서 살펴보면, 그것은 영들이 그들의 육신을 입은 삶에서부터 온갖 환상들이나 망상들 따위를 취하고 있기 때문이고, 그리고 그것들은 마음에 속한 것들이고, 그리고 그것들은 활동적이고, 작용하는 것이기 때문에, 그러므로 거기에서부터 그들의 탐욕들이나 정동들이 나오고, 존재하기 때문입니다.

1718. 어느 누구나 어느 정도의 건전한 판단력을 가지고 있다고 생각한다면 지금 언급한 사실들에 대하여 이상스럽게 생각할 이유를 그가 가질 수는 없을 것입니다. 왜냐하면 관능적이든, 또는 영적이든 관계없이, 생명은 감관이 없이 주어지지 않기 때문입니다. 그리고 모든 감관은 촉각 자체와 관계를 가지고 있고, 심지어 내적인 감관들이나, 극내적인 감관들과 관계를 가지고 있는데, 이러한 사실들은 누구나 시각(視覺)이나 청각(聽覺)에서 잘 알려져 있습니다. 그러므로 감관이 없이 주어진 생명은 존재할 수 없기 때문에, 여기에

서 얻는 결론은, 스스로 자신들이 관능적이라고 생각하는 사람들이나, 또는 관능적인 환상들 안에 있다고 여기는 사람들은, 이러한 경우는 최근에 죽은 많은 영들에게 있는 일들이지만, 그들이 그런 것들 안에 머물러 있는 한, 그들은 이와 같은 환상들을 가지고 온다는 것이고, 그리고 그것에서부터 위에 언급한 결과나, 또는 관능적인 것들에 속한 일종의 감관이 생기게 된다는 사실입니다. 왜냐하면 그들은 자신들이 자신들의 육신들 안에서 전적으로 살고 있다고 상상하고 있기 때문이고, 그리고 또한 생생한 경험들이나, 실증적인 것에 의한 것이 아니라면, 그와 같은 환상을 그들이 결코 빼앗길 수 없기 때문입니다. 이러한 사실에 관해서는 여러 곳에서 충분하게 참조할 수 있을 것입니다.

1719. 이런 이유들 때문에 사람들이 반드시 주지하고 있어야 할 것은, 공표하고, 가르치기를 좋아하는 이런 소견들, 다시 말하면 영들은 전적으로 감관이 결여(缺如)되었다는 것이나, 영적인 본질들은 그들의 육신적인 삶을 사는 동안에 그들이 향유(享有)했던 모든 종류의 정동들이 필요하지 않다는 것인 그들의 소견에 예의 주의(注意)를 하여야 한다는 것입니다. 나는 또 그와 반대되는 소견도 알고 있습니다. 이러한 사실은 수천수만의 가장 분명한 경험의 실증(實證)들에 의하여 나에게 입증되고, 보여진 것입니다. 나는 그것이 사실이다는 것을 공공연하게 선언할 수 있고, 주장할 수 있습니다. 만약에 사람들이, 영적인 본질들에 관한 그들의 억측(臆測)들이나 소견들에 그들이 두고 있는 중압(重壓)감이나 부담(負擔) 때문에 그런 사실을 믿을 수 없다고 한다면, 그들은 그들이 저 세상에 들어갈 때 반드시 주의를 하여야 합니다. 거기에서 그들이 직접 체험하는 사실은, 그들이 이 세상에서 신뢰(信賴)하지 않았던 어떤 것을 그들이 믿어야 한다고 강요당한다는 것입니다. 고대에서는 영들에 대하여 그와 같은 믿음에 속한 사람들은 없었지만, 그러나 그와 같은 사람들은 오늘날 존재하고 있습니다. 그들은 주님의 말씀(聖言)에서 추론하

지 않고, 단순히 자기 자신의 두뇌에서 추론하기 때문에, 그들은 자신들의 정의(定義)들이나 억측(臆測)들에 의하여 모든 감관적인 본성에 속한 것들이 박탈(剝奪)된 영들의 성질을 피력(披瀝)할 것입니다. 그리고 그들은 그들의 내면적인 것들이나, 내적인 원칙들에 이르게 하는 모든 종류들을 부정하면서 말입니다. 그럼에도 불구하고 그들은 그 때 이런 것들은 외적인 것들 안에서 자신들을 단순하게 드러내는 것이고, 그리고 지각되는 그런 것들입니다. 비록 그것들이 외적인 것들 안에서 나타난다고 해도, 그럼에도 불구하고 눈이 보고, 귀가 듣는 것은 그들이 믿는 것 그 이상의 것은 아닙니다. 그리고 그 때 동시에 그들은, 그 눈이 대상물들(對象物 · visibilities)을 전달하는 단순한 하나의 기관이다는 것을 알 것이지만, 이에 반하여 사람들의 내면적인 마음들(the interior minds)은 보는 것이고, 듣는 것이며, 감관적인 능력은 만약에 이와 같은 내면적인 것이 없다면, 전적으로 생명이 없는 죽은 존재입니다. 이것에 관해서는 충분하게 설명되겠습니다. 이상에서 드러나는 사실은, 영들 안에, 또는 사람의 영적인 본질들 안에 감관들이 있다는 것이고, 그리고 더욱이 그것들은 사망 후에도 생존해 있다는 것, 그리고 사람이 믿음에 속한 진리 안에 존재하지 않는다면, 사람은, 앞에서 언급한 온갖 결과들을 생산하는 온갖 환상들이나 망상들로 똘똘 뭉쳐질 것이다는 등등의 사실입니다.

1720. 사실 내가 주장할 수 있는 것은, 그들의 온갖 고통들, 공포들, 그리고 이와 비슷한 것들은 모두가, 육신 안에서와 꼭 같이, 그들에게 거의 느낄 수 있고, 지각된다는 것입니다. 그들은 그 사실을 가끔 나에게 고백하였습니다. 만약에 주님께서 그들의 망상들이나 종지(宗旨)들을 제거하시지 않는다면, 그들의 관능적인 것들은 이와 같이 여전히 그들의 마음 안에 남아 있을 것이고, 그들은 그들이 육신 가운데서 겪었던 극심한 고통들 이상으로 고통을 겪을 것입니다. 왜냐하면 악령들이나, 악마적인 무리들은 이런 부류의 망상들이나

종지들을 가지고 있을 뿐만 아니라, 그들은 그들이 고통을 주려고 하는 자들의 마음들 위에 꼭 같은 고통이나 괴로움을 줄 것이기 때문입니다. 만약에 주님께서 그것들을 제거해 주시고, 그리고 적절하게 조절하시지 않는다면 그들은, 가장 극심한 고통을 겪는 가운데서 겪는 그들의 육체에서 일어날 수 있는 것 이상의 아주 극심한 고통을 주는 지옥을 부둥켜안고 살아갈 것입니다.

흉막(胸膜·pleura)과 같은 육체의 내면적인 기관들을 구성하는 자들에 관하여

1721. 다른 영들을 통해서 말하는 영들이 있었는데, 그 영들은, 말하는 행위에서 그들에게 말하게 하는 장본인(張本人·promter)으로부터 약간의 것을 아는 것을 제외하면, 그들이 하는 말이 무엇인지 알지 못하였습니다. 그들은 그 장본인들이 말하는 것이 무엇인지 전혀 알지 못한다고 고백하였습니다. 그러나 그럼에도 불구하고 그들은 다른 자들이 그들을 통해서 말하고 있었는데, 이러한 사실은 다른 자들이 듣고 있다는 사실에서 명확합니다. 그리고 그들은 이와 같이 자신들이 다른 사람의 언어의 통로수단(channel)에 불과하다는 것을 고백하였습니다. 왜냐하면 그들의 말소리는 이런 사실을 명확하게 하였기 때문입니다. 따라서 그들은, 말하자면, 단순한 소리들 이외의 그 어떤 개념들을 가지고 있지 않았기 때문입니다. 육신을 입은 삶에서 그들은, 그들이 말하는 내용에 관해서 전혀 생각하지 않고, 다만 그들이 그것을 이해하든지, 못하든지 관계없이, 모든 것에 관해서 그저 말하기를 좋아하는, 그런 수다쟁이들이었습니다.

1722. 그들은, 거기에 그들에게 속한 여러 무리들이 있으며, 그리고 상상할 수 있는 것보다 더 많은 숫자들이라고 말하였습니다.

1723. 그들은 사람의 아주 넓고 넓은 내면적인 막(膜)들을 구성하였습니다. 그리고 이것 때문에 그와 같은 방대한 숫자들, 또는 그들의 무리들이 있었습니다. 왜냐하면 그 말들은, 수동(受動)적인 작용

들에 의하여 행동하는 것이나, 능동(能動)적인 작용이 그들에게 각인(刻印)한 것들만을 행하는 것 이외의 그 어떤 다른 선용을 수행하지 못하는, 그런 것들에 불과하기 때문입니다. 이런 부류의 영들에 관해서 믿을 수 있는 것은, 그들은 흉부(胸部)의 작은 방들(小室)을 에워싸고 있는 흉막(胸膜)을 구성한다는 것과, 그리고 심낭(心囊·pericardium)을 통해서 폐장의 영역에 그것 자체가 침투하고 있는 흉막을 형성한다는 것이고, 그리고 그들은, 이와 같이 언어의 조직 기관을 가리키는 인두(咽頭·pharynx)나 후두(喉頭·larynx)에 통과하는 흉막을 형성한다는 것 등입니다. 폐장들은 역시 그 흉막들에 의하여 에워싸인 그런 것이고, 그리고 그것은 그것에 대하여 겉껍데기(外皮)를 구성합니다.

1724. 역시 일러진 사실은, 다른 영들이 그들을 뒤쫓을 때 그들은 길을 열어주든가, 또는 도망칩니다. 그리고 물러나서, 거의 전면의 얼굴에서부터, 그러나 왼쪽으로 기운, 직선거리에 있는 아주 멀리 떨어진 곳으로 물러납니다. 여기에서 상대적으로 일어나는 일은, 그 막(膜)은 아주 넓게 확대되고, 그리고 그것의 능동적인 힘의 작용의 측면에서 보면 폐장의 압박에 대하여 굴복(屈服)한다는 것입니다.

1725. 그들은 머리의 중간 위, 적절한 거리에서 말하였습니다. 그러나 그 장소는 흉막을 형성하는 것에서 그것들을 방해하지는 못하였습니다. 왜냐하면 인체의 내면적인 막은 머리에 속한 것들에 이어져 있기 때문입니다. 예를 들면, 입에 속한 하수체의 막(下垂體膜)이나, 그리고 두뇌의 수막들(髓膜·meninges)에 계속해서 이어졌습니다. 그러므로 그들의 소리는 머리 위에서 들렸고, 그리고 그와 같지 않을 경우에는 그들의 소리는 가슴의 영역에 있을 것입니다. 거기에서 그들은 처음으로 먼 거리에 있는 것이 인지되었습니다.

1726. 이런 부류의 영들은 수도 없이 많습니다. 왜냐하면 인체의 막(膜)들이 넓고 크기 때문이고, 그리고 그 막은 내장의 주위의 전

면(全面)을 에워싸고, 그것들이 그 속으로 들어가기 때문입니다. 이런 영들의 대부분은 여인들이다는 것이 암시되었습니다.

두뇌의 연수막(延髓膜·pia meninx)을 구성하는 자들에 관하여

1727. 전자와 같이 말하는 것에 몰두(沒頭)하지 않고, 오히려 다른 자들의 개념이 더욱 진전하는 것에 도움을 주고, 그리고 수동적인 힘으로 활동하는 그런 영들이 있었습니다. 그들의 기질은 매우 정중(鄭重)하였고, 머리의 맨 위쪽에서 그들의 말소리가 들렸습니다. 그들의 공통적인 움직임은 두뇌에서, 앞에서 뒤로, 뒤에서 옆으로, 흘러가는 하나의 움직임이 있었고, 또 다른 움직임은 양쪽의 관자놀이에서 두뇌의 한가운데를 향해 옆으로 움직이는 부류의 공통적인 움직임이 있었습니다. 그래서 그들의 움직임이 만나는 장소는 세로 방향의 공동(空洞·the longitudinal sinus)이었습니다.

1728. 나는 그들이 하는 말, 즉 육신을 입은 삶을 살 때, 그들은 자기 자신의 생각에 대해서는 거의 신뢰하지 않았고, 스스로 무엇을 결단하지도 않았지만, 그러나 다른 사람을 쉽게 믿는 경향이 있고, 또는 거의 모든 일에서 다른 사람들에 의하여 스스로 쉽게 설득되는 그런 성품이었고, 다른 사람의 조언의 내용을 상세하게 검토하지 않고, 그들의 제안(提案)들이나 조언(助言)들에 따라서 행동하는 성품이라고 하는 말을 들었습니다.

1729. 이들을 통하여 다른 영들은 자신들의 생각들을 전하였습니다. 1748년 3월 26일

1730. 두뇌의 얇은 막을 형성하는 자들은 영들의 세계(the world of spirits)나 천계에서 비슷한 기능을 수행하는데, 그들이 형성하고 있는 막들은 피의 정기(精氣·the blood-spirit)를 내면적인 부위들에게 들어오게 하는데, 그 일을 그들 자신의 특별한 방법으로 행하고 있습니다. 그리고 또한 섬유들의 묶음(纖維束), 또는 소신경(小神經)을 덮는 일을 수행하고 있습니다.

1731. 왜냐하면 이들이 그들의 생각의 성질에 관해서 나에게 다시 드러났기 때문입니다. 이런 일에서 또 다른 모습도 드러내졌습니다. 다시 말하면, 언급된 것에 대하여 외적으로나, 내적으로나 깊은 이지적인 뜻으로 분별하는 것 없이 일러진 것들을 그저 단순하게 받아들였습니다. 그러면서도 천사들은 거기에서부터 내면적인 개념들을 얻을 수 있었습니다. 이런 내용이 내가 주님의 기도문(the Lord's Prayer)을 읊조리고 있을 때 그들이 드러낸 그들의 성품이었습니다. 그 이유는 그들의 생각이 그 때 나에게 보여졌기 때문입니다. 왜냐하면 모든 영들이나 천사들은, 그들이 아무리 많이 있어도, 또는 어떠한 성품을 가지고 있다고 해도, 주님의 기도문이 음독(音讀)되면, 그들이 가지고 있는 생각들이나 관념들은 잘 알려지기 때문입니다. 그러므로 이런 영들의 뜻은 천사들이 그것에서 보다 충분한 생각들이나 관념들을 취할 수 있는 그런 것입니다. 그 이유는, 영적인 개념에 대하여 명확한 것과 같이 그들의 성품은 매우 온화한 기질이었고 지적으로 닫쳐진 것이 아니었기 때문입니다. 그러므로 그들은 낱말들의 외면적인 뜻과 내면적인 뜻 사이에 있는 일종의 중간매체들이었습니다.

1732. 그들과 대화하는 동안, 그들은 내가 내면적인 것들을 생각하지 못하도록 가끔 자제(自制)시킨 자들이라는 것과, 따라서 사실상 내가 생각할 수 없게 금지시켰다는 것과, 또한 자신들은 천계에 있다고 생각한다는 것 등등을 말하였습니다. 왜냐하면 그들은 이른바 천계에 들어오는 입구(入口)에 있었기 때문입니다. 이것은 그들의 생각들의 성질에 기인한 것입니다.

1733. 이런 여러 사실들에서 우리는 내면적인 천계(the interior heaven)에 있는 자들의 성품을 지각한다는 일이 얼마나 어려운 일인지 잘 알 수 있겠습니다. 그런데 하물며 극내적인 천계(the inmost heaven)에 있는 자들의 경우는 어떠하겠습니까? 그 이유는 그들이 두뇌의 미세한 조직들을 덮고 있는 여러 막들이나, 또는 수막(髓膜)

들을 형성하기 때문이고, 또한 그것들의 보다 섬세한 신경섬유 주위의 그런 막들을 형성하고 있기 때문입니다. 그런 것들은, 그것들이 눈에 나타나 보이지 않기 때문에, 사람에 의해 인지되지 않습니다. 그럼에도 불구하고 만약에 우리들이 이런 수막들의 성질을 이해했다면, 우리들은, 내면적인 천계나, 극내적인 천계에 대한 비슷한 관계를 유지하고 있는 그런 영들에 관해서 그 어떤 것을 이해하고, 파악할 수 있었을 것입니다. 그들의 겉껍데기(外皮)들이나, 내면적인 속내들로 이루어진 이와 같은 미세한 조직들은 우리에게 보이지 않기 때문에, 본질적인 실존물들(實存物·substantial realities)을 형성하는, 말하자면, 그런 것들을 내포하고 있는 영들이 보이지 않는다는 것은 당연한 것이 아니겠습니까!

1734. 두뇌를 덮고 있는 수막(髓膜)을 형성하는 영들은 정령(精靈·genii)들입니다. 왜냐하면 수막은 혈액으로 가득 채워져 있기 때문입니다. 그리고 두뇌의 작은 조직들을 덮고 있는 수막을 형성하는 자들도 마찬가지이기 때문입니다. 그러나 섬유질의 묶음들이나, 내면적인 신경들을 에워싸고 있는 자들은 영들입니다. 왜냐하면 섬유들은 그들의 조직적인 본질(本質·principles)에서 생성하고 있듯이, 영적인 것들도 천적인 것들에서 생성되기 때문입니다. 더욱이 태아(胎兒)의 경우 모든 막들은 혈액으로 채워져 있지만, 그러나 그것에서 생성된 섬유들은, 소위, 피가 없듯이, 역시 이들 정령들에게서도 그렇다고 할 수 있기 때문입니다. 1748년 3월 27일

그것의 성질이 어떤 것인지, 영적인 개념에 관하여

1735. 영적인 개념들의 내용을 설명하기 위하여 단 하나의 예를 부연하는 것이 허락되었습니다. 그것은 이런 내용입니다. 적나라하게 한마디로 말한다면, 모든 낱말들은 모두가 개념들이기 때문에 그 때 그 낱말은, 소위 영적인 것들에 의하여 실연(實演)된 것입니다. 따라서 그것들은 그 낱말 안에서 내적으로 행동하는 것에 매우 익

숙해 있습니다. 예를 들어 보겠습니다. 한 천사가 낱말 "종"(從僕·servant)이라는 말을 듣게 되면, 그 즉시 마치 종처럼 겉꾸미고, 그것에서부터 기도합니다. 그와 같은 것은 그가 하나의 종이다는 것을 드러내는 것을 뜻하고, 따라서 겸비(謙卑·humility)를 입증할 목적 때문에 하나의 종으로서 기도하는 것을 뜻합니다. 그러나 사물들의 상태가 존재하기 위해서는 영(靈)에 의한 것이 아니면, 어느 누구에 의해서도 인지되거나, 지각될 수 없습니다. 아니면, 영적인 개념 안에 있는 자만 그렇게 할 수 있습니다. 이런 성질에 속한 것은 수많은 것들이 있습니다. 1748년 3월 27일

피부(皮膚·the external skin)의 외피와 그것의 내피(coats)를 형성하는 자들에 관하여

1736. 얼굴에서 발끝에 이르기까지 서로 상이(相異)하지만, 육체의 외피(外皮·the external integuments)를 형성하는 자들에 속한 수많은 성질들이 있습니다. 나는 이들과 많은 대화를 하였고, 그 대화의 주제는 바로 이런 것들이었습니다. 더러운 가장 바깥의 피부를 형성하는 자들은 육신을 입은 삶을 살 때, 문자적인 뜻(the literal sense) 가운데서 살았지만, 그러나 비록 그들이 그것들을 깨닫지 못하고, 단순하게 일종의 겉뜻(external sense) 안에 있는 것과 같이, 그것들 안에서 단순하게 살았지만, 내면적인 것들을 받아들인 자들입니다. 그들은 피부의 내면적인 내피(coats)을 가리킵니다.

1737. 왜냐하면 사실 성언의 문자적인 뜻 안에 살지만, 그럼에도 불구하고 여러 가지 원인들로 인하여 내적인 뜻을 받아들이는 사람들이 있기 때문입니다. 다시 말하면 그들이 자기 자신들의 주장들(主張·own theories)을, 또는 믿음에 속한 조항들(articles of faith)을 정립(定立)하려고 하는데, 그런 목적 때문에 그들은 성경말씀에서 자기 자신들의 소견들이 될 수 있는 어떤 긍정적인 증명을 끌어냅니다. 심지어 그들은 자신들의 주장들에 부합되는 내면적인 것들이나,

극내적인 것들이 자신들의 온갖 탐욕들이나 그리고 동시에 자신들의 소견들이나 주장들 따위에 적합한 경우, 이런 일을 해치워 버립니다. 그렇지 않으면 이와는 달리, 이와 같은 내면적인 것들이나, 극내적인 것들을 자신들 안에서의 그것들에 의하여 그것들에 대해서 관찰하고, 깊이 생각할 때, 그들은 그것들을 싫어하고, 배척합니다. 그것들을 거의 혐오(嫌惡)하는 것은 물론, 그들의 원수들이나, 반대자들로 삼습니다. 다만 그들이 그것들은 새로운 것이라고 창안한 것에 대해서는 이의(異意)를 제기하지 않습니다. 왜냐하면 그들은, 비록 그들이 그것들을 이해하지 못한다고 해도, 자기 자신들의 광영이나 칭찬에 관계해서는 애지중지하기 때문입니다.

1738. 겉의 피부(外皮)는 섬유들이나, 내부기관들에 의하여 두뇌의 내면적인 것들이나, 극내적인 것들과 교류하기 때문에, 그리고 그것에서부터 그것의 감각들이 비롯되기 때문에, 그들은 이런 것들을 뜻하고, 그리고 형성합니다. 피부나 그것의 내피(coat)는 역시 이 세상의 가장 예민한 것을 흡수(吸收)하고, 그것들을 두뇌에 전달합니다. 그리고 또한 그들의 두뇌가 일종의 가장 희박한 배설물을 방출(放出)한다는 것은 말할 것도 없는데, 이러한 사실은 발한작용(發汗作用·perspiration)에서 잘 나타나고 있습니다.

1739. 이런 영들과 관계를 형성한다는 것은 쉬운 일이 아닙니다. 또한 그들은 천사들과도 함께 어울릴 수도 없습니다. 왜냐하면 그들은 자기 자신들의 소견이나 온갖 탐욕들을 너무나도 선호(選好)하기 때문이고, 그리고 다른 사람에 비하여 자신들이 잘났다고 여기기 때문입니다. 또한 그들은, 그들의 환상들이나 정욕들을 파괴하는 것으로 여겨, 내면적인 것들을 시인, 수용하지 않습니다. 만약에 그들에게 내면적인 것들이나, 내적인 것들에 속한 특별한 의미나 지각이 있다는 것과, 영은 자기 자신으로는 살아갈 수 없다는 것과, 자기 자신은 그저 단순한 생명의 수용그릇이다는 것 등등이 일러지게 되면, 그들은 이런 사실들에 대하여 크게 반감을 갖습니다. 왜냐하면

그들은, 겉 살갗을 형성하는 자들과 꼭 같이, 자기 자신들로 말미암아 살기를 원하기 때문입니다. 그러나 그들 중 몇몇은 그것이 그러하다는 사실을 이해하기도 하지만, 그럼에도 불구하고 그들은 그것이 그러하다는 것을 원하지는 않습니다.

1740. 이런 부류의 자들 외에 각피(角皮)의 내면적인 것들을 형성하는 꽤 정직한 성품의 영들이 있는데, 이들은, 겉피부를 형성하는 자들에게서 비롯된 것들은 진정으로 자기 자신들에게서 발출한 것들이다고 여깁니다. 그러므로 자기 자신들에게 속하지 않은 수많은 일들을 자기 자신들의 공(功)으로 돌립니다. 그들은 자신들의 생애에서 자신들의 것이 아니면서도 그들에게서 비롯된 것처럼 아주 수많은 것들에 대하여 자신의 것들이라고 요구, 주장했던 그런 성품입니다. 사실 그와 같은 주장은 다른 자들에 비하여 자기를 먼저 선호하는 자아애(自我愛)에서 비롯된 것이 아니고, 그 어떤 탐욕이나, 쾌락이나, 그 밖의 여러 원인들에서 비롯된 것입니다. 나는 그들과 대화를 하면서, 내가 발견한 사실은, 그들은 선량하고, 일러진 것들을 잘 파악하는 성품이었지만, 그러나 실제 그들은 다른 자들이 실제적으로 행한 것들에 대하여 자신들에 의하여 행한 것으로 여기고 이따금 헛소리를 하는 그런 성품이었습니다. 1748년 3월 27일

1741. 한마디로 말하면 온갖 광기(狂氣)들이나, 온갖 망상(妄想)들이 사람의 외적인 것들을 형성하고 있는 자들을 지배한다고 하겠습니다. 왜냐하면 외적인 것들은, 그들이 내적인 것에 거슬러서 행동하는 그런 것들이기 때문입니다. 그럼에도 불구하고 그들은 자신들 본연의 관계나 질서 안에 있는 내적인 것에 의하여 자신들이 다스려진다고 여기면서도, 그들은 자신들이 아닌, 내적인 것들에 의하여 다스려진다는 것을 드러내기를 원하지 않을 뿐입니다. 이런 망상(妄想)들이나, 광기(狂氣)들은 헤아릴 수 없이 많으며, 그리고 그것들은 수많은 원인들에서 야기(惹起)됩니다. 그러므로 그들이 그와 같은 것들에 빠져 있는 한 그들은, 내적인 것에 거슬러 행동하는 이런 외적

인 것들, 특히 살갗들이나, 그런 피막들을 형성합니다. 우리 지구에서 온 대부분의 자들은 이런 성격을 지니고 있습니다. 왜냐하면 우리의 지구는 외적인 것들 안에 존재하고, 그리고 거의가 그것이 내적인 것을 지배하고 있기 때문입니다. 이와 같은 지배(支配)가 널리 만연(蔓延)되어 있는 정도만큼 우리 지구의 주거자들은 저 세상에서 고통을 겪는데, 그와 같은 망상들이 아주 크게 조정, 완화되어 평형상태(平衡狀態·an equilibrium)가 세워질 때까지 고통은 계속됩니다. 그리고 또한 그 이전에는 그들이 이와 같은 피막들로 활동하는 것이 허락되지 않고, 다만 그들은 최대인간(最大人間)의 몸 밖이나, 아래인 가장 낮은 곳이나 지옥의 여러 곳에 있습니다. 그들은 거기에서 빼내어져서, 위에서 기술한 것과 같이, 그런 것들을 형성하기 위하여 올리워집니다. 그들은, 그들이 거기에서 겪고 있는 수많은 고통과 괴로움들에 의하여 그와 같은 상태로 완전하게 되는 동안 그들은 보다 더 내면적인 상태들로 진전(進展)하고, 따라서 천계에로 옮겨집니다. 왜냐하면 모든 피막들은, 그들이 보다 내면적이고, 극내적인 것에 근접하여, 비슷하게 되는 것에 비례하여, 보다 완전한 것이 되기 때문입니다. 사실, 피막(皮膜)들에서 비롯된 것을 제외하면 사람의 몸에 있는 것은 아무것도 없습니다. 이런 것들로부터 피(血)나 활력(活力·spirit)에 의하여 움직이게 되는 유기적인 형체들이 생성됩니다. 피나 활력은 유기적인 형체들이기는 하지만, 그러나 주님에게서 비롯되는 것을 제외하면 모든 생명이 전적으로 결여되었다는 관점에서 다른 것들에 대해서 활동적일 뿐입니다. 생명에 속한 능동적인 능력(the active power of life)을 천적인 것이라고 부르고, 그리고 피동적인 능력을 영적인 것이라고 부릅니다. 천적인 것들(celestial things)이 영적인 것들(spiritual things)을 다스려야만 하고, 또 사랑하여야만 하고, 그리고 반대로 영적인 것이 천적인 것에 대하여 그와 같이 할 수 없듯이, 따라서 몸 안에 있는 것들도 이런 식으로 형성되었습니다. 전자가 후자에 유입하는 입류(入流)의 성질은 인체의 유기적인 구조들(有機的 構造·the organical structures)에서 어느 정도 드러나고 있습니다. 그러나 이 주제는 너무나도 광대하고, 거대한 것이기 때문에, 그것의 가장 일반적인 내용들(general features)을 제외하면 결코 아무것도 이해할 수 없습니다. 그리고 그것은, 주님께서 선용들이나 목적들에 따라서 충분하게 채우시고, 활기를 주신다는 개념들의 형성에 이바지하는 것으로 필요한 정도일 뿐입니다. 1748년 3월 27일

저 세상에 들어가는 영들의 출입(出入)에 관하여

1742. 사람이 죽어서 저 세상에 들어갈 때, 입술에 의하여 받아들여지는 음식물과 같이, 그 사람에게 일어납니다. 그 때 입, 턱, 목구멍을 통하여 위(胃)에 운반되고, 그리고 거기에서 장(臟)으로 운반됩니다. 말하자면 사람의 인생의 운(運)도 그의 탐욕들이나 망상들에 따라서 그와 같이 결정된다고 하겠습니다. 왜냐하면 그는 제일 처음에는 말하자면 아주 얌전하게 그의 곁에 있는 천사에 의하여 대접을 받기 때문입니다. 그 천사에 관해서는 이미 앞에서 언급하였지만, 그가 하는 일은 눈에 보이지 않는 음식물의 경우와 비슷합니다. 즉, 처음에는 입술에 의하여 부드럽게 매만져지지만, 그 뒤에는 입으로 보내고, 그리고 혀(舌)에 의하여 그것이 굳은 것인지, 부드러운지, 신지, 달콤한지 등등 그것의 내용이 분석, 검사받습니다. 그리고 그 뒤에 이런 식으로 다루어집니다. 음식물은 침(唾液)에 의하여 부드럽게 되고, 그리고 거기에서는 혈액으로 방출되고, 그리고 그 뒤에는 개별적인 기관(器官)이나, 또는 직접적으로는 두뇌에로 보내집니다. 그 때 그와 같이 가는 도중(途中)에 그것은 유연(柔軟)하게 교정(矯正)되고, 수정(修正)됩니다. 따라서 사람의 온갖 악들도 이와 같습니다. 그리고 사람의 온갖 망상들도 이른바 수많은 상이한 방법들에 의하여 소멸(消滅)되고, 근절(根絶)됩니다. 만약에 그 어떤 것이 남아 있게 된다면 그것들은 소화과정에서의 침(唾液)에 의해 소화되

는 과정을 모방(模倣)합니다. 그 소화과정에서 어떤 음식물은, 굳은 껍질을 깨부수는 이빨의 작용을 요하는 것 이상의 보다 큰 괴로움이나 어려움으로 제압(制壓)되어야 하는데, 그것은 마치 반드시 극단적인 방법으로 깨부수어야 하는 망상들에 속한 생성물들에 대응한다고 하겠습니다. 그러므로 말하자면, 식도(食道)를 통해서 위에 내려 보내지는 것과 같은 일이 있어야 하는데, 거기에서는 음식물들이 쓸쓸이(用途)를 수행하기 위한 다양한 여러 조치(措置)들이 여러 방법들에 의하여 행하여집니다. 그것들 중에서 굳은 어떤 음식물들은 장(腸)들 속에 떨어져야 하고, 종국에 제일 처음의 지옥을 가리키는 직장(直腸)에 밀려나고, 그럼에도 거기에서 굴복되지 않은 배설물(排泄物) 따위는 지옥으로 쫓겨나며, 그것들이 효과적으로 복종상태에 놓일 때까지 그것은 그 지옥에 있어야만 합니다. 1748년 3월 27일

표피(表皮)를 형성하는 자들이 다스릴 때의 사람의 상태에 관하여

1743. 표피(表皮)를 형성하는 수많은 자들이 당도(當到)하였습니다. 나는 떼를 지어서 오는 그들의 접근하는 소리를 들었습니다. 그들은 다른 자들을 제압할 정도로 수가 매우 많았기 때문에, 따라서 그것은 나에게는 사람이 필요 이상으로 피부를 돌보아야 할 경우 사람의 상태가 어떤 것인지를 보여 주는 것과 같았습니다. 이것은 이런 부류의 영들이 그의 마음을 지배하려는 경우와 같습니다.

1744. 사람이 이런 상태에 있게 되면, 그는 모두 유익한 연구나 학문에서 물러나고, 동시에 거기에는 어떤 진실된 것을 행하려고 하는 것에 대한 온갖 혐오(嫌惡) 따위들이 침투되고, 따라서 거기에는 어떤 반작용적인 저항(抵抗)이 생기게 되고, 결과적으로 시민법적이나 도덕적인 생활에서든, 또는 믿음의 인애의 삶에서든, 또는 행동이나 사상에서든, 그 어떤 유용한 것들에 관계된 반감(反感 · repugnance)이 생기게 됩니다. 왜냐하면 이런 모든 것들에서 그 사

람이 뒤로 물러나는 한, 동시에 거기에는 그것들에 반대되는, 그에게 침투된 온갖 모독(冒瀆)이나 불성실한 짓거리들이 있게 되고, 따라서 그는 그런 것들에서부터 자기 자신을 멀리 떼어 놓으려고 하기 때문입니다.

1745. 이와 같은 경우 참된 상태가 어떠한 것인지 여러 실례에서 나에게 보여졌습니다. 그들의 떼거지 가운데 가장 사악(邪惡)한 어떤 자가 있었습니다. 그는 후두(後頭) 밑, 뒤에서부터 그 사람에게 밀착(密着)하였는데, 하나의 매체(媒體)로서 그 사람을 이용, 그 떼거지들은 활동하였습니다. 그 떼거지는, 선한 것이나, 경건(敬虔)한 것들에서 그 사람의 본성(本性)을 떼어 놓고, 그리고 그것들을 그 사람에게 성가신 것의 원천(源泉)이 되게 하고, 동시에 온갖 모독들이나 수치스러운 것들을 주입시켰습니다. 이런 부류의 인물을 나는 나의 가장 명확한 감관에 의하여 지각하였습니다. 나는 그와 대화를 하였는데, 나는 그에게, 하나의 공통의 피술자(被術者·a common subject)로서 그를 이용, 그들이 앞에서 언급한 것들을 수행하기 위하여 그를 한 패거리로 끌어들였다는 것을 말하였습니다. 나는 의식적으로 목을 뒤로 꼬았을 뿐만 아니라, 내가 기술하고 있는 것에 관한 생각이나 이해에서부터 물러나야 하였고, 심지어 그것에 대한 관심이나 정동에서도 역시 뒤로 물러나서, 그런 것들은 물론 그 밖의 것들에 대해서도 단념(斷念)해야 하겠다는 생각이 들었습니다. 그 경우가 어떠한지에 대해서 내가 깨닫기 위하여 그 어떤 영이 나에게 보여졌는데, 검은 구름과 같은 그런 자가 그 영에게 달라붙어 있었는데, 그는 그의 등에 의지하여, 후두부 아래에 꼭 달라붙어서, 그를 견딜 수 없게 괴롭힌다고 그 영이 고백하였습니다.

1746. 비정상적으로 피부에 대하여 신경을 쓰는, 또는 피부에 관계되는 것들로 쾌락을 만끽하는, 그리고 이런 이유들 때문에 다른 곳에서는 섬세하고, 자상(仔詳)한 자라고 불리우는 자들은 이런 성품의 소유자들입니다. 이런 성품의 인물(人物)들은 모든 선이나, 본질

적인 일에서 반감(反感·repugnance)을 느낍니다. 아니, 분명한 비애(悲哀)나 비참함을 느낍니다. 왜냐하면 이런 부류의 무리의 영들은 이런 자들의 주위에서 감언이설(甘言利說)로 속이고, 그리고 자신들과 결합하고, 그를 유용한 일자리에서 이런 식으로 꾀어내기 때문입니다. 피부의 손질에는 수종의 방법들이 있듯이, 이런 부류의 사람들 역시 천차만별입니다.

1747. 이런 표피적인 성격의 인물들은, 앞에서 지적한 것과 같이, 내면적인 것들이나, 보다 내면적인 것들에 대하여 반감이나, 혐오감을 가지고 있습니다. 결과적으로 내면적인 삶이나, 보다 내면적인 삶에 대하여 온갖 반감이나 혐오감을 가지고 있습니다. 그들은 자신들의 반대자들과 끊임없이 다툽니다. 왜냐하면 그들은, 속사람(the internal man)에 대항하여 싸우는 겉사람(the external man)이기 때문입니다. 마치 바울(Paul)이 자신에 관해서 기술한 것과 같이 혐오감이나 반감 안에 있는 자신을 보기 때문입니다. 1748년 3월 27일

그들을 꼬드기고, 움직이게 하는 외면적인 영들(the exterior spirits)은 오물(汚物)이 묻은 더러운 살갗을 형성하는 자들입니다.

1748. 후두부 아래, 뒤쪽에 있었던 영은, 후두부 즉, 마치 머리를 움직이는 것과 같이, 후두부 영역에 있는 피부를 끌어내렸는데, 그것은 무엇인가를 아래로 움직였습니다. 이런 종류의 것은 우리의 지구에 거하는 사람들에게서는 실제로 인지(認知)되지 않습니다. 그 이유는, 그들이 외적인 것 안에 있는 그런 존재이기 때문에, 영들의 작용들에 대하여 아무런 느낌(感覺)을 가지고 있지 않기 때문입니다. 그렇지만, 영들과 꼭 같이, 동시에 영들의 세계에 있는 자들에게서는 전혀 다릅니다. 그 경우가 어떠한 것인지는 여러 결과들에서부터 잘 알 수 있습니다. 1748년 3월27일

이런 부류의 영들은 그런 부류의 사람들과 같이, 대부분이 자기 자신을 사랑하는 자들이었고, 그리고 다른 사람들 보다는 자기 자신을 더 선호하였습니다. 그리고 그들이 사람의 내면적인 것들이나,

더 내면적인 것들을 경멸(輕蔑)을 가지고 다루고 있기 때문에, 그들은 자신들의 지혜를 속사람에 속한 가르침(敎理)을 젊잖게 질책(叱責)하거나, 반박(反駁)할 수 있는 것에 두는가 하면, 또는 주님에 대해서는 전혀 염두에 조차 두지 않으며, 또한 만약에 그들이 감히 할 수 있다면 전적으로 공공연하게 주님을 질책하고, 반박하는 것에 절대로 주저하지 않을 것입니다. 왜냐하면 그들은 외적이고, 그리고 이런 영들의 지배를 스스로 포기하였기 때문입니다.

1749. 그러나 이들과 다른 자들 사이에 평형(平衡)이 생기게 되면, 그 때 그들은, 마치 피부가 내면적인 것에 대하여 하듯이, 하나의 쓸쓸이(善用)를 수행합니다. 왜냐하면 그들은 외면적인 것들에 의하여 내면적인 것들(interior things)을 배우고, 따라서 주님께서는 선용에 도움이 되는 외적인 것들 안에 이런 것들을 주입(注入)시키시기 때문입니다. 하나의 비유를 들어보겠습니다. 피부는 몹시 추하고 더러운 것을 배설(排泄)하는 매체(媒體)로서 종사할 뿐만 아니라, 내면적인 것들의 섭생(攝生)을 위한 그런 것들의 주입을 위해 종사합니다. 그러나 피부는 내면적인 삶(the interior life)에 의하여 이 기능이나 임무에 맞게 처리되고, 그리고 외적인 것들을 통한 감화(感化)나 영향(影響) 따위들은 내면적인 것들에 속한 정동에 일치하여 이루어집니다. 1748년 3월 27일

1750. 이런 부류의 영들은, 만약에 그들에게 허락된다면, 전 인간 자체를 자기의 것으로 삼기를 갈망하고, 만약에 그런 일이 가능하게 된다면, 그들은 사람의 생명도 쫓아내고, 따라서 다른 자의 몸 속에 들어가, 거기에서 살려고 할 것입니다. 이러한 사실은, 주님께서 이 세상에 계실 때 이런 갈망에 의하여 부추겨져서 살았던 어떤 영들의 망상들에 일치하여 나에게 밝혀졌습니다. 아는 어떤 자에게 그런 일은 불가능하다고 말하였고, 그리고 분명하게 그 사실을 입증하였습니다. 말하자면 이 사실에서 알 수 있는 것은 사람은 하나의 유기적인 존재이고, 그의 내면적인 것들은, 다른 자들의 유기적인 형체

들에 의하여 결코 점유될 수 없는, 그리고 다른 것들의 것들로 변화될 수 없는 유기적인 형체들(organic forms)이다는 것입니다. 아마도 그들은 마치 불꽃(flame)과 같이 그들의 내면적인 것은 오직 생명 자체라고 생각하고 있겠지만, 그러나 그들은 매우 심하게 속고 있을 뿐입니다.

1751. 그들은 역시 귀의 내실(內室)을 막고 있어서, 거의 아무것도 듣지 못합니다. 나는 이런 사실을 명확하게 인지하였습니다. 아니, 그들은 밖에서부터 공격(攻擊)에 의한 것처럼 내적인 것들을 억압(抑壓)하였습니다.

망상(妄想)들을 가리키는 환상(幻想)들에 관하여

1752. 그들은 수많은 놀라운 광경(光景)들을 보았다고 자랑스럽게 말하는 우리 지구의 영들이 경험한 환상들이 있었습니다. 그리고 그들은 선각자(先覺者・神秘家・visionary)들이라고 불리웠습니다. 이런 부류의 환상(幻想)들은, 어떤 대상물이 보여지게 되면, 어떤 영들은 그 환상들에 의하여 어떤 외현(外現・外視)을 생기게 하는 그런 것들입니다. 예를 들어서 구름이 나타나거나, 또는 한밤에 달빛이 보이게 되면, 그 때 영들은, 동물이든, 어린 아이든, 또는 어떤 괴물이든 관계없이 눈에 보여진 개별적인 것에 그들의 마음이나, 따라서 그들의 상상력이 사로잡히는데, 그의 상상력이 이런 것들에 사로잡혀 있는 한, 그는 실제적으로 이런 것들을 보고 있다고 확신하게 됩니다. 이런 식으로 수많은 현상들은 소문이 나는데, 그것들은 사실 망상들(妄想・illusions) 이외의 아무것도 아닙니다. 그러나 이런 것들은, 온갖 환상들에 빠져 있고, 따라서 마음의 병(an infirmity of mind)에 시달리고 있는 자들에게는, 자주 일어납니다. 이 마음의 병은 그들이 사실이라고 믿게 하기도 합니다.

1753. 이와 유사한 일들이 사람의 상상력에서 영들에 의하여 야기될 수 있기 때문에, 그와 같은 일이 역시 영들에게 있다는 사실을

나는 수많은 경험에서 능히 입증할 수 있습니다. 그것은 건물들·정원들·풀밭들이나, 이와 비슷한 상쾌한 것들을 드러내 보여 주는 재주가 그들의 특별한 재능 안에 있으며, 그리고 만약 이러한 것들은 다른 자들에 의하여 생겨난 단순한 표현들에 지나지 않는다는, 그것들에 대한 깊은 생각이 없다면, 영들은 그것들이 모두가 실제적인 것들이라는 것 이외에는 아무것도 모를 것이고, 그리고 그들은 이것을 실제적인 것으로 굳게 시인할 것입니다.

공포(恐怖)를 고취(鼓吹)시키는 자들이 있다는 것에 관하여

1754. 자기 과신(自己過信)의 영들에게 공포 따위를 일으키는 일이 허락되었습니다. 그리고 그들이 야기시키는 이런 성질의 공포들은 어느 누구도 믿을 수 없는 아주 고약한 그런 것들이었습니다. 특별히 그들에게 허락된 것은 목적들이나 여건들의 다양함에 따라서, 그리고 수많은 위치들에서 분명하게 노출된 팔(arm)을 드러내는 일이었습니다. 이런 부류의 팔은 아주 별난 특성(特性)을 가지고 있었습니다. 즉, 영혼들이나 영들이 자신들의 생애에서 공포라는 것은 생각조차 하지 않았던 자들마저도, 자신들은 무엇이라고 표현할 수 없는 위협을 이것에서부터 받았다고 고백할 정도로 아주 고약한 그런 특성을 지닌 공포였습니다. 그전에 그와 꼭 같은 대상물이 나에게 보여진 적이 있었는데, 나는 그런 공포에 시달렸던 생각이 떠올랐습니다. 그것은 한참 동안 계속되었습니다. 왜냐하면 그것은 뼈들이나, 골수(骨髓)까지도 능히 부술 수 있는 것으로 보였기 때문입니다. 사실, 믿기는 어려운 일이지만, 만약에 허락된다면, 영들의 세계(the world of spirits)에서 흘러나오기 때문에, 그런 결과를 빚을 수 있었습니다. 그럼에도 불구하고 그것은 참이었습니다. 왜냐하면 영들의 환상은 그런 일을 할 정도의 힘을 가지고 있기 때문입니다. 이런 종류의 공포들은 영들에 의하여 생겨났습니다. 그 영들은, 그들이 할 수 없는 것은 아무것도 없다고 자기 자신을 믿는, 그런 영들

이기 때문입니다. 그러나 이런 것들은 그와 같이 잘 믿을 수 없기 때문에, 사람들이 소설 같이 지어낸 이야기나, 잡동사니에 귀를 기울이지 않게 하기 위해서 그것들은 매우 신중하게 설명되어야 하겠습니다.

1755. 영들의 세계에 살고 있는 자들은 이런 종류의 일들에 아주 특별한 재주를 가지고 있습니다. 그래서 만약에 그들에게 이런 부류의 마술(魔術)을 행하는 것이 허락된다면, 그들은 그들이 행한 요사(妖邪)한 것들을 믿도록 사람들의 마음을 아주 쉽게 바꾸어버릴 것입니다. 왜냐하면 이런 것들은 물질적인 대상물들이나, 관능적인 대상물에게 특별한 효력을 가지고 있기 때문입니다. 이집트 사람들의 마술적인 관습들이 모두 여기에서 기인(起因)된 것입니다. 그리고 성경 여러 곳에 언급된 악마적인 술책(術策)들도 여기에서 생겨났습니다. 뿐만 아니라, 악마들에 속한 거짓의 이적들이나, 이집트의 마술사들에 의하여 행하여진 거짓의 이적들은 모두 여기에서 비롯된 것입니다, 그 밖의 많은 것들이나, 바로 위에서 언급한 망상적인 환상들 역시 마찬가지입니다.

1756. 사람이 주님을 향한 믿음 안에 있지 않다면, 그는 이러한 환상들이나 망상들이 천계로 말미암아 존재하는 것이라고 쉽게 믿어 버리게 되겠지만, 그럼에도 불구하고 그것들은 악마에 속한 것들입니다. 왜냐하면 주님에 의하여 인도되는 사람들을 제외하면 그것들은 참된 환상들(true visions)이나, 참된 기적들(true miracles)에서 분별될 수 없기 때문입니다. 그러나 오늘날 이런 것들은 불가능하게 되었습니다. 왜냐하면 이런 영들의 떼거지들은 감금(監禁)되었고, 그리고 어떤 이유들 때문에 그들에게 부과된 구역들 너머로 배회(徘徊)하는 것까지도 허락되지 않았기 때문입니다. 1748년 3월 28일

지식적인 믿음(intellectual faith)은 기억에 속한 단순한 사안(事案)이다는 것에 관하여

1757. 나는 어떤 영혼들과 이야기를 하였는데, 그들은, 육신을 입은 삶에서 자신들은 믿음을 가지고 있었다는 것과, 지식적인 믿음이 구원할 것이다, 또는 그 믿음이 구원하는 성질의 것이다 라고 생각하였습니다. 그리고 또한 그들은, 그들 자신이 정립한 이론(理論)에서 물러서려고 하지 않았습니다. 그리고 그들은 믿음만이 오직 구원한다고 생각하였는데, 그것에서부터 그들은, 많은 자들의 의견이 그러하듯이, 삶의 됨됨이(性稟·the quality of life)는 결코 중요성이 없는 것이다는 결론을 도출(導出)하였습니다. 그들에게 일갈(一喝)하는 것이 나에게 허락되었습니다. 그래서 나는 그들에게 이러한 믿음은 결코 구원하는 믿음이 아니다는 것과 그것은 진정한 믿음이 아니다는 것을 역설하였습니다. 그 이유는 삶은 그들이 가지고 있는 믿음이 어떤 종류의 것인지를 보여 주는 것이고, 그리고 이런 부류의 믿음은 아무것도 생산하지 못하는 기억에 속한 단순한 것에 불과하기 때문입니다. 이에 반하여 믿음에 속한 삶은 주님에게서 비롯된 사랑이기 때문입니다. 나는 그 때 마가복음서 12장 28절을 읽고 있었는데, 그 구절에는 어떤 서기관이 첫째 되는 계명, 즉 으뜸 되는 계명이 무엇인지 묻는 내용이 기술되었습니다. 나도 그들에게 꼭 같은 질문을 하였습니다. 그 이유는 서기관도 꼭 같은 내용이라고 믿었기 때문입니다. 그러나 지식적으로는 동일하지만, 그의 삶에서는 동일하지 않았습니다. 왜냐하면 그는 예수를 시험하였다고 언급되었기 때문입니다. 그 때 그들에게 주어진 깨달음은, 이런 부류의 믿음은 단순한 앎(知識)에 불과하며, 그것은, 만약에 그것이 어떤 사람으로 하여금 자신과 같이 이웃을 사랑하게 하는 것이 아니라면 구원에서는 아주 동떨어진 것이다는 것 등입니다.

주님께서는, 전 천계 안에, 그리고 모든 지구들 안에 있는 지극히 미세한 것까지, 모든 것들을 알고 있고, 그리고 처리(處理)하신다는 것에 관하여

1758. 이러한 사실은 인간의 육체의 경우에서 잘 드러나고 있습니다. 육체의 안과 밖의 내장・체내의 기관의 빈 곳(腔)・피막(皮膜)에는 그것들이 지각하는 것을 제외하면 아무것도 그것들과 접촉할 수 없을 정도로 너무나 많은 신경섬유(神經纖維・sensitive fibers)가 있습니다. 위장・간장・폐장의 측면에서도 꼭 같다는 것은 명백합니다. 그 섬유들은 조직적으로, 그리고 다양하게 형성되었으며, 그리고 사람의 영혼은 그것들에 의하여 어떠한 변화가 일어나는 것을 알고, 지각하며, 그리고 그 지각에 일치하여 어떠한 모든 사물을 처리하고, 질서에 어긋난 것들에 대해서는 건전한 상태를 되찾게 적응하는 상태들을 유발합니다.

1759. 이런 일들이 동물의 몸에서도 일어나기 때문에, 그리고 동물의 기력(氣力・the soul of animal)에 이르지 못하는 것은 아무것도 없기 때문에, 거기에서부터, 일반적이든 개별적이든, 모든 것들은 아주 적절하게 처리되기 때문에, 그리고 주님께서는 모든 것들의 생명이시고, 그리고 모든 개별적인 것은 마치 가장 완벽한 사람 안에서와 꼭 같이 질서 정연하게 처리되기 때문에, 우리는 천계에 있는 최대인간(最大人間)에 관해서 그리고 천계에 의존하고 있는 것들에 관해서 아무것도 말할 수 없습니다. 그러므로 주님께서는 유일존재이시고, 최고존재이십니다. 주님 홀로 생명이시고, 따라서 주님께서는, 전체적인 것들이든 개별적인 것들이든, 모든 것에 대하여 지각하고, 정리정돈하시고, 처리하시는 모든 것 안에 존재하는 모두(the All in all)이시기 때문에, 그러므로 그것들은 정해진 법칙(fixed laws)을 따라서 활동하여야 합니다. 그리고 우주 안에 존재하는 모든 것들의 번영(繁榮・wellbeing)이나 보존(保存)은 바로 이 법칙에 의존하고 있습니다. 1748년 3월 28일

1760. 영들의 세계에서 통상적으로 일어나는 사실인데, 거기에 있는 자들은, 주님께서, 천계이든 이 세상이든, 또는 모든 지구들에서든, 심지어 우주 안에서 일어나는 지극히 미세한 것들까지도, 전

체적인 것이나 개별적인 것 안에 있는 모든 것이나 개별적인 것들을 잘 알고 계시다는 것을 믿으려고 하지 않았다는 것입니다. 왜냐하면 사람들과 마찬가지로, 그들은 자신들의 자연적인 마음(natural mind)에서 사물을 보기 때문에, 낮은 지평(地平)에서 모든 사물들을 보기 때문입니다. 그런데 그 자연적인 마음은 극도로 제한되어 있고, 그리고 그 마음에는 모든 것들이 불가능하다고 스스로 생각하기가 일수이기 때문입니다. 그러나 내가 그들과 자주 대화를 하면서, 적절한 개념들에 의하여 뜻하는 바를 언급하였을 때, 나는, 자신 안에서 일어나고 있는 것을 알지 못하는 육체 안에 있는 영혼에 관해서 설명할 수 있었습니다. 그리고 만약에 그것이 알지 못한다면, 그것은, 영혼의 몸 안에 있는 전체적인 것이든 개별적인 것이든, 모든 것을 적절하게 처리할 수 없을 것이고, 그리고 병든 것들에 대한 치유(治癒) 또한 불가능할 것입니다. 식자(識者)는 이 치유를 자연의 탓으로 돌리지만, 그러나, 그것들 모두가 주님으로 말미암은 것들이기 때문에, 그와 같은 생각은 크게 잘못된 것이고, 왜곡(歪曲)된 것입니다. 그리고 또한 그 때 일러진 것은, 오직 사람의 의지(the will of man)는 모든 것을 처리할 수 있다는 것입니다. 말하자면 사람의 의지는 어떤 근육(筋肉)들이, 그리고 어떤 운동신경섬유들이 그 어떤 행동에 대하여 협력하여야 하는지를 알고 있다는 것이 일러졌습니다. 그것에 관해서 몸 전체의 어느 곳에나 배분(配分)하는 수천수만의 것들이 있다고 하였습니다. 또한 이런 일을 통하여 우주의 하나님이시고, 유일하신 생명이신 주님에게서 그 경우가 어떠한 것인지 그들에게 자세하게 설명, 실연(實演)되었는데, 그 때 그들은 대답할 아무런 말이 없었습니다. 왜냐하면 불가능하다는 주장은 그 주제의 관점에 대하여 포기되었기 때문입니다. 1748년 3월 28일

종기(腫氣)나, 늑막(肋膜)이나 심낭(心囊)에 자연적으로 생기는 악성 결절(惡性結節)에 관하여 ; 또한 어떤 종류의 영들이 그것

들을 형성하는지에 관하여

1761. 이 세상에서 간계(奸計)와 술책(術策)과 허언(虛言)으로 자신의 생애를 보낸 자들 몇몇이 있었습니다. 말을 하자면, 그들이 노리고 있는 목적들을 취하기 위하여 그들은 악들이 비롯된 온갖 거짓말들을 다 써먹었습니다. 결과적으로 그들은 악한 수단들을 동원하여 자신들의 목적들을 추구(追求)하였습니다. 생생한 경험에 의하여 나에게 드러난 것은 그들은 그들이 손에 넣기 위하여 의도하고 열망하는 것들에 관하여 설득하려는 목적으로 순진무구(純眞無垢)한 자의 도움까지 불사(不辭)하였습니다. 다종다양(多種多樣)한 거짓말에 의하여 그들은 그들의 목적을 모르는 자들로 하여금 그것이 그렇다고 말하도록 유도(誘導)하였습니다. 그런 짓에서부터 적의들(敵意·enmities)이나 혐오들(嫌惡·aversions)이 생겨났습니다. 왜냐하면 그들은, 자신들의 도구들로 이용하는 자들이 그들의 의도나 책략(策略)을 알아채지 못하도록 은연중에 행동하였고, 그리고 예방적인 조치(措置)들을 강구하였습니다. 이러한 내용이 생생한 경험을 통하여 내가 알게 된 사실입니다. 그들은, 자신들의 기질(氣質)과 같지 않는 어떤 사람을 피술자(被術者)로 채택, 순진무구한 중간매체를 통해서 설득(說得)을 이루려고 하였습니다. 그 때 그들은, 정신적인 귀납된 결론(mental induction)이나 모방(模倣) 따위를 방편으로 하여 영들의 세계에서 잘 알려진 것을 활용하는데 끌어들이려고 했지만, 그러나 여기서 그 내용을 기술할 수는 없겠습니다. 이와 같은 모든 것들은 그들이 겨냥하고 있는 목적들에 관해서 나를 설득하기 위한 것이었습니다. 그들의 음모(陰謀)들이나 간계(奸計)들의 참된 근원에 대하여 의심이나 혐의(嫌疑)를 없이 하기 위하여 내가 한마디로 말할 수 있는 것은, 그들은 그들이 제안하고 있는 어떤 목적들을 성취하기 위하여 악한 수단들을 구사(驅使)하였다는 것입니다. 그런 수단들이란 사기(詐欺)들, 온갖 허위(虛僞)들, 술책들이 되겠는데, 그런 것들에서 오만가지 악한 것들은 다 솟아난다는 것입니다. 자기사랑(自我愛)이

나 자만심(自慢心)은 이와 같은 간계(奸計)들의 조장 원인들이고, 그리고 이런 성품의 소유자들은 그들이 도모하고 있는 작고 큰 모든 일에 이와 비슷한 술책들을 활용합니다.

1762. 이런 부류의 영들은, 늑막(肋膜)이나 다른 피막(皮膜)들 위에 생기는 염증(炎症)들이나 고약한 결절(結節)들이라고 부르는 지독한 질환(疾患)들을 가리킵니다. 그것들이 만약에 발진(發疹)하게 되면, 그 질병은, 전 피막(全皮膜)을 해치고, 약하게 할 정도로 멀고 가까운 것에 관계없이 퍼져 나가고, 따라서 온 몸을 죽음으로 점진적으로 몰고 갑니다.

1763. 이런 고약한 특질의 영혼들은, 비록 그들이 영들의 세계에 들어가고, 그리고 그들의 그와 같은 진정한 특질이 드러나기 전에 자신들을 침투시키는 능력을 가지고 있지만, 그럼에도 불구하고 그들은, 그들이 자신들의 고약한 기질을 거기에 있는 영들의 무리에 감염시키고, 영향을 끼치는 짓을 하도록 거기에서는 용납되지 않습니다. 그러므로 그들은 처음에는 이와 같은 특별난 형벌을 받습니다. 다시 말하면 이런 부류의 많은 사람들은 처음에는 하나의 구체모형(球體模型)으로 왼쪽에서 오른쪽으로의 회전운동을 시작하였습니다. 그리고 그 구체모형이 회전운동을 계속하고 있는 동안 그것은 부풀어 올랐습니다. 그 뒤에 부풀어 오름은 점점 약화되었습니다. 그래서 구체모형은 속이 텅 빈 이른바 공동(空洞)의 모형이 되었습니다. 그리고 그 속력은 더욱 증가되었습니다. 이와 같은 회전운동이 계속되는 동안 검색(檢索)의 과정이 계속되었습니다. 그 검색은 그들이 그 전과 같은 성질이 계속되는지를 밝히는 것이었습니다. 이 회전운동은 약간 정면, 머리 위에 있는 영들의 세계(the world of spirits)에서 일어났습니다. 그것은 기술된 성격의 사람들에게 도움을 주는 것입니다. 그들이 계속해서 그 성질을 고집하기 때문에 그들은 계속해서 뒹굴려져서, 그리고 후두부(後頭部) 아래에 있는 뒤쪽으로 내동댕이쳐졌습니다. 그러나 계속해서 또 다른 모양의 회전운동이

있었는데, 그 운동의 팽창(膨脹), 즉 부풀어 오름(bulging out)은 눈에 띄게 드러났습니다. 그리고 그것은 꾸부림(=휨·flexure)에 의하여 본래의 모습으로 변하기도 하였습니다. 그리고 변한 모양은 다시 뒤엉키기도 하고, 따라서 보여진 회전운동은 혼란스러웠습니다. 사실은 그 구형(球型)은 수직체 모형(垂直體模型)으로 바뀌었고, 그리고 동시에 그 속력은 아주 크게 증가하였습니다.

1763[A]. 그 뒤에, 그들은, 마치 죽은 사람처럼, 얼굴과 배는 아래를 향해 있었고, 나중에는 땅의 낮은 영역(the lowest parts)으로 내려 보내졌으며, 그들은 거기에서 자신들의 생애를 보내야 했습니다. 이와 같이 그들은 영들의 세계에서, 그리고 그 몸통에서 떨어져 나가 땅의 낮은 영역으로 보내졌으며, 그리고 마치 죽은 사람과 같았기 때문에, 그들은 동료들과 멀리 떨어져 있는 그 곳에서 가장 어두운 삶을 살아야 했습니다.

1764. 더욱이 이와 같은 진정한 인간적인 것이 어떠한 것인지, 하나의 모습에 의하여 생생하게 보여졌는데, 나타난 모습은 몸에 속한 것은 거의 전부 박탈되었고, 남은 것이라고는 지극히 작은 인간의 모습뿐이었습니다. 이러한 모습은 지극히 작게 된 인간 모습에 의하여 드러나졌는데, 그것은, 약간 정면, 오른발 밑의 아주 깊은 곳에 있는 그들의 지옥에서 가장 어두운 생애를 보낸 뒤에, 사람이나, 또는 그들 자신에게 남아 있는 것이 거의 아무것도 없다는 것을 뜻하는 것이었습니다.

1765. 그러므로 이런 부류의 사람들은 자신들에 대하여 주의해야 할 것이 있습니다. 그들은 자신들이 계획하고 있는 목적들을 성취하기 위하여 그들은 사회들을 혼란하게 하고, 그 사회의 구성원들 사이에 적의(敵意)들이나 증오(憎惡)들을 야기(惹起)시키고, 그리고 자신의 이기적인 관점을 강제적으로 조장(助長)하려고 하는 수단과 방법을 구사(驅使)한다는 것입니다. 1748년 3월 28일

1766. 이런 부류의 자들은, 그들이 어디에 자리를 하든, 흉부이든

흉막이든, 심낭이든, 종격동(縱隔洞)이든, 폐장이든, 그 어디에서나 치명적인 종양(腫瘍)이나 종기(腫氣)를 일으키는 자들이라고 불리웁니다.

1767. 알게 된 사실은, 그들의 구형 모양의 회전운동에서도 그들은 흠 없고, 순진무구한 자들을 그들의 회전운동작용에 끌어들이려고 하였다는 것입니다. 따라서 그들은, 만약에 자신들에게 파멸시킬 수 있는 것 같이 보이기만 한다면, 그들을 파멸에 끌어들이려고 하는데, 그 대상이 누구냐 하는 것은 아무런 문제가 되지 않았습니다.

1768. 내가 안 사실은, 그들은 한 순간에 그 대상이 파멸될 수 있는 것인지 여부를 지각한다는 것입니다. 그들은 그들이 그들에게 도움이 된다는 것들을 처음에 한 번 힐끗 쳐다 볼 때 전적으로 사로잡는 틀림없는 자신들의 눈을 가지고 있었습니다. 그래서 그들은 그들을 왜곡시키기 위해서, 때로는 변명하기 위해서, 때로는 수단들로 이용하기 위해서, 단 한순간에 상대를 사로잡는 눈을 가지고 있었습니다. 그들은 내가 지극히 작은 생각을 가질 수 있기 전에 역시 그들은 나에게 관계되는 어떤 것을 인지하였습니다. 그래서 그들은 다른 사람들에 비하여 매우 예리하였고, 그리고 그들은 자신들의 자기사랑(自我愛)의 삶에 빠져 있었습니다.

믿음 안에 있는 자는 누구나 자기 자신으로 말미암아서 살지 못한다는 사실을 알고, 지각한다는 것에 관하여

1769. 이 지각에 대해서는 여러 곳에서 언급하였기 때문에 여러 곳을 참조하십시오. 그러나 지식은 꼭 같은 것을 가르치고 있습니다. 다시 말하면 사람은 결코 자기 자신으로 말미암아 살 수 없다는 것입니다. 이런 사실을 나는 오늘까지 보편적인 개념을 통해서 영들에게 실증적으로 입증하였습니다. 왜냐하면, 사람은 최대인간 안에 있는 단순한 작은 입자(粒子)에 지나지 않고, 그리고 개별적인 사람 안에는 최대인간 안에 있는 어떤 것과 대응하지 않는 것은 전무(全

無)하기 때문에, 분명하게 뒤따르는 결론은, 사람은 자기 자신으로 말미암아서는 살지 못하지만, 그러나 사람이 생각하는 것들을 부추기고, 생기를 넣어주는 천계나, 영들의 세계(the world of spirits)의 천사들에 속한 개별적이든 전체적인 것이든, 모든 것들로 말미암아 살아가고 있기 때문입니다. 그리고 모든 것들은 단순한 유기적인 존재들(organic beings)이고, 그리고 주님만이 홀로 생명이시기 때문에, 역시 명확한 결론은 사람은 자기 자신으로 말미암아서는 살지 못한다는 사실입니다. 이 밖에도 살아 있는 경험을 통하여 입증되는 것은, 영들과 아주 밀접하게 결합되어 있는 자들이 떨어져서 분리되게 되면, 그 때 그는 이른바 죽은 사람과 같고, 그리고 그는 어떤 것을 생각할 수도 없고, 행할 수도 없다는 사실입니다. 1748년 3월 28일.

1770. 사람은 자기 자신으로 말미암아 산다고 생각하는 그 사람의 생각 가운데 내포된 월등한 감관의 오류(感官誤謬・the exceeding fallacy of sense)는 그것의 근원을 자기사랑(自我愛)에서 취하고 있다는 것입니다. 그리고 그 자기사랑이 그 사람을 지배하게 되면, 거기에는 주님을 믿는 믿음이 생길 수 없다는 것입니다. 그리고 비록, 주님께서 홀로 계시기 때문에 이러한 사실이 그 사실에 속한 지식이나 지각의 원인이 되기는 하지만 주님을 믿는 믿음은 생기지 않습니다. 안다는 것은 천사들 밖의 것이고, 지각한다는 것은 천사들 안의 것이 듯이, 순수한 천사들이 그것을 알고, 그리고 명확하게 깨닫게 하기 위하여, 내 경험에 의하여 그것들을 입증하고자 하지만, 그 경험은 어느 누구도 거의 믿을 수 없는 것이기 때문에 나 또한 밝히고 싶지는 않지만, 그러나 그 경험은 자주자주 일어났기 때문에 내가 단순하게 밝히려고 하는 것은, 어느 영이 말발굽 소리에 주의를 집중시키고, 동시에 말하는 것에 주의를 집중한다면 말발굽 소리가 마치 말하는 것처럼 정교하게 들릴 것입니다. 이런 경험은 가끔 영들을 성나게 하였습니다. 그들이 성을 내고 있지만, 그 때 동시에

일어난 생각은, 사람은 자기 자신으로 말미암아 산다고 생각하는 그 경우에 생겨나는 감관의 오류와 무척 닮았다고 생각되었습니다. 1748년 3월 28일

망치 소리든, 그 밖의 어떤 소리이든, 그 어떤 소리에 영들이 주의를 기울이고, 그들의 청각을 집중하고, 그리고 자신들의 상상력(想像力)에 예의 집중한다면, 유사한 소리가 가지고 있는 그 말(言語)을 들을 수 있을 것입니다. 그 언어는 거기에 있는 실제적인 것은 아니지만, 그러나 그와 같은 일은 그 소리가 말하고 있다고 생각할 수밖에 없는 그런 오류이기는 합니다.

자연의 법칙에 관하여*

천사들이 이상하게 생각했던 것은, 이 땅 위에 있는 유식한 자들은, 사실 그들이 자신들을 그렇게 부르고 있지만, 자연적인 법칙의 원리들에 관해서 투론(鬪論)하고, 언쟁(言爭)한다는 것이고, 그리고 수많은 자들은 자기 자신들에게서 그 원칙들을 끌어낸다는 것, 결과적으로 자기사랑, 자녀사랑, 자기 소유물 사랑 등에서 그런 원칙들을 끄집어낸다는 것이고, 그러나 이러한 것은 보편적인 천계가 하는 것과는 전혀 다릅니다. 보편적인 천계는 주님사랑, 그리고 자기 자신에게 하듯 하는 이웃에 대한 사랑, 즉 이웃사랑에서 그 원칙들을 끌어냅니다. 그럼에도 불구하고 그 때 주님께서는 그 원칙들을 모든 계율들 중에 으뜸이라고 부릅니다. 다시 말할 것도 없이 천계이든, 이 세상이든, 이 지구 위에서든, 모든 것은 이와 꼭 같은 사실을 명령하고 있다는 것입니다.

낮은 땅(the lower earth)에 있는 자들에 관하여

1771. 저 지대(the lower earth)에는 수많은 저택(邸宅)들과 수많

---

* 이 항목에는 항수를 부여하지 않고 있다. (역자 주)

은 장소들이 있는데, 거기에는 준비상태(準備狀態·preparation) 하에 있는 억류(抑留)된 자들이 있습니다. 이런 부류의 자들에 관해서는 적절한 곳에서 읽을 수 있겠습니다. 그들의 위치는 약간 정면, 왼쪽 발 밑, 가운데 있습니다. 그리고 꽤 높은 곳에까지 다다르고 있습니다. 수많은 자들이 일종의 어두운 상태에 갇혀 있는데, 특히 그런 부류의 자들은 육신을 입은 삶의 상태와 육신의 수면상태(睡眠狀態)의 중간의 상태에 있는데, 그들은 거의 아무것도 생각하지 않고 지내지만, 가끔씩은 생각 없이, 그리고 악한 충동(衝動)에서 자신들의 생애 가운데 저질렀던 것들을 다만 생각에 떠올리는 것이 고작입니다. 그럼에도 불구하고 그들은 그런 것 때문에 양심의 고통 따위는 받지 않습니다. 왜냐하면 그 지역에 있는 자들은 명료한 의식을 가지고 악을 행한 그런 자들도 아니고, 그리고 확고한 목적으로 악을 행한 자들이 아니지만 그럼에도 불구하고 그들은, 비록 경솔(輕率)에서 그런 일을 했다고 해도, 악을 저지른 것은 사실입니다. 왜냐하면 그들은, 그들이 육신을 입은 삶 동안에 주님의 말씀(聖言)에서 교육을 그와 같이 받았다면, 그것이 나쁜 것이라는 것을 알 수 있었지만, 그러나 그들의 생활원칙들이 확고하게 굳어진 뒤에, 그리고 그것들이 그들의 삶의 무분별함 가운데 계속해서 지속, 주장하고 있었기 때문에, 주님의 말씀은 그들에게 침투(浸透)할 수 없었습니다.

1772. 낮은 땅에 있는 자들은 사실 최대인간(the Grand Man) 안에 있지 않고 밖에 있는데, 그럼에도 불구하고 그들은 주님의 생명으로 말미암아 살아가고 있습니다. 거기에 있는 자들에 관해서 일러진 것은, 거기에는 아주 많은 숫자가 있으며, 어떤 자들은, 그들이 깡그리 황폐(荒廢)하게 되어 박탈될 때까지 오랜 기간 동안, 심지어는 수세기 동안, 거기에 갇혀 있다는 것입니다. 1748년 3월 29일

1773. 고대 사람들은, 그들이 자기사랑이나, 그 사랑에 속한 것들을 애지중지하는 것에 몰두하지 않는 한, 이런 부류의 인물들에 대해서 암시하고 있는 것으로 생각됩니다. (성경에서 그들이 언급된 것인

지 아닌지 찾아보십시오.) 이런 것들에 관해서 고대 사람들은, 고대교회 밖에 있었지만, 그러나 고대교회에서 비롯된 지식을 가지고 있었습니다. 그들은 그 지식을 마셔야 한다는 "망각의 강의 물"(Lethean waters)이라고 불렀는데, 그러나 거기에 물은 전혀 없었습니다.

1774. 그들 중의 몇몇은, 그들이 생각 없이 했든, 확고한 목적에서 했든, 그들이 실제적으로 행한 그들의 육신을 입은 삶에 따라서 많든, 적든, 권태감(倦怠感)을 느낍니다.

자신들의 육체들은 살아 있다고 하는 영들의 느낌(impression)에 관하여

1775. 우리 지구의 영들은 육체를 입은 삶을 여전히 살고 있다는 것에 대한 그런 느낌(impression)을 가지고 있는데, 이런 생각은 거의 믿을 수 없을 정도이기는 합니다. 그들에게 그 반대이다는 것을 설득하는 것은 매우 힘든 일이었습니다. 나는 그들에게 여러 가지 방법으로 그와 같은 느낌은 한낱 망상(妄想)에 불과하다는 것을 지적하였습니다. 그래서 그들은 종국에 그것을 시인하였지만, 그러나 그들은 여전히 그와 비슷한 망상으로 되돌아갔습니다. 그러므로 그들의 마음은, 말하자면, 사후 육신으로 오랜 동안 남아 있었습니다. 이러한 사실은 육신에 대하여 혐오하는 생각을 가지고 있는 목성(木星)에서 온 영들이 나타나게 되면, 양쪽에 대해서 느껴지는 극도의 불안이나 불쾌감을 일으키는 원인이 되기도 하였습니다. 1748년 3월 29일

영들은 사람의 신념(信念・宗旨)에서 판단한다는 것에 관하여

1776. 여러 영들과 대화를 하는 가운데, 내가 안 사실은 그들은 어떤 것에 대한 지식을 결코 가질 수 없다는 사물들에 관해서 일종의 신념(=종지・宗旨)을 가지고 있다는 것이었습니다. 이와 같은 신념이나 종지 따위는, 내가 실증적으로 입증하고 있었던 어떤 것에

관해서 내 자신이 가지고 있는 신념에서 분명하게 일어났습니다. 이런 일은 자주 일어났습니다. 다종다양한 그 내용들을 살펴보면, 심지어 그들이 알지 못하는 과학적인 것도 있었는데, 이런 것들은 역시 아주 많은 개별적인 것들에 관한 것이었습니다. 이런 것들에서, 내가 그들에게 말한 것과 같이, 나는 그들이 나의 신념이나 종지 따위에서 판단하였고, 그리고 주장하였다는 결론을 자신 있게 내릴 수 있었습니다. 결과적으로 만약에 어떤 것이나 허위(虛僞)를 실증하였다면, 그들은 역시 그것에 관해서 거짓된 신념을 가졌을 것입니다. 왜냐하면 물질적인 것들에 관해서, 그들은 여전히 내 기억 안에 있는 지식들이 그들의 것이라고 생각하고 있는 자신들로부터 판단할 수 없기 때문입니다. 이와 같이, 내가 그들은 스스로는 알지 못하고 다만 내게서부터 그것을 알고 있다고 말하였을 때 분노할 정도로, 그들은 자신이라고 여기는 한 사람을 가지고 있습니다.

1778. 예를 들면 발람에 관한 것과 같이, 여기에서부터 다양한 것들에 관한 결론을 얻을 수 있겠습니다. 만약에 온갖 저주들에 의하여 야곱의 후손들을 저주하였다면, 영들의 세계(the world of spirits)에 있는 어떤 영들은 그와 같이 설득되었기 때문에 그들은 그 민족에게 거스르는 매우 난폭하고 불온한 떼거지들을 선동(煽動)하였을 것이고, 악한 사람은 선한 사람을 타락(墮落)시키려고 온갖 노력을 하도록 선동하였을 것입니다. 주님 강림(降臨) 전 영들의 세계는 이런 성질의 상태이었지만, 그러나 주님 강림 이후 그들은 이런 일에 대해서는 강력하게 억제되었습니다.

1779. 그러므로 주님으로 말미암아 내면적인 신념들이나 확신들에 관해서 얻어진 결론은, 사람들은 믿음에 속한 것들에 관해서는 주님으로 말미암아 확신을 가지고, 결코 자기 자신들로 말미암아서는 확신을 가지지 못한다는, 믿음을 가지고 있다는 것입니다. 1748년 3월 29일

1780. 그러나 육신을 입은 삶에서 그들이 그들의 온갖 사랑들이

나 애욕들로부터 취한 삶이 영들의 삶과 일치하지 않는 사안들에 관해서 그들이 개혁되고 있는 동안에 주님으로 말미암은 것을 제외하면 그들은 확신을 가질 수 없었습니다. 1748년 3월 29일

머리나 두개골에 치명적인 궤양(潰瘍)을 구성하는 자들에 관하여

1781. 이런 성질의 영들이 몇몇이 있었는데, 그들이 사람에게 근접하게 되면 그들은 두개골 속으로 돌진하여 들어갔습니다. 그리고 거기에서 척추의 골수 속으로 돌진하였고, 그리고 그 사람을 죽이려는 것 이외에는 아무것도 의도하지도 않았고, 시도하지도 않았습니다. 이런 성품의 영들이 나에게 떼를 지어서 모여들었고, 그리고 척추의 골수에 쇄도(殺到)하였습니다. 한번은 이런 말을 하였습니다. 그들이 격분(激憤) 되기 전에도 그들은 골수들이나, 그 어떤 생동적인 것은 모두 흡수(吸收)해 버리겠다고 하였습니다. 그들이 그런 시도가 헛수고가 되었을 때 그들은 여전히 두개골 안에 남아 있어서, 다양한 구상들을 시도하였지만, 그러나 그런 구상들은 모두 실패하였습니다. 이런 경우 그들은 그의 모든 지적인 능력을 사람에게서 제거하려고 의도합니다. 나는 대뇌실에 있는 그들을 명확하게 지각하였고, 그리고 그들의 시도들도 거기에서 비롯된 결과인 고통에서 명확하게 지각되었습니다. 나는 그들과 대화를 하였는데, 그들은, 그들이 어디에서 왔으며, 누구이며, 그들의 성품이 어떤 것인지 강제적으로 고백하게 하였습니다.

1782. 그들이 한 말은, 자신들은 숲 속 어두운 곳에서 살고 있고, 거기에 있는 자들은 얼굴이 몹시 흉측하게 생겼고, 머리카락은 봉두난발(蓬頭亂髮)이고, 들짐승들처럼 주위를 어슬렁거리고 돌아다닌다고 하였습니다. 그들은 아주 많았고, 그들은 자신들의 동료들에게 이런 짓거리를 시도하지 않지만, 때로는 동료들에게도 이와 같이 잔인하게 다루는 것이 허락되기도 하였습니다. 이런 짓으로 인하여 그

들은 공포 가운데 위축(萎縮)되어 떨고 있지만, 그런 일이 그들에게 공격하지 못하게 그런 공격에서 지켜지기도 합니다. 그들은 역시 외롭게 이리저리 다니다가, 그와 같은 구속에 갇히었습니다.

1783. 나에게 다시 일러진 것은, 역사의 기록에 남아 있는 것과 같이, 그들은 그들의 전 생애에서 전 군대를 몰살(沒殺)시킨 그런 성품들이었고, 그리고 그들에게 광기(狂氣)를 유발하기도 했던 그런 성질을 지녔다는 것이었습니다. 왜냐하면 그들은 그들의 두뇌의 여러 방들을 습격하였고, 그리고 그 때 서로가 서로를 죽인다는 공포를 야기시켰기 때문입니다. 그들이 이런 공포를 부추길 수 있다는 것을 나는 확신하지만, 그러나 오늘날에는 드물게 일어납니다. 아주 드문 일은 온갖 구속들이 오늘날 그들에게는 풀려지지 않으며, 그리고 그와 같은 구속의 해방은 이런 성품의 몇몇 사람들의 경우에만 일어납니다. 그 경우란, 영혼의 측면보다는 육신의 측면에서 멸망하는 것이 더 좋겠다고 허락되는 그런 성품의 작자들에게 일어납니다. 그들의 성품을 살펴보면, 만약에 방탕이나 자살과 같은 방법으로 그가 육체적으로 멸망하지 않는다면, 그 사람은 영원히 멸망하는 일에서 전혀 면할 수 없을 것입니다.

1784. 이런 영들은 두개골 안에 있는 치명적인 궤양에 대응하고 있는 영들인데, 그것의 결과는 비슷합니다.

1785. 그들의 무리 중 또 다른 작자들은 정면, 아주 높은 곳에 나타났습니다. 나의 두개골 안에 있는 자들은 그들이 그들을 통해서 활동하는 자신들의 피술자들(subjects)이다고 떠벌렸습니다.

1786. 그들이 숲 속에 살고 있는 동안, 그들에게 거의 삶이 주어지지 않았지만, 그 삶이 드러났습니다. 그것은 그들이 산 그들의 삶이라고 그들이 말한 내용입니다. 1748년 3월 29일

육신을 입었던 삶은 사후(死後)에 어떻게 계속되는가에 관하여

1787. 육신을 입은 생애를 보내면서 음란적이고, 호색적인 삶을

살았던 어떤 영들이 있었는데, 그들은 자기 자신들은 물론 다른 사람들에게 그들의 병균이나 역병(疫病)을 감염(感染)시켰습니다. 그들 중 몇몇은, 내가 생각하기에는, 그들의 사망 뒤 얼마 지나지 않아서 나를 찾아왔다고 여겨집니다. 그런데 그들은 지금 그들이 다른 세상에 있다는 것을 알지 못하였습니다. 내가 알아차린 것은 그들이 그들의 육신을 입고 살았던 것과 같이, 여기서도 살기를 원하고 있다는 것입니다. 육신을 입은 그들의 삶은 아내들을 속이고, 아무런 양심의 가책도 없이 간음을 범하는 그런 삶이었습니다. 가능하기만 한다면 언제든지 다른 남자의 아내들을 이와 같은 범죄에 유혹, 끌어들이는 짓을 하였고, 그리고 그들이 지금 저 세상에 있다는 것을 알지 못하기 때문에 지금도 그와 꼭 같은 일을 열망하고 있었습니다.

1788. 내가 그들에게 그 때의 경우는 저 세상에서의 경우와 다르다는 것을 일러주었을 때, 그들은 그들이 저 세상에 있다는 사실을 처음에는 이상하게 생각하였지만, 곧 그 사실을 잊어버리고, 그들은 그들의 음모나 간계 따위를 계속하려고, 그들의 가족들이 어디에 있는가를 물으면서 그들의 나쁜 충동(衝動)들에 집착하였습니다. 나는 그들에게, 만약에 그런 종류의 사안들에서 영적인 죄(spiritual sin)에 대하여 전혀 관심도 없고, 주의하지도 않는다면, 그리고 여전히 그들이, 이와 같은 유혹이나, 미끼들에 의하여 그녀의 남편에게서부터 아내의 사랑을 단절하려고 노력하지 않는다면, 이런 것이 영적인 질서에 거스르는 행동을 하는 것이라고 말해주었습니다. 그러나 그들은 이런 말에는 귀를 기울이지 않았을 뿐만 아니라, 그것을 이해하지도 못하였습니다. 더욱이 나는 그들에게, 지금은 그들이 그와 같은 잘못들에 빠져들려고 한다는 것이 아주 명백하게 드러났기 때문에, 법률에 대한 두려움이나, 그런 짓에서 뒤따르는 형벌에 의하여 중단하여야 한다는 것을 촉구하였습니다. 그러나 그들은 이런 것에 대해서도 전혀 상관하지 않았습니다. 그 때 나는, 그들의 세상적인 명성(名聲)이 이런 식으로 손해를 입을 것이기 때문에, 그들의 명성

이나 영예를 위해서 그들이 관심을 가져야 하고 또 그것에 깊이 유념하여야 한다는 것을 호소하였습니다. 그러나 그들은 이런 것에는 관심을 두지 않았습니다. 왜냐하면 그들의 성품이나 그들이 관심을 두는 것이 어떤 것인지, 영적인 개념에 의하여 즉시 인지되었기 때문입니다. 그러나 내가 그와 같은 사실을 알게 되었고, 그리고 그들을 가혹하게 다루는 형벌들이 채택되었고, 심지어 그들이 상상하는 것보다는 매우 고통을 주는 곤장(棍杖)으로 그들을 벌주었다는 것 등등을 일러주었을 때, 이 일만은 그들에게는 치명적인 것 같이 보였습니다. 그러나 이 일마저 잊어버렸기 때문에 그들은 자신들의 목적에 몰두하였고, 그리고 그들의 내면적인 생각들이 나에게 모두 드러나 보여졌습니다. 그것은 가장 추하고, 더러운 것이었습니다. 그 때 그들이 마음에서 창안한 간계들이나 술책 따위들이 모두 공표되었습니다. 이런 일련의 것들은 어느 누구에게나 그것들을 공개하기에는 적합하지 않는 그런 성질의 것이었습니다. 따라서 여기에서 드러난 사실은, 그들의 내면적인 것들은 저 세상에 있는 영들의 목전(目前)에는 철저하게 공개된다는 것입니다. 더욱이 천사들 앞에 폭로된다는 것은 말할 필요도 없겠습니다. 그들이 사후 동일한 상태에 있는 한, 천사들은 아주 정확하게, 아무런 오차도 없이 그들의 내면적인 생각들을 알고, 그 뿐만 아니라 심지어 그들의 마음 속에서 창안한 그것들까지도 압니다. 왜냐하면 가장 추하고 더러운 그들의 성품에 관해서 그런 것들에 의하여 그들이 속속들이 드러내졌기 때문입니다. 이와 마찬가지로 천사들은 간음들이나 이와 비슷한 것이 결코 불법적인 것이 되지 않는다고 육신을 입은 삶에서 생각했던 그런 작자들의 성품을 드러내 보여 주었습니다. 그럼에도 불구하고 그 때 그들은 가혹한 형벌들이 없으면 그 결과들이 제거될 수 없는 그들의 영적인 삶을 심하게 더럽혔습니다. 이런 내용에 관해서 내게 일러진 것은, 혼인한 상태에서 자신들의 배우자들에게 혐오나 미움 따위를 가지고 산 사람들은 그런 탐욕에 살지 않은 사람과는 전적으로 다르게 나타난다는 것입니다.

1789. 주님에게 드린 그들의 기도에 관해서, 생생하게 나에게 일러졌는데, 그들은 선생에게서 배운 것들과의 관계에서 보면 전혀 의심 따위는 가지고 있지 않는 것 같이 보였습니다. 그러나 그들은 그 기도의 말의 뜻이나, 문자적인 뜻 이상의 다른 것은 아무것도 가지고 있지 않았습니다. 그것은 그들이 관능적일 뿐, 결코 전혀 영적이 아니다는 것을 잘 보여 주고 있었습니다. 1748년 3월 30일

주님의 기도문에 관하여

1790. 모든 천적인 것들이나 영적인 것들을 포함하고 있는 주님의 기도(the Lord's Prayer)가 읽혀질 때, 모든 개별적인 것 안에 그와 같은 수많은 것들이 주입되어 있습니다. 그래서 천계 자체도, 파악될 수 없지만, 역시 각자의 능력과 선용에 일치하여 파악됩니다. 어느 누구라도 보다 내적으로, 그리고 보다 깊이 파악하고, 이해하면 그럴수록 보다 풍부하고, 충만하게 천계에 속한 것들이 이해됩니다. 낮은 상태에 있는 자들은 그런 것들을 이해할 수 없고, 오히려 그들에게 그것들은 일종의 비의(秘義·arcana)입니다. 따라서 어떤 것은 오직 총명적인 믿음에 의하여 파악될 수 있고, 어떤 것은 무엇이라고 표현할 수도 없습니다. 즉, 주님으로부터 발출하는 모든 천적인 개념들(the celestial ideas)은 그것들이 보다 더 낮게 내려오면, 다시 말하면 그것들이 내려오는 사람들의 성품이 낮으면 낮을수록, 더욱 더 철저하게 그 사람의 마음에 속한 닫혀진 것, 즉 종결된 것처럼 보입니다. 종국에는 성경의 문자적인 뜻이나, 또는 낱말들의 개념들(the ideas of the words) 외에는 거의 아무것도 없는 그 어떤 난해(難解)하고, 조잡(粗雜)한 것들만 계속해서 일어나는 것 같이 보이기도 합니다. 이런 것에서 알 수 있는 것은, 주님의 기도를 드릴 때, 그들의 믿음에 속한 교리의 측면에서 그들이 육신을 입은 삶을 살 때 어떤 영혼이었는지를 알 수 있다는 것입니다. 그 이유는 그들

이 그 기도를 드릴 때 이런 것들에 속한 그들이 가지고 있었던 그들의 종전의 뜻을 가지도록 그들에게 주어지기 때문입니다. 1748년 4월 1일

따라서 그 개념은 관능적인 것들에서부터 위로, 그리고 내부로 확장됩니다. 사실은 모든 계도(階度)에서 끝 간 데 없이 확장됩니다. 다른 말로 하면 내부 속으로의 무한한 증대를 통하여 내면적인 것들에 확장되고, 따라서 보다 더 내면적인 것들에, 그리고 극내적인 것들에 확장됩니다.

두뇌에서 콧물(the nasal mucus)을 형성하는 자들에 관하여

1791. 이런 부류의 영들이 있습니다. 그들은 사람들을 깔보고, 또 오직 자기 자신들이 지배하기를 갈망하였기 때문에, 다른 영들 사이에서 적의(敵意)나, 증오 따위를 일으켰습니다. 아니, 심지어 발광(發狂)에 이를 정도까지 싸움을 일으켰습니다. 왜냐하면 적의나 증오 따위를 일으킨 이런 영들은, 가장 원한이 사무치는 원수들과 같이 자신들 사이에서 서로 물고 뜯고 하기 때문이고, 그리고 그들이 거기에 있는 것으로 알고 있는 무리도 그런 작자들이기 때문입니다. 나는 이런 싸우는 짓거리들을 보면서, 그리고 그들을 이해할 수 없어서, 그런 사안에 대하여 물었는데, 내가 알게 된 사실은, 이런 부류의 영들에 의하여 꼬드겨지는 그와 같은 다툼이나 싸움 따위들은, 그들이 선의의 경쟁이 없이, 오로지 지배하겠다는 열망 때문이다는 것입니다.

1792. 그들과 이야기 할 기회가 주어졌습니다. 그 때 그들은, 다른 누구에 비하여 더욱 더 많이, 모든 것들을 지배하고, 또 모든 것을 가르치고 싶다는 것을 말하였습니다. 그들의 이와 같은 말에 내가 대답한 것은, 이런 영들은 미친 작자들이고, 그들은 처음 시작부터 그들이 그러한 것과 같이 분노로 말미암아 싸움과 다툼을 자행할 것이라고 하였습니다. 그들은 아마 위, 아주 높은 곳에서부터 중

간 정도의 높이에서 나와 말하였습니다. 그들의 언어는, 내가 그들의 말에서 그들의 마음이나 그들의 성품을 판단할 수 없는 그런 것이었습니다. 왜냐하면 그들은 마치 물이 흐르는 것과 같이 아주 빠르게 말하였기 때문입니다.

1793. 내가 배울 수 있었던 것은, 이들은 두뇌의 뇌하수체(腦下垂體)를 구성하는 자들입니다. 그것은, 일종의 배설하는 지역과 같이, 두뇌에 고이지 않게 만드는 여과기 판(sieve-like lamina)을 방해하기 쉽습니다. 거기에서부터 우둔함이나 이와 비슷한 광기(狂氣)들은 야기됩니다. 그리고 역시 내가 알게 된 것은, 이와 같은 부류의 사람들은, 다른 모든 자들 사이에서 불화(不和)나 알력(軋轢)이나, 증오나 적의(敵意) 따위를 일으키는 하나의 근거를 만드는 자들이고, 속담에서 말하고 있는 것과 같이, 그들은 다스리기를 위하여 분열시키고, 또한 많은 정치가들이 양심도 없이 하는 것과 같이, 분열과 불화를 야기시키는 자들입니다. 따라서 그들은 다른 사람들 사이에서 꼬드길 수 있는 온갖 적의들, 내적인 분쟁들이나 다툼들, 증오들 안에 영특함이나 타산(打算) 따위를 두는 자들입니다. 이와 같은 그들은 전적으로 겉사람들(external men)입니다. 그 이유는 그들은, 앞에서 언급한 것과 같이, 코의 호흡(the nasal respiration)을 방해하기 때문입니다. 그러므로 보통의 호흡은 코를 통해서 인두(咽頭) 속으로 들어가는 것이지만, 그 호흡은, 보통의 호흡방법과는 전적으로 반대로, 입을 통해서 인두(咽頭) 속으로 들어갑니다. 보통의 호흡은 두뇌와 그것의 외적인 것들과 더불어 그것의 생기(生氣)에 일치합니다. 따라서 이런 인물들은 내면적인 것들과 외면적인 것들 사이의 교류(交流)를 단절하고, 파괴합니다.

1794. 내가 그들은 참된 믿음의 편린(片鱗)도 가지고 있지 않다는 것을 지각하고서, 그들과 이야기를 할 때 나는 그들이 지금 저 세상에 있다는 사실과 그리고 그들이 거기에서 영원히 살 것이다는 사실을 알고 있는지를 물었습니다. 그러나 그들 중의 한 사람은, 그가

다른 사람을 속이려고 했던 어떤 다른 자들에 대한 눈 빛을 가지고 있는 것으로 보아서, 그와 같이 말하는 것을 좋아하지 않았습니다. 내가 그들에게 일러준 말은 그들이 이 세상에서 사는 동안에 어리석은 사람들 사이에서는 혹시 현명한 사람처럼 보일는지 모르지만, 그러나 여기서의 현명한 자들 사이에서는 미친 사람 같이 보인다고 하였습니다. 그들은 이 말에 무척 불쾌해했습니다. 나는 천계의 통치(the government of heaven)는 서로가 서로를 사랑하는 상호애(相互愛) 가운데 존재한다는 것을 말해 주었습니다. 그리고 거기에서부터 질서도 생겨나고, 그리고 수천수만의 종속의 관계(從屬關係)도 생겨나지만, 반면에 질서나 종속의 관계 밖에서 그들이 생성한 것들인 그들의 마음 속에 있는 것들은 온갖 다툼들과 불화와 이간(離間) 따위들이 있다는 것도 일러주었습니다. 그들은, 자신들이 그럴 수밖에 없다고 말하였습니다. 이 말에 대해서 나는, 그들이 육신을 입은 그들의 삶에서 이런 성품이 몸에 배었다는 것과 그리고 그들이 그와 같이 했던 것과 같이, 그들은 그와 같이 믿었고, 그리고 실제적으로 행동하는 동안에 그들은 다른 존재가 될 수 없었고, 또한 달리 행동할 수도 없었다는 것 등을 대답해 주었습니다. 1748년 3월 30일

어떤 영들의 악의(惡意)에 관하여

1795. 영들의 악의(惡意)는 사람에게서 온갖 생각들이나 말(言語)을 생기게 하는 것뿐만 아니라, 반응(反應)들을 생기게 하는 것에 존재합니다. 그러므로 사람은 그가 반응한 것 이외에는 아무것도 알지 못합니다. 다시 말하면, 그 사람은 영들의 선호(選好)에 따라서 응답하는 것에 존재한다는 것입니다. 이러한 사실은 생생한 경험에 의하여 나에게 자주자주 확증된 것이고, 그리고 영들은 반복해서 그것을 행하였습니다. 그들은 이런 것을 관습에 의하여 배웁니다. 왜냐하면 그들은, 말하고 대답하는 일에서, 인간들 자체(the entire men)를 매우 쉽게 타락시키는 방법을 이와 같이 잘 알고 있기 때문입니다. 동

시에 그들은 또한 그 대답에 적합한 탐욕들을 주입시키므로, 그 사람은 그가 말하고 대답하는 사람이다는 것 이외에는 절대로 아무것도 알지 못합니다. 왜냐하면 그와 같은 탐욕이나 욕망에 빠져 있는 동안 그는 자신의 삶 안에 있으며, 그리고 그것이 바로 자기 자신이다고 믿고 있기 때문입니다. 이러한 것이 어떤 영들의 악의(惡意)인데, 나는 그것을 확실한 경험에서 주장할 수 있습니다. 왜냐하면 그들은 나와 같이 오랜 동안 이야기하였고, 그리고 나는 이런 점들에 관해서는 그들과 대화하는 기회를 많이 가졌기 때문입니다. 1748년 3월 30일

천사들의 자연적인 것들이 영들 앞에 어떻게 실연(實演)되는지에 관하여

1796. 천사들인 그들은, 육신을 입은 삶에서, 의상(衣裳)의 아름다움으로 무척 기뻐했던 영들이나, 또는 근자에 내세에 들어온 영혼들이 하는 것과 같이, 그들이 옷을 입고 있다는 사실에 대하여 생각하지 않습니다. 저 세상에 있는 후자들은 환상으로 말미암아 그들이 자신들의 의상(衣裳)에 대해서 생각하는 동안, 육신을 입은 삶에서와 꼭 같이 옷을 입고 있다고 생각하였고, 그들은 그것에서 기쁨을 느꼈습니다. 이러한 생각들이 그들에게는 매우 생생하고, 강렬하기 때문에, 내가 그들에게 그들은 저 세상에서는 옷을 입지 않는다고 말하였을 때, 그 때 이 세상을 떠나 저 세상에 최근에 온 자들은 놀라워했습니다. 그리고 그들은 그들의 환상에서부터 매우 큰 어려움을 가지고 물러날 수 있었습니다. 아니, 어떤 자들의 그 환상은 그들이 옷을 입고 있다는 사실을 촉각에 의하여 인지할 수 있다고 스스로 생각하였습니다. 그러나 그 환상은 결국에는 사라져 버렸고, 그 때 다른 생각이 생겨났습니다. 그 다른 생각은 거의 옷을 입지 않는다는 것이었는데, 그들은 그런 생각들이 육체들에 속한 것이라고 여겼습니다.

1797. 더욱이 내면적인 천계(the interior heaven)의 천사들은, 그들이 영들에게 실연되는 동안, 그들에게는 마치 처녀들처럼 매우 멋진 옷을 입고 나타나는데, 그들의 의상은 희고 검은 것이 혼합된 아주 멋지게 주름이 잡힌 것으로 그들의 몸매에 아주 멋지고, 아름답게 어울렸습니다. 그러나 보다 더 내면적인 천계(the more interior heaven)의 천사들은, 각양각색의 꽃으로 장식하고, 여러 색깔들은 압도하는 청색과 적색이 찬란하게 빛나는, 가장 아름다운 의상을 입고 영들 앞에서 모습을 드러냅니다. 그리고 반면에 극내적 천계의 천사들은 젖먹이들처럼 옷을 입지 않은 몸으로 나타납니다. 영들에게 드러낸 이와 같은 실연(實演)들은 천사들의 자연적인 것들의 성질을 뜻하는 것입니다. 왜냐하면, 위에서 언급한 것과 같은 환상들은 천계에는 존재하지 않기 때문입니다. 그러므로 모든 의상들은 천계의 입구(入口)에서 벗겨집니다. 의상들이나 그것들의 색깔에서 이런 실연들이나 표징들이 어디에서 온 것인지를 알 수 있습니다.

두뇌에 고여 있는 액체(液體)를 표징하는 것들에 관하여

1798. 두뇌에 고여 있는 액체들은 분명히 세 종류입니다. 그 첫째는 가장 조잡(粗雜)한 것인데, 그것은 경뇌막(硬腦膜 · dura mater) 아래, 또는 수막(髓膜)들 사이를 흐르며, 그리고 그것의 순환(循環)을 통해서 낡은 박막(laminam cribrosam · 여과기관 · sieve-like membrane)에 강제적으로 작용합니다.

1799. 또다른 종류는 유두상(乳頭狀)의 돌기(突起) 속에 고여 있습니다. 이것은 두뇌의 내면적인 것이나, 또는 그것의 섬유들 안에서 수집된 액체입니다. 그리고 마찬가지로 낡은 박막(laminam cribrosam) 쪽을 향해 자리 잡고 있습니다.

1800. 세 번째 종류는 두뇌의 측면의 뇌실(腦室) 안에 수집된 것입니다. 그리고 이것은 누두상관(漏斗狀官 · infundibulum)이나 그 밖의 것들을 통해서 배설(排泄)됩니다.

1801. 이런 부류의 액체들이 고여 있는 동안, 또는 그것들이 배설하기 위한 배출구에 있지 않는 동안, 그것들은 온갖 불편들을 야기할 뿐만 아니라, 여러 질병(疾病)들, 심지어 치명(致命)적인 질병들을 일으킵니다. 이러한 일들은 배설되어야 할 액체의 배설의 기회가 주어지지 않았을 때 육체 안에서 일반적으로 일어나는 것으로 예를 들면, 그 때 모든 것들을 파괴해 버리는 침체(沈滯) · 화농(化膿) · 부패(腐敗) 따위가 생겨납니다.

1802. 첫째 종류의 액체에 대응하는 자들은 이미 언급된 그런 부류인데, 다시 말하면 그들은 권력을 잡기 위하여 이간(離間)들 · 증오들 · 분쟁들, 따라서 온갖 종류의 위해(危害)를 다른 자들에게 선동(煽動)하는 작자들입니다. 이미 언급한 것과 같이, 그들은 이마 위쪽의 중간 높이에 있습니다. 나는 그들과 이야기를 나누었는데, 내가 그들에게서 안 것은, 그들의 형벌(刑罰)은 상하로 움직이는 다소 큰 흔들림들(波動 · fluctuations)에 위하여 수막(髓膜)들 사이의 액체에 고통을 주는 그런 형벌들이었는데, 나는 그 전에는 이런 것을 알지 못하였습니다.

1803. 또다른 종류, 다시 말하면 섬유들 안에서 수집된 액체는 유두체(乳頭體)의 돌기(突起)들에게 강제적으로 작용하는데, 거기에 고여 있습니다. 이것에 관해서는 이미 언급하였다고 생각합니다. 그들의 형벌은 회전(回轉)들과 저항(抵抗)들에 의하여 고문(拷問), 온갖 고통을 주는 자들의 형벌과 거의 같습니다.

1804. 세 번째 부류는 사람에게 아주 큰 위해(危害)들을 야기시키는 자들입니다. 다시 말하면 뇌실(腦室) 안에 고여 있는 액체가 표징하는 자들로, 그들은 세 종류가 있는데, 그 중에 하나에 관해서 내게 드러난 것은, 그들은 아주 높은 위치를 점유한다는 것이고, 그리고 그들은 마치 내면적인 영들(interior spirits)처럼 얌전하게 말을 한다는 것입니다. 그래서 그들은, 그들이 내면적인 영들을 실제적으로 속이듯이, 경솔한 자들을 아주 쉽게 속일 수 있다는 것입니다.

그들의 언어는 달변(達辯)이고, 그리고 부드러웠고, 동시에 내면적이었습니다. 왜냐하면 그들은 그들이 말하는 것에 비하여 더 많은 것을 생각하기 때문입니다. 그들이 선한 영들을 속이고 있는 동안, 그들은 그들의 생각들에 의하여 행동합니다. 그들은, 그들의 생애(生涯)에서 다른 사람들을 지배하려고 노력하지는 않은 자들입니다. 그것은 그들에게는 불가능하였기 때문입니다. 다시 말하면 그들이 고관대작(高官大爵)들이나 왕들이나, 군주(君主)들이 된다는 것은 불가능하였지만, 그러나 그들은, 왕들·고관대작들·군주들이 그들의 자문(諮問) 없이는 아무것도 할 수 없을 정도로 은밀한 관계를 맺고 있었고, 자신들이 반드시 필요한 존재로 계략(計略)을 꾸몄습니다. 사실 그들은 다른 사람들이 보는 앞에서 이런 사실을 자랑하였습니다. 그러나 그들은, 그들이 자신들의 권력이 박탈될 수밖에 없다는 것을 알게 되면, 그들은 자신들의 군주나 고관대작들에게 공(功)을 돌리면서 아주 공손(恭遜)하게 말을 하였습니다. 그렇지만 불행의 책임 따위는 그들은 높은 자리에 있는 사람에게 돌렸고, 또는 그들은 그들의 잘못을 용서해 주었습니다. 반면에 그들은 선한 일에 대한 공(功)은 자신들에게 돌렸습니다.

1805. 이런 성품의 소유자들은, 그들이 자신들 혼자서 공부를 하기 때문에, 따라서 자기사랑(自我愛)에 의하여 강력하게 지배되기 때문에, 자신들을 좋아하지 않는 다른 사람들을 박해(迫害)하고, 그리고 증오 가운데 사로잡고 있습니다. 이런 부류가 뇌실에 고여 있는 액체의 성질입니다. 그리고 여기에서 온갖 치명적인 위해(危害)들이 흘러나옵니다. 왜냐하면, 그 액체들과 비슷하게 서로 집합된 이런 부류의 영들은 비어 있는 영역들에 확대하기 때문입니다. 그리고 신경의 기능작용을 방해하며, 혈액의 흐름과 생기(生氣)를 박탈하여 종국에는 그것으로 인하여 그들을 죽게 하기 때문입니다.

1806. 이런 부류의 형벌은 이러합니다. 그들은, 수평적인 원형(圓形)의 서로 다른 방향을 향하여, 때로는 이쪽으로 때로는 저쪽으로,

처음에는 좌측에서 우측으로, 회전운동에 내맡겨지고, 그리고 나중에는 억지로 나선운동(螺旋運動)을 해야만 하였습니다. 그러나 이와 같은 굴리기들(rollings)이나 회전운동(回轉運動·rotations)은 저항(抵抗)이 뒤따르는 것들로 두 종류가 있는데, 그것은 아주 심한 고통을 수반(隨伴), 어떤 때에는 여러 시간 동안 아주 길게 계속되기도 합니다. 이것은 지옥적인 형벌들 중에 하나입니다. 왜냐하면 그들의 생각들이나, 내면적인 애씀 따위들은 이런 식으로 고통을 겪고, 그들은 그것을 몹시 싫어하기 때문입니다. 더욱이 그들은 아주 난폭하게 혹사(酷使)당하고, 반면에 동시에 그들은 불쾌함뿐만 아니라 온갖 고통까지도 참아내야 했습니다.

1807. 이런 종류의 형벌 따위를 집행(執行)하는 자들, 다시 말하면 형벌을 주는 자들이 내 머리 주위에 있었는데, 그들은 이런 형벌을 주는 것에 아주 큰 기쁨을 만끽(滿喫)하였습니다. 그들의 말에 의하면 그들은 자신들의 모든 힘을 가지고 그 형벌을 집행하는 것을 단념하려고 하지만, 그렇게 되지가 않는다는 것입니다. 그리고 그들은, 만약에 영원히 이와 같이 벌을 주는 일이 허락된다고 해도 그 경우는 꼭 같을 것이라고 말하였습니다. 그들은 이 일을 자신들의 임무라고 불렀습니다. 나는 그것의 성질이 어떤 것인지 알기 위하여 그들의 쾌락을 깨닫는 것이 허락되었습니다. 그리고 명확한 것은 만약 그들에게 계속되는 것이 허락된다면, 그들은 결코 그 일을 중단하지 않을 것이라는 사실입니다. 이런 부류의 인물들은 겉면을 찢고, 심한 형벌을 주는 자들과 같은데, 그들은 누두상기관(漏斗狀器官)의 기능들을 구성합니다. 그 안에서 이런 것들이 솟아나게 되면 그 때 그들은 그와 같은 액체로 심한 고통을 줍니다. 1748년 4월 1일

사이비 영들(似而非 靈·spurious spirits)의 무리를 형성하고, 맥관(脈管)들의 내면적인 것이나, 섬유들을 가로막는 자들에 관하여

1808. 그들의 생애에서 이런 성질을 가졌던 남녀의 수많은 자들이 있었습니다. 그들이 어디에 가든지, 술책과 기만(欺瞞)적인 방법에 의하여 다른 사람들을 지배하려고 시도하였습니다. 어떤 비밀스러운 방법으로 남자들을, 특히, 부자나 권력이 있는 자들을 자신들에게 예속(隸屬)시키려고 하였습니다. 이런 짓을 하는 것은 그들이 자신들의 이름 하에 권력을 행사하는 것이 목적이었습니다. 그러나 그들은 매우 비밀스럽게 행동하여서 부자나 권력을 가지는 사람은 그것을 알지 못하였습니다.

1809. 그들은 다른 사람들, 특히 정직한 사람들을 다른 곳으로 옮기기 시작하였습니다. 그들은 여러 가지 다양한 방법으로 그들을 괴롭히고, 박해(迫害)하였습니다. 그러나 그들을 나쁘게 비방(誹謗)하는 방법으로 하지는 않았습니다. 그것은 성실함이 자체를 방어하는 수단이지만, 그러나 여러 가지 다른 방법들이나, 수단들에 의하여 하였습니다. 예를 들면 상대방(相對方)의 단순함을 이용하여 그것들이 나쁜 것이라고 하여 그의 조언들이나 충고들을 왜곡(歪曲)시키고, 그리고 나쁜 결과를 그의 탓으로 돌리는 짓들이나, 그 밖의 많은 수단들에 의하여 그들을 박해하고, 괴롭혔습니다. 이러한 사실을 나는 생생한 경험에 의해서 알게 되었는데, 그 이유는 내 주위에 있는 이런 부류의 인물이 있었고, 어느 정도 나에게 그들을 다스리는 영향력이 주어졌기 때문입니다.

1810. 그들은 매우 음흉(陰凶)하여서, 가끔 나는, 그들이 나를 움직이고 있는 것조차도, 거의 알지 못하였습니다. 왜냐하면 그들은 비밀스러운 방법으로 활동하였고, 따라서 그들이 다른 자들과 서로 말을 하고 있는 동안에도 나는 그들이 하는 말을 듣지도, 깨닫지도 못하였기 때문입니다. 다른 사람에 의하여 일러진 것은, 그들의 조언들이나 충고들은 매우 사악하고, 극악한 것이고, 그리고 그들은 자신들의 목적들을 달성하기 위하여 마술적이고 악마적인 간계(奸計)들이나 협조를 통하여 그런 일을 하기 때문에, 어느 누구도 그런

사실을 믿을 수가 없다는 것이었습니다. 그들은 선한 사람을 죽이는 일 같은 것은 전혀 아무것도 아니라고 생각하였습니다. 그들은 주님의 이름 하에서도 기꺼이 권력을 행사하려고 하였고, 그리고 그들은 주님을 심하게 조롱하였고, 그리고 실제적으로 비난하였습니다. 그리고 주님에게 가장 추악한 무례(無禮)와 모욕(侮辱) 따위를 자행하였습니다.

1811. 이들에 관하여 내가 말할 수 있는 것은, 마치 그들의 생각이 그 사람의 내면적인 것처럼, 그들은 그 마음을 덮어버려서, 그러므로 주님의 특별한 자비(慈悲)가 없다면, 그 사람은 그와 같은 영들이 나타나서 그 사람을 좌지우지 한다는 것조차 결코 알 수 없게, 그들은 비밀리에 활동한다는 것입니다.

1812. 그러므로 이들이 바로 사이비(似而非) 영들이라고 부르는 자들입니다. 또는 순수한 혈액 속에 무질서하게 들어가는 딱딱하게 굳어버린 부분들이나, 또는 내면적인 것들에 속한 물질적인 것들을 제외하면 그들 안에는 전혀 생명에 속한 것은 아무것도 없는 그런 자들입니다. 따라서 그들은, 동물적인 기질(氣質 · animal spirit)이나 순수한 혈액으로 생각되기 보다는 순화(醇化)된 독물(毒物)들이나 포착하기 어려운 극독물(極毒物)로 보아야 하는 것이 좋겠습니다. 그들의 효력(效力)은, 그들이 어디에 가든, 그들은 다른 자들을 경직(硬直)시키고, 그리고 또한 그들에게 냉기(冷氣)를 유발(誘發)하고, 그리고 신경(神經)이나, 그 밖의 여러 부위를, 예컨대 두뇌나 두뇌의 섬유들이나 인체의 여러 강(腔)들에 마비상태(痲痺狀態)를 일으키기도 합니다. 그리고 마찬가지로 인체(人體)의 여러 기관에도 마비를 일으키는데, 그것으로 인하여 무기력증(無氣力症) · 폐결핵(肺結核) · 내부장애(內部障碍)가 생기고, 그 밖의 수많은 온갖 질병들을 발병하는 원인이 되게 합니다. 그들은 바로 내적인 원인의 당사자들입니다.

1813-1818. 결번입니다.

1819. 그들은 네 발 짐승의 규칙적인 방법으로 행동하였는데, 그

특징은 무디고 굼떴습니다. 그들은 왼쪽을 향해 소뇌 아래의 머리의 뒷영역에 자리를 잡고 있습니다. 후두부에 밀착한 자들은 다른 자들에 비하여 눈에 띄지 않게 활동하지만, 이에 반하여 뒷부분을 차지하고 있는 자들은 다스리기를 좋아하였습니다. 1748년 4월 2일

1820. 그들은 주님에 관해서 나와 같이 논리적으로 서로 이야기를 하였습니다. 그들의 주장은, 주님께서 그들이 드린 기도를 들어주시지 않고, 그리고 그들의 온갖 소원들을 도와주시지 않는 것을 이해할 수 없다는 것입니다. 나는 그들의 이와 같은 주장에 대하여, 그대들은, 다른 사람들에게는 전적으로 거스르는, 자신들을 위한 목적에서 기도하였고, 그리고 따라서 인류 전체에 대해서도 어긋나는 목적 따위를 기도하였기 때문에, 인류의 유익한 상태에 대해서는 전적으로 반대되는 것들을 목적해서 기도하였을 때, 그 기도의 내용들이 응답된다는 것은 불가능한 것이 아니냐는 질문으로 응대하였습니다. 그러나 그들은 이런 사실을 시인하려고 하지 않았습니다. 왜냐하면 자기존경(自己尊敬)이나 우주적인 지배의 욕망 따위가 그런 것들 안에 있는 전부이기 때문에, 그리고 그것으로 말미암아 그들은 응답을 이룰 수 없기 때문입니다. 이와 같은 상태에서 주님의 나라는 닫히고, 열리지 않는다는 것을 그들은 지각하였기 때문입니다.

1821. 나는 여인들과 함께 떼 지어 있는 그들을 보았습니다. 그들은 여인들이 민감한 기질이고, 그리고 민감하게 사물들을 발견하기 때문에, 그 여인들에게서 매우 유익한 제언(提言)들이나, 착상(着想)들을 얻을 수 있다고 말하였습니다. 그들은 창녀(娼女)들의 사회에서도 매우 큰 쾌락을 얻는다고 하였습니다. 그래서 나는 그들의 쾌락을 명확하게 알 수 있었습니다. 그들과 함께 무리를 이룬 여인들이 어두운 도시(an obscure city)에 관계되는 길고, 넓은 광장(廣場)에 모습을 드러냈습니다.

1822. 아주 놀라운 사실은, 이런 부류의 영들은, 그들 위에 군림(君臨)하기 위하여, 그리고 자신들의 도움들 하에서 다스리기 위하

여, 따라서 그들을 유혹하기 위하여 온갖 비밀스러운 술책들이나 마술적인 간계(奸計)들을 그들에게 아주 열렬하게 적용한다는 것입니다. 따라서 그들은 아무것도 두려워하지 않습니다. 심지어 추악한 것까지도 두려워하지 않습니다. 왜냐하면 그들은 그들의 내부 안에서 해독(害毒)을 입고 있는데, 그것 자체가 가장 극악한 것이기 때문입니다. 그러므로 그들은 피부의 털구멍을 통해 침투하는 내면적인 독약들과 같다고 하겠습니다. 이와 같은 것이 사이비 영 또는 사이비 혈액이라고 말할 수 있겠습니다.

1823. 나는 일종의 내면적인 언어(interior speech)를 통해서 그들과 대화를 하였습니다. 그 때 그들은 내가 가난한 사람에게 무엇을 주는 것을 이상하게 여겼는데, 그들은 그와 같은 일은 겉보기에 칭찬 받을 일이지만, 그렇기 때문에 그런 일을 해서는 안 되는 것이라고 생각하였기 때문입니다. 나는 이런 그들의 생각에 대하여 오직 양심 때문에 행한 것이라고 대답하였습니다. 왜냐하면 양심은 그 일을 지시할 것이고, 그리고 만약에 그 일이 양심에 전적으로 반대되는 것이라면 그것은 잘못된 일(罪)이고, 그 죄는, 죄 안에는 언제나 형벌(刑罰)이 있기 때문에, 형벌이 따를 것이기 때문입니다. 그러나 지금의 경우 거기에는 반대급부(反對給付)의 기대는 결코 없었으며, 따라서 공적(功績) 따위는 전혀 없었다라고 부언하였습니다. 사실 나는 그 때 영적인 개념에 의하여 지각했는데, 그것은, 만약에 지극히 작은 정도라고 해도 그 행한 일에 칭찬 받을 목적으로 행한 것이 있다면 반대급부적인 보상(補償)은 생겨나지 않을 것입니다. 왜냐하면 모든 보상은 자비에 속한 것이고, 그리고 자비에 대한 자기공로(自己功勞・self-merit)사상은 매우 불쾌한 일이기 때문입니다. 그러므로 어떤 영들은 그들의 생애에서 좋은 일(善行)을 했기 때문에 아무런 대가(代價)를 받지 못한다는 것을 매우 이상하게 생각하였습니다. 그러나 그 이유는 그들이 이기적인 동기에서 모든 일을 하였기 때문이고, 그리고 보상을 취할 목적으로 행하였기 때문입니다. 그러나

아무런 꾸밈이 없이, 그리고 순진무구(純眞無垢)에서, 보상에 대한 바람이 행위의 진정한 동기라는 것을 전혀 알지 못하고, 누군가가 그 일을 하였다는 경우는 아주 다릅니다.

1824. 그들이 다른 사람들에게서 지각한 것은, 그들이 자신들 안에서 파악하지 않고, 그리고 왜곡하려고 애쓰는 것이 아닌 것은 아무것도 없다는 것입니다. 그러므로 나에게는 마음에 꼭 맞는 것이지만, 그러나 그들에게는 지지할 생각은 없었던 것 같습니다. 이 영들의 경우가 이와 같고, 그들의 모든 노력들이 빛 가운데 밝게 드러났습니다. 왜냐하면 그 때 그들은, 명확하게 드러난 자신들의 성품으로 말미암아 행동하였고, 그리고 그것에 의하여 그들은 그런 성품을 지닌 사람들이기 때문입니다. 그리고 그들은 도저히 믿어지지 않을 정도로 세련(洗練)된 매우 정교함을 지닌 영들처럼 행동하였기 때문입니다. 그 이유는 그 때 외적인 것들은 그런 식으로 방해를 하지 않았기 때문입니다. 그들은 한 순간에 보고, 지각하고, 왜곡하고, 선호(選好)하였습니다. 그것 안에 생명이 없는 것은 어떤 것이나, 속이는 것이나, 그리고 교활(狡猾)한 것은 선한 영들에게는 명확하게 지각되는 것인데, 하물며 천사들에게는 말할 나위가 없겠습니다. 따라서 대부분 숨길 수 있는 것은 아무것도 없었습니다. 왜냐하면 영적인 통찰력(洞察力)은, 그것 안에 그와 같은 것을 포함하고 있기 때문입니다.

믿음에 속한 모든 것들은 극내적인 것으로 충만하다는 것에 관하여

1825. 영들에게 일러진 사실은 천계의 본성(本性)이나, 주님을 믿는 믿음에 속한 천적인 것들이나 영적인 것들의 본성은, 동물계나 식물계 안에 존재하는 모든 것들의 본성에 비하여 결코 크게 다르지 않습니다. 다시 말하면 각각의 개별적인 것은 극내적인 것들(inmost things)에게서 발출하고, 또한 감관들에게서는 가장 멀리 떨

어진 것들이 발출합니다. 그리고 식·동물계 안에 있는 이와 같은 개별적인 것들은 충분하게 표현될 수 없는 그런 성질의 것들입니다. 더욱이 가장 예리한 눈으로 깊이 통찰(洞察)한다고 해도 여전히 증폭되는 놀라운 것들만 인지(認知)될 뿐입니다. 그럼에도 불구하고 이런 것들은 보다 내면적인 것들에게는 거의 진전할 수 없는 가장 낮은 계도 안에 존재하는 것들입니다. 질서정연하게 배열된 보다 낮은 것들 안에 있는 모든 것들도 극내적인 것에서 파생되었다는 원칙들(原則)이 없다면 아무것도 존재할 수도, 유지될 수도 없을 것이고, 또한 극내적인 것에서 비롯된 생명은, 그것 안에 들어갈 수 있는 것은 아무것도 없을 것입니다. 이와 같은 경우는 주님에 의하여 인도되는, 사람들이나, 영들, 천사들의 개념들에서도 마찬가지입니다. 놀랍고도, 믿기 어려운 많은 것들은 처음부터 내면적인 것들에서 시작된다는 것입니다. 1748년 4월 2일

1826. 놀라운 일은, 온갖 개념들은 주님에 의하여 보다 충만하게 채워지지만, 반면, 사람은 특별하게 그런 것들에 주의, 유념하지 않으며, 또한 사람 자신이 그것들을 채우려고 지향(指向), 의도(意圖)하지 않는다는 것입니다. 그래서 사람은 그것들에 관심을 두지 않습니다. 따라서 주님의 기도문으로 기도할 때, 어른들에 비하여 어린 아이들의 개념들이 더 많은 것들로 채워졌다고 나는 생각합니다. 왜냐하면 어른들은 그들의 개념들 안에서 방해받기 쉽고, 그래서 그것은, 그의 고유속성(固有屬性·proprium·自我)에 속한 것들이 방해하고 있어서 쉽게 덜 채워지기 때문입니다. 사실 이러한 생각은 모순(矛盾)과 같은 소리로 들릴지 모르지만, 그럼에도 불구하고 나는 생생한 경험들을 통하여 그것을 배워, 터득하였습니다.

사람의 내면적인 것들에 관하여

1827. 나는 영들과 더불어 사람의 내면적인 것들에 관해서 이야기를 하였는데, 내가 터득한 것은, 이 시대의 유식한 자들은 내적인

것(internal)과 외적인 것(external)을 분별하는 사람의 분별력 이상의 것은 아무것도 알지 못한다는 것과, 그리고 심지어 그것까지도 참된 체계적인 분별력이 아니고, 다만 주님의 성언(聖言)의 문자(文字)에 기초한 것에 불과하다는 것이었습니다. 그 이유는 그들은 다만 육체와 마음을 분별할 뿐이며, 그리고 심지어 그들은 육체가 무엇인지에 대해서, 그리고 영혼은 무엇이고, 어떤 것이냐는 이런 내용들에 관해서는 언쟁(言爭)만 하고 있기 때문입니다. 그것은 사람 안에 있는 모든 개별적인 것에 관해서 무지(無知)하기 때문에 천계의 경우 역시 그러할 수밖에 없기 때문입니다. 예를 들면, 외적인 감관들은, 그 감관의 쾌락이나 욕망과 함께, 전적으로 육체에 속한 것이라고 주장하고, 그리고 이런 사실이 육체의 본연의 성질이라고 합니다. 그들은 짐승들의 마음에게도 이와 비슷한 어떤 자연적인 마음이 주어진다는 것을 알지 못하였습니다. 왜냐하면 그것에도 역시 욕망들·환상들·상상력 따위가 속해 있기 때문입니다. 철학자들은 물질적인 관념들(maternal ideas)을 마음의 탓으로 돌리고 있습니다. 그러나 이것은 관능적인 원칙(the corporeal principle)에서는 전적으로 분별되는 것입니다. 더욱이 거기에는 참된 사람을 가리키는 보다 내면적이고, 근본적인 마음(mind)이 존재하기 때문입니다. 왜냐하면 참된 인간적인 것은 짐승들에게는 주어지지 않기 때문입니다. 그것에는 이해(理解)와 의지(意志)가 속해 있습니다. 그리고 이것이 내면적이고, 고귀한 것이라는 것은, 짐승들은 할 수 없는, 사람이 생각할 수 있고, 그것에서부터 원할 수 있는 사실에서 잘 드러나고, 그리고 보다 내면적인 마음은 자연적인 마음의 온갖 욕망들을 다스릴 수 있다는 사실에서 잘 알 수 있습니다. 어느 누구나 잘 알고 있는 사실은, 온갖 탐욕이나 정욕 따위가 한 사람을 좌지우지 하는 한, 그 사람은 그런 것들에 대하여 깊이 생각하고, 따라서 그것들을 억제할 수 있습니다. 다시 말하면 그 사람은 그것들을 다스릴 수 있습니다. 그것으로 말미암아 마음은 보다 더 내면적이다는 것을 알 수 있습니다. 더욱이, 천계에, 아니, 극내적인 천계에 있는 것인, 보다 더 내면적인 마음이 존재하는데, 그와 같은 마음은 필설로 표현할 수 없습니다. 왜냐하면 생각에 속한 이런 것들은 극내적인 것들로부터 다스려진다는 것과, 극내적인 것의 성질도 표현할 수 없다는 것도 잘 알고 있기 때문입니다. 그리고 또한 생각 자체에 그것의 기능 역시 주어진다는 것도 잘 알 수 있기 때문입니다. 따라서 사람은 천계들과 대응의 관계를 가지고 있습니다. 그러나 이러한 사실들은, 그런 사안(事案)들에 관해서 서로 다투기만 하는 유식한 사람의 개념들에서 크게 동떨어져 있습니다. 다시 말하면 예컨대 영혼이 있느냐, 없느냐, 또는 있다면 그것이 무엇이냐고 다툴 뿐입니다. 그러므로 그들이 이와 같은 투론에 열중하고 있는 한, 그들은 문제가 되고 있는 원칙이나 그것의 성질에 관한 개념을 결코 가질 수 없을 뿐입니다. 1748년 4월 3일

1828. 그러므로 사람에게는 세 계도(三 階度)의 생명(three degrees of life)이 있습니다. 그것은 마치 천계에 세 계도의 생명이 있는 것과 같습니다. 보다 더 올바른 이해를 위하여 부연한다면, 내면적인 것(interior) 즉 자연적인 마음(the natural mind)과 보다 더 내면적인 것(more interior · *intimior*), 즉 총명적인 마음(the intellectual mind)과 극내적인 것(the inmost), 즉 극내적 천계 또는 삼층천에 대응하는 것 등으로 구분할 수 있겠습니다.

1829. 사람들과 꼭 같이, 관능적인 영들은, 다시 말하면 자연적인 마음에 속한 환상들이나 탐욕들이 관능적인 것에 밀착된 사람들은 내면적인 생명(an interior life)이 주어져 있다는 사실을 알려고 하지 않습니다. 왜냐하면 그들은 그것을 지각하지 못하기 때문입니다. 그것은 보다 낮은 원칙들(lower principles)은 그들 자신에게는 내면적인 것이나, 또는 고귀한 것들로 인지(認知)할 수 없기 때문입니다. 그러므로 내면적인 천계에 있는 자들 중에서 몇몇은 보다 더 내면적인 것들을 알기를 원하지 않습니다. 그러나 그 중 몇몇은 그것들

을 알기를 원하고, 그리고 그것들을 잘 알고 있지만, 그러나 그들은 그것들을 인정하지 않습니다. 왜냐하면 열등(劣等)의 것은 고등(高等)의 것에 오르는 능력을 가지고 있지 않기 때문입니다. 그 이유는 고등의 것은 이런 부류의 인물들에게는 지각될 수 없기 때문입니다. 그러므로 그들은 그것이 존재한다는 것을 상상도 하지 못합니다. 따라서 내면적인 것들은 외면적인 인물들에 의하여 지각될 수 없습니다. 더욱이 그들은, 그들에게 믿음이 주어지지 않는다면, 반드시 믿어야만 하는 것들을 믿을 수 없습니다. 왜냐하면 그들은 그것들에 대하여 지각력(知覺力)이 없기 때문입니다. 1748년 4월 3일

우주적인 것들은 사람 안에 있는 것들과 대응관계에 있고, 그렇지 않다면 개별적인 것들은 존속(存續)할 수 없다는 것에 관하여

1830. 명확하게 주지하여야 할 사실은, 인체(人體)의 모든 기관들은 그것들의 대기(=환경·大氣·atmosphere)에, 그리고 그것들의 행동양식(行動樣式)에 전적으로 대응한다는 것입니다. 예를 들면 눈(目)은 에텔(ethel)에, 귀(耳)는 공기에, 혀(舌)는 물에서 움직이는 것들이나, 맛을 자극하는 것들에, 코(鼻)는 대기 안에 존재하는 냄새들(香氣)에, 각각 대응합니다. 따라서 개별적인 것들은 그들의 우주적인 것, 즉 전체적인 것의 변형(變形)들이나, 조절(調節)들에 맞게 형성되고, 그리고 이런 식으로 그들의 적합한 기관들을 완성합니다.

1831. 마찬가지로 사람도, 만약에 그 사람이 하나의 부분으로서 생명에 속한 그의 모든 형체들의 측면에서 최대인간(最大人間)과 마찬가지로 대응하지 않는다면, 결코 존속할 수 없습니다. 그러므로 이 우주적인 사람(=최대인간·this universal man)이 존재하지 않는다면, 또는 그것의 기관들과 함께 우주적인 몸(the universal body)이 존재하지 않는다면, 개별적인 것들은 존속할 수도, 보존(保存)될 수도 없습니다. 그 몸, 또는 그 사람은 하나의 우주적인 존재로서, 그

것의 본질에서 보면, 주님에게서 비롯된 생명을 취하는 단순한 유기적(有機的)인 것에 지나지 않습니다. 따라서 사람은 주님에 의하여 다스려집니다. 그렇지 않다면 사람은 물론, 영이나 천사까지도 생명은 결코 상상할 수 없습니다. 개별적인 것은 무엇이나 공통적인 것 (what is common)인 것으로 말미암아 살아갑니다. 그 이유는 그것은 공통적인 것의 일부분이기 때문입니다. 그리고 단일적인 것들은 그것의 보편적인 것으로 말미암아 살아갑니다. 왜냐하면 그것은 보편적인 것의 일부분이기 때문입니다.

1832. 이와 같은 원칙들은 참된 것입니다. 만약에 어느 누구가 그것들을 원칙들로서 수용한다면, 그 사람은 진리들의 무한한 사슬 (an indefinite chain)을 볼 것입니다. 그렇지 않으면 그 사람은 거짓들이나 망상들 이외에는 아무것도 보지 못할 것입니다. 1748년 4월 5일

1833. 이와 마찬가지로 인지하여야 할 사실은, 모든 보편적인 것들 안에, 또는 보편적인 것들 사이에는, 따라서 그것들의 개별적인 것들 사이에는, 일종의 사랑이 지배한다는 것입니다. 그런 이유에 의하여 그들은 자신들이 별로 가치가 없다고 여기지만, 그러나 다른 것들의 목적을 위해서 그것들은, 모든 나라들 안에 있는 것과 꼭 같이, 모든 보편적인 것들 안에 존재하는 하나의 신성(神聖)한 법률 (=율법·a sacred law)이다는 것입니다.

1834. 더욱이 그 태양의 모든 것들에게 빛을 주는 하나의 태양이 있는데, 그것의 삼라만상은 그 태양으로 말미암아 살아가고 있습니다. 그리고 전체적인 것들이든 개별적인 것들이든, 모든 것들은 그 태양에 속한 기관들입니다.

1835. 다시 말하지만, 그 때 그 태양의 별(熱·heat)이 없다면 아무것도 존재할 수도 없고, 존속할 수도 없습니다. 그리고 그것의 결여(缺如)에는 모든 것들의 굼뜸(torpid)만 증대할 뿐입니다.

1836. 주목해야 할 사실은 후래(後來)적인 것은 선재(先在·the

priors)적인 것을 후래적인 것들이나, 그 밖의 것들이 존재하고, 존속하는 원천을 가리키는, 말하자면, 일종의 부모와 같이, 시인하여야 한다는 것입니다. 이와 같은 법칙들은 창조된 우주의 모든 삼라만상에서 아주 명백합니다. 그리고 그것을 원칙들로서 받아들인다면, 그것에서부터 진리들에 속한 무한한 계속적인 것이 개방될 것입니다. 왜냐하면 지금 언급한 사실에는 모든 것들의 일치가 존재하고, 그리고 모든 것들의 보존이 있기 때문입니다. 1748년 4월 5일

1837. 다시 한 번 더 우리가 밝히 안 사실은 우주 안에 있는 모든 참된 조화(調和 · true harmony)는 그것에서부터 그것의 아름다움 자체를 얻는다는 것입니다. 다시 말하면 그것은 본질적으로 아름다운 것이 아니고, 오히려 다른 제 삼자의 것들로 말미암아 아름다운 것입니다. 따라서 모든 것들의 기여(寄與 · contribution)에서 그것은 이루어진 것입니다. 따라서 전체적인 것이든 개별적인 것이든, 모든 것들은 서로 협력하고 있는 것입니다. 그러므로 만약에, 오직 자기 자신만을 생각하고 상대를 고려하지 않는다면, 거기에는 조화스러운 것은 어느 것도 결코 존재할 수 없을 것입니다.

올바른 분개(憤慨)를 가리키는 한 사물이 주어진다는 것에 관하여

1838. 정당한 분개(憤慨), 또는 선의의 질투(a good grudge)가 허용되는데, 그것은 사랑 특유의 것입니다. 그것은 마치 젖먹이나, 순진무구(純眞無垢)한 자들이 분개할 때의 그의 사랑에 속한 특유의 것입니다. 이러한 사실은 선한 영들의 무리들을 통해서 나에게 보여주었습니다. 그럼에도 불구하고, 다른 자들을 통하여 어떤 즐거운 일을 얻었을 때 그들이 그 몫을 받지 못한 것에 대한 분개였습니다. 그러나 나는 어디에서 이런 영들이 왔는지 아직까지 알지 못하였습니다. 나는 그들과 몇 마디 대화를 가졌고, 그리고 그들은 모두가 선량하였습니다. 그것에서 정당한 분개와 같은 것이 존재한다는 것

을 나는 알게 되었습니다. 왜냐하면 나는 그들의 분개를 깨달았고, 그리고 그들은 내 얼굴에 그것을 야기시켰기 때문입니다. 1748년 4월 5일

에워싸인 영기(靈氣)와 그리고 영들에 대한 그것의 작용에 관하여

1839. 모든 영은 자기 자신의 활동에 속한 영기(靈氣·a sphere)를 가지고 있다는 사실은 어디에서나 능히 볼 수 있습니다. 따라서 몇몇의 영들이나, 영들로 이루어진 사회들도 공통적인 영기(a common sphere)를 형성합니다. 나는 그들이 천사들이라고 생각하는데, 하나의 영기를 형성한 선한 영들의 사회들이 있었는데, 내가 그것을 명확하게 알 수 있는 것은 내가 주님에 의하여 그 영기의 상태에 인도되었기 때문입니다. 비록 그들이 선량하다고 확신하지만 그들의 생각들에 관해서 나는 명확한 지각을 가지고 있지 않았습니다. 그러나 그것이 영적인 개념에 의한 것이기 때문에, 그 영기들이 어떠한 것이라고 기술할 수는 없었습니다. 사실, 그것을 체험한 자들이 아니라면 그것을 이해할 수는 없을 것입니다.

1840. 내 지각에 분명한 내 마음을 에워싸고 있는, 순수한 생각들(purer thoughts)에 속한 영기 이외의 아무것도 아닌 그와 같은 영기에 어떤 영들의 무리가 들어오는 것이 허락되었는데, 그들은 나와 이야기를 하였습니다. 그들은 마찬가지로 그 영기에 의하여 감동되었습니다. 그래서 그들은, 그들에게는 일상적인 것은 아니지만, 이런 식으로 대화하였습니다. 다시 말하면 그 영기의 활동(the activity of that sphere)에 따라서 말하였습니다. 그들의 대화는 일상적인 것에 비하여 매우 유창(流暢)하였습니다. 그리고 거기에는 그들에 의한 사물의 충분한 이해가 있었습니다. 왜냐하면 그것은 영기들에 속한 작용이 있었기 때문입니다. 그 영기들 안에 있는 자들은 보다 총명스러운 상태에 있었습니다. 내가 말할 수 있는 것은 그들은 보다 더

총명스러운 영기(靈氣·a more intelligent aura)에 있었습니다. 내가 이 사안(事案)에 관해서 보다 충분한 확신을 가지게 하기 위하여 굼뜨고 경직스럽게 말하는 영들이 꼭 같은 영기에 들어오는 것이 허락되었습니다. 그 영기에 감동되었기 때문에, 그들은, 언어의 흐름(the flow of the speech)뿐만 아니라, 그 주제에 관한 이해의 측면에서 일상적인 방법이 아닌 방법으로 말하였습니다.

1841. 이와 같은 영기가 사람들에게 활동한다는 것은 여러 번 그들의 말에서 나타났습니다. 이와 같은 사실은 사람들이 생각하고 말한 것들에 대한 보다 명확하고, 예리한 이해에서 잘 나타났습니다. 꼭 같은 사실이, 그들이 자극받는 속마음(the animus)에서도 역시 잘 나타납니다. 그 이유는 그 영기에 속한 개별적인 것들이 적용되고, 그리고 그 결과를 생성하기 때문입니다.

1842. 나로 하여금 그 결과를 깨닫게 하기 위하여 그 영기에 다른 자들도 들어오게 하였습니다. 예를 들면 자기 자신들로 말미암아 순진무구하기를 원하는 자들이 되겠습니다. 그리고 그 영기가 천사적인 것이기 때문에 나에게 그들의 상태는, 이노센스를 뜻하는, 젖먹이로 보였습니다. 그 젖먹이는 그의 입에서 우유를 토했습니다. 이러한 광경은, 그 영기 속에서 이노센스를 위장(僞裝)하는, 또는 자기 자신으로 말미암아 순진무구하기를 원하는 자들의 상태를 가리킵니다. 그러나 그 상태는 어린 젖먹이의 작은 위(胃)가 우유로 폭음(暴飮)하여 더 이상 참을 수 없어서 토해내야만 하는 그 이상의 매우 견디기 어려운 그런 상태를 가리키는데, 그것은 마치 술을 지나치게 너무 많이 마셔서 술에 흠뻑 빠져 있는 위(胃)의 경우와 같다고 하겠습니다.

1843. 그런 뒤에 자기 자신으로 말미암아 스스로 총명스럽게 되기를 원하는 자들이 꼭 같은 그 영기(靈氣)에 들어오게 되었습니다. 그러나 그들의 상태의 됨됨이는 그들의 얼굴에 의하여 드러났습니다. 그들의 얼굴은 예쁘기는 하였지만, 아주 예리한 모습이었고, 머

리에는 뿔이 달린 모자들(sharp-corner hats)을 쓰고 나타났습니다. 그런데 그 모자들에서 화살들이 튀어나왔습니다. 그러나 이런 얼굴들은, 마치 조각품의 얼굴과 같이, 생명이 전혀 없는, 사람의 얼굴과는 전혀 다른 모습으로 나타났습니다. 이런 사실들이, 자의적으로 억지로 밀어붙이면서, 자신들로 말미암아 영적인 존재가 되겠다고 하는 자들이 이런 영기에 들어와 있는데, 이런 영기 안에 있는 자들의 상태입니다.

1844. 전체적이든 개별적이든, 보편적인 하늘이나 땅은 주님에게서 발출하는 영기에 의하여 다스려진다는 것에서 명확하게 드러나는 사실들은 이러합니다. 다시 말하면, 모든 죄악들이나 악행(惡行)들 따위는 그 영기에 의하여 추방될 수 있고, 그리고 그들의 힘은 허약하게 되고, 그리고 그 어떤 것에도 영향력을 끼칠 수 없다는 것은 매우 매우 명확합니다. 거기에 어떤 악령들 몇몇이 있었는데, 그들은 이런 영기의 상태에 있었으며, 그러나 그들은 거기에 전적으로 머물기를 원하지 않았습니다. 그것은 그들에게 귀찮고, 번거로운 것이기 때문에, 그리고 그들에게 일종의 고통들을 주는 것이기 때문에, 그 때 그들은 뒤로 물러날 수밖에 없었습니다. 이상에서, 그들이나 그 밖의 많은 것이 보편적으로 사람 속에 들어가는 것을 막지 않는다면 악령들이 어떻게 쫓겨나는지 잘 알 수 있겠습니다.

1845-1849. 결번입니다.

천계를 겸비(謙卑)들과 간청(懇請)들이나 애원(哀願)들에 의하여 얻는다고 생각하는 자들이 어떻게 드러났는지에 관하여

1850. 온갖 간청들이나 애원들에 의하여 천계는 얻는 것이다고 생각하는 자들이 있었습니다. 그럼에도 불구하고 그들은 다른 사람들을 위하여 기도하지 않았습니다. 더욱이 자기 자신들을 위한 것을 제외하면 모두를 위해서는 결코 간구하지 않았습니다. 따라서 그들의 기도는, 아마도 현세적인 것들에 관한 것을 제외하면, 아무것도

들을 수 없었습니다. 이런 성격의 여성의 영 하나가, 머리에서 발끝까지 일종의 더러운 세마포 옷을 걸치고, 약간 떨어진, 그리고 오른쪽에 치우친, 오른쪽 눈 위에 고추 선 자세로 나타났습니다. 따라서 얼굴과 머리는 보이지 않았습니다. 이와 같이 서 있는 자세에서 그녀는 자신을 땅바닥에 엎드렸고, 그리고 땅바닥을 기었습니다. 그러나 이러한 모습은 자기중심적인 생각에 의하여 과장된 겸비일 뿐입니다. 그리고 그런 자세는 먼 옛날 상복(喪服)을 입는 것으로 자신의 겸비를 보여 주는 그런 것과 꼭 같았습니다.

1851. 또다른 남성의 영이 침대에 누워 있는 모습으로 나타났습니다. 그 자신은 자기가 순진무구하다고 생각하고 있었습니다. 그러므로 그 사람은 알몸으로 애원하고 있었습니다. 1748년 4월 8일

영들은 자신들이 사람이다는 것 이외에는 아무것도 모른다는 것에 관하여

1852. 다른 수많은 입증(立證)들에서부터 위에 언급된 명제(命題)의 진실이, 특히 그가 그 주제에 관해서 깊이 생각하지 않는 경우, 나와 같이 대화를 한 어떤 영이, 그가 나 자신이다는 것 이외의 것을 그가 알지 못한다고 긍정적으로 주장한 사실에서, 의심을 뛰어넘어 확실하게 알 수 있었습니다. 그러나 나 자신의 생각들은, 영들은 자신들이 사람들에게서 분리된 영들이다는 것을 알고 있다는 것입니다. 한마디로, 깊은 생각이 없다면 그들은 아무것도 알지 못할 것이고, 또한 그들과 대화하고, 그리고 답을 주고받았던 자들을 제외하면, 그리고 그 때 다른 자들과 대화했던 것을 제외하면, 역시 그와 같은 깊은 생각 또한 주어지지 않는다는 것입니다. 깊은 생각(反省·reflection)은 사실은 영들과 사람의 대화 없이도 주어지는 것이지만, 그러나 이러한 일은 주님에 의하여 일어납니다. 1748년 4월 6일

영들은 외적인 것으로 인하여 내적인 것들에 관해서 납득한다는 것에 관하여

1853. 사람의 환상 안에 있는 것은 무엇이나 다 영들의 환상에 들어옵니다. 그리고 그들은 그것이 사실이다고 납득됩니다. 지금 나는 경험을 통해서 이런 사실을 터득하였기 때문에, 다시 말하면 나는, 내가 내 머리에 털모자를 쓰고 있다고 생각한다면, 그들이 두뇌의 내면적인 것들이나 또는 그것의 생각들을 이해하는데, 그것에 의하여 그들은 방해를 받는다는 것입니다. 그들은 즉시, 거기에는 아무것도 보이지 않는다고, 따라서 그들의 시각은 방해를 받고 있다고 말할 것입니다. 그러나 그 뒤 즉시 선한 영들은, 털모자와 머리 사이에 그들이 갇혀 있다고 생각하는 것에서, 그리고 그 때 그들이 덥게 되었다는 생각에서, 말하자면 안에 있는 무엇인가를 깨닫게 되었다는 것을 말하였습니다. 그럼에도 불구하고 이와 같은 환상은 동요(動搖)를 유발하였습니다. 역시 수많은 다른 것들에서도 마찬가지입니다. 그것에서부터 그들은 내적인 것들에 관해서 외적인 것으로 말미암아 납득되었습니다.

1854. 어떤 영들의 비슷한 경우가 되겠습니다. 그들은 아론이나 그의 아들들이 실제적으로 과오를 범하였다고 해도 그들이 손발을 씻고, 법복(法服)을 입으면, 그들의 손과 발(手足)을 거룩한 것이라고 믿습니다. 이와 같은 경우의 거룩함(神聖·sanctity)의 개념은 외적인 것들에서 이끌어낸 내적인 것들에 관한 단순한 신념(信念)에 지나지 않습니다. 사실, 그와 같은 섭리적인 질서에 있는 모든 것은, 영들이 그런 것들에 납득되도록 하기 위하여, 외적으로 그와 같이 제정된 것입니다. 1748년 4월 6일

의복이나 기타의 것들에 의하여 행하여진 것은 모두가 주님에 속한 하나의 표징(a representation of the Lord)입니다.

영들이나 천사들의 열기(熱氣·heat)에 관하여

1855. 나는 앞에서 악한 영들의 한기(寒氣)에 관해서 언급하였습니다. 그것은 내가 자주 생생하게 체험한 것입니다. 나는 또한 생생한 감관(a living sense)에 의하여 선한 영들이나 천사들의 열기(熱氣)를 경험하는 것도 허락되었습니다.

1856. 그들의 생애에서 주님의 말씀(聖言·the Word of the Lord)에서 기쁨(喜悅)을 누렸고, 그리고 그 기쁨을 생생하게 인지했던 영들은 저 세상에서 일종의 천적인 열기나 즐겁고 상쾌한 온기(溫氣)를 향유합니다. 나에게 본질적으로 꼭 같은 동종의 영들의 열기나 온기를 지각하는 일이 허락되었습니다. 사실 영들의 열기는 외적인 것이지만, 그러나 내적인 것에서 발출하는 것은 아주 분명하게 지각되지 않습니다. 그것은 여름날의 열기와 같이, 입술의 영역에서부터 안면의 주위에까지, 심지어 귀에까지, 그리고 거기에서 눈의 영역에게까지, 퍼져 올라왔습니다. 아래로는 가슴의 영역에, 그리고 인체의 중간 부위에까지 퍼졌습니다. 거기에서부터 머리의 높은 부위나, 인체의 낮은 부위는 어느 정도의 열기를 받았지만, 그러나 명확하게 느끼지는 못하였습니다. 그러므로 그 열기의 진짜 영역은 입에서부터 위로는 눈 아래에까지, 그리고 아래로는 인체의 중간 영역이라고 하겠습니다.

1857. 성경말씀의 내면적인 것들에서 기쁨을 향유하는 자들에 관해서 보면, 역시 자신들의 열기를 깨닫는 것이 허락된다고 하겠습니다. 그것은 내면적인 것이어서, 가슴에서 시작하여 위로는 턱 부위에, 아래로는 허리에까지 발출합니다. 그러나 그것은 매우 내면적인 것이고, 그리고 또한 그와 같이 지각되었습니다.

1858. 또 다시, 성경말씀의 극내적인 것들(the inmost things)로부터 기쁨을 향유하는 자들은 열기를 보다 더 내면적으로 지각합니다. 사실 이것을 지각하는 것이 나에게 허락되었습니다. 그러나 나는 지극히 적은 양(量)만을 인지할 수 있었는데, 그 이유는, 이런 것들에 대한 나의 감관이 그것들의 성질을 인지하기에는 너무나도 둔하기

때문입니다. 왜냐하면, 만약에 내가 그 열기를 인지하였다면, 그것이 나의 골수(骨髓)의 극내적인 것까지 점유하기 때문에 나는 육신을 입은 존재로 존속할 수 없을 것이라고 일러졌기 때문입니다. 그리고 이것이 그것의 성질이기 때문에 겉으로 지극히 미미한 정도의 냉기를 인지하였지만, 그러나 나는 동시에 안에서는 어떤 종류의 열기의 개념을 가질 수 있었습니다. 그것의 영역은 허리에서부터, 즉 허리 사이의 인체의 중간에서부터 위로는 가슴에, 아래로는 왼쪽 팔에서 손에까지 확장하였습니다.

1859. 내게 이런 열기를 인지하는 것이 허락되었고, 그리고 내가 생생하게 그것을 인지하였을 때 한동안 천사들은 영들을 통하여 나와 이야기를 하였습니다. 그들은 그 경우의 참된 상태에 대해서 나를 가르쳤는데, 그들이 하는 말은, 이와 같은 열기가 침투한 것은 그들의 근접(近接) 때문인데, 그것은 그들이 그것들 안에 그것을 가지고 있기 때문입니다. 그러나 그들은, 그 열기를 가지고 있지 않은 사람에 비하여, 그것에 대해서 아무런 느낌이 없기 때문입니다.

1860. 여기에서 알 수 있는 것은 사람은 하나의 기관(器官)이다는 것입니다. 왜냐하면 사람은 그의 내면적인 것들이나, 극내적인 것들의 측면에서 열기에 의하여 감동되는데, 한편 그것이 신령성언(神靈聖言·the Divine Word)의 사랑에서 비롯되듯이, 그것은 사랑에서부터 입류하기 때문입니다. 유기적인 원질(原質) 안에서 이와 같은 열기를 생성하는 사랑은 사실상 생명의 근원(a principle of life)입니다, 그러므로 생명은 오직 주님에게서만 비롯되기 때문입니다.

1861. 더욱이 주님의 말씀(聖言) 가운데서 기쁨을 향유하지만, 그러나 그것을 이해하는 것에 관해서 별로 관심이 없는 사람들의 열기를 인지하는 것이 나에게 허락되었습니다. 그와 같은 일은 왼쪽 팔에서 인지되었습니다.

1862. 이러한 열기를 위장(僞裝)하기를 좋아하는 영들이 있었습니다. 그들이 어느 정도 눈 위에 있었지만, 나는 그들을 인지할 수 없

었습니다. 왜냐하면 나에게 허락된 것은, 그들은 그와 같은 것을 그들의 술책(術策)에 의하여 꾸며내고, 속일 수 있다는 것을 나에게 알게 한다는 것이 목적이었기 때문입니다. 그들은 이런 일을 온갖 기쁨에 대하여 행하였는데, 그러나 그것은, 내적인 것들 안에는 전혀 근원을 가지고 있지 못한, 단순한 외적인 감관일 뿐입니다. 이런 열기는, 위장한 것이기 때문에, 위해(危害)한 것이고, 그리고 구역질을 일으키는 일종의 단순한 미지근한 것에 지나지 않았습니다. 내가 말할 수 있는 것은 그런 열기 안에는, 사이비적인 기쁨 안에 있는 것과 같이, 구더기들이 생긴다는 것입니다. 왜냐하면 그것은 모든 것들을 부패(腐敗)시키기 때문입니다. 1748년 4월 7일

생애에서 배신(背信)하고 사람들을 살해(殺害)하는 자들에 관하여

1863. 양심이 없이, 자신들의 지상의 삶을 산 자들이 있었는데, 그들은 육신을 입은 삶에서 단검(短劍)이나, 그 밖의 치명적인 무기로 자신들의 동료들을 살해하는 범법자(犯法者)였습니다. 그리고 또한 그들은 그들의 등 뒤에서 공격을 하였습니다.

1864. 이런 부류의 무리 중에서 한 자가 내게 왔는데 그는, 비록 나는 그의 얼굴을 볼 수 없었지만, 귀족(貴族)의 복장을 하였습니다. 그가 가까이 왔을 때 제일 먼저 그는 여러 제안(提案)들을 가지고, 그리고 위장(僞裝)한 얼굴로 환심(歡心)을 사려고 하였습니다. 그리고 그는 나에게 전할 것을 많이 가지고 있다고 하였고, 내가 기독교인인지 알려고 하였습니다. 내 대답에 대해서, 그는 그것을 알고 있다고 말하였습니다. 그는, 가능하다면, 오직 나와 단둘이 있기를 요청하였습니다. 왜냐하면 그는, 다른 사람들이 알면 안 되는 것을 나에게 주려고 한다고 하였기 때문입니다. 그러나 나는 그에게 저 세상에서는 다른 자들과 함께 있어야 하지, 자기 혼자 있는 일은 있을 수 없다는 것과 그리고 지상에서 한 사람이 다른 여러 사람들과 함

께 하듯이, 어느 누구가 말하는 것을 들을 수 있는 많은 영들이 없이 말을 한다는 것은 결코 있을 수 없다는 것 등을 대답하였을 때, 그는 더 가까이 다가왔으며, 그리고 그는 후두부 아래에 침투하였습니다. 그것에서부터, 그가 말한 사실에서와 같이, 그가 암살자(暗殺者·an assassin)라는 것을 인지할 수 있었습니다. 그가 거기에 있는 동안 나는, 심장을, 그 뒤에는 두뇌를 통한, 이른바, 일격(一擊)을 느낄 수 있었는데, 그것은 살아 있는 사람이라면 누구에게 매우 빠른 살해의 방편이 될 수 있었습니다. 그가 그 어떤 술책에 의하여 자신의 목적을 달성하는지 나는 알 수 없었지만, 다만 나는 치명적인 어떤 것을 인지하였습니다. 그는, 내가 죽었다고, 생각하였습니다. 그러나 이 경우는 그렇지가 않았습니다. 그는 사람을 죽이려고 왔다고 하였습니다. 다시 말하면 등 뒤에서 단검(短劍)으로 찔러서 사람을 살해하려고 왔다고 말하였습니다. 그리고 또한 그는, 사람이 죽어서 땅에 쓰러지기 전에는 그 어떤 것이 그 사람을 해치다는 것을 전혀 알지 못하게, 그리고 그가 순진무구한 사람보다는 더 명성이 높은 사람으로, 아니, 어떤 상처의 흔적도 보이지 않는 아주 교묘한 방법으로 사람의 생명을 취하는 기술을 연마(研磨)했다고 말하였습니다. 그러나 내가 상처를 받지 않고, 안전하였기 때문에, 그것은 그 어떤 공격에서부터 주님에 의하여 보호되었기 때문이지만, 나는 그의 원한(怨恨)이나 범의(犯意)에 대하여 아무런 두려움도 받지 않았습니다.

1865. 그 뒤 나는 나와 대화를 한 사람들에게 이런 인물들이 저 세상에서 받게 될 형벌이 어떤 것인지를 물었습니다. 왜냐하면 나는, 문제의 인물들이 살인을 저지른 뒤에, 곧 세상을 떠나서 최근에 저 세상에 왔다는 것을 알 수 있었기 때문입니다. 그리고 이러한 사실은 그가 죽인 사람 때문에 그가 거기에 왔다는 그의 말에서 잘 알 수 있었습니다. 결과적으로 그에게 살인자의 흔적이 남아 있었는데, 그것은 응당 공표될 수밖에 없었습니다. 이런 사실에 관해서 다른 영들도 인지하였습니다. 그러므로 그들은 그가 나에게 가까이 오

는 것을 허락하기에 앞서서 약간의 주저함이 있어서, 그들은 한 동안 그를 붙들어 놓았습니다. 그러나 형벌들에 관해서 언급된 것은, 앞에서 언급한 살인자들과 꼭 같이, 이러한 인물들은 황야(荒野)나 숲 속을 헤맨다는 것과 그리고 그들이 다른 자들과 함께 있는 것이 허락되지 않다는 것 등입니다.

1866. 그들이 실제적으로 어떻게 되었는지 나에게 알려졌습니다. 다시 말하면 그들의 얼굴은 몹시 흉한 몰골이었고, 사실 사람의 얼굴의 모습을 가지지 못하였습니다. 그러나 그의 얼굴은 깡마른 모습이었고, 소름이 끼치는 색깔을 드러냈습니다. 그것은 마치 나무의 섬유질을 닮았고, 사람의 얼굴의 모습은 거의 지니지 않았습니다. 그러므로 몹시 못생긴 괴물의 모습을 가지고 있었습니다. 그들은 그가 사람의 얼굴을 가지고 있다고는 결코 알 수가 없었습니다. 그의 양 볼의 주변에는 일종의 털과 같은 부착물이 있었습니다. 시간이 지나자, 그들을 보는 사람은 누구나 공포를 일으키는 그런 얼굴이 되었다고 일러졌습니다. 왜냐하면 이런 부류의 작자들은, 그런 부류의 사회 안에 있고, 그들의 동료들에게도 그런 모습이고, 그리고 자기 자신들에게서 그런 모습이며, 따라서 그들은 자신들에게 치명적인 폭행을 저지르며, 또한 그들 자신의 내면적인 것들에 대해서도 치명적인 폭행을 일으키기 때문입니다.

1867. 실제로 하나의 규정(規定·rule)이 제정되었습니다. 그의 동료들 사이에서, 이런 삶을 산 사람은, 그것에서부터 비롯된 온갖 악행들이나 잔학한 짓거리들은 그것들의 형벌 자체를 동반한다는 규정입니다. 1748년 4월 7일

믿음에 의한 의(義)의 전가(轉嫁·the imputation of justice)에 관하여

1868. 그들이 한 사회에서 살고 있는 천계나 지상에 있는 모든 사람들의 현황들이 이러하기 때문에, 그리고 교우관계가 없으면, 결

코 어떤 삶도 있을 수 없기 때문에, 단언할 수 있는 것은 모든 사람은 일반적으로는 모두의 삶으로 말미암아 살아가고, 개별적으로는 그의 동료들로 말미암아 살아간다는 것입니다. 이런 사실에서 뒤이어지는 것은 모든 각자의 삶은 다른 사람들에 의하여 존재한다는 것입니다. 사실 그것은 천계에서 더욱 명확하기 때문에, 어느 누구도 그것을 부인하지 못합니다. 다만 천사들이 되지 못한 영들은, 특히 악한 영들은 그것을 부인합니다. 그들은 자신들의 삶을 자신들의 공으로 돌립니다. 이런 것에 관해서 그들과 나는 논쟁을 하였습니다. 그리고 나는 그들에게 그것이 진리이다는 것을 생생하게 입증하였습니다. 왜냐하면 그들이 의심도 하고, 부인도 하는 동안, 그들의 동료들은, 그들을 통해서 말을 한 그들은 바로 자신들이다고 가끔 고백하였기 때문이고, 그리고 다른 경우들에서도 그런 일이 일어났기 때문입니다.

1869. 영들에게나 또는 사람들에게 삶의 현황들이 이러하기 때문에 뒤이어지는 사실은, 주님을 향한 믿음 안에 있는 자들에게 악은 제거되지 않는다는 것입니다. 그 이유는 이런 부류의 자들에게서, 악은 악령들에 의하여 보호되기 때문입니다. 그리고 이런 가르침이나 신앙심은 가장 참된 것이고, 따라서 그 사람은 진정한 믿음 자체 안에 있기 때문입니다. 그러므로 들어오는 것은 무엇이나 그 사람을 더럽히는 것이 아니기 때문입니다. 이와 마찬가지로 비록 개별적인 행위(行爲)도 가끔은 악한 자에 의하여 선동되지만, 그럼에도 불구하고 그것은 동일한 이유 때문에 전가되지 않습니다. 그러나 이러한 일은, 자주는 아니지만 일어나는데, 그것의 원인에 대해서는 주님의 허락하심에 의하여 적절한 곳에서 다루겠습니다.

1870. 믿음 안에 있는 사람은 자기가 행한 선은 무엇이나, 그것이 자신의 것이라고 믿지 않기 때문에, 그리고 모든 참된 것이나 선한 것은 주님의 것이라고 믿기 때문에, 그에게 전가되지 않습니다. 그리고 그가 생각하고 행한 순수한 선도, 그리고 그 선을 그가 행하

였다는 것으로 말미암아 그에게 전가된다는 것 또한 믿지 않습니다. 그 이유는 그것이 그의 자신의 것으로 시인하지 않고, 오히려 주님의 자비에 속한 것으로 시인하기 때문입니다. 결과적으로 그는 순수한 자비 이외의 다른 방법으로 구원받는다는 것을 인정하지 않기 때문입니다. 왜냐하면 주님께서는 어떤 것도 필요한 것이 없으시기 때문입니다. 주님께서는 모든 것들을 소유하셨습니다. 만약에 주님께서 새로운 무수한 천계를 창조하신다면, 그리고 무수한 천사들의 군단(軍團)을 두신다면, 주님께서는 전능하시기 때문에 그 무엇이 그분을 방해하겠습니까? 그러므로 모든 것은 오직 주님의 자비에서 나옵니다. 1748년 4월 7일

소견(所見)에 관하여

1871. 믿음에 속한 으뜸 되는 원칙들을 구성하는 것은 세 가지가 있습니다. 다시 말하면 주님께서 우주를 다스리신다는 것이고, 주님께서는 삼라만상(森羅萬象)의 생명이시다는 것이고, 모든 구원은 주님의 자비에 속한 것이다는 등등입니다.

1872. 이 셋은 자신들 안에 무한한 것을 담고 있습니다. 이것이 바로 천계에 속한 믿음입니다.

1873. 믿음에 속한 으뜸 되는 원칙들을 구성하는 그 네 번째는, 사람·영·천사 안에 있는, 특히 그의 것이라고 할 수 있는 고유속성(固有屬性·自我·proprium)은 악 이외에 아무것도 아니지만, 이에 반하여 그들 모두에게 있는 선한 것은 모두가 오직 주님에게 속한 것이다는 것이 전 천계에서 시인된다는 것입니다.

1874. 악령들은 이런 사실들을 전적으로 부인(否認)합니다. 그들 중의 어떤 작자들은 진리를 알지 못하고, 그리고 그것을 아는 작자들도 그것을 시인(是認)하려고 하지 않습니다. 선한 영들은 총명에 속한 믿음으로 모든 이런 것들을 그대로 믿습니다. 천사들은 그것들을 아주 명확하게 지각합니다. 그리고 명확하게 지각하면 그것에 따

라서 그들은 내면적으로 더욱 총명하게 됩니다.

1875. 천사들이 이해하기 위하여 주어진 중요한 총명적인 것은 보편적인 천계는 최대인간(最大人間·the Grand Man)을 형성한다는 것이고, 그 최대인간의 모든 부분들과 천사들, 영들, 사람들은 대응한다는 것이고, 주님께서는 오직 그 최대인간의 생명이시다는 것입니다.

영들은 자신들끼리 대화를 한다는 것에 관하여

1876. 어떤 영들이 고백을 하였는데, 사람들이 서로 서로 하는 것과 같이, 비록 차이는 있지만, 그들은 서로 대화를 한다는 것입니다. 그리고 어느 누구도 자신의 참된 인격 이외의 다른 상태에서 말하는 것이 허락되지 않는다고도 고백하였습니다. 그런 짓거리를 하는 것은 반드시 형벌을 받아야 한다는 것입니다. 1748년 4월 8일

주님의 말씀(聖言)에 관하여

1877. 주님의 말씀(聖言)은 기술된 문자에서 보면 본질적으로 죽은 것입니다. 그러나 그것을 읽게 되면, 주님의 성언은 주님에 의하여 각자에게 주어진 총명의 기능이나, 지각의 기능에 따라서 주님에 의하여 생기발랄하게 됩니다. 따라서 그것은 그것을 읽는 사람의 삶에 일치하여 살게 됩니다. 그런 이유 때문에 성언은 무한한 다양성(多樣性·variety)의 특질을 지니고 있다고 하겠습니다. 이러한 사실은 천사들의 목전(目前)에서 기술되었습니다. 1748년 4월 9일

악에서부터의 해방에 관하여

1878. 주님께서는 결코 악의 원인은 아니십니다. 결과적으로 그분은 악에 의하여 악을 격퇴(擊退)하시지 않고, 오히려 주님께서는 선에 의하여 악을 추방(追放)하십니다. 천계에서 널리 시인되는 이 법칙은 천적인 존재가 아닌 자들에게는 매우 난해한 내용이 되겠습

니다. 이러한 내용이 오늘 내가 주님의 기도문으로 기도드릴 때 허락되었습니다. 1748년 4월 8일

오직 외적인 것들로만 사는 자들에 관하여

1879. 내가 어떤 곳에서 깊은 잠을 자고 있을 때 생생하게 나에게 이런 일이 보여졌습니다. 다시 말하면 나는 그 때 암스텔담에 있는 것으로 알고 있었는데, 그 곳과 다른 장소인 스웨덴에 있었습니다. 그와 같은 일은 동시에 내가 서로 다른 두 장소에 있을 수 있다는 매우 이상한 생각을 하였습니다. 그리고 또한 내가 여기에 있으면서도 다른 곳에 있는 자들의 목전(目前)에도 나타날 수 있다는 이상한 생각을 하게 하였습니다. 그러나 이러한 사실은 내가 깊은 잠에 있으면서 분명하게 파악된 것입니다.

1880. 한 광경이 나타났는데, 마치 그 광경은 웁살라에 있는 어느 극장에 갈색의 조각상들이 이루고 있는 모습이었습니다. 그 조각상들은 외관상 아주 멋진 극장의 스타일이었습니다. 이런 광경에 도취(陶醉)되어 있는 동안, 그것들 중의 하나, 둘이, 마치 갈색의 해골바가지 모습으로, 스스로 움직였습니다. 그리고 그것들은 마치 극장에서 상연하는 연극과 같이 시작하였습니다. 그래서 나는 그 모든 조각상들이 그와 같이 움직이며, 그리고 연극을 공연(公演)하는 것이 아닌가 의아하게 생각하였습니다.

1881. 나는 약간 높은 위치에 있었는데, 조각상들이 그 곳의 정면에 서 있었습니다. 내가 그 공연을 보려고 하였지만, 나 자신에게는 밖으로 나가라는 명령이 있는 것으로 생각되었습니다. 나는 그렇게 하였고, 그리고 잠에서 깨어났습니다.

1882. 잠에서 깨었기 때문에, 모든 광경은, 마치 깨어 있는 상태에서 일어난 것처럼 생각되었고, 나는 달리 믿을 수 없었던 것으로 나에게 매우 생생하게 각인(刻印)되었기 때문에 그 꿈에 관해서 영들과 대화를 가졌습니다. 영들은 내 꿈에 대해서 놀라워했습니다.

그 이유는, 그들도, 이와 마찬가지로 깨어 있는 상태에 있었으며, 그들 중의 몇몇은 그들이 실제적으로 그 역할들을 하였다는 것을 시인하였기 때문입니다. 그 때 일러진 사실은, 이런 부류의 영들은 그와 같이 자주, 어떤 자들의 목전에, 즉 어느 정도 선한 삶을 산 자들에게나, 연극의 한 장면과 같이, 외적인 것들 가운데 산 자들에게나, 모두에게 나타난다는 것입니다. 그리고 그들이 생각하기에는, 극장의 일에 일생을 바친 자들이나, 어떤 인생의 삶을 애지중지한 자들이나, 그리고 그런 부류의 종사자들과 같은 정신으로 산 자들은, 다시 말하면 겉모습의 삶에 속한 사람들은, 위에 나타난 것처럼, 사람의 외적인 것들 안에는 거의 아무것도 존재하는 것이 없기 때문에, 결과적으로 그들과 꼭 같은 경우가 있을 수 있다는 것이었습니다. 1748년 4월 9일

이른바 짙은 구름들 속에 빠진 어떤 자들의 형벌에 관하여

1883. 나는 온갖 악들에 의하여 자기 자신을 위하여 권력을 얻을 수 있는지에 관해서, 그러므로 다른 사람들에게 공포심을 주기 위하여 악행을 하는 것에 의하여, 따라서 많은 사람의 의견과 같이, 사랑이 아니고, 오직 공포를 주는 것이, 동료들이나 예속자들을 지배하는 가장 최선의 방법이다고 시도(試圖)했었다고 말하는 어떤 자의 형벌을 목격하였습니다. 이 자의 성품이 그와 같기 때문에, 그 작자는 악을 자행하기 시작하였습니다. 그것은 도끼를 가지고 들보를 내리치려고 하는 모습으로 나타났습니다. 그러나 그 사람의 의도는 들보가 아니고 사람을 내리치려는 것이었고, 다만 들보는 사람을 대신한 것뿐입니다. 이와 같은 극악무도한 짓에 열중하는 동안, 그는 갑자기, 끝 간 데가 없는 일종의 구름바다(cloud sea)와 같은, 구름 속으로 내동댕이쳐졌습니다. 일러진 것은, 그것이 그런 범죄를 저지른 범죄인이 받는 형벌이라고 하였습니다. 1748년 4월 9일

어느 누구가, 얼마만큼, 그리고 어떤 종류의 삶에 속해 있는지 알게 하는 지각의 종류에 관하여

1884. 일종의 감관이나, 감관적인 지각이 있는데, 그것은 상세하게 기술될 수 없습니다. 왜냐하면 그것은 영적인 방법으로 오직 주님에 의하여 주어지는 것이기 때문입니다. 그것에 의하여 어떠한 생명이 누구의 것인지 알게 됩니다. 어떤 자들에게서 하나의 백묵덩어리에 지나지 않는, 일종의 생명력이 없는 원칙이 있는데, 그것에서부터 추측되는 것은 동종의 생명이 존재한다는 것입니다. 따라서 그것이 주님에 대하여 선으로 보여진다면 주님께서는 영이나, 영혼에 속한 생명이 어떠한 것인지, 매우 다양하게 알 수 있는 방법을 천사들에게 허락하신다는 것입니다. 1748년 4월 10일

섭리(攝理 · providence)에 관하여

1885. 나는 영들과 더불어 섭리에 관하여 대화를 가졌습니다. 그런데 몇몇은, 섭리에 대해서, 사람들은 누구나 이 세상에서 살았던 것과 같이 살아야 한다는 것과 그리고 그 뒤에는 그들이 받아야 했던 것과 같은 형벌을 받아야 하는 것이 예정(豫定)되어 있다는 생각을 가지고 있었습니다. 그리고 몇몇은, 어떤 사람은 마찬가지로 비천(卑賤)하도록 예정되었다는 생각이었습니다. 그러나 그 내용은 이러합니다. 마치 갑자기 부지불식(不知不識)에 일어나는 것과 같이 섭리된 것을 제외하면 발생하는 것은 아무것도 없다는 것입니다. 그 이유는 사람은 그가 존재하는 그런 성품이고, 만약에 어떤 일이 그렇지 않다면 사람은 소멸할 것을 예견하고 있기 때문입니다. 그러므로 섭리된다는 것은, 주님께서 보편적인 목적을 향해서, 또는 최대의 선을 향해서 모든 것을 기울게 하기 위하여 허락되었다는 것입니다. 이러한 내용 역시 내가 생생한 경험에 의하여 터득한 것입니다. 1748년 4월 10일

청각의 영역(領域·sphere)에 관하여

1886. 내부에 있는 어떤 천사들이나 영들은 청각의 성질을 실제적으로 나에게 보여 주었습니다. 왜냐하면 내가 전에 영들과 이야기하고 있을 때, 내가 하는 말을 안에 있는 자들이나, 밖에 있는 자들 모두가 들었기 때문입니다. 그와 같은 일은 내 주위에 있는 자들 모두에게 아주 명확하였습니다. 그러나 그 때 내가 지각한 것은, 어떤 자는 매우 특별한 방법으로 바깥으로 끌어당긴다는 것입니다. 내가 그와 같은 사실을 안 것은, 내가 생각했고, 말한 것을 그런 부류의 자들이 알게 하기 위하여, 내 위에, 또는 내 주위에 있는 한 영에 의하여 행하여졌기 때문입니다. 따라서 거기에는 공개적인 교류가 있었고, 느낄 수 있는 끌어당김도 있었습니다. 사실은 여러 번 고통의 느낌도 있었습니다. 그러나 이번의 경우에는, 나를 향한 천사들이나 영들에 의하여 빚어진 끌어당김만 있었습니다. 따라서 밖으로가 아니고 내부로의 끌어당김이 있었습니다. 앞에서 있었던 것과 같은, 그런 풀림(解弛·relaxation)은 결코 없었는데, 그와 같은 사실은 나에게 분명하게 지각하는 것이 허락되었기 때문입니다. 그것으로 인하여 내 주위에 또는 내 밖에 있는 영들의 역할(役割)에 관해서 내가 말한 것이나 생각한 것에 대한 어떤 들음도, 지각도 없었습니다. 이런 이유 때문에 처음 한동안 그들은 들을 수도 없고 지각할 수도 없다는 것을 불평하였고, 또한 고백하였습니다. 다만 그들이 안 사실은 내가 안에 있는 자들과 이야기를 했다는 것입니다. 그러므로 이것에서부터 얻는 결론은, 청각의 경우가 어떠한 것인가 하는 것입니다. 그것은 최대인간 밖에 있는 자들은 안에 있는 자들이 지각하는 것들을 전혀 지각할 수 없다는 사실입니다.

1887. 나에게 표현된 그들의 언어를 들을 수 있었지만, 그러나 교류가 공개적인 것이 아닌 것 같이, 여전히 분명하지 않았습니다. 1748년 4월 10일

영의 언어에 관하여

1888. 영들의 언어에는 수많은 종류가 있습니다. 특수한 종류의 언어들도 그들의 수만큼이나 수없이 많습니다. 사람들과 마찬가지로 모든 영은 그의 언어로 말미암아 모든 것들을 인식합니다. 각자의 분명한 특성(特性)들도, 영적인 상태들이나, 정동들의 상태들에 따라서 변화하기 때문에, 마찬가지로 다종다양(多種多樣)합니다.

1889. 선한 영의 경우와 같이 악한 영의 경우도 꼭 같은데, 일반적으로 영의 언어는 여러 종류가 있습니다. 이러한 사실은 지금 깨달은 것인데, 그것은 이러합니다.

1. 정동이 전혀 없거나 약간 있는 개념들에서 오직 형성된 영들에 속한 공통적인 언어(a common speech)가 있다는 것.

2. 영적인 개념들이 거의 전적으로 결여(缺如)된 언어가 있다는 것, 따라서 그 언어에는 소리의 낱말들(sonorous words)은 없고, 그러나 무성(無聲)이지만 온갖 애욕들의 언어가 있습니다. 이런 언어는 보통 악령들이나 악귀(惡鬼)들의 언어입니다. 그 악령들이나 악귀들은, 사람들의 정동들이나 정욕들을 지배하고, 그리고 그 사람이 어떻게 인도되는지 그가 알 수 없는 방법으로 사람들을 타락시킵니다. 왜냐하면 그들은 사람의 선한 정동들을 악한 애욕들로 기울게 하고, 바꾸기 때문입니다.

3. 세 번째 종류는 흐르는 시냇물(a flowing stream)과 같은 것입니다. 그러나 가끔은 그것 자체를 일종의 맥박(脈搏)이나 고동(鼓動)으로 변화시키는데, 그것은 내면적인 것들을 가리킵니다. 그들은 그런 것 안에서 말할 수 있으며, 그리고 그들의 언어는 일종의 시냇물같이 자체를 드러냅니다.

4. 네 번째 종류는 유연한 성질이 없는 개념들에 속한 언어이지만, 그러나 그럼에도 불구하고 그들의 생각을 가리키는, 그 어떤 묵시적인 움직이는 것들(tacitly creeping)로서 지각됩니다. 그들이 그들끼리 대화를 하고 있을 경우, 그들은 내 생각에 속한 지각에 이르

지 못하였습니다. 그리고 그들은 역시 내가 그들과 함께 있는 것을 원하지 않았습니다. 내가 나타났을 때 그들의 생각의 대화의 진행은 나의 것에 따라서 바뀌었습니다. 내가 거기에 있지 않을 때에는 그들의 것에 따라서 진행되었습니다. 1748년 4월 12일

영들은 사람을 다스리는 권력을 얻기 위하여 고심(苦心)한다는 것에 관하여

1890. 그들이 나를 지배하기를 원한다는 사실의 팽배(澎湃) 때문에 영들 사이에 아주 큰 분쟁(紛爭)이 있었습니다. 왜냐하면 그것은 최대한의 권력(權力)을 얻는 것이 그들의 목적이기 때문입니다. 그리고 이와 같은 분쟁은 내가 그것에 관해서 헤아릴 수 없을 정도로 빈번하게 밝혀주었기 때문입니다. 그들은 사람을 자신들에게 예속(隸屬)시키려는 것으로 불태웠고, 그리고 때로는 그들이 자신들을 억제할 수 없을 정도로 집요한 열정으로 자신들을 사로잡았습니다. 사실은 음흉한 술책들을 사용해서 가까이 오는 다른 자들을 향해, 자신들의 권력을 그들이 빼앗으려고 획책하고 있다고 생각해서 그들은 분노하였습니다.

1891. 이런 그들의 애씀은 모든 계층의 사람들에게 대한 것입니다. 그러나 차이가 있었는데, 그들이 그들의 목적에 대하여 몰두하지만, 그럼에도 불구하고 그것을 얻을 수 없었고, 그들은 쫓겨났을 뿐입니다. 그러나 나로서는 그들은 사람들이 아니고 영들이다는 것을 알고 있기 때문에, 그들은 그 사안(事案)에 대해서 깊이 생각할 수 있으며, 따라서 온갖 분노들이나, 증오들을 폭발할 것이 명백하였습니다. 다른 사람들에게 이와 같은 분노의 폭발은 일어나지 않았습니다. 1748년 4월 12일

선한 영들에게는 이런 활동이 허락되지 않았습니다.

사람이나 영은 천계에 있는 가장 일반적인 것들은 알지 못한

다는 것에 관하여

1892. 영적인 환상에 의하여 오늘 내가 알게 된 사실은 우리들은 천계에 있는 가장 일반적인 것들까지도 알지 못한다는 것입니다. 예를 들면 사람이 보기에 가장 정교하고 완전한 것 같이 여겨지는 생각의 일점까지도 그것 자체 안에는 천계적인 것들을 내포하고 있다는 것을 알지 못한다는 것입니다. 내가 그렇게 말할 수 있는 것은, 어떤 것들은 천계에 있는 것들의 단일적인 것에서 그 속에 들어가기 때문입니다. 그것은 사실 이상한 것으로 보이지만, 그럼에도 불구하고, 마치 인체의 지극히 미세한 모든 것 안에서 전 인체에서 이루어지는 결과인 단일적인 것의 교류가 있는 것과 같기 때문에, 그것은 사실입니다. 1748년 4월 23일

1893. 이와 마찬가지로, 오직 주님을 믿는 믿음만이 구원한다는 것은, 주님께서 우주를, 그리고 우주의 가장 단일적인 것까지도 다스린다는 것입니다. 주님께서는 모든 것 안에 있는 모든 것이다는 것은 그 밖의 가장 일반적인 다른 것들을 가리키고, 그리고 그것들 안에 있는 무한한 개별적인 것들을 포함한다는 것입니다. 사람 안에 있는 가장 일반적인 것들은 그것들의 개별적인 것에 속한 지식에 비교한다면 아무것도 아닌 것과 같기 때문에, 따라서 지옥이나, 천계라고 불리우는 것도 가장 넓은 일반적인 것이고, 그리고 그것들이 포함하고 있는 것에 비교한다면 아무것도 아닌 것과 같다고 하겠습니다.

언어의 천사적인 양식에 관하여

1894. 언어의 천사적인 양식이 어떠한 것인지 아주 면밀하게 보는 것이 오늘 나에게 허락되었습니다. 그것은 육신을 입은 사람에게 이해된다는 것은 매우 어려운 것입니다. 사실 그러하기 때문에, 그리고 그것들이 사실상 표현될 수 없기 때문에 인간적인 총명에 의하여 파악, 이해된다는 것은 일반적으로 나는 불가능한 것이라고 생

각합니다. 사람이 일반적인 개념에 의하여 그것들을 지각할 수 있기에 앞서 반드시 터득하여야만 하는 수많은 지식들이 사람의 마음에 있어야 합니다. 그것들에 관해서 어느 정도라도 알기 위해서 내가 말할 수 있는 것은, 사람의 마음에 속한 하나의 단순한 개념(one simple idea) 안에는 사람에 의하여 이해되는 다양한 무한한 것들이 존재한다는 것입니다. 그리고 그러한 것들은 사람에 의하여 파악되는 일종의 가장 일반적인 것이고, 또한 전반적인 단위(單位)의 것에 지나지 않습니다. 이런 개념에 속한 내면적인 것들은 내면적인 천사들에 의하여 지각되고, 그리고 보다 더 내면적인 것들이나, 극내적인 것들은 보다 더 내면적인 천사들이나, 극내적인 천사들에 의하여 지각됩니다. 그러므로 개념에 속한 일반적인 것이 내면적인 천사에게 나타납니다. 반면에 그들의 생각에 거의 파악되지 않는 요소들로 형성된 개념은 보다 더 내면적인 천사들에 의하여 이해될 수 있는 무한한 개별적인 것들로 그것 자체를 드러내며, 그리고 극내적인 천사들에 의하여 이해될 수 있는 경우도 역시 그런 것들로 그것 자체를 드러내야 합니다.

1895. 영적인 개념들이나, 천적인 개념들에 대해서도 경우는 비슷합니다. 또한 단순한 사물들의 개념들이나, 정동들과 관계를 가지고 있는 것들의 경우도 마찬가지입니다. 왜냐하면 그것들은 분명히 다른 별개의 것들이기 때문입니다.

1896. 그러므로 예를 들어 보겠습니다. 주님의 기도를 드릴 때의 경우가 되겠습니다. 그 기도문의 각각의 개별적인 개념 안에는 비록 사람이 단순하게 이해되는 뜻이나, 낱말들은 단순한 인간적인 뜻을 전하기 때문에 그 낱말들에 따라서 이해되는 뜻이 있고, 그리고 천사들에 의하여 인지되는 내면적인 것들, 보다 내면적인 것들, 극내적인 것들로 충만한 뜻도 있습니다.

1897. 관능적인 것들이나, 세속적인 것들은, 이른바 개념에 속한 종속적인 것이나, 수용그릇으로서 영적인 것들을 섬깁니다. 개념들

이나 낱말의 뜻(表意)들이라고 할 수 있는 자연적인 것들(natural things)은 내면적인 천계의 천사들을 섬기고 영적인 것들(spiritual things)은 보다 내면적인 천계(the more interior heavens)의 천사들을 섬기고, 천적인 것들(celestial things)은 극내적인 천계의 천사들을 섬깁니다. 그러므로 여기에는 계도(階度)들을 통한, 그리고 대응(對應)들을 통한 하나의 상승의 상태가 있다고 하겠습니다. 이러한 것은, 내가 믿는 바로는, 인간은 결코 믿지 못한다는 것입니다. 이와 같은 이유 때문에, 사람이 심지어 천사의 언어 양식에 속한 지극히 일반적인 개념까지도 이해할 수 있기에 앞서, 수많은 사물들을 먼저 반드시 배워야 하겠습니다. 1748년 4월 25일

1898. 개념들에 속한 지극히 미세한 요소들이나, 모든 사람・영・천사의 단순한 지각들을 가리키는 지극히 일반적인 것들이나, 또는 단일체적인 것들도, 이른바 이해될 수 있는 보다 높은 개념들의 무한한 다양함 안에 존재하는, 수용체(受容體)요, 수용그릇에 지나지 않는 것들입니다. 잘 알려진 것과 같이, 이러한 것들은, 사람들이나 영들 안에서는 관능적인 것들이고, 세속적인 것들이고, 내면적인 천계의 천사들 안에서는 자연적인 것들이고, 또한 영적인 것들이고, 또는 보다 낮은 천적인 것들입니다. 그리고 극내적인 천계의 천사들 안에서는 영적인 것들이라고 하겠습니다.

1899. 그 주제에 관한 하나의 개념은 시각의 대상물(對象物)들에게서, 다시 말하면 동물계나 식물계에 속한 대상물들에게서 취할 수 있겠습니다. 이러한 대상물들 안에는, 눈의 시야에 들어 온 가장 외적인 것들이 존재합니다. 그럼에도 불구하고 그와 같은 모든 외적인 것들은 극내적인 것들에서 생성되었습니다. 그럼에도 불구하고 사람의 눈은 다양한 계도들을 통하지 않고서는, 이와 같은 극내적인 것들에 결코 근접(近接)하지 못합니다.

영들의 영기(靈氣)에 관하여

1900. 내가 만약에 잘못된 것이 아니라면, 영기에 관해서 내가 앞에서 언급한 것은, 단순한 그들의 범위(範圍)와 활동의 힘에 관해서만 언급하였을 뿐입니다. 그리고 그것들의 성질이나 내용에 관해서 언급하여야 할 것은 매우 많은 내용이 남아 있다고 하겠습니다. 그러나 지금 여기서 내가 말할 수 있는 것은 그들은 정말로 놀라운 특성들을 가지고 있다는 것이고, 그리고 그것이 일치하든 일치하지 않든, 그리고 말하자면 서로 간에 유착(癒着)되어 있든, 아니면 대립하여, 유착되지 않았든, 다른 영기(other sphere) 또는 대기(大氣)에 비교될 수 있겠습니다. 서로 간에 차이가 있어서 조화롭지 못한 영들은 자신들에게 반대가 되는 것은 그 즉시 깨닫습니다. 그리고 자신들의 영기에 의하여, 말하자면 그 반대되는 것을 동의하는 것으로 바꾸어 버립니다. 아니, 이러한 일은 다른 자들의 영기를 구성하는 아주 미세(微細)한 것들에 대해서도 그와 같습니다. 이런 종류의 영기들은 사람 안에 나타나는 것이지만, 그러나 그것은 어느 정도는 질적으로 조잡(粗雜)합니다. 사악한 영들의 영기들은, 사람의 개념에 나타나는 매우 다종다양한 상황에 따라서 좋은 생각들을 나쁜 것들로 알지 못하게 왜곡시키는데, 사람이나 영은 그 사실을 결코 알지 못합니다. 그리고 이와 같은 주제에 관해서 깊이 생각하지 않는다면, 그리고 그 영이 누구이고, 그가 어디에 있었는지 알려고 하는 깊은 생각이 없다면, 나는 이러한 상태에 속한 사실들이 존재한다는 것을 결코 알지 못할 것입니다. 만약에 사람이 선한 것이나, 참된 것이 무엇인지 안다면, 그리고 이런 원칙에 적용하는 것이 무엇인지 잘 안다면, 그리고 그들은 자신들의 자질(資質)에 따라서 모든 것들을 바꾸어 버릴 것입니다. 따라서 사람의 기억 안에 있는 것은 어떤 것이나 그들은 자기 자신들의 목적에 맞게 그것을 왜곡시킬 것입니다. 1748년 4월 29일

1901. 온갖 지식들 안에 있는 사람의 영기는, 만약에 그 사람이 주님을 향한 믿음 안에 있지 않다면, 결코 수정되거나 교정되는 일

은 없을 것입니다. 특히 주님께서는 그 사람에 관계되는, 전체적인 것이든, 개별적인 것이든, 모든 것들을 다스리신다는 것을 믿지 않는다면, 그리고 주님의 생명이 없으면 결코 생명이 존재하지 않는다는 것을 믿지 않는다면, 교정되는 일은 결코 없을 것입니다. 만약에 그와 같은 것을 믿지 않는다면 그 사람의 영기는 있는 그대로 남아 있을 것이고, 유사한 영들에 의하여 그는 다스려질 것입니다.

영들이 말하는 것에 대하여 결코 신뢰(信賴)해서는 안 된다는 것에 관하여

1902. 영들이 말을 할 때 그 사물은 그러하다고 말하는 것 이상으로 쉬운 일은 아무것도 없습니다. 왜냐하면 그들은 그들이 모든 것들을 잘 알고 있다고 생각하고, 그리고 그들은 사실이 아닌 경우에도 그것이 사실이다고 아주 진지하게 주장하여, 우기기 때문입니다. 수차에 걸쳐 있었던 경험에서 본다면 그들의 됨됨이가 무엇인지, 그들이 얼마나 신뢰받을 수 있는지 아주 명확합니다. 만약에 이것은 어떤 것이고, 저것은 어떤 것인지 그런 것들에 관해서 질문을 받게 되면 그 때 그들은 차례차례 그것이 어떠한 것이다고 대답은 하지만, 그것들은 서로서로 다르게 대답하였습니다. 만약에 백 가지가 질문되었다고 해도 그 모두가 서로 다르게 대답하였을 것입니다. 사실은 그렇지가 않은 데도 불구하고 마치 그렇다고 신뢰를 가지고 역설할 것입니다. 그들이 알지 못하는 어떤 사실을 그들이 알게 되면 즉시 그들은 그것은 그렇고, 저렇다고 말할 것입니다. 마치 그들이 알고 있는 것처럼 그들이 말한 그 밖의 수많은 증거들이 있지만, 그럼에도 불구하고 그들은 그것을 모르고 있었습니다. 1748년 5월 3일

죽은 뒤 영들은, 만약에 깊은 생각이 그들에게 주어지지 않는다면, 자신들이 저 세상에 있다는 것을 알지 못한다는 것에

관하여

1903. 영혼들이 육신을 입은 삶에서 자신들이 가지고 있었던 것들을 어느 것 하나도 잃지 않는다는 것은 여러 곳에서 입증된 사실을 독자들께서는 볼 수 있을 것입니다. 따라서 그들은 그들이 저 세상에 있다는 것을 알지도 못하고, 알 수도 없지만, 그러나 그들은 자신들이 이 세상에 있다고 생각할 뿐입니다. 그 이유는 기억에 저장된 것들에 의하여 자극받는 일도 없기 때문에, 그리고 또한 함께 사회에 있는 자들에 의한 것이 아니면 대상물이 제시되지도 않고, 그리고 대상물에 의한 것이 없으면 기억 안에 있는 것도 자극받는 일도 없기 때문입니다. 주님께서 주시는 것이 아니면 그들이 저 세상에 있는 생각조차도 주어지지 않습니다.

1904. 더욱이 깊은 생각이 없으면 그들이 저 세상에 있다는 것을 알 수 없다는 것은 깊은 생각의 성질에서 잘 알 수 있습니다. 그 이유는 사람은 중간에 개재(介在)해 있는 것에 대한 생각이 없으면 목적물들의 거리들을 알지 못하기 때문이고, 또한 위와 같은 동일한 것이 없다면 시간에 관해서도 사람은 판단할 수 없기 때문입니다. 그리고 그 밖의 많은 것들에서도 경우는 마찬가지입니다. 왜냐하면 깊은 생각은 어떤 사물의 질(質)이나 양(量)을 사람이 알 수 있도록 능력을 부여하기 때문입니다. 1748년 5월 7일

1905. 영들이나 천사들의 심사숙고(深思熟考)의 내용이나 성질이 어떤 것인가, 그리고 어떤 주제에 관해서 행하여지는 지에 관해서 언급한다는 것은 끝도 없습니다. 왜냐하면 깊은 생각(反省)이 없다면 삶 역시 결코 존재하지 않기 때문입니다.

1905[A]. 그들이 고백하고 있듯이, 반성해야 할 일이 주어지면 영들은 나를 통해서 그 일을 하고는 하였습니다. 그들이 반드시 대상물들에 대하여 깊이 생각하여야 하는 일이 나에게 주어지면, 언제나 그들이 고백한 것은, 그들은, 그들이 사람들 사이에서 보여진 것과 같이, 그것들을 보았지만, 그러나 나를 통해서 보았다는 것입니

다. 그 때 사람들은 일반적으로 영들에 의하여 자신들이 다스려진다는 것을 믿지 않기 때문에 이런 내용의 반성은 그들에게는 주어질 수가 없습니다. 그러므로 영들은 사람을 통해서 보지 않고, 오히려 사람의 내면적인 것들로 말미암아 볼 뿐입니다. 이러한 사실은 자주 나에게 밝혀졌습니다. 그러므로 영들은, 상상(想像)이나 생각 안에 있는 것뿐만 아니라, 세상에 있는 개별적인 대상물까지 볼 수 있습니다. 따라서 천계를 향해서 마음의 문(the gate of mind)이 열린다면 거기에는 확실한 계속적인 심사숙고(=반성)가 주어지게 되고, 그것으로 인하여 영들과 사람의 교류는 있게 되고, 그리고 그것에서부터 영들은 그들과 교류하고 있는 사람이 아니다는 것을 알게 됩니다.

유아사랑(乳兒愛·the love of infant)이나, 또는 맹목적인 사랑(storge)에 관하여

1906. 유아사랑(乳兒愛·the love of infant)이나 맹목적인 사랑(storge)이 살아 있는 모든 것(生物) 안에 있는 매우 보편적인 것이다는 이유는, 주님에게서 비롯된 그와 같은 영기(靈氣)는 유아들이 존재해 있는 극내적인 천계(the inmost heaven)를 통과해서 유아들이나 그들의 양친들을 감싸고, 감동을 주기 때문입니다. 특히 어머니들이 온갖 정동들 가운데 있기 때문에 그 영기는 어머니를 감싸고, 감동을 주기 때문입니다. 제일 먼저 유아들이 감동을 받는데, 이러한 사실은 그들의 순진무구(純眞無垢·innocence)에서 볼 수 있고, 그리고 그것은 얼굴·언어·몸동작에서 잘 드러납니다. 그리고 또한 사랑에 속한 보편적인 영기에 관해서는 말하지 않더라도, 어른들에게 준 그것의 영향에서도 잘 드러나고, 또 잘 알 수 있습니다. 그와 같은 감화 감동은 그것을 받을 수 있는 능력이나 감동들을 찾는 곳이면 어디에서든지 감화 감동을 일으킵니다. 그것에서부터 합일(合一·結合·union)이 생겨나고, 특히 부모들과 그들의 어린 자녀들과의 합일이 생겨납니다. 그럼에도 불구하고 이와 같은 감정(感情·

feeling)은, 어린 것들이 성장하고, 그들 자신이 주인들이 되었을 때, 점점 약해집니다. 1748년 5월 8일

의지(意志・will)에 관하여

1907. 나는 의지의 활동을 입증하는데 도움이 되는 것을 내 자신 안에서 지각하였습니다. 내 주위에 있는 영들은, 내가 앞으로 가야 할지, 또는 뒤로 가야 할지, 내가 가야 하는 길에 대해서 의견을 달리 하였지만, 내가 가야 할 길을 아는 것이 허락되었습니다. 따라서 내가 앞으로 전진하려고 했을 때 의지에 속한 정동은 저항(抵抗)하였을 뿐만 아니라 심지어 내가 가는 길에 고통과 어려움을 각인(刻印)시켜주기까지 하였습니다. 그와 같은 일은 온갖 노고(勞苦)와 피로를 생성하기에 충분하였습니다. 그러나 내가 앞으로 가는 것을 그들이 동의하자 즉시 움직임에는 민첩(敏捷)함이 있었습니다. 그래서 나의 발걸음은 아주 쉬웠고, 그리고 생생한 경험에 의하여 나는 이 일을 깨달았습니다. 더욱이 영들에게 내가 원하는 곳은 어디든지 가도록 그들의 의지에 의하여 나를 인도하는 것이 허락되었을 때 그들은 내 발걸음을 아주 가볍게 하였고, 그래서 내가 가고자 하는 곳에 쉽게 갈 수 있었습니다. 내가 아주 험준(險峻)한 곳을 지나게 될 때에는, 나는 이른바 그들에 의하여 들려 올려져서 그 곳을 통과하였는데, 이와 같은 일은 지금까지 여러 번 반복해서 일어났습니다. 1748년 5월 8일

정신적인 평온(平穩)의 상태와 일반적인 천적인 상태들에 관하여

1908. 평화의 상태(平和狀態・a state of peace)는 보다 높은 계도에 있고, 정신적인 평온의 상태(a state of mental quiet)는 보다 낮은 계도에 있습니다. 오늘 아침 이른 시간부터 정신적인 평온의 상태의 성질을 경험을 통해서 아는 것이 나에게 허락되었습니다. 사실 그것

은 내면적인 것들을 향해서, 그리고 이와 같은 평온의 상태에 있는 영들을 향한 일종의 끌어당기는 흡인력(吸引力)과 반대로 배척하는 작용(排斥作用·subtraction)에 의한 것이었습니다. 이와 같은 일은 밤새도록, 그 상태는 아침까지 계속 이어졌고, 나중에는 한 시간 이상 계속되었습니다. 따라서 나는 그 상태가 얼마나 감미(甘美)로운 것인지, 그리고 천계의 기쁨의 상태들이 얼마나 무한한 것인지를 알게 되었습니다. 그리고 또한 내게 주어진 것은, 그 상태에서 관능적이고 세속적인 것들에 속해 있는 근심이나 우려(憂慮)들이나, 걱정들 따위에 묻혀서 살려고 갈망하는 자들에 대해서, 비록 그들이 그들의 최고의 기쁨 안에 있다고 상상하고 있다고 해도, 그들의 처지가 얼마나 비참한 상태에 있는 것인지에 대해서 깊이 생각할 수 있었다는 것입니다. 이와 같은 일은, 마치 맑은 하늘에 떠 있는 구름들과 같은, 마음의 근심의 상태에 의하여 이 평온의 상태가 어떠한 것인지를 알 수 있도록 깊이 생각하게 하려는 것입니다. 그러나 이런 종류의 상태는, 천적인 자들에게는 매우 특이한 여러 상태들과 더불어, 어느 누구나 다 깨달을 수 있는 것은 아닙니다. 왜냐하면 그런 것들은 무지(無知)한 자에게는 알려지지 않기 때문입니다. 그리고 믿게 할 수 있는 몇 마디 말로 표현될 수 있는 것들도 아니기 때문입니다. 어느 정도의 지식의 계도는 신뢰에 대한 약간의 것을 제공하겠지만, 그러나 내가 주장할 수 있는 것은 즐거움의 상태들(the states of joy)은, 천계에 있는 기쁘고 즐거운 모든 것들의 측면에서 보면, 무한한 것입니다. 그럼에도 불구하고 어느 누구도, 그리고 지상에 있는 단순한 사람은 전혀 파악되거나, 이해할 수 없지만, 그러나 어느 누구가 그것들에 속한 뜻이나 느낌을 지극히 최소한의 것이라도 가져 본 경험이 있다면, 그는, 육신 안에 있는 또는 관능적이고 세속적인 염려나 걱정 따위들이 존재하기를 결코 더 이상 갈망하지 않을 것입니다. 1748년 5월 9일

1909. 몇몇 영들은, 그들이 회막의 축제(祝祭·the feast of

tabernacles)에 관한 레위기서의 장절들을 읽을 때, 무척 기뻐하였는데, 이러한 사실을 나는 그들과의 대화에서, 그리고 그들의 기쁨의 상태의 교류에서, 지각할 수 있었습니다. 그들은 그 축제를 축하하고, 즐기기를 진심으로 원하였고, 또한 그 축제는 그들에게 허용되었습니다. 그와 같은 일은 부수적인 것들과 더불어 일상적인 형태의 회막 자체를 짓는 것에 의하여, 그리고 매우 큰 즐거움으로 그들이 애쓰는 그 일에 의하여 그 축제가 그들에게 허용되었습니다. 왜냐하면 그들 중의 몇몇은 그것이 그들의 전 생애에서 가장 즐거웠던 일이다라고 말하였기 때문입니다. 다시 말하면 저 세상에서도 그들은 회막의 축제를 축하, 거행한다고 말하였기 때문입니다. 그러나 그들이, 내면적인 것들에 대한 목적이 없이, 또는 오직 탐욕(貪慾)에서부터 그 일을 하기 때문에, 그들의 기쁨은 비참함으로 바뀌었습니다. 이러한 사실은 교류를 통하여 나 자신 안에서 지각할 수 있었습니다. 그 뒤에는 내 발이나 무릎에 아주 강하게 느낀 한기(寒氣)에서 알 수 있었습니다. 왜냐하면 그들은 오직 자연적인 것들을 열망하였고, 그리고 그것들이 뜻하는 내면적인 것들은 전혀 열망하지 않았기 때문입니다. 거기에서 한기가 일어났는데, 영들 중에 몇몇은 그 일에 대하여 불평을 늘어놓았습니다. 이것이 바로 자연적인 즐거움이나 기쁨의 실상입니다. 1748년 5월 9일

믿음 안에서 생겨난 사람의 생각이나 행위(行爲)는 그 사람 자신의 것이 아니다는 것에 관하여

1910. 수년간의 수많은 경험을 통해서 내가 아주 자신 있게 확신할 수 있는 것은, 믿음 안에 있는 사람의 생각들은 그의 것이 아니다는 사실입니다. 그러나 그 사람이 만약에 악한 사람이라면, 그것들은 그들이 자신으로 말미암아 생각한다는 것을 믿는 악령들의 산물(産物)이고, 그리고 그들에게 그것들은 전적으로 전가(轉嫁)된다는 것입니다. 그와 같은 전가는 마치 꼭 같은 신념(信念)을 간직하고 있

는 사람들에게 전가되는 것과 같습니다. 이에 반하여 만약에 선한 사람이라면, 그것들은 오직 주님에게 속한 것일 뿐입니다. 이와 같은 모든 사실들은 매일매일, 그리고 시간마다의 경험이나 심사숙고(深思熟考)에서 가장 확실하게 알게 하는 것이 나에게 허락되었기 때문입니다.

1911. 드디어 나는 내 자신에게서 어떤 것을 생각할 수 없는 사실에 익숙하게 되었을 때, 그 때 나는 그 사실에서 어떤 기쁨을 찾을 수 있었습니다. 왜냐하면 나는 온갖 악한 생각들의 질책(叱責)으로부터 자유롭게 되는 동안 모든 것을 알게 된 나의 생각에 들어온 것들에 대해서 이와 같이 반성할 수 있었기 때문입니다. 사실 그와 같은 일은, 그와 같은 많은 악한 생각들을 주입시켰던 그 특별한 영들이 누구인지, 그리고 그들이 어디에서 왔는지, 알 수 있게 하였습니다. 그리고 나는 아주 자주 이런 점들에 대해서 그들과 대화를 하였습니다. 그리고 또한 그와 같은 생각의 자세한 내용까지도 누구에게서, 또 어디에서 오는지도 알 수 있었습니다. 그래서 이와 같은 반성은 값있고, 즐거운 것이었습니다.

1912. 그러나 악한 생각들을 주입시킨 영들은, 내가 그들과 자주 대화했던 것들에 관해서 내가 전혀 생각하지 않는다고 생각하였습니다. 그러므로 그들은 그런 성품이다는 것을 좋아하지 않았습니다. 그들은, 그들 자신의 것들은 모두 잃을 것이라고 생각하기 때문에, 따라서 무의미한 것이 될 것이라고 생각하기 때문에, 그들은 두려웠고, 그래서 발뺌을 하였지만, 그러나 사실은 그렇지가 않았습니다. 이러한 내용은 좀 더 확대된 것인데, 나는 주님의 허락으로 적절한 곳에서 설명을 하려고 합니다. 사실 내가 잘못이 아니라면 나는 이미 그것에 관해서 언급하였습니다. 1748년 5월 9일

많은 발을 지닌 야생의 동물들이나, 그런 유(類)의 곤충들은 광적인 악마들을 뜻한다는 것에 관하여

1913. 그들이 천계에 있는 어떤 영을 검색(檢索)할 때, 예를 들면 그들이 말하는 것이나 생각하는 것을 검색할 때, 그와 같은 검색은 말하고, 생각하는 그의 내면적인 됨됨이를 그들에게 알게 하는 것이기 때문에, 따라서 그들은 그의 성품(性稟)을 즉시 압니다. 그가 집념(執念), 몰두(沒頭)한 것에는 어떤 것이든 그것 안에 그 자신을 드러내는 그의 어떤 영상(影像·image)이 남아 있는데, 그것은 천계에서는 나타나 보이지만, 영들의 세계(the world of spirits)에서는 보이지 않습니다. 왜냐하면 거기에서 그들은 생각들이나 말로 이어진 것들에서 비롯된 것들만을 알기 때문입니다. 더욱이 그것이 개방된 것이든, 폐쇄된 것이든, 개념들이나 발설한 것에서부터 알게 되고, 그리고 그런 것에 의하여 다양한 다른 표징들에게서부터 알게 되기 때문에 주님에게서부터 그들에게 주어진 것은 한 영의 성품을 안다는 것입니다.

1914. 천계에 있는 자들이 어떤 사물에 속한 개념들 안에 있고, 그리고 그것이 불쾌하고, 역겨운 것이고, 흉악한 그런 무가치한 것으로 지각할 때, 그 때 그와 같은 것은 영적인 표징(表徵·a spiritual representation)에 의하여, 또는 영적인 개념(a spiritual idea)에 의하여 즉시 안에서 지각됩니다. 영적인 표징에 의하여 지각될 때, 그것에서부터 거기에는 영계에 있는 어떤 종류의 짐승들이나 야생짐승, 또는 영들의 세계(the world of spirits)에 있는 표징적인 개념과 전적으로 대응하는 적절한 형체·색깔·크기로 계속해서 형성된다는 것입니다. 육신을 입은 사람은 그 누구도 천사들의 표징적인 개념을 지각할 수 없지만, 그러나 영들의 세계에서 그것은 가시적으로 존재합니다. 이러한 사실은 수도 없이 내 목전에 있었던 것과 같이, 내가 이런 환상 가운데 있는 동안, 그 환상들 가운데서 내게 일러진 것은 천사적인 개념에서 형성되지 않은 것은 거기에 존재하지 않는다는 것이었습니다.

1915. 오늘 밤에는 야심동물, 또는 수많은 발을 가진 곤충이 보

여겼는데, 심한 공포를 일으키는 것으로, 모양이나, 갈색의 색깔이나, 크기에 있어서 곤충을 닮은 것은 아니었습니다. 그것이 그렇게 나타나는 것으로도 나는 전신이 오싹할 정도였습니다. 다른 말로 하면 그것의 생각들의 기(氣·sphere)에서 몸서리쳐졌습니다. 그 뒤에 하나의 곤충으로 표징되는 어떤 영이 나에게 다가왔습니다. 그리고 나의 생각들 속에 아주 끔찍스럽고, 역겨운 것들을 주입시키려고 하였습니다. 사실 그런 것들은 너무나도 역겨운 것들이기 때문에 무엇이라고 기술할 수가 없었습니다. 따라서 내가 알 수 있었던 것은, 천적인 것들은 영적인 개념에 관해서 취하는 것이 어떤 것인지 알 수 있었고, 그리고 그들 안에는 불결하고, 부정스러운 것은 전혀 존재하지 않는다는 것, 그리고 그의 내면적인 개념들도 이해될 수 없는 것을 제외하면 아무것도 존재하지 않는다는 것입니다. 그는 육신을 입은 삶에서 떠난 뒤 그리 길지 않은 시간을 보낸 사람 같이 보였습니다. 왜냐하면 그가 저 세상에 있는지 아닌지를 알지 못하고 있었기 때문입니다.

1916. 여기에서 잘 알 수 있는 것은 지옥적인 떼거지들은 거기에서 왔다는 것입니다. 나는 사실 이런 것을 그들에게 말하였습니다. 1748년 5월 10일.

천사적인 언어와 젖먹이들(乳兒·infants)의 언어에 관하여

1917. 천사적인 언어는, 그 본질에 있어서 이해될 수 없기 때문에, 결과적으로 그것은 무엇이라고 형언할 수 없기 때문에 그 주제에 관한 몇 가지 의견(意見)을 전달하는 것이 나에게 허락되었습니다.

1918. 다시 말하면 그것 안에는 관능적인 기억에 속한 낱말들에 관계되는 그와 같은 개념들은 현존하지 않는다는 것입니다. 즉 그와 같은 것은 이동관계(移動關係)·거리·시간 따위 등은 그것에 포함되지 않는다는 것입니다.

1919. 그것은 오로지 낱말들이나, 개념들에 속한 내면적인 것들과 관계를 가지기 때문입니다.

1920. 하나의 단순하고, 관능적이고, 감관적인 개념이든, 또는 사람의 정동에 속한 개념이든, 아주 무한한 것들을 내포할 정도로 많이 있지만, 그러나 역시 그것은 아주 단순하게 보일 뿐입니다.

1921. 사실 이와 같이 참된 것들은 천사들이 아닌 자들에 의해서는 쉽게 납득될 수 있는 것은 아닙니다. 그 이유는 그런 것들은 그들에게 신뢰(信賴)되지 않기 때문입니다. 그러므로 그것들은 아무 것도 아닌 것과 같습니다. 그것들의 무한한 것에 내포된 것은 천사 이외의 다른 누구에게도 이해될 수는 없는 그런 것입니다. 이러한 자는 한마디로 "아무것도 아니다"는 말에 당혹할 것이지만, 그럼에도 불구하고, 이와 같은 "아무것도 아닌 것"(無 · nothing)은 진정으로 매우 중요한 요체(要諦)입니다.

1922. 그러므로 어떤 것이나, 또는 모든 것들이 그 어떤 것으로 표현하려고 한다면, 예를 들면, 증오 또는 사랑이 어떤 정동으로 표현하려면, 그 때 천사들은 그들의 개념들 안에 있는, 결코 기술될 수 없는 무한한 것들로 파악됩니다. 그 이유는 꼭 같은 순간에, 역시 조화롭고, 즐겁게, 수많은 것들이 일어날 뿐만 아니라, 그것들은 관능적인 개념들에서 아주 멀리 떨어져서 일어나기 때문입니다. 그리고 더욱이 보다 내면적인 천계에서는 자연적인 것에서 아주 멀리 떨어져 있기 때문입니다. 한마디로 그것들은, 관능적인 개념들에 의해서는 이해될 수 없는 참된 것들이고, 선한 것들이기 때문입니다.
1748년 5월 10일

1923. 다른 사람들에게 놀라운 것으로 여겨진다는 사실은 천사들은 어린 것들(幼兒 · 乳兒 · infants)의 생각들 · 기도들 · 말들에서, 자신들 스스로 낱말들이나 사물들의 충분한 뜻을 가지고 있다고 생각하는 어른들에 비하여 사물들에 관한 매우 많은 이해를 취한다는 것입니다. 이러한 사실은 정말로 의심이 없이 온당한 것입니다. 그리

고 그 이유는 어린 아이들의 생각들 안에는 거짓에 의하여 닫혀져 있는 것은 아무것도 존재하지 않고, 그리고 온갖 탐욕들이나 증오들 따위에 의하여 더럽혀지고, 추하게 된 것 역시 전무(全無)하며, 관능적인 것들에 의한 것도 전무하지만, 그러나 어른들의 생각이나 신념 안에는 그런 것들이 내재해 있기 때문입니다. 그러나 어린 것들의 모든 것은 순진무구(純眞無垢)를 가리키고, 따라서 그들의 생각이나 신념을, 비록 자신들에게는 그렇지 않다고 해도, 개방적이고, 그리고 천사들에게도 개방적입니다. 그러므로 천사들은, 거짓이나 탐욕 안에, 또는 세상적이고 관능적인 것에 푹 빠져 있는 어떤 어른에 비하여 어린 것들에게서 매우 큰 기쁨을 얻습니다. 그러므로 가장 참된 것은 주님을 찬양한다는 말은 어린 것들의 입을 통해서 선언된다는 사실입니다.

1924. 한 사람이 나이가 들고, 그리고 세상적인 것들이나 관능적인 것들에 빠져 있는 것에 비례하여, 그의 모든 생각들은 천계를 향해서는 더욱 더 폐쇄(閉鎖)적입니다. 그리고 또한 주님께서 그들에게 개방하는 것을 좋아하는 그런 사람들을 제외하면 그것들은 개방되지 않습니다. 이러한 내용에서부터 낙원에서 쫓겨난 아담의 추방(追放)이, 그리고 그것의 입구와 생명나무에 세운 파수꾼이 무엇을 뜻하는 것인지 잘 이해할 수 있겠습니다.

1924[A]. 나 자신의 경우에서 보면, 내가 생생하고도 아주 명확한 체험을 통해서 터득한 것은, 천사들은, 내가 나의 생각들을 뒤섞지도 않고, 복잡하게 만들지 않았지만, 그러나 천계를 향하여 열려있는 생각들이나 신념들을 명확하게 지각하지 못하고 있을 때 내 생각들이나 신념들에 속한 보다 명확한 지각을 취하고 있다는 것입니다. 천사들은 그것에서부터 내면적인 것들을 지각할 수 있었습니다. 내가 터득하였다고 말할 수 있는 것은 그 때 나의 생각들은, 내가 동시에 그들의 내면적인 것에 들어갔다고 생각할 때보다 더 개방적이다는 것입니다.

1925. 역시 내가 이상하게 생각하는 것은, 나는 어떤 사물들에 대하여 전혀 이해도 없었고, 그것들에 대한 주의나 관심도 없었지만, 그러나 천사들은 그런 것에 비례하여 그것들에 속한 보다 충분한 뜻을 가지고 있다는 것을 내가 깨달았다는 것입니다. 이와 같은 것은, 천사들이 그들이 기도하는 것이 무엇인지 이해하지 못하는 어린 것들의 경우에 보다 더 명확한 지각을 가지고 있다는 사실에서 잘 나타나고 있습니다. 이러한 사실은 전혀 의심이 없이 어른들에게는 놀라운 것이지만, 그러나 그것은 진정으로 참된 사실입니다. 그 이유는, 생생하고, 명확하고, 아주 충분하게 오랫동안 계속된 경험을 통해서 나에게 입증되었기 때문입니다. 1748년 5월 10일

1926. 주님에게서부터 천사들의 개념들 속에 입류할 때, 그 때 그들의 모든 완전함 안에는 그와 같은 보편적인 온갖 기쁨의 느낌이 있는데, 그것들은 그들의 지극히 작은 부분들에게 이르기까지 결코 밝힐 수 없을 정도입니다. 나는 이와 같은 일을 자주 경험하였습니다. 그러나 특별히 나에게 주어진 수많은 여러 종류의 경험들에 관해서 심지어 어떤 것 하나도 설명할 수 없습니다. 그것은 그 경험들이 사람의 말로 표현할 수 없기 때문입니다. 그리고 그런 것들이 믿기지 않기 때문입니다. 왜냐하면 그것들은 관능적인 개념들이나, 감관적인 개념들에게 침투할 수 없고, 오히려 그러한 개념들은 아무런 값이 없는 그런 것으로, 또는 본질적인 것이 없는 일종의 헛것(shadow)으로 여겨지기 때문입니다. 1748년 5월 10일

1927. 여기에서부터 사람의 내면적인 생각들을 아는 것이 천사들에게 어떻게 주어지는지 밝히 알게 되었습니다. 그럼에도 불구하고 그 때 사람은 천사들이 그 사람의 조잡한 생각들이나, 보다 복합적인 생각들을 잘 알고 있다는 것을 믿지 않습니다. 그리고 영들이 영들의 세계에 있기 때문에, 영들도 그것을 잘 알고 있고, 사람에 비하여 너무나도 영들은 그 사실을 잘 알고 있습니다. 1748년 5월 10일

사람 자신이 가지고 있는 같은 성품(性稟)이나 정동(情動)의 영들은 사람에 의하여 자극(刺戟)을 받는다는 것에 관하여

1928. 사람의 상태는 매일매일 뿐만 아니라, 매 시간, 아니, 사실은 매 순간마다 수많은 변화들을 겪는 것 같이 보입니다. 따라서 이해에 속한 수많은 상태들이나, 정동에 속한 상태들이 있고, 그 밖에도 모든 사람 안에는 세력을 떨치는 지배적인 것이 있습니다. 사람은, 사람이 어떤 상태에 들어가든, 또는 어떤 상태에 이르든, 그들의 생애에서 지배적이었던 동일한 열정(熱情)의 영들과 대응관계에 있고, 그리고 협력관계에 있습니다. 따라서 언제나 꼭 같은 것은 아니고, 다만 하나의 상태의 갱신만 있을 뿐입니다. 이런 영들은 모두 자신들이 그 사람이다고 생각하지만, 그러나 내 자신의 측면에서 보면, 그들은 그저 단순하게 나와 함께 있을 뿐입니다. 이것이 사실이다는 것은 오늘 경험에 의해서 나는 알게 되었습니다. 나는 이러한 사실을 이 영들과 함께 이야기하였는데, 그들은 자신들의 정체성(正體性)을 고백하였고, 그리고 그들은, 그들이 자신들을 잘 알고 있기 때문에, 분노하기도 하였습니다.

1929. 사실 나는 동시에 그들 중의 몇몇의 공동의 작용을 인식하였습니다. 왜냐하면 거기에는 주님에 의하여 다스려지는 그런 저들의 사회들이 있었기 때문입니다. 따라서 그들은 서로 개별적인 것과 일치, 대응할 수 있었지만, 그럼에도 불구하고 정해진 한계를 넘지 못하도록 여러 구속들 가운데 묶여 있었습니다.

1930. 이러한 경우는 인체의 경우와 거의 비슷합니다. 인체의 개별적인 부위이든, 또는 기관이든, 또는 아주 작은 샘(腺)이든, 또는 그와 비슷한 조직이든, 그런 것들이 필요로 하는 곳에서 그것은 그것의 상태들의 모든 변화들에 따라서, 그 부위에 인접하고 있는 다른 부위들이나 기관들의 비슷한 것들에 따라서 인체에 있는 비슷한 곳의 그것들에 일치하여 자극합니다. 그리고 혈액이나 체액(體液)으

로 말미암아 그 때 그것에 가장 적합한 어떤 비슷한 것들을 이끌어 내기도 합니다. 1748년 5월 10일

1931. 이러한 일들은 영들의 세계(the world of spirits)에서 일어납니다. 천계의 천사들 가운데서도 실정은 비슷합니다. 그러나 그 사회의 다양성이나, 대응은 무한하게 뛰어납니다.

근자에 죽어서 이 곳에 온 영혼들은, 육신을 입은 삶에서 그들에게 알려졌던 것들이 드러나 보여지는 동안 그것들을 즉시 알아차린다는 것에 관하여

1932. 자주 일어나는 일인데, 육신을 입은 삶에서 내가 잘 알고 있었던 영혼들은 육신을 입은 삶에서 그들에게 잘 알려졌던 모든 것들을 잘 알고 있었습니다. 예를 들면 그들에게 말했던 것들뿐만 아니라, 그들이 행하였던 것들도, 그리고 또한 그들의 지인(知人)들・친구들・친척들・아내들・자녀들이나 이와 비슷한 사람들을 잘 압니다. 그래서 그들이 육신을 입은 삶에서 취했던 기억까지도 그대로 남아 있습니다. 그러나 몇몇의 이유들 때문에 그것을 실천하는 것은 허락되지 않으며, 또한 주님에 의한 특별한 허락이 주어지지 않는다면, 또는 자신들의 삶의 행위들이 마음에 떠오르고, 그리고 그 행위들에 속한 각각의 개별적인 것들이 마음에 상기(想起)되는 일이 없다면, 그것의 내용들을 겉으로 드러내는 일은 허락되지 않습니다. 그리고 또한 육신을 입은 삶에서 그들에게 관계되는 모든 연관된 것들이나, 원인들이나, 그 밖의 여건들과 같은 것들에 의하여 인지되는 것이 없다면, 따라서 그들이 그런 것에 의하여 확실하게 납득할 수밖에 없을 때까지 그와 같은 것이 허락되는 일은 없습니다.

1933. 내가 전에 안면이 없는, 그러나 죽은 사람처럼 보이는 어떤 자가 오늘 나와 함께 있게 되었습니다. 그 때 그가 어디에서 왔는지 알아보는 것이 허락되었습니다. 그는, 알지 못하는 여러 도시들을 통해서 나의 기억에 의하여 여기에 인도되었다고 하였습니다.

그리고 그는 그 도시에 관해서, 그 도시는 거기에 있지 않는다고 말하였습니다. 그러나 그가 그 자신의 도시를 통해서 인도되었을 때 그 때 그는 거리들이나, 거리와 관계되는 모든 것들을 알아차렸습니다. 그리고 만약에 내가 그 집들의 위치를 잘 알고 있었다면 나는, 그가 살았던 그 집을 능히 찾아냈을 것입니다. 그러나 이 일은 허락되지 않았습니다. 1748년 5월 10일

"아무도 너희를 위협(威脅)하지 못할 것이다. 너희는 두 다리를 쭉 뻗고 잘 것이다"(레위기 26 : 5, 6)는 것에 관하여

1934. 이런 일은 이 달 어느 날 밤에 확실한 경험을 통해서 확증된 것입니다. 그 밤에 악령들이 온갖 악의(惡意)를 가지고 침대에서 내가 쉬고 있을 때 나를 위협하려고 하였습니다. 그들은 내 온 몸의 관절들을 떨림으로 마구 흔들어댔습니다. 따라서 거기에는 보편적인 전율(戰慄)과 겁이 있었는데, 이런 일은 다른 때에도 가끔씩 내가 경험한 일이기는 합니다. 다시 말하면 모든 관절들이나, 섬유들의 침공(侵攻)이나, 또는 아주 심하게 느끼는 떨림으로 나를 공격하는 일이 있었는데, 그것은 마치 죽은 영혼들이 완전히 나를 점령한 것같이 보였습니다. 그리고 또한 그들은 죽었고, 그리고 그 곳에서 죽임을 당하였다는 것과 그리고 나는 다른 곳으로 옮겨질 것이다는 조언 때문에 공포와 전율이 수반(隨伴)되었습니다. 나는 아주 비참한 환상을 보았고, 그리고 이런 영들에 관해서 나와 이야기하고 있는 환상적인 인물들을 보았습니다. 그러나 내가 무엇이라고 표현할 수 없을 정도의 생생한 공포가 나의 모든 신경섬유에 두루 퍼졌으며, 이런 공포나 전율 가운데 있었음에도 불구하고 나는 아무런 두려움이 없이 매우 안전하였습니다. 이와 같은 일은 악령들로 말미암아 일어난 것입니다. 어느 누구나, 내가 경험한 이런 성질의 것을 경험한다면 그는 아마도 그가 마귀에 의하여 사로잡혔다고 생각할 것입니다. 1748년 5월 10일

나에게 있어서의 진리들에 속한 지식들은 일종의 그릇(容器)이다는 것에 관하여

1935. 충분하게 잘 알려진 사실은, 비록 그것들이 우리들에게는 매우 신기하고 묘한 것으로 보인다고 해도, 우리들은 사물들에 속한 지극히 일반적인 지식들을 가지고 있을 뿐입니다. 왜냐하면 모든 개별적인 앎(知識)은, 그것이 어떤 것이든, 모든 진리와 같이 개별적인 것들에 속한 무한(無限·infinity)을 내포하고 있으며, 그리고 그것은 무한에까지 증대할 수 있기 때문입니다. 따라서 사람들이 가지고 있는 진리들에 속한 지식들은 단순하게 그릇(容器)들이나 수용체(受容體)들이라고 부를 수 있겠습니다. 그리고 역시 그것은 조잡한 것이고, 사실, 아주 조잡한 그런 유의 것이고, 그런 것들을 수용하기 위하여 만들어진 것들이 주님에 의하여 그 속에 주입되고 있습니다. 왜냐하면 그릇들로서의 가장 일반적인 진리들이 존재하지 않는다면 보다 높은 진리에 속한 것은 어느 것 하나 주입될 수 없기 때문입니다. 이러한 내용들이 천사들의 현존에서 언급되었고, 그리고 그들에 의하여 확증되었습니다. 1748년 5월 11일

다른 사람들에 비하여 아주 쉽게 주님에 의하여 인도되는 자들에 관하여

1936. 비록 모든 사람이 주님께서 바라는 곳이면 어디에든지, 주님에 의하여 인도된다고 하지만, 그럼에도 불구하고 몇몇은 다른 자들에 비하여 수월한 사람이 있습니다. 그 이유는, 주님께서는 모두에게 그의 성향(性向)에 따라서 생각하는 자유를 부여하셨는데, 사람은 그 자유를 깰 수 없기 때문입니다. 그러므로 믿음 안에 있고, 그리고 주님께서 삼라만상(森羅萬象)을 다스리신다는 것을 믿는 사람은, 그리고 온갖 탐욕들이나 거짓들에 의하여 다스려지는 것을 원하지 않는 사람은, 주님에 의하여 쉽게 인도됩니다. 이러한 사실은 영

들 앞에서 선언되었습니다.

1937. 이 주제에 관하여 영들 가운데 토의가 있었습니다. 영들은 논증도 하고, 대답도 하였습니다. 비록 나는 많은 것을 듣지 못하였지만, 그들의 논증이나 대답은 들었고, 수용하였습니다. 내가 판단하기에는 사람들은 아주 영특한 존재이기 때문에 그들은, 이와 같이 훌륭하게 구축된 논지(論旨)에 의하여, 어떻게 이 논쟁을 계속할 수 있는지 의심하였습니다. 그러나 내가 안 사실은, 이와 같은 토의가 있은 뒤 몇몇 그 영들의 마음이 매우 우둔하고, 영명하지 못하기 때문에 그래서 그 토론자들은 종국에는 진리 자체의 빛 가운데서, 걸려 넘어진다는 것입니다. 나는 이들 중 몇몇과 함께 있었습니다. 전능(全能)의 기능이나, 여러 기적(奇蹟)들을 통하여 이루어지는 것에 관계되어 있는 한, 주님께서는 다른 자들과 같이 어떤 사람을 인도하신다는 것은 아주 쉬운 일이지만, 그러나 그 경우 질서에 따라서 사람을 인도하는 것이 주님을 기쁘게 합니다. 그 때 질서 안에 있지 않는 사람에 비하여 질서 안에 있는 사람을 인도하는 것이 주님에게는 매우 쉬운 일입니다. 왜냐하면 질서 안에 있지 않는 자에게 제일 먼저 해야 하는 것은 올바른 길(the right way), 또는 질서의 상태에 들어오게 하는 것인데, 그와 같은 일은, 그 영이 파멸(破滅)되지 않게 하기 위해서는 필수적으로 시간이 걸리는 일이기 때문입니다. 만약에 수많은 확증적인 고려사항(考慮事項)들을 부가(附加)할 수 있다면, 그러한 것들은 그 토의에 들어와야 하고, 따라서 불영명한 것이나, 모호(模湖)한 것이 될 것입니다. 이러한 일은 주님께서 나에게 수많은 개인적인 경험을 통하여 가르치는 것을 만족스럽게 보셨기 때문입니다.

사람들과 함께 하는 영들에 관하여

1938. 나와 함께 하고 있는 영들은, 그들이 이런 방법으로 일반적으로 사람들과 함께 있다는 것이나 그리고 사실 이와 같은 일은

이 세상에서 육신을 입은 살아 있는 사람들 가운데 있는 일이지만, 아주 특수한 방법으로 나와 함께 있다는 것을 매우 이상하게 생각하였고, 그리고 아주 신비스러움에 마음이 움직이기도 하였습니다. 그들 중 몇몇은 오늘 이 놀라운 일을 경험하였습니다. 왜냐하면 그들은 그들이 그들과 함께 하고 있는 사람들이다는 것을 실감(實感)할 수밖에 없었기 때문입니다. 그러나 그들은 그 차이를 거의 알지 못하였기 때문입니다. 왜냐하면 그들은 그 사람에 속한 모든 것의 소유상태, 다시 말하면 그의 기억에 속한 모든 것을 소유하고 있었기 때문입니다. 그 경우, 그럼에도 불구하고, 사람은 겉보기에는 그 사람 자신에게 그냥 그대로 있었습니다. 그것은 그 사람 자신이 하나의 영(靈)이기 때문입니다. 따라서 그 사람은 영들의 사회 안에 있었는데, 나는 자주 그들을 보는 것이 주어지고는 하였습니다. 1748년 5월 12일

1939. 영혼들(souls)은 영들(spirits)입니다. 왜냐하면 사람이 죽게 되면 그는 한 영(a spirit)이 되기 때문입니다. 따라서 한 영이 된 그 사람은 사람에게 자신의 모습을 드러낼 수 있는데, 이러한 사실은 수많은 경험에 의하여 나에게는 아주 명백합니다. 왜냐하면 육신을 입은 삶에서 나에게 잘 알려진 수많은 사람들이 나와 함께 거기에 있었기 때문입니다. 그리고 역시 아주 긴 기간 동안, 심지어 여러 날, 여러 주, 여러 달 동안 나와 함께 지냈기 때문입니다. 그들은, 그들이 마치 육신의 몸으로 이 세상에 다시 되돌아 왔다고 생각하고 있기 때문에, 이런 식으로 고백하였습니다. 그들은 영들이고, 육신(肉身)의 사람에게서 분리되었고, 그리고 그들의 떠남에 대하여 다른 자들이 그들의 자리를 메울 것이다는 등등의 반성(反省)이나 깊은 생각이 그들에게 주어지지 않는다면 그들은 그들이 영들이다는 것을 알 수 없을 것입니다. 세상을 떠났지만, 아직 얼마 되지 않은 수많은 자들이 나와 함께 있었는데, 나는 그들의 무감각의 상태에서, 그리고 그 밖의 여러 표지들에서 그와 같은 많은 사실들을 능히

발견할 수 있었습니다. 1748년 5월 12일

악령들이 악을 선한 자에게 시도하려고 할 때 교류(交流)가 그 즉시 단절(斷絶)된다는 것에 관하여

1940. 아주 놀라운 일이면서도, 또한 값있게 주지하여야 할 것은 악령들에게 어떤 특별한 악(any special evil)을 선한 자에게 시도하는 것이 허락되는 경우, 그 악이 그에게 영향을 준다는 것은 전적으로 불능하다는 사실입니다. 악령들이 시도하였던, 개별적인 것이든 전체적인 것이든, 모든 것들은 즉시 단절되기 때문입니다. 이런 사실은 영적인 개념에 의하여 드러나 보여졌는데, 다시 말하면, 갑작스러운 닫힘(閉鎖)이나 또는 선들(線·lines)이나, 복사선(輻射線·radii)의 단절에 의하여 드러났습니다. 그리고 감싸버리고, 그것 안에는 아무것도 존재하지 않았습니다. 이와 마찬가지로 시도하려고 했던 악은 선한 사람에게는 어떤 영향도 미치지 못하였습니다.

1941. 이러한 것은 사람의 육신에 속한 것들에 의하여 예증될 수 있겠습니다. 예를 들면, 어떤 불쾌감을 주는 실체가 원섬유(原纖維)나 또는 기관들 안에 있는 민감한 부위들, 또는 내장 안에 있는 무감각한 부위들에 접촉하게 되면, 그 섬유질들은 즉시 수축(收縮)하고, 그것들이 비록 고통스러운 것이나 불결한 것, 또는 불쾌한 것에 의하여 공격을 받는다고 해도, 그것들이 해를 입을 수 없는 그런 형체나 성질을 가지고 있습니다. 그와 같은 결과는 선한 자를 해치기 위하여 공격하는 악령들의 경우에서도 마찬가지입니다.

1942. 악령들은, 천사들이 내면적인 계도(階度) 안에 존재해 있기 때문에, 천사들에게 지극히 적은 악이라도 시도할 수는 없습니다. 왜냐하면 악에 속한 것은 아무것도 선한 영들에게 일어나게 할 수 없는데, 더욱이 어떻게 천사들에게 일어나게 할 수 있겠습니까! 그것은 마치 악에 속한 아무것도, 또는 위해(危害)에 속한 것은 그 어느 것도 기관들 안에 있는 순수한 섬유들에게, 또는 인체의 유기적

인 부위들에게 영향을 주지 못하는 것과 꼭 같습니다.

1943. 이 근원에서 야기되는 불쾌감이나, 고통들에 관해서 살펴보면, 많은 반성들이나 깊은 생각들에 의하여 그것들에 관하여 아직까지는 많은 것을 알지 못하고, 다만 불쾌감들이나 고통들도 존재한다는 것을 알고 있을 뿐입니다. 그리고 그것들도, 여러 원인들의 변화 때문에, 허용되고 있다는 것만 알고 있을 뿐입니다. 1748년 5월 12일

영들에게서 비롯되는 악들의 허용(許容)들은 그들의 온갖 노력들에 속한 해이(解弛)나 감퇴(減退)에 의하여 나타난다는 것에 관하여

1944. 사람 안에 있는 것과 같이, 영 안에는 악 이외에는 아무것도 없고, 그리고 그 주체에 따라서 그것은 무한히 다양함으로 존재해 있습니다. 그러므로 그들은, 비록 그들이 온갖 구속들 안에 갇혀 있고, 그리고 그 구속들의 엄함이나 성질에 일치하기 때문에 그것을 알지 못한다고 해도, 계속해서 악을 시도할 것입니다. 그러므로 악한 영들에게 악을 행하는 것이 허용된다면 그와 같은 일은 그들의 애씀이나 노력에 의한 것으로 생각됩니다. 왜냐하면 그것은 그런 내용을 드러내 보여 주기 때문입니다. 그 때 그들은, 각자 각자의 본성(本性)에 따라서 악을 생각하고, 행하는 일에 쏜살같이 돌진(突進)합니다. 1748년 5월 12일

1945. 이것에서부터 다른 자들에 의한 그들의 성품이 알려집니다. 그리고 그 사실은 동시에 반성(反省)이나 심사숙고(深思熟考)에 의하여 자기 자신들도 인지(認知)하게 됩니다.

질서의 왜곡(歪曲)은 허용(許容)의 일반적인 원인이다는 것에 관하여

1946. 가끔 내가 알 수 없었던 것은, 악을 행하도록 악령들에게 허

용(許容)되고, 그리고 아주 자주 악령들이 나를 괴롭히는 일이 허용되고 있다는 사실입니다. 사실 이러한 허용들은 아주 많은 이유들 때문에 허용되고 있다는 것을 나는 잘 알고 있습니다. 그러나 악령들은 주님의 그것의 허용에서부터 추측을 하였습니다. 그래서 그들은 주님이 그것의 원인이라고 짐작하고 있습니다. 그들은, 그것이 잘못된 것이다는 것을 알면서도 그들은 계속해서 그것이 삽입된다고 생각합니다. 왜냐하면, 주님께서는 사람이 악령들에 의하여 고통을 받는 것을 결코 원하시지 않기 때문입니다.

1947. 그러나 사람이나, 영이 총명적인 수많은 상태들이나, 여러 정동들을 경과하게 되면, 그 상태들은 자신들의 질서에 있어야만 하지만 그러나 거기에 있지 않고, 그럼에도 불구하고 그 질서의 상태에 회복되어야만 합니다.

1948. 1949항 뒤에 있습니다.

1949. 그런데 이와 같은 일이 있다는 것은, 만약에 주님께서 그것들의 최후에, 전체적인 것이든 개별적인 것이든, 모든 것을 질서에 맞게 회복시키시지 않는다면 혈육(血肉)은 결코 아무것도 구원받을 수 없다는 사실을 입증하는 것입니다. 1748년 5월 12일

자유(自由·liberty)에 관하여

1948. 내가 영들에게 특별히 지적한 것은, 자기 자신으로 말미암아서는 어떤 것도 생각하지도 못하고, 행하지도 못하는 사람은 진정으로 수많은 선을 생각하고 행하는 그런 사람이지만, 이에 반하여 자기 자신으로부터 모든 것을 생각하고, 행한다는 사람은, 아무런 선도 행하지 못하고, 오히려 수많은 악을 생각하고, 행한다는 것 등입니다. 전자는 자유스러운 사람이지만 후자는 노예(奴隸)일뿐입니다. 이러한 사실은 영들에게는 하나의 모순(矛盾)으로 생각되었지만, 그러나 그럼에도 불구하고 그것은 진정한 진리이고, 그리고 많은 천사들에 의하여 확증되었습니다. 그리고 이 사실은 나의 수많은 경험

에 의하여 입증되었습니다. 1748년 5월 12일

저 세상에 있는 단순한 비평가(批評家)들의 성품(性稟)에 관하여

1950. 육신을 입은 삶에서 낱말들의 뜻(the sense of words)이 아니고, 단순한 낱말에 대하여 수많은 노력과 시간을 바친 몇몇 영들이 있었습니다. 그들은 결과적으로 비평의 기술(批評技術·the art of criticism)에 자신을 바쳤습니다. 그들 중에 몇몇은 나와 함께 있었는데, 자신들의 생애를 성경(聖經·the Sacred Scriptures) 번역에 바쳤습니다. 그러나 내가 공언(公言)할 수 있었던 것은, 그들이 그 곳에 있는 동안 그들이 생각하고, 기술한 것 모든 것들은 그들의 기질(氣質·性稟·sphere)에 의하여 행해진 것이기 때문에, 그것은 매우 영명하지 못하고, 혼란스러웠고, 그래서 나는 어느 것 하나도 이해할 수 없다는 것이었습니다. 사실 내 생각은, 이른바, 감옥(監獄)에 갇힌 것 같았습니다. 그 이유는 모든 생각들은 오직 그 낱말들에 종결(終結)시키고, 그리고 그것을 수많은 표현들에게서 분리해서 생각하게 하였기 때문입니다. 그래서 그들은 나로 하여금 극도로 피곤하게 하였고, 심지어 분노(忿怒)에까지 이르게 하였습니다. 그럼에도 불구하고 그들은 자신들이 다른 자들에 비하여 보다 현명하다고 생각하였습니다. 그러나 이에 반하여 이런 부류의 인물들은 가장 낮은 계급의 사람에서 비롯된 자들이고, 심지어 어린 아이들이 그들에 비하여 매우 현명할 것이며, 그리고 그 뜻을 더욱 현명하게 이해할 수 있을 것입니다. 그러므로 박식(博識)의 성질이 무엇인지, 또는 인간적인 지혜의 됨됨이가 어떠한 것인지, 잘 알 수 있으며, 또한 그런 것들이 아주 폭넓게 잘 나타나고 있습니다. 다시 말하면 그들이 그것들에 의하여 내면적인 것들에 통하는 길이 닫혀 있기 때문에, 그들은 시골뜨기들이나 어린 아이들에 비하여 더 저속(低俗)할 뿐입니다.

1951. 비록 그들이 언어에 능통하다고 하지만, 예를 들면, 히브리어에 능통하다고 하지만, 그럼에도 불구하고 이런 부류의 작자들은 성경을 번역하는 일에서 비평가들이 아니었던 자들에 비하여, 비록 문법적인 관점에서 잘못 이해한다고는 하지만, 매우 많은 실수를 저질렀고, 그리고 여전히 지금도 잘못을 저지르고 있습니다. 이러한 사실은, 비록 사람의 마음에는 반대의 견해에 대한 확고한 의견이 있다는 것을 내가 알고 있지만, 수많은 고려사항들이나 이유들에 의하여 잘 입증되고 있습니다. 1748년 5월 13일

1952. 비평가들의 생각들이나, 또는 여러 언어들이나, 문법적인 학문들에 많은 노력을 한 자들의 생각들은, 앞서의 경우에서 보면 안에는 아무것도 없는 폐쇄된 선(線)들로서 나에게 보여졌습니다.

1953. 이러한 경우는 수많은 논쟁(論爭)들에 무척 노력한 사람들과 비슷합니다. 왜냐하면 그들은 수많은 어려운 것들을 자신들에게서 제거하였기 때문이고, 그리고 또한 그들은 자기 자신들에게 자신들의 논제(論題)들이나, 또는 명제(命題)들에 적합한 많은 것들을 난해(難解)한 문제들로 제기(提起)하였고, 따라서 그들은 내면적인 뜻을 더욱 더 굳게 폐쇄하였으며, 또한 진리나 선량함에 이르는 길을 폐쇄하였고, 결과적으로 지혜에 이르는 길을 굳게 닫아버렸습니다.

1954. 왜냐하면, 어느 누구에게나 대화(對話)를 하거나, 많은 저자들의 서술들을 읽을 때에 알 수 있는 것과 같이, 낱말들의 뜻을 깊이 생각하면 할수록 낱말들 자체에 대해서는 점점 덜 주의를 집중하게 되기 때문입니다. 그러므로 어느 누구나 말하는 사람이나 글을 쓰는 사람의 낱말들에 주의를 집중하면 그럴수록 그 뜻의 깨달음은 점점 더 소멸되는데, 만약에 그 누군가가 그 주제에 대하여 주의를 집중한다면 이와 같은 사실은 누구에게나 잘 알 수 있습니다. 그와 같은 일은 그 주제의 뜻이나, 낱말들에 직접적으로 향하게 되는 정도에 따라서 생기게 되는데, 그런 일은 영들의 경우에서도 알 수 있도록 자주 허락되었고, 그리고 영들 역시 그것이 사실이다고 고백하

였습니다.

1955. 논쟁(論爭)들의 경우에서 보면 꼭 같은 경우가 있습니다. 왜냐하면 마음이 논쟁에 열중하는 것에 비례하여, 만약에 사람이 옹호하기를 원하는 명제(命題)가 일반적인 진리에서 파생된다는 것을 제외하면, 진리는 소멸할 것입니다. 그러나 사람의 마음이 논쟁에 역시 집중한다면 그것은 불영명하게 됩니다. 왜냐하면, 일반적인 진리 안에 있는 난제(難題)들이 지워지지 않기 때문에, 이러한 경우 진리는 불영명하게 됩니다. 그리고 그것들 중에 몇몇은 그 주제와 매우 멀리 관계를 가지고 있기 때문에, 그러나 사람의 마음은 그것과 아주 가까이 관계를 가지고 있다는 사실을 드러내 보여 주고 있습니다. 그리고 몇몇은, 만약에 단 하나의 진리가 드러날 수 있다면, 쉽게 알 수 있는 그것에 매우 밀접한 관계를 가지고 있습니다. 이러한 진리는 주님께서는 천계와 지상의 우주의 삼라만상(森羅萬象)을 다스리신다는 것, 주님께서는 어느 누구에게도 악을 행하시지 않는다는 것 등입니다. 사람의 마음은 그것 자체로부터는 떨쳐 버릴 수 없는 수많은 반대 주장들은 이 진리에 대하여 반대의 견해를 주장할 수 있지만, 만약에 사람의 마음이 오랫동안 그 반대되는 주장에 머물러 있다면, 그것은 불영명하게 되고, 그래서 의심하게 되고, 종국에는 그 진리 자체를 부인하게 됩니다. 이러한 사실을 배우는 것이 영들에게서 자주 주어졌습니다. 왜냐하면 모든 보편적인 진리 (every universal truth) 안에는 수천, 수억의 진리들이 내재해 있고, 그리고 또한 수많은 반대주장들도 있기 때문입니다. 그 이유는, 모든 진리는 그것의 반대되는 것을 가지고 있기 때문에, 수많은 것들 안에는 그것에 반대되는 동수(同數)가 있기 때문입니다. 그리고 뒤바뀐 질서(倒置秩序)에서 보기 때문에, 그 마음은 그것을 선호(選好)하기도 하고, 따라서 맹목(盲目)적인 것이 되기도 하기 때문입니다.
1748년 5월 13일

육신의 정화(淨化)는 무엇을 뜻하나?

1956. 사람의 몸의 측면에서, 사람은 사후(死後) 다시 살아나고, 그리고 그 몸은 정화(淨化) 하에 있다는 것을 주장하는 자들이 있었습니다. 이 사안에 관해서 나는 오늘 어떤 영들과 대화를 하였습니다. 거기서 시인된 사실은, 사람은 몸을 입은 존재로 저 세상에 들어간다는 것 이외에 다른 것을 알지 못한다는 것입니다. 그러나 그들이 주장한 것은, 이와 같이 남아 있는 관능적인 본질(官能的 本質・corporeal principle)도 죽을 것이고, 따라서 그 사람에 속한 자연적인 것들은 전적으로 주님에게 순종(順從)할 것이다는 것이었습니다. 그런 이유 때문에 몸은 정화될 것이다는 것이 언급되었습니다. 1748년 5월 13일

영들이 모세와 예언자들과 서로 말을 하였다는 것에 관하여

1957. 모세와 대화를 가졌다는 말에 관해서 영들과 대화를 하였는데, 그들이 나에게 장담한 것은, 그것은 내면적인 생각이 아니고, 단순한 말(a simple speech)이었다고 하였습니다. 왜냐하면 그것은 오직 외적인 것들 안에 있었으며, 그리고 그러한 것은 이스라엘 백성 가운데서 역시 다른 자들에 의하여 사용되었던 것인데, 그것은 그들의 저술들이나, 그 밖의 여러 표시들(表示)에서 아주 명확하기 때문입니다. 내면적인 것들은 그들에게 잘 알려지지 않았습니다. 왜냐하면 그것들은, 보통의 그릇 안에 있는 것과 같이, 그들의 기억 안에 있지 않기 때문에, 그것들은 내부에 존재하지 않았기 때문입니다. 그러므로 그들은 단순한 외적인 것 이외에는 아무것도 가지고 있지 않았으며, 그리고 따라서 그들의 말도 역시 그들의 환상에서와 꼭 같이 그러하였습니다. 다시 말하면 순전히 공상(空想)적인 것이고, 또한 전적으로 외적인 것에 속한 것이었습니다. 어느 누구에게도 내면적인 것들에 침투하는 것이 허락되지 않았습니다. 따라서 사전에 주님에 의하여 가르침을 받은 경우가 아니면, 그리고 또한 주

님을 향한 믿음 안에 있는 경우가 아니면 내면적인 것들에 침투하는 것이 누구에게도 허락되지 않았습니다. 1748년 5월 14일

1958. 또한 내면적인 것들에 속한 교류가 허용되었을 때, 거기에는 영들의 언어(言語·speech)뿐만 아니라, 그들의 사상들이나 정동들에 속한 지식이 존재하고, 그리고 동시에 그들의 성품에 관한 앎도 존재하는데, 그와 같은 지식들이나 앎들은 보다 더 내면적인 것들이나, 보다 보편적인 어떤 생각과 함께 존재합니다. 따라서 그릇(容器)이라고 부르는 일반적인 수용그릇은 가득 채워지고, 그러나 그것도 다양하게 채워집니다. 그리고 주님의 매우 큰 기쁨에 따라서 어떤 것들은 불충분하게 채워지기도 하고, 어떤 것들은 보다 충분하게 채워지기도 합니다. 내면적인 것들도 마찬가지로 천사들과의 교류에 이르기까지 정화(淨化)되기도 하는데, 그러나 그것 안에는 명확하게 지각되는 것은 아무것도 없고, 다만 그저 그런 것이 있다는 것이나, 그리고 수많은 것들이 있다는 것과, 그리고 그것 안에는 이러한 것들이 그것 안에 포함되어 있다는 것 등을 지각하였습니다. 그러므로 그것들은, 보통의 그릇들이 그러한 것과 같이, 그리고 그것들을 부르는 것에서도 그러한 것과 같이, 무한한 것들을 내포하고 있습니다. 왜냐하면 보다 더 내면적인 천사들(the more interior angels)에 관한 파악에서, 그리고 그 밖의 것에서 그러하기 때문입니다. 이런 식으로 영들의 세계(the world of spirits)에는 천사적인 천계에의 변천(變遷)이나 변화 따위가 있습니다. 왜냐하면 영들은, 만약에 주님의 진정한 기쁨에 일치하는 그들과의 교류가 없다면, 천사들이 생각한 것을 안다는 것은 불가능하기 때문입니다. 1748년 5월 14일

어떤 영에게 천계의 열림은 위험하고, 더욱이 사람에게 천계의 열림(開天·the opening of heaven)은 매우 위험하다는 것에 관하여

1959. 성품이 나쁘지는 않지만, 그러나 예사롭지 않은 영(serious spirit)과 나는 대화를 하였습니다. 그리고 내가 안 사실은, 천계(天界·heaven·주님나라)가 그의 내면적인 것에 지극히 조금만 열려 있고, 그래서 그는 거기에 있는 선에 관해서 그 틈새로 보고, 알 수 있었고, 그 때 그는 슬퍼하기 시작하였고, 그리고 고통을 받았다는 것입니다. 그래서 그는 자신이 겪는 그 고통이 소멸되기를 기도하였습니다. 이것은 그가 경험했던 고통이나 비통(悲痛) 때문에 그와 같은 상태에 머물 수가 없었기 때문입니다. 이런 내용에서, 그리고 확실한 다른 많은 경험들에서 사람에게 천계(=주님나라)가 열린다는 것이 매우 위험스럽다는 것을 잘 보여 주고 있습니다. 왜냐하면 그는 죽음에 이를 수 있는 치명적인 양심의 가책(良心呵責·remorse of conscience)으로 고통을 겪어야 하기 때문입니다. 1748년 5월 14일

1960. 1961항 아래에 기술되었습니다.

1961. 아주 놀라운 사실은, 주님의 나라가 악한 자를 직접적으로 살피실 때 그 일이 일종의 고통을 생성한다는 것을 하나의 모순으로 여기는 대부분의 사람들은 그것을 이해할 수 없다는 것이고, 그리고 다시 말하자면, 주님의 특별하신 현존(現存)이 드러나는 경우, 일종의 이와 같은 고통과 고뇌(苦惱)가 계속해서 일어난다는 것 등입니다. 이와 같은 사실은 모세가 민수기서 10장 35절에서 말씀하신 것과 같습니다. 그 때 모세가 한 말은, "주님, 주의 원수들을 흩으십시오. 주를 미워하는 자들을 주 앞에서 쫓으십시오"라는 말이었습니다. 그럼에도 불구하고 명확한 사실은 악에 속한 것은 아무것도 옮길 수 없고, 다만 선에 속한 것만 초래하였습니다. 그리고 매우 풍부한 관대(寬大)함만 있었을 뿐입니다. 그러므로 여기서 밝히 알 수 있는 것은 사람이나 영 자신은 그의 악과 고통과 죽음의 원인이다는 것입니다. 1748년 5월 15일

아담 자신을 감싼 무화과나무 잎이 뜻하는 것에 관하여

1960. 아담 자기 자신을 감쌌던 무화과나무 잎에 관해서 영들과 이야기를 하였는데, 나에게 확증된 것은 그것이 그들의 자연적인 생각들, 또는 합리적이고, 또는 총명적인 믿음을 뜻한다는 것입니다. 그리고 그 나무 잎에 의하여 가려진 것은 그런 것들 하에 있는 벌거벗음(裸體)들 또는 불결한 사랑들(filthy loves)을 가리킨다는 것입니다. 1748년 5월 14일

천국에 가기를 열망하는 어떤 영에 관하여

1962. 이 지구의 어떤 영이 있었습니다. 그는 자기 자신을 내 왼쪽에 의지하고서, 하는 말이, 자기는 솔직하게 천계에 가기를 원하였고, 그래서 거기에 어떻게 하면 가는지를 나에게 묻기에, 내가 그에게 한 대답은, 우선 그에게 그들의 천계에 들어가기 위해서 제일 먼저 그가 선한 영들과 서로 이야기하였는지, 그리고 이야기 할 수 있는지를 물었습니다. 그 뒤 그는 천계에 들어가는 것이 허락될 수 있다는 것이었습니다. 이와 같은 나의 질문에 대하여 그가 한 대답은 그들은 그가 그들의 사회에 들어오는 것을 허락하지 않을 것이다는 것이었습니다. 그 때 나는, 하늘나라의 허입(許入)은 오직 주님에 속한 사안(事案)이다고 말해 주었습니다. 그 영에 관해서 다른 영들에 의하여 내게 일러진 것은, 그 사람은, 그들이 죽어서 저 세상에 오게 되면, 그들이 어떻게 살았는지, 또는 그들이 어떤 믿음이나, 믿음에 속한 어떤 가르침을 가졌느냐의 여부는 관계가 없고, 그리고 주님나라에 들어가는 것 외에는 아무것도 열망하지 않았고, 그들이 주님나라를 열망하였기 때문에 그들이 주님나라에 허입될 것이라고 생각하고, 그리고 그런 열망이 구원의 요체(要諦)이고 본질(本質)이라고 깊이 생각하는 그런 자들로 이루어진 부류에 속한 작자이라는 것이었습니다. 그러나 이런 부류의 작자들은 주님나라나, 주님나라의 기쁨 이외에는 마음에 아무것도 가지고 있지 않기 때문에, 이런 부류의 인물들은 이른바 그릇된 믿음에 빠져 있는 것입니다. 그러나

그들은 아무것도 알지 못하였고, 그리고 그들의 생애에서, 자신들이 믿음을 가졌는지, 아니 가졌는지에 대해서는 전혀 관심이 없이, 다만 이런 열망으로 그들은 불태웠습니다. 심지어 만약에 그들에게 주님나라의 허입이 주어진다면, 천적인 자들과의 교우관계가 불가능하다는 것을 빼고서, 그들은 기쁨 이외에는 아무것도 원하지 않을 것이고, 역시 그들은 진정한 의미의 뜻은 결코 얻지 못할 것입니다. 그 이유는 그들은 그와 같은 진정한 기쁨으로 감화 감동될 수 없기 때문입니다. 그러므로 이런 성격의 작자들은 아주 오랜 기간 고통을 겪을 것이고, 종국에 그들은 이와 같은 욕망을 잊게 될 것입니다. 그리고 그들이 그것을 잊게 되었을 때, 그 때 제일 먼저 그들에게 주님나라(=천계)가 무엇인지, 다시 말하면 그것은 하나의 종합체(one complex) 안에 무한한 것들을 포용한다는 것이 주입(注入)되고, 그 때 천계적인 기쁨이, 다시 말하면 그것은 상호적인 사랑(相互愛·mutual love)이고, 그것에서부터 그 밖의 다른 무한한 기쁨이 흘러나온다는 것을 깨닫게 될 것입니다. 1748년 5월 15일

쾌락의 다양성(多樣性)의 근원에 관하여

1963. 나는 영들과 너무나도 다양한 쾌락들이나 희열들의 근원(根源)이나 성질(性質)에 관해서 대화를 하였습니다. 그것은 거의 무한(無限) 정도에 이를 만큼 매우 다종다양(多種多樣)하였습니다. 심지어 어떤 사람들은 반대적인 성질에 속한 사물들 안에서 온갖 기쁨들을 경험하기 때문에 일러진 것은 화합(和合·harmony) 이외의 다른 근원에서 나오지 않으며, 그리고 그 화합은 그 기쁨이 생성된 몸에 밴 삶의 여정(旅程·the habitual course of life)에서 비롯된다는 것입니다. 진정한 화합에 반대되는 화합은 하나의 관습(慣習·habit)에 의하여 결과된 것입니다. 왜냐하면, 수많은 입증들에서 밝히 알수 있듯이, 우호관계들 안에서만 기쁨을 취하는 자들이 있듯이 불화의 관계에서 쾌락을 얻는 자들도 있기 때문입니다. 그러므로 터득한

화합에서 비롯된 것은 무엇이나 기쁨이고, 위로들을 가리킵니다. 그리고 관습의 힘에서 사람은 그것에 다시 돌아가는 것을 사랑합니다.

1964. 영들이 어떻게 해서 육신을 입은 그들의 삶에서 여러 가지 서로 다른 근원들로부터 자기 자신에게 화합을 취하는 것인지 여러 방법으로 입증되었습니다. 예를 들면 혼인애(婚姻愛·the conjugial love)를 부정하고, 거스르는 음모를 꾸미는 일이나, 그것을 파괴하려는 시도에서, 그리고 특히 그 이상 더 기쁜 것이 없다고 그들이 생각하는 것에서 그와 같은 쾌락을 취하는 매우 다양한 역겨운 것들에서 자신들의 화합을 취하는 방법들이 입증되었습니다. 이와 같은 그들의 쾌락들은, 내가 여러 곳에서 지적했던 것과 같이, 가끔씩 교류되는 것인데, 어떤 때는 대립적인 온갖 싫증들이나 불쾌함들에 의하여, 어떤 때에는 그와 같은 것들 속에 빠져 있는 자들의 고백에 의하여 알게 되었으며, 그러므로 그들의 삶이 그와 같은 터득된 쾌락들 안에 있다는 경우들 가운데 생생한 경험에 의하여 증명되었습니다. 따라서 현재·과거·미래에 존재하는 사람들과 영들의 삶의 수많은 변화들이 있고, 그리고 만약에 그들이 영원에 이르기까지 증대하게 된다면, 여전히 그와 같은 수많은 변화들은 명확하게 될 것입니다. 그리고 그와 같은 것은 역시 그들의 얼굴들에서, 그리고 말에서 만으로도 분명하게 확증될 수 있겠습니다. 1748년 5월 16일

1965. 순수한 선들이나 진리들에서 비롯되는 천계적인 기쁨들이나 즐거움들에 관계되는 것에 대하여 살펴보면, 그런 것들은 오직 그것의 원천(源泉·the only fountain)이신 주님에게서만 솟아나옵니다. 그리고 선이나 진리가 이 원천, 즉 주님에게서 솟아나지 않는다면, 선이나 진리는 받을 수도 없고, 어떤 사회도 존재할 수 없을 것입니다. 왜냐하면 보편적인 것은, 모든 개별적인 것들을 다스리고, 그것들을 결합하기 때문입니다. 그와 같은 사실에서, 그리고 그 밖의 수많은 사실들에서 알 수 있는 것은 주님 홀로 선 자체이시고, 진리 자체이시다는 것입니다. 이와 같은 사실은 천사들에 의하여 내

안에서 영적으로 확증되었습니다. 왜냐하면 그들은 그 기쁨 안에 사로잡혀 있고, 그리고 그와 같은 천계적인 확신이나 신념은 그 신념의 목적에서 나에게 알려졌기 때문입니다. 1748년 5월 16일

악령들은 주님을 믿는 자들과 함께 있을 수 없다는 것에 관하여

1966. 악령들은 천사들이 쳐다보는 것에 의하여 온갖 고통과 괴로움을 겪는다는 것은 이미 앞에서 입증하였습니다. 그와 같은 경우는 믿음 안에 있는, 또는 주님에 의하여 믿음 안에 사로잡힌 사람의 경우와 꼭 같습니다. 그 때 악령들은 근접할 수 없습니다. 만약에 그들이 가까이 근접하려고 한다면, 그들은 마찬가지로 고통을 겪기 시작하고, 그리고 도망하기를 갈망합니다. 나는 그들이 믿음에 속한 현존 안에 있을 때 그들이 불평하고, 탄식하는 소리를 수도 없이 들었습니다. 1748년 5월 16일

자연적인 진리들이나, 관능적이고, 세상적이고, 자연적인 원천들에서 유래된 진리들은, 영적인 진리들의 수용그릇을 위한 일종의 토기들(土器・earthen vessels)이다는 것에 관하여

1967. 나는 자연적인 진리들에 관하여 영들과 대화를 하였습니다. 거기에는 내가 알게 된 사실은 오늘날의 사람들은 진리들에 관해서는 거의 관심이 없고, 다만 온갖 실험들이나 시도들(試圖・experiments)에 대한 의사(意思)만 있을 뿐이다는 것입니다. 그것으로 말미암아, 여러 이유들 때문에 사람들은 그 원인들을 분명하게 끌어낼 수 없으며, 그리고 그것에서부터 연역(演繹)된 진리들도 시인되지 않고 있습니다. 그리고 그것들은, 관능적이고, 감관적인 것에 속한 극단의 것들에 빠져 있는 자들에게서 숨겨져 있기 때문에, 그들에게는 온갖 가설(假設)들이나 거짓들이 보다 더 입맛에 맞게 되었습니다.

1968. 더욱이 일러진 것은, 자연적인 진리들(natural truths)은 영

적인 진리들이 그것 안에 수용되기 위한 수용그릇들(vessels)이다는 것입니다. 왜냐하면 대상물들이나, 또는 도구적인 원인들이 적용되지 않는다면, 영적인 원인들은 그것들에게 적용될 수 없기 때문입니다. 이러한 사실은 수많은 깊은 생각(熟考)들에게서 잘 알 수 있습니다. 특히 그러한 것들은 온몸(全體) 안에 있는 여러 기관(器官)들에서 이끌어낸 것들에서 잘 알 수 있습니다. 예를 들면, 그것들의 피막(皮膜)들과 함께 하는 혈액기관(血液器官·blood-vessel)이 그것들 안에 담겨 있는 혈액의 성질과 일치하지 않는다면 그 기관들은 혈액을 수용할 수 없을 것이고, 더욱이 그것은 활동할 수 없을 것이고, 또한 그것의 성질이나 목적에 일치하여 작용될 수 없기 때문입니다. 그와 마찬가지로, 혈구(血球·the blood globules)들이 현재의 그것과 같은 그런 것이 아니라면, 동물적인 기질들(animal spirits·動物的 氣質)이나 영들의 생명(the life of the spirits)은 그것들의 성질이나 목적에 따라서 그것들 안에 거할 수도, 살 수도 없을 것입니다. 따라서 삼계(三界·動·植·鑛物界)나 이 세상에 있는 다른 모든 것 안에도 존재할 수 없을 것입니다. 1748년 5월 16일

1969. 마찬가지로, 심장 또한 그와 같은 혈액의 그릇입니다. 그리고 그것의 작용들은 그것의 전 성질이나, 그것의 힘(=심장의 힘·force)의 범위에 일치합니다. 그러므로 인체의 모든 내장들 역시 그것들의 작용들이나 씀씀이들, 따라서 그것들의 목적들의 성질에 전적으로 부합하는 것 가운데 형성된 단순한 수용그릇일 뿐입니다. 1748년 5월 16일

1970. 진리들이 이해되지 않고, 오히려 값없는 사견(私見)들 가운데서 배척, 거부된다는 것은 하나의 예에 의하여 입증될 수 있겠습니다. 그것은 바로 자연적인 진실함도 거의 믿어지지 않는다면, 다시 말하면 최소한의 생각이나 정동이 소섬유질의 정면에 있는 두뇌의 유기적인 원리의 모든 것들에, 다시 말하면, 외피적인 원질들(the cortical substances)에게 영향을 미친다는 이 예에서 입증될 수 있겠

습니다. 그리고 그것이 그 원리들에 영향을 끼치기 때문에, 그것은 그것에서부터 생성된 섬유질의 모든 것들에게 역시 영향을 끼칩니다. 따라서 수억의 섬유들에게 영향을 끼치고, 따라서 인체의 전신에 영향을 끼칩니다. 더욱이 수억의 모든 것들 속에는 서로 전적으로 닮은 외피적인 원질들의 부분도 전혀 존재하지 않으며, 그리고 전적으로 닮은 섬유나, 섬유에 속한 일점도 전혀 존재하지 않는데, 그와 같은 것은 다른 것들에게서도 꼭 같습니다. 그러나 계속적인 변화(a continual variety)는 여러 곳에 두루 퍼져 있고, 따라서 전 두뇌나 온 몸은 헤아릴 수 없는 변화들과 함께 우리의 생각에 속한 단 하나의 행동이나, 지극히 미세한 행동을 구성합니다. 사실 우리는 그것이 무한히 정교한 것이다고 생각하지만, 그럼에도 불구하고 그것은 생각에 속한 각각의 매우 미세한 점들 안에 있는 신념이나 정동의 헤아릴 수 없는 변화들로 이루어집니다. 지금까지 그것이 자연적인 진리에 속한 단순한 발표에 지나지 않는다고 해도, 수많은 경험에서 뿐만 아니라, 철학을 통하여 잘 입증된 것인데도 불구하고 어느 누구가 이런 사실들을 믿었습니까? 1748년 5월 16일

1971. 그러므로 여기서 밝히 알 수 있는 것은, 우리가 생각하는 것은 모두가 매우 거칠고, 투박하고, 불영명하고, 매우 조잡한 것들이다는 것입니다. 그러나 우리는 그것을 매우 고상하고 값진 것이라고 생각합니다.

1972. 사실 만약에 이러한 사안이 계속해서 더 오래 계속 연구되어진다면, 인체(人體)나 인체의 각각의 것들은 영계(靈界)나 주님나라에 대응하고 있기 때문에, 거기에서 얻는 사실은 거기에는 지극히 작은 생각에 침투되는 하나의 입류가 있다는 것입니다. 그러나 나는 이 사실은, 사람이 불영명의 깊은 상태에 빠져 있기 때문에, 이와 같이 신뢰할 수 없는 곳에까지 오르지는 않을 것입니다. 그러나 나는 이러한 내용들을 영들과 천사들과 이야기하였고, 그들은 그것들을 확증하였습니다. 1748년 5월 16일

창세기 1장에서 저녁(evening)·아침(morning)·한낮(day)이 뜻하는 것에 관하여

1973. 나는 영들과 함께 창세기 1장의 한낮(day)·아침(morning)·저녁(evening)의 의미에 관하여 이야기하였습니다. 하루(day)가 일반적으로 시간을 뜻한다는 것은 성경의 언어관습에서 아주 명확합니다. 왜냐하면 그 낱말은 시간(時間·time)을 뜻하기 때문입니다.

1974. 저녁과 아침에 관해서 알아야 할 것은, 일반적이든 개별적이든, 출생(出生·generation)에 속한 모든 것들 안에는 저녁에서 비롯되는 시작(始作·commencement)이 있고, 그리고 아침을 향한 진전(進展·progress)이 있습니다. 이와 같은 것은 일반적으로 중생(重生)한 사람들에게서 그들의 저녁은 비참한 상태나 시험들이나 절망들의 상태를 가리킵니다. 그러나 거기에서부터 아침으로 진전하는 생성이 있습니다. 그 경우는 개별적인 사실들에서도 꼭 같습니다. 왜냐하면 중생에 속한 모든 것들 안에서의 시작은, 선들로 바뀌게 되는 온갖 악들로 말미암아 있기 때문입니다. 그리고 놀라운 것은, 삼 년 동안 계속된 매일 매일의 경험을 통해서 내게 알려진 것이고, 비록 그들의 영향력들이 여러 방법들 가운데서 선들로 바꾸는 것이기는 하지만, 악령들은 사람들을 꼬드기기 위하여 그들의 온갖 망상(妄想·fantasies)들이나 탐욕(貪慾·cupidities)들로부터 시작한다는 것입니다. 이러한 일은 가장 개별적인 것들 안에 있는 저녁과 아침을 가리킵니다. 거기에서부터 중생(重生·regeneration) 뿐만 아니라, 선의 지각까지도 존재합니다. 1748년 5월 16일

1975. 결번입니다.

가장 극악한 우정(友情)에 관하여

1976. 어떤 여성 영들이 나에게 왔는데, 내가 생각하기에 그들은 최근에 육신을 입은 삶에서 온 것 같았습니다. 왜냐하면 그들은, 그

들이 저 세상에 있다는 것을 전혀 알지 못하고 있고, 그러나 그 사실이 그들에게 알려졌을 때 그들은 뒤를 돌아다 볼 수 있었고, 마음을 가라앉힐 수 있었기 때문입니다. 그들의 성품은 처음에는 착한 것 같이 보였습니다. 왜냐하면 그들은 그와 같은 태도를 보였기 때문입니다. 그러나 그들이 그런 상태에서 물러났을 때 내가 다른 자들에게서 배운 것은 그들은 지긋지긋한 무리들이었고, 그리고 남녀의 관계는 합법적일 뿐만 아니라, 거룩한 것이라고 생각하는 부류에 속해 있었고, 그리고 그들은 온갖 죄들 가운데서 출생하였고, 그리고 이런 종류의 방탕(放蕩)에서 빠져 나올 수 없었다고 떠벌렸으며, 그리고 전적으로 마음이 같은 사람들 이외의 다른 사람과 성관계(性關係)를 가지는 것은 불결한 것이라고 생각하는 그런 부류에 속한 자들이었습니다. 사실 그들은 거룩하지 않은 존재였기 때문에, 그들은 혼인을 비난하였고, 혼인을 불순한 그런 관계들이라고 주장할 정도에까지 이르렀습니다. 나에게 일러진 것은, 인간 사회들에는, 혼인, 혼인애, 자녀 등등의 목적의식이 없이 오직 호색(好色)과 음탕(淫蕩)만의 목적을 위한 성관계만을 집착하는 그와 같은 부류의 작자들이 있다는 것입니다. 그리고 그들은 어린 아이 때부터 이와 같은 것을 가장 최고의 삶으로 살아왔다고 떠벌리기도 하였습니다.

1977. 내가 어떤 종류의 형벌이 그와 같은 무리를 기다리고 있는지를 알아보았을 때, 일러진 것은, 그들은 가장 혹독한 형벌을 받을 것이지만, 그러나 그들은 그 형벌의 성질을 공표하려고 하지 않았고, 다만 그것은 매우 극심하다는 것과 그리고 그들이 살아 있지 않다는 것, 다시 말하면 그들은 살아 있다는 것을 거의 의식할 수 없다는 정도라고만 말하였습니다. 그래서 그들은, 이와 같은 더러운 행위들이나, 온갖 증오들과 혐오들에 속한 범죄행위를 완전하게 잊어버리게 되었다고 말하였습니다. 왜냐하면 겉꾸민 신성함(the guise of sanctity) 하에서 그들은 혼란을 야기시켰고, 그리고 꼭 같은 거짓 꾸밈으로 인류의 보존에 속한 보편적이고, 그리고 중요한 목적들을

말살(抹殺)시켰기 때문입니다. 이와 같은 혼잡한 상태에서 참혹(慘酷)한 형벌이 있다는 것은 당연한 일이었습니다. 그리고 이른바 그들의 영적인 생명의 소멸 또한 당연한 결과였습니다. 사실 나에게 일러진 것은, 그들은 소돔의 무리에서 멀리 떨어져 있지 않으며, 그러므로 이런 부류의 여정(旅程)에 대하여 그들에게 알게 하였습니다. 왜냐하면 그들은 저 세상에서 용서되지 않기 때문입니다. 1748년 5월 16일

1978. 이와 같은 거룩한 생각과 더러운 생각의 혼잡이나 혼잡의 상태가 어떤 형벌들을 야기시킬 것이지는 누구나 예측할 수 있겠습니다. 왜냐하면 여러 생각들의 결합은 그 마음을 형성하기 때문입니다. 1748년 5월 16일

1979. 이런 형벌들 중의 하나가 명확하게 드러났습니다. 그것은 그들의 호색적인 기관들의 불태움 안에 존재하였습니다. 말하자면 불 가운데, 그리고 극심한 고통과 함께 있었습니다.

1980. 이른바 불로 태우는 일은, 그것이 영들에 관해서 서술되고 있기 때문에, 하나의 모순(矛盾) 같이 생각될 것입니다. 그러나 모든 사람의 감정들(感情・susceptibilities)은 저 세상에서 존속하기 때문에, 그러므로 내가 앞에서 여러 곳에서 설명한 것과 같이, 그의 느낌(感情)들 또한 그대로 존속합니다. 이것은 불에 속한 감관까지도 포함되는데, 어떤 영은 처음에는 그 사실을 믿으려고 하지 않았습니다. 그러나 특별한 경험을 통해서 그것이 사실이다는 것을 알게 되었습니다. 1748년 5월 16일

탐욕이나 사람 자신의 노력에 의하여 기억에서 어떤 것이 일어나게 되면 그 즉시 내면적인 것들에 이르는 길이 닫혀진다는 것에 관하여

1981. 말할 수 있지만, 그러나 영적인 개념에 의하여 오직 이해될 수 있는데, 사실 이와 같은 개념을 나는 아주 넉넉하게 잘 알고 있지만, 그 개념은 악에서부터, 그리고 기억에서 발출한다는 것입니

다. 다른 말로 하면 그와 같은 개념은 사람의 탐욕이나 학문(學問·science)으로 말미암은 자의적인 행위에 의하여 도출(導出)되기도 합니다. 그리고 이와 같은 멈춤들(停止)이나, 내면적인 것들에 미치지 못하고 실패한다는 것은 역시 사람의 탐욕이나 학문적인 것에서 일어난다는 것입니다. 그와 같은 경우는 인체에 속한 탐욕과 꼭 같이 기억에 속한 지식들에게서도 마찬가지입니다.

1982. 만약에 사람이 그의 본연의 노력에 의하여 행동하지 않는다면, 하나의 영적인 개념에 의하여, 사람의 기억에서부터, 그리고 사람의 성품에서 비롯된 매우 수많은 것들이 지각됩니다. 그리고 사람 자신의 애씀이나 노력 가운데서 생긴 것들이 얼마나 어리석고, 단명(短命)한 것인지도 지각됩니다. 1748년 5월 17일

기억(記憶)에 관하여

1983. 내가 경험을 통해서 터득한 것은, 하나의 내면적인 기억(an interior memory)이 있으며, 그리고 그것으로 말미암아 물질적인 것의 기억이나, 관능적인 개념들은 자극을 받는다는 것이고, 그리고 이와 같은 부류의 기억은 영들에게 역시 그대로 남는다는 것입니다. 그것에서부터 주님께서 좋아하시는 것들이면 감관적인 개념들에 속한 기억에 저장되어, 자극을 받는다는 것 등입니다. 거기에 이와 같은 기억이 있다는 것, 그리고 그것은 신체에 속한 기억보다 매우 완전하다는 것 등이 수많은 입증들에 의하여 나에게 강요되었다는 것은 사실입니다. 사실, 심지어 사람이 잊어버렸다고 생각하는 것까지도 비록 감관적인 것들 안에 묻힌 것이기는 하지만, 그 기억 안에 여전히 박혀 있습니다. 이와 꼭 같은 것들은 온갖 꿈들에서, 그리고 그 밖의 징후(徵候·indications)들에서 추론할 수 있습니다. 그러나 이와 같은 기억 외에도 보다 더 내면적인 기억이 있는데, 다시 말하면 영적인 개념들에 속한 기억들이 있습니다. 그것의 도움에 의하여 생각이나 말(言語·speech)이 계속될 수 있는데, 그리고 이것이 바로

최초의 내면적인 기억을 자극하는 기억입니다. 영적인 기억에 의하여 영들은 사람에 비하여 매우 큰 이점을 소유하는데, 그러므로 영들은 매우 정교하게, 그리고 분명하게 생각할 수 있습니다. 따라서 그들의 능력들은, 육신을 입은 삶에서의 그것들과 비교하면, 매우 크게 증대하였습니다. 이러한 사실은 충분한 경험에 의하여 확증되었는데, 이러한 것에 관해서는 적절한 곳에서 설명드리겠습니다. 1748년 5월 17일

1984. 영은 사람과, 그리고 사람의 상태에서 말을 할 수 있기 때문에, 그리고 그가 사람 자신이다는 것 이외의 것은 다른 것을 알지 못하기 때문에, 그가 육신을 입은 삶에서 가졌던 감관적인 것들에 속한 기억을 그가 가지고 있다는 것 이외의 다른 것을 안다는 것은 불가능하였습니다. 이 주제에 관해서 나는 여러 번 영들과 이야기를 하였고, 그리고 그들이 다른 것을 알지 못하기 때문에 그들은, 그것이 사실이다고 주장하였습니다. 이것에 관해서는 적정한 곳에서 읽을 수 있을 것입니다. 1748년 5월 17일

영들이 있는 장소(場所)나 위치(位置)는 오직 외현(外現·apparent)적이다는 것에 관하여

1985. 내가 알게 된 사실은, 영들은, 그들의 기질(氣質)이나 성품에 따라서, 그리고 그들의 마음의 상태나, 마음에 일치하는 사람의 육신에 관계되는 위치를 점유한다는 것입니다. 예를 들면 오른쪽이나 왼쪽에, 또는 위나 아래에, 또는 멀리나 가까이의 위치를 점유합니다. 그러나 이러한 것은, 나에게 자주 보여진 것과 같이, 모두가 단순한 외현(外現)들일 뿐입니다. 그전에 있었던 것과 꼭 같이 오늘도 그 주제에 관해서 영들과 이야기하였습니다. 왜냐하면 내가 이야기하고 있는 동안에도 내가 같은 방향을 향하고 있을 때에도, 그리고 상대적으로 다른 곳을 향하고 있었을 때에도, 그럼에도 불구하고 그들은 한 장소에 있는 것으로 보여졌기 때문입니다. 내게 일러진

사실은 수억의 것들이 동일한 장소에 있지만, 그럼에도 불구하고 그 때 거기에 있는 그것들의 단 하나도 거기에 있지 않다는 것입니다. 더욱이 내가 안 사실은 나에게서 위로, 아래로, 아주 멀리 떨어진 곳에 있는 자들도 일순간에 나에게 가장 가까이 있는 것같이 자신들에게 여겨진다는 것인데, 그들은 이런 사실에 매우 놀라워했습니다. 그리고 또한 아래에 있던 자들이 갑자기 위에 있는 것으로 보였습니다. 그 밖에 그와 비슷한 여러 일들이 있었습니다. 1748년 5월 17일

1986. 그리고 또 내가 안 사실은, 영이나 천사는 조금도, 한 순간도, 그의 성품·기질·상태에 의하여 할당(割當)된 장소 밖에 있지 않았고, 그 할당은 매우 정확하기 때문에 추호의 오류도 없었는데, 이것은 바로 주님의 비의(秘義·arcana)입니다. 1748년 5월 17일

오늘날 존재해 있는 고대교회(古代敎會)에 속한 남은백성(remnant)에 관하여

1987. 여전히 고대교회(古代敎會)에 속한 많은 것들을 간직하고, 그리고 보존하고 있는 몇몇 사람들이 있었습니다. 특히 그들은 어떤 것이 선한 것인지를 지각하는 그 교회의 특질(特質)에 의하여 그들은 분별되었습니다. 이런 이유 때문에 그들은 다른 사람에게서 배척되었습니다. 그 다른 사람들은 그들을 열광주의자들(熱狂主義者·enthusiasts)의 부류라고 생각하였습니다. 그럼에도 불구하고 이것은 고대교회의 특질이었습니다. 그들은 그래서 선이 무엇인지 지각하였고, 따라서 선에 속한 것을 반드시 실행하여야 한다는 지각을 가지고 있었습니다. 그와 같은 지각으로 말미암아 그들은 영들의 역사(役事·operation)를 시인하였지만, 그러나 그들은 자신들 스스로는 주님의 영(the Lord's spirit)의 역사만을 인지하였고, 다른 것들의 것은 배척하였습니다. 그러나 이런 부류의 인물들은 대부분 낮은 신분(身分·an inferior condition)의 사람들이었고, 그리고 그들 사이에서

는 유식한 사람(學者)들로 쉽게 인정받지 못하였습니다. 그러므로 그들은 단순하게 생각하였고, 그리고 그들의 생각들에 대한 제한된 범위 외에는 아무것도 줄 수가 없었습니다. 이들은 저 세상에서 행복하였고, 그리고 나에게 그들은 이마의 약간 높은 곳을 향하여 정면에 조금 떨어져서 보였습니다. 그리고 그들은 자른 자들에 비하여 그들이 생각했던 것을 아주 충분하게, 그리고 깊이 있게 지각할 수 있었습니다. 그러므로 나는, 다른 자들과 했던 것과 같이, 그런 식으로 그들과 이야기할 수 없었지만, 그러나 다만 더욱 풍부한 생각에 의하여 이야기를 하였습니다. 그것에 대하여 다른 사람들은 이해하지 못한다고 말하였는데, 이러한 사실은 그들이 천계에서 멀지 않다는 것을 보여 주는 것입니다.

1987[A]. 그들이 육신을 입은 삶에서 어떠한 존재였는지, 일상적인 때와 같이, 그들의 주님의 기도문을 발설하는 것을 통하여 나에게 보여졌습니다. 그 때 그것에 속한 그들의 이해가 나에게 알려졌습니다. 그것은 아주 단순하였고, 그리고 문자적인 뜻 이상으로 넓히기에는 아주 어려웠습니다. 그럼에도 불구하고 그것은 다른 자들의 경우와 같이 닫혀 있지는 않았고, 오히려 매우 부드러웠고, 쉽게 열리었습니다. 그러므로 천사들에게는 이해될 수 있는 것이었고, 각각의 개념은, 비록 낱말들의 측면에서 보면 감관적이었지만, 하나의 그릇으로 능히 감당할 수 있었습니다. 1748년 5월 18일

1988. 나는 그들과 지각(知覺·perception)에 관해서 대화를 가졌는데, 그것에서 얻은 것은, 참된 믿음(true faith) 안에 있는 자들에게 그것이 그들이 자신들로서는 행할 수도 없고, 생각할 수도 없을 뿐만 아니라, 처리할 수도 없으며, 결과적으로 자기 자신들로부터는 활동할 수 없다는 것 등입니다. 왜냐하면 모든 행위나 활동은 전적으로 의지에서 비롯되는 것이지만, 그러나 그들은, 역시 각각의 개별적인 것도 주님으로 말미암는다는 것을 지각하고 있기 때문입니다. 왜냐하면 그들은 계속해서 그와 같은 생각에 사로잡혀 있었고,

그러므로 주님께서 매우 기뻐하시는 것에 일치하여 그들은 어떤 생각 안에 있는 것이 무엇인지, 그리고 그것의 근원이 어디인지를 지각하였고, 그리고 그것이 어떤 영들에게서 왔는지, 그리고 그들의 성품이 무엇인지 지각하였기 때문입니다. 그 때 그들에게 알려진 것은 그들의 앎(知識)이 무엇이고, 그들이 서로들과 더불어 말하는 것이 무엇이고, 생각하는 것이 무엇인지, 그들의 정동은 그들의 다양함들과 함께 어떤 것인지, 천사들의 입류는 무엇인지, 그리고 그 밖의 수많은 다른 것들이 되겠습니다. 왜냐하면 그들은 저 세상에 있는 영들과 전적으로 꼭 같았기 때문입니다. 그 이유는 내가 육신을 입고 있다는 것을 알지 못하고, 나에 관해서 자주 영들이 고백하였기 때문입니다. 1748년 5월 18일

외적인 뜻들(external senses)은 천계에서는 소멸한다는 것에 관하여

1989. 영적인 개념에 의하여 드러난 것은 외적인 뜻들(external senses)은, 내면적인 것들이 그것들 안에 침투하는 것에 따라서, 또는 마찬가지로, 그것들이 보다 높은 것들에의 상승(上昇)에 따라서, 차례로, 또는 하나가 뒤에 이어지는 것에 따라서, 소멸한다는 것이 었습니다. 그러므로 만약에 문체(文體・style)가 시적인 험담(險談)들로 가득 채워졌다고 해도, 예를 들면 파르낫소스 산, 그것의 샘, 페가수스나 그와 비슷한 시적인 감흥(感興)들로 가득 채워졌다고 해도, 저술에서 이와 같은 낱말을 채용한 사람들은 그것들이 과학적인 것에 관계되는 것들을 뜻한다는 사실을 알고 있습니다. 그러나 그 뜻을 지나쳐 버리게 되면, 그 때 문자적인 뜻만 드러나게 되는데, 그 문자적인 뜻은 역시 소멸되고, 그리고 더 높은 뜻에 의하여 계속되면, 그 때 그 높은 뜻 역시 그 때 소멸되고, 그리고 보다 더 내면적인 뜻이 드러나게 되는데, 이와 같은 생성과 소멸은 계속됩니다. 그것들에 내면적인 것들이 침투하고, 또는 상승하게 되면, 이와 같은

그 뜻의 침투나 상승은 중국에는 극내적 천계(the inmost heaven) 안에 있는 순수한 것, 참된 것, 좋은 것을 제외하면 남는 것은 아무 것도 없습니다. 그러한 것들은 모든 것들의 본질이신 주님에게서 비롯되는 것들입니다. 1748년 5월 18일

사후(死後) 어떤 영들의 상태에 관하여

1990. 인류의 대부분은, 사실 거의 모두는, 사후 복 받은 자의 행복을 구성하는 것이 무엇인지 모르고 있습니다. 그 이유는 그들은 그와 같은 주제에 대하여 아무런 지각(知覺)을 가지고 있지 않기 때문입니다. 그들의 무지(無知) 안에는 내면적인 것의 성질이나, 극내적인 축복이나, 하나님의 축복이 전적으로 감추어진 채 있기 때문에, 그러므로 그것은, 관능적인 쾌락들이나 즐거움들에서, 그리고 감관적인 것들이나 세상적인 것들에서, 그러므로 그것은, 관능적인 쾌락들이나 즐거움들에서, 그리고 감관적인 것들이나 세상적인 것들에서 비롯된 그들이 가지고 있는 어떤 지각일 뿐입니다. 그러므로 그들은 자기가 알지 못하는 것을 값없는 것들로 여기고 있지만, 그럼에도 불구하고 관능적이고 세상적인 쾌락이나 즐거움은 무가치하고, 추악한 것이고 부패한 것이거나 그와 비슷한 것일 뿐입니다.

1991. 어떤 영혼들의 축복의 단순한 모양들만을 언급한다면, 내가 언급할 수 있는 것은 이노센스나 꾸밈없이 소박함 가운데 있는 자들은 멋진 정원들이나, 숲들, 또는 그런 것과 비슷한 것 안에서 기쁨을 만끽하는데, 그런 곳에는 그들의 마음을 사로잡는 호색적인 것은 전무(全無)하고, 그리고 저 세상에서 그들은 아주 멋진 곳들을 거닐고, 많은 친구들과의 우호적인 관계에서 매우 큰 기쁨을 즐긴다고 생각합니다. 이런 내용들에서 다른 것들에 관해서 어떤 결론을 이끌어낼 수 있겠지만, 그러나 이것은 축복받은 자의 어떤 으뜸 되는 기쁨이며, 그것은 자체 안에 수많은 내면적인 기쁨을 담고 있습니다. 1748년 5월 18일

그 밖의 즐거움이나 기쁨들도 뒤이어서, 차례로, 그리고 계도들에 따라서 계속되었습니다.

영들에 의하여 선이 어떻게 해서 악으로 변하는지에 관하여

1992. 어떤 자들은 사기(詐欺)적인 방법으로 선을 악으로 바꾸고, 어떤 자들은 여러 가지 조장(助長)하는 방법으로 선을 악으로 변질시킵니다. 그러므로 거기에는 다종다기(多種多岐)의 온갖 원인들이 있습니다. 그러나 여기서 나는 그러한 사실을 거의 알지 못하는 영들 가운데서 선을 악으로 바꾸는 어떤 방법에 대해서 언급하고자 합니다. 그와 같은 것은, 그들의 아내들로 인하여 싫증나게 되었고, 그것으로 인하여 혼인애에 대하여 이른바 혐오감(嫌惡感)을 가지게 된 작자들의 경우가 되겠습니다. 그 경우 예를 들면, 혼인에 속한 본래의 즐거운 것들이나 기쁜 것들이 그들에게 오게 되면, 그것들에 속한 본래의 것들은 싫증나고, 그 때 즐겁고 유쾌한 것들은 알지도 못하는 사이에 즉시 권태롭고 짜증나는 것으로 바뀌고, 따라서 그것과 정반대되는 것으로 바뀌어 버립니다. 그런 것들에 관해서 나는 영들과 이야기를 하였습니다. 그와 같은 경우는 그 밖의 다른 즐거움들이나, 기쁨들에 대해서도 꼭 같았습니다. 1748년 5월 18일

1993. 따라서 내가 지금까지 배운 바로는 여기에는 일반적으로 세 종류의 원인들이 있습니다. 선이 악으로 바뀌는 방법은, 말하자면, 그것은, 사기(詐欺)에서, 술책(術策)에서, 그리고 몸에 밴 성질에서 비롯된 것들입니다. 이와 같은 사실은 경험을 통해서 내게 알려진 것입니다.

1994. 그와 같은 경우는 거짓된 것이나 참된 것에 관해서도 마찬가지입니다. 다시 말하면 참된 것을 거짓된 것으로 바꾸는 것인데, 이러한 일은, 비록 그들이 진리를 알고 있다고 해도, 사기로 말미암아 일어납니다. 또는 특별한 쾌락에서는 영리(怜悧)한 증표로 여기는, 왜곡시킬 수 있는 술책으로 말미암아 일어나기도 하고, 또는 육

신을 입은 삶에서, 이방인처럼, 거짓에 관해서 설득되고, 그리고 잘 못된 믿음을 가지게 된 본성(本性)에서 일어나기도 합니다. 이런 부류의 사람은 사기나 술책으로 말미암아 행동한 자들 보다는 매우 쉽게 구원받을 수 있습니다.

천사들은 악하고, 저질(低質)의 것들에 의하여 어떻게 영향을 받는지에 관하여

1995. 천사들이 사람 안에 있는 몹시 추하고, 결과적으로 악한 것들을 어떻게 지각하는지 나는 경험을 통해서 알고, 지각할 수 있었습니다. 왜냐하면 내가 민수기서 25장의 바알브올과 함께 그 백성의 음행(淫行)에 관해서 읽고 있을 때 천사적인 지각이 허락되었고, 그리고 나에게 교류되었습니다. 그리고 그것은, 무엇이라고 형언할 수는 없지만, 약간의 온순한 것을 제외하면 구역질나고, 불결한 것 외에는 아무것도 내가 지각할 수 없는 그와 같은 것이었습니다. 세속적인 것들과 비교한다면 그들의 예리한 각(角)들이나 날카로운 끝들(points)이 둔하게 될 때, 예리하게 모가 난 것들, 따라서 자극적이고, 날카로운 것들과 그것은 닮았습니다. 1748년 5월 19일

영들에게 어떤 결과를 일으키는 음악(音樂)에 관하여

1996. 나는 길거리에서 현악기(絃樂器)로 연주하는 음악을 듣는 일이 두 번이나 있었습니다. 그것은 너무나도 감미(甘美)롭고 부드러웠기 때문에, 영들은 자신들이 주님나라에 있다는 것 외에는 거의 알 수가 없었습니다. 왜냐하면 그들은 이른바 그들이 황홀지경에 빠졌다고 할 정도에까지 기분 좋은 상태에 있었기 때문입니다. 나는 너무나도 충만한 그들의 기쁨을 지각하였습니다. 내가 지금 이 글을 쓰고 있는 중에도, 현악기의 감미로움과 현(鉉)의 심금(心琴)은 계속되었습니다. 영들은 그것에 의하여 모두 변화되었기 때문에, 그들은 모두가 바뀌었습니다.

1997. 그러므로 나는 그들과 농담을 하였는데, 나는, 사울 왕을 괴롭혔던 악령이 다윗이 하프를 연주하는 음악을 들었을 때, 매우 크게 변하였다는 것은 결코 이상한 일이 아니다는 것을 말하였습니다. 그들도 꼭 같은 원인으로 말미암아 크게 변하였기 때문입니다. 그들은, 그들이 경험한 그 기쁨이 그들의 내면적인 것들에 침투하였기 때문에, 그들이 악에 속한 것은 무엇이나 결코 생각할 수도 없고, 행할 수도 없는 그와 같은 환희의 상태에 있었다고 대답하였습니다. 1748년 5월 19일

1998. 주목하여야 할 것은 천사들은 꼭 같은 이유로 말미암아 즐거움으로 감동을 받는다는 것입니다. 그러나 그 때 나는 그것에 대하여 주목을 하지 않았기 때문에, 그래서 나는, 나에게 교류된 영들의 기쁨들을 그것과 뒤섞지 않았지만, 그러나 그 때 나는 아무것도 듣지 못하였습니다. 다른 것들에서도 역시 마찬가지인데, 내가 안 사실은, 천사들은, 내가 주의를 게을리 한 것에 비례하여, 매우 주의 깊게 주시한다는 것입니다. 1748년 5월 19일

그 이유는 관능적인 것늘이 그 때 결합하기 때문입니다. 왜냐하면 영들의 생각들은 거의가 관능적이기 때문입니다.

믿음 안에 있는 자들에게 온갖 탐욕(貪慾)들의 충동(衝動)들의 경우가 어떠한지에 관하여

1999. 나는, 내가 악에 속한 것을 생각할 수 있다고 생각하는, 선한 영들과 대화를 하였습니다. 그들은 그것이 나의 성품이었고, 따라서 나는 깨끗하지 않다고 말하였습니다. 그러나 대답하기 위해서 나에게 주어진 것은, 그 경우의 진리는 거울에 비쳐진 영상(映像)과 같아서, 그것은 그 사람 자체를 잘 알지 못하는 자들에 의한 상상일 뿐입니다. 그것은, 여전히 사실이 그렇지 않다면, 하나의 영상은 아닙니다. 왜냐하면 탐욕이나 악은 악령들에 의하여 충동되고, 그리고 사람이 믿음 안에 있을 때에는 그 사람에게 밀착되는 것은 아무것

도 없고, 또한 그에게 전가(轉嫁)되는 것 역시 아무것도 없기 때문입니다. 그럼에도 불구하고 악은 선으로 바뀌기 때문입니다. 왜냐하면 믿음 안에 있는 사람에게, 목적, 다시 말하면, 바로잡음(改革・reformation)이나 거듭남(重生・regeneration)에 속한 것을 제외하면, 이런 종류의 것들은 그 어떤 것도 충동을 줄 수 없기 때문입니다. 그 관념은, 이른바 하나의 환상(=영상)으로, 그것은 망상(妄想)을 일으키고, 그리고 그 사람 자신의 모습을 드러내 보여 줍니다. 그럼에도 불구하고 그 때 그것은, 교류되고 있는, 영들의 망상들 이외에 아무것도 아닙니다. 따라서 그것은 그 사람 자신의 겉모습(外現)을 형성합니다. 이 대답에 대해서 영들은, 선량하고, 신실하기 때문에, 매우 만족해하였습니다. 1748년 5월 19일

사람이 하는 지극히 작은 운동까지도 정해진 법칙(法則)에 의한 것이 아니라면, 결코 있을 수 없다는 것에 관하여

2000. 내가 자주 깨달은 사실은, 하나의 정해진 법칙에 의하지 않고 존재하는 것은 아무것도 없다는 것입니다. 예를 들면 눈에 우연히 생기는 것이나, 손의 움직임 등 그 밖의 지극히 작은 일까지도 정해진 법칙에 의하지 않은 것은 아무것도 없습니다. 그러나 내가 또한 지각한 것은, 나는 그것에 관해서 천계에서 비롯된 입류(入流)에 의하여 설득될 수 있었고, 그래서 사실 나는 설득되었다는 것입니다. 왜냐하면 천계는 그와 같은 설득 안에 존재하고, 그리고 심지어 지극히 조그마한 일이라도, 주님의 뜻이 아니라면, 그리고 주님께서 기뻐하시는 것이 아니라면, 또는 주님의 허락이 아니라면 생겨나지 않기 때문입니다. 따라서 정해진 법칙에서 변함없이 생겨나기 때문입니다. 이러한 사실은 단 하나의 경험에서도 아주 명백합니다. 다시 말하면 지극히 작은 상상적인 일탈(逸脫)도 그것에서부터 생기는 일이 없는 하나의 법칙에 전적으로 따르지 않는다면 나에게는 그 어떤 표징적인 영상(映像)도 나타날 수 없고, 또 어떠한 음성도

들을 수 없다는 경험에서 잘 알 수 있습니다. 그러므로 전체적인 것들이든 개별적인 것들이든, 모든 것들은 목적들에 관하여 지시되어졌고, 그리고 또한 장차 있을 목적에 대한 목적들에 관하여 지시되고 있습니다. 1748년 5월 19일

사람의 생각들을 다스리는 일반적인 원리에 관하여

2001. 사람의 생각을 지배하는 어떤 일반적인 것이 있는데, 그것은, 그 생각들이 일정한 범위를 벗어날 수 없게 하는, 아니, 생각에 속한 개별적인 것이나, 지극히 개별적인 것들도 다스리는 확실한 제한들 안에 그런 생각들을 사로잡고 있습니다. 이와 같은 일반적인 원리의 성질이 어떤 것인지는 아주 명료하게 표현될 수 없는데, 그 이유는 사람들이 그것에 속한 지식을 결코 가지고 있지 않기 때문입니다. 이와 같은 사실은 파동(波動)하는 영기(靈氣)에 의하여 나에게 알려졌는데, 나는 생각 자체 안에 내포하고 있는 그것을 깨달았고, 느끼었습니다. 그리고 이미 언급한 것과 같이, 그것들은 여러 제한(制限)들 안에 사로잡혀 있었습니다.

2002. 아주 명확한 사실은, 일반적인 것 없이 어떤 개별적인 것은 존재할 수 없다는 것이고, 그리고 개별적인 것은 일반적인 것에 의하여 지배된다는 것 등입니다. 그러므로 또한 단일적인 것이나, 지극히 단일적인 것도 그것 자체의 보편적인 것에 의하여 다스려진다는 것입니다. 그리고 그 보편적인 것은 생각들에 대한 여러 제한들을 정할 뿐만 아니라, 심지어 생각에 속한 단일적인 것들에 대한 여러 제한들을 정한다는 것입니다. 그러므로 감동시키고, 설득하는 것은 공통적인 영기(the common sphere)라고 하겠습니다. 사람은, 만약에 전체적인 것들이나 개별적인 것을 다스리고, 제한하는 어떤 보편적인 영기가 존재하지 않는다면, 말도 할 수 없고, 자신의 온갖 감정들을 드러낼 수도 없을 것입니다. 그러므로 각각의 낱말이나 개념도 적절하게 흘러나오고, 그리고 자연스럽게 그 영기로부터 파생

될 것입니다. 그럼에도 불구하고 이러한 일은 사람이 어디에서 그들의 원천이 비롯되는지 알지 못하는 방법으로 일어나고 있습니다. 만약에 이와 같은 영기(靈氣)가 다스리지 않는다면 사람은 그 영기의 상태에 일치하여 명확하게 생각도 할 수 없고, 말도 할 수 없습니다.

2003. 그것에서 비롯된 자연적인 것들 안에는, 개별적인 것들을 지배하는 일반적인 영기가 없다면 아무것도 존재하지 않을 것입니다. 그리고 소리들이나 광경(光景)들이나 이와 비슷한 것들도 대기의 세계에는 존재하지 않을 것입니다. 그리고 거기에 함께 소리를 내는 것(a co-sounding)이나, 그리고 동일한 조화스러운 몸이 없다면 음악적인 것들 안에는 아무것도 존재하지 않을 것입니다. 그리고 일반적인 영기(a general sphere)가 없다면, 식물계나 동물계와 같은 자연의 삼계(三界)들 안에는, 사실 인체의 모든 기관들 안에도, 무엇 하나 존재하지 못할 것입니다. 그러나 이와 같은 일반적인 영기들은, 사람들이 거의 깊이 생각하지 않고 있기 때문에, 잘 알려지지 않고 있습니다.

2004. 그러나 생각들을 지배하는 영기들이 어디에서 비롯된 것인지, 그리고 위에서 언급한 것들은 어디에서 비롯된 것인지 등등은 만약에 거짓의 종지(宗旨)에 속한 영기들이나, 악의 애욕들에 속한 영기들이 있다는 것이나, 그리고 그것들이 악령들의 일반적인 작용에서, 다시 말하면 그들의 생각들이나 탐욕들에서 파생되었다는 것을 시인한다면, 아주 잘 알 수 있을 것입니다.

2005. 그러나 참된 것에 속한 종지들의 영기들이나, 선한 것에 속한 정동들의 영기들은 모두가 그것들의 정당하고, 순수한 근원이신 주님에게서 비롯됩니다.

2006. 더욱이 거기에는 일반적인 영기들의 무한한 다양함이 주어지는데, 그것은, 예컨대, 천사들의 영기들이나, 영들의 영기들이 현존하는 것에 일치하는 종(種)과 유(類)의 탓으로 돌리지 않는다면 결

코 무엇이라고 정의될 수 없을 것입니다. 천사들이나 영들의 정당한 영기들은 그것이 무엇이든, 주님의 영기들과 뒤섞여지지 않지만, 그러나 그것들은 조절되고, 그 자체에서 아주 분명하게 분별됩니다.

2007. 믿음 안에 있는 사람의 생각들을 다스리는 영기들은 주님에 속한 것이고, 그리고 고유한 것들이고, 그리고 그것들은 자신들 안에 참된 것이나, 선한 것을 소유하고 있기 때문에, 그리고 그것들과 연결되어 있는 다른 것 등의 측면에서 보면, 그것들은 선용(善用·uses)들이나 목적들(目的·ends)에 관하여 주님에 의하여 다스려지고, 명령을 받는 천사들이나, 영들에 속해 있습니다. 1748년 5월 20일

그와 같은 생각에 관해서 아래의 설명을 참조하십시오.

2008. 거의 같은 일반적인 영기에 의하여 다른 것들은 그의 성품이나 기질에 따라서 다른 방법으로 다스려지지만, 그럼에도 불구하고 그의 고유한 제한들 안에서 다스려지고, 그것을 넘어서는 방황하지는 않습니다. 왜냐하면 일반적인 것들은 제한들을 지시, 명령하고 있기 때문입니다. 이러한 사실들은 영들과 관계되는 다양한 경험에 의하여 알게 되었습니다. 그 때 그들 중의 몇몇은 이른바 고통을 받았는데, 그들은 그 때 자신들이 온갖 구속들에 얽매어 있다는 것 같았다고 말하였습니다. 그 이유는 수많은 사실들이 깊이 생각되었는데, 그와 같은 깊은 생각은, 그것이 그들의 오류들로 밝혀졌기 때문에, 그들에게는 견딜 수 없는 일반적인 영기를 생성하였기 때문입니다. 1748년 5월 20일

사람의 생각이 얼마나 굼뜨고, 불영명한지에 관하여

2009. 잘 알려진 사실은, 한 시간 동안 말이나 글로 표현할 수 없는 것을 촌각(寸刻)에 생각할 수 있다는 것입니다. 왜냐하면 사람이 생각할 때, 그는 다스리는 일반적인 개념의 범위 안에 모든 것들을 억지로 처넣고, 그리고 일치하는 모든 것은 그의 기억에서, 그리

고 그의 일반적인 개념의 부분들에서 변함이 없이 흘러나오기 때문입니다. 그러나 이와 같은 일반적인 것은, 비록 그가 그것들을 보고, 그것들을 결합시킨다고 해도 여전히 불영명한 그가 연속적인 결론들을 보고, 이해하는 그와 같은 성질을 가리킵니다. 그 이유는 그는 결론을 거기에서 이끌어내기 때문입니다. 이상에서 개별적인 것들을 다스리는 일반적인 원칙의 성질이 무엇인지 잘 알 수 있겠습니다.

2010. 그러나 이 일반적인 것은, 사람들에게는 매우 신속하고, 순간적인 것 같이 보이지만, 그럼에도 불구하고 그것은 본질적으로는 매우 굼뜨다는 것입니다. 그리고 그것도 내면적인 천계의 천사들은, 사람이 수많은 시간 동안 생각한다고 해도 여전히 불영명하게 생각하는 것에 비하여, 일순간에 매우 빠르고, 명확하게 생각할 수 있습니다. 이런 내용이 영들에게 일러졌는데, 비록 그것이 진리로서 확립되어야만 하고, 그리고 그와 같이 확증된 것이라고 해도, 영들은 그것에 대하여 몹시 성을 내었습니다. 1748년 5월 20일

그러나 거기에는 생각들의 측면에서 사람들과는 너무나 큰 차이가 있습니다. 기억이 지배하는 이런 부류의 사람들에게서는 마음이 닫혀 있고, 그리고 생각이 많지 않아서 다르다고는 하지만, 이에 반하여 마음이 열려 있고, 내면적인 기억에 속한 많은 것들이 다스리는 사람들에게는 매우 많은 생각들이 있게 되는데, 그 이유는 매우 많은 것들이 주님께서 매우 기뻐하시는 것에 일치하여 주님께서 그것 안에 삽입(揷入)시키시기 때문입니다. 1748년 5월 20일

≪영계 일기≫ 3권 끝

영 계 일 기 [3]

2008년 4월 3일 인쇄
2008년 4월 10일 발행

지은이 E. 스베덴보리
옮긴이 안곡 · 박예숙
펴낸이 이영근
펴낸곳 예수인

1994년 12월 28일 등록 제 11-101호
(우) 157-014 · 서울 강서구 화곡 4동 488-49
연락처 · 예수교회 제일 예배당 · 서울 강서구 화곡 4동 488-49
전 화 0505-516-8771 · 2649-8771 · 2644-2188

대금송금 · 국민은행 848-21-0070-108 (이영근)
　　　　　우리은행 143-095057-12-008 (이영근)
　　　　　우체국 012427-02-016134 (이영근)

ISBN 89-88992-08-3 04230　　　　값 25,000원
ISBN 97889-88992-32-6 04230

◇ 예수인의 책들 ◇

순정기독교(상·하)
스베덴보리 지음·이모세·이영근 옮김 각권 값 20,000원

혼인애
스베덴보리 지음·이영근 옮김 값 35,000원

천계와 지옥(상·하)
스베덴보리 지음·번역위원회 옮김 각권 값 11,000원

신령사랑과 신령지혜
스베덴보리 지음·이모세·이영근 옮김 값 11,000원

최후심판과 말세
스베덴보리 지음·이영근 옮김 값 9,000원

천계비의 ① 아담교회
—창세기 1-5장 영해—
스베덴보리 지음·이영근 옮김 값 11,000원

천계비의 ②③ 노아교회 [1]·[2]
—창세기 6-8장 / 9-11장 영해—
스베덴보리 지음·이영근 옮김 각권 값 11,000원

천계비의 ④-⑱ 표징적 교회
[1][2][3][4][5][6][7][8][9][10][11][12][13][14][15]
— 창세기 12-14/15-17/8-19/20-21/
22-23/24-25/26-27/28-29/30-31/32-34/35-37/38-40장 영해 —
스베덴보리 지음·이영근 옮김 각권 값 11,000원

천계비의 ⑲ 표징적 교회[16]
— 출애굽기 1-4 장 영해 —
스베덴보리 지음·이영근 옮김 각권 값 14,000원

묵시록 해설[1]
스베덴보리 지음·이영근·박예숙 옮김 값 15,000원

스베덴보리 신학총서 개요 (상·하)
스베덴보리 지음·M. 왈렌 엮음·이영근 옮김 각권 값 45,000원

새로운 교회의 사대교리
스베덴보리 지음·이영근 옮김 값 40,000원

이대로 가면 기독교 또 망한다
이영근 지음 값 12,000원

성서영해에 기초한 설교집 ≪와서 보아라≫[1]·[2]·[3]
이영근 지음 각권 값 9,000원

* 이 책들은 교보문고·영풍문고에서 구입할 수 있습니다.